STUDIEN ZUR GERMANISTIK, ANGLISTIK UND
KOMPARATISTIK
HERAUSGEGEBEN VON ARMIN ARNOLD
BAND 1

ÜBERMUOT DIU ALTE...

DER SUPERBIA-GEDANKE UND SEINE ROLLE
IN DER DEUTSCHEN LITERATUR DES MITTELALTERS

VON WOLFGANG HEMPEL

1970

H. BOUVIER u. CO. VERLAG · BONN

ISBN 3 416 00648 8

Meinem Vater

INHALTSVERZEICHNIS

VORWORT

Ubermuot diu alte
diu rîtet mit gewalte:
untrewe leitet ir den vanen. (MSD II, 313)

Dem, der als Leser durch die mittelhochdeutsche Literatur streift, begegnet diese Alt so oft, daß sie ihm schnell zur vertrauten Erscheinung wird, auf deren Aussehen er nicht weiter mehr achtet. Die Frage des Interpreten oder des Übersetzers, was denn der Inhalt dieses Begriffes *übermuot* eigentlich sei, scheint überflüssig, die Antwort leicht: Mhd. *übermuot, hôchmuot, hôchvart* entsprechen natürlich lat. *superbia*, und dies ist bekanntlich der Name der Sünde, die dem Mittelalter als die Wurzel allen Übels gilt.

Was ist also dann *superbia*? Auch dafür liegen die Antworten nahe: Sie ist die Ursünde, die luziferische Sünde, der Ursprung aller anderen Todsünden. Sie besteht im Übermut, im Hochmut, in der Hoffart, der Eitelkeit, der rebellischen Vermessenheit gegen Gott, im Stolz, in der Hybris.

Alle diese Antworten bleiben jedoch unbefriedigend, denn sie eröffnen nur neue Fragen: Wie können die Charakterschwächen Eitelkeit, Hoffart und Stolz, wie kann gar der harmlose überschwengliche Übermut ernstlich als Ursünde gelten? Die Erhebung gegen Gott, die widergöttliche Hybris mögen diese Stelle einnehmen, aber wieso sind Eitelkeit, Prahlerei, Neugierde, wieso *lugene unde ubermuot*, als welche die *Kaiserchronik* (39) die dichterische Phantasie angreift, oder der *hôhe muot* des Armen Heinrich eine Erhebung gegen Gott, eine luziferische Ursünde? Was also ist der Zusammenhang zwischen allen diesen Erscheinungen, was ist ihre Verbindung mit der *superbia*, was ist wiederum deren Relation zu Begriffen wie etwa *arrogantia, inoboedientia, jactantia*? Und was vor allem ist das wirkliche Zentrum und das Wesen der *superbia* und des *übermuot*?

Wenn man diesen Fragen nachgeht, stößt man in den patristisch-scholastischen wie in den altdeutschen Quellen auf eine überraschende Fülle von Äußerungen, welche in ihrer Vielfalt die *superbia* als einen Begriff von großer semantischer Weite und von außerordentlicher Bedeutung für das Denken und Dichten des Mittelalters vorstellen. Sucht man nun aber in der

Sekundärliteratur nach Orientierung und Klärung, dann zeigt sich eine merkwürdige Lücke.

So bekannt die *superbia* auch ist und so sehr auch ihre zentrale Stellung in der mittelalterlichen Morallehre anerkannt ist, ja als selbstverständlich angesehen wird, — es fehlt eine umfassende Untersuchung dieser Idee und ihrer Geschichte. Abgesehen von wenigen Spezialuntersuchungen zur Verwendung des Begriffs bei bestimmten Autoren[1] und abgesehen von summarischen Besprechungen in anderen Zusammenhängen,[2] ist der *Superbia*-Gedanke als Ganzes bisher noch nie zum Gegenstand einer eigenen Untersuchung gemacht worden.

Dieses Fehlen einer Gesamtdarstellung des *Superbia*-Komplexes und seiner Details erscheint mir umso empfindlicher durch die Vermutung, daß die *superbia* eine viel größere Rolle auch in der volkssprachigen Literatur gespielt habe, als an der Oberfläche zu ersehen ist, und daß bei einer systematischen Untersuchung der Strukturen dieses Gedankens manche bisher verborgenen Züge hervortreten könnten.[3]

Die hier sich zeigende Lücke in der Ideengeschichte zu schließen, dazu soll diese Arbeit einen Beitrag leisten, indem sie die Gestalt und die Rolle des *Superbia*-Gedankens in einer der volkssprachigen Literaturen des Mittelalters im Zusammenhang darstellt.

Eine Untersuchung nun der Rolle der *superbia* in der mhd. Literatur könnte sich mit dem Ziel philologischer Endgültigkeit auf eine gründliche und textnahe Analyse des Motivs in einer begrenzten Anzahl von Werken beschränken. Doch diese Zuverlässigkeit und Genauigkeit im Detail wäre mit den bei solch isolierter Betrachtung unausbleiblichen Relativismen und Verzeichnungen erkauft worden und hätte über die bisher geschehenen Ansätze nicht hinausgeführt. Es kommt mir deshalb in dieser Arbeit vielmehr darauf an, in einem weitgespannten Überblick die Hauptzüge und die Umrisse des

---

[1] Das sind vor allem die Arbeiten der Bernheim-Schule (s. S. 97) und die Dissertation Heinleins (s. S. 11, A. 20).

[2] Neben den vielfachen Erwähnungen, wie sie zumal in der Literatur zur Geschichte der christlichen Ethik zu finden sind, haben sich nur die Untersuchungen zur Todsündenlehre etwas ausführlicher mit der Ursünde befaßt. Dies sind vor allem die grundlegenden Arbeiten Zöcklers und Gotheins, dazu die neuere Darstellung Bloomfields (s. Literaturverzeichnis und S. 23). Einige wertvolle Hinweise liefern auch die Arbeiten v. Ackerens und Dreyers (s. Literaturverzeichnis u. S. 43).

[3] Zur Zeit der Abfassung dieser Arbeit lag nur der Parzival-Aufsatz von Herbert Kolb vor (s. S. 173). Seitdem ist Hans Endres' Aufsatz zum *Armen Heinrich* hinzugekommen (s. S. 214) und die umfassende Untersuchung des altenglischen *Superbia*-Vokabulars von Hans Schabram, deren noch ausstehender zweiter Teil vielfache Ergänzungen zu dem hier Vorgestellten erwarten läßt (s. S. 42). Ich selber habe in *Seminar* II (1966) eine werkbezogene Untersuchung des Motivs im *Nibelungenlied* versucht (s. S. 217).

Superbia-Gedankens in der Vulgärtheologie und der Literatur zu gewinnen und damit die Grundlagen und Aspekte für eine fruchtbarere Untersuchung der einzelnen Werke bereitzustellen. Die unvermeidlichen Nachteile dieser Darstellungsart, nämlich die Großflächigkeit der Ergebnisse und die Vernachlässigung mancher Details im Einzelwerk, ist dabei in Kauf zu nehmen.

Der erste Teil der Untersuchung (A) soll durch die Skizzierung der Grundlagen des Konzeptes zunächst den geistesgeschichtlichen Rahmen für das weitere abstecken (Kapitel I) und dann einen Grundriß der mittelalterlichen *Superbia*-Theorie geben (Kapitel II). Teil B verfolgt die sprachliche (Kapitel I) und die gedankliche (Kapitel II) Rezeption des Gedankens während der althochdeutschen Zeit und sein Auftreten in der ahd. Literatur (Kapitel III). In der Weiterführung untersucht Teil C die besondere Rolle des *Superbia*-Gedankens in den weltanschaulichen und ethischen Auseinandersetzungen des hohen Mittelalters (Kapitel I), die sich im frmhd. und mhd. Wortschatz ebenso spiegelt (Kapitel II) wie in der frmhd. (Kapitel III) und der mhd. Literatur (Kapitel IV). Der abschließende Teil D konzentriert sich auf die spezifisch literarischen Aspekte des Komplexes, indem er einen Abriß der umfangreichen *Superbia*-Symbolik gibt (Kapitel I) und schließlich (Kapitel II) in einigen Werken die Funktion des Motivs *superbia* im Einzelnen verfolgt.

Diesem Buch liegt eine Arbeit zugrunde, die im Dezember 1962 von der Philosophischen Fakultät der Georg August Universität in Göttingen als Dissertation angenommen wurde. Die Umarbeitung diente neben der Berücksichtigung neu erschienener Literatur vornehmlich der Straffung und Kürzung. Gekürzt wurden vor allem der einleitende Teil und die lexikologischen Untersuchungen des zweiten Teiles.

Ich habe für mancherlei Hilfe Dank zu sagen. Meinem verehrten Lehrer Prof. Wolfgang Lange für seine unermüdliche Förderung. Den Herren Dr. Wolfgang Bachofer (Hamburg), Dr. Otto Prinz (München), Dr. Dietrich Ruprecht (Göttingen) und Dr. Johannes Schneider (Berlin) für ihre großzügige Unterstützung bei der Beschaffung des Wörterbuchmaterials, Herrn Prof. Armin Arnold für die Aufnahme des Buches in diese Reihe, dem Verlag für eine angenehme Zusammenarbeit. Dem *Humanities Research Committee* der McGill University bin ich für wiederholte finanzielle Unterstützung verpflichtet. Das Buch wurde mit Mitteln des *Humanities Research Fund* gedruckt.

Montreal, im Juni 1969   Wolfgang Hempel

Herrad v. Landsberg, Hortus deliciarum, ed. Straub-Keller

Teil A

GRUNDLAGEN UND GRUNDZÜGE
DER MITTELALTERLICHEN SUPERBIA-THEORIE

I. Wesen und Geschichte des Superbia-Gedankens

1. Die realen Grundlagen des Superbia-Konzepts

Lat. *superbia* bedeutet nach Georges[1] „Übermut, Hoffart, Stolz, Frevelmut; Hochgefühl, stolzes Selbstgefühl". Diese Definition, die für das klassische Latein als repräsentativ gelten darf, zeigt eine auffällige Ambiguität. Das Bedeutungsfeld ‚*superbia*' gliedert sich unter den Kategorien ‚Charakterfehler' und ‚Charaktervorzug' in einen positiven und einen negativen Bereich. Hoffmeisters *Wörterbuch der philosophischen Begriffe*[2] trennt denn auch diese beiden Bereiche in „Hochmut . . . eine Form des unechten gehobenen Selbstwertgefühls" und „Stolz . . . ein sittlicher Wert". Diese eigentümliche Ambivalenz des Konzepts macht den Begriff *superbia* schwer faßbar und läßt eine nähere Betrachtung des gemeinten Sachverhaltes als notwendig erscheinen. Auf welche realen Gegebenheiten bezieht sich also der Gedanke, der mit dem Wort *superbia* bezeichnet ist?[3]

Hoffmeister beruft sich bei seiner Darstellung der Begriffe *Hochmut* und *Stolz* auf Philipp Lerschs Standardwerk *Der Aufbau der Person*.[4] Auch dem folgenden Überblick liegen die Ausführungen Lerschs zugrunde:

Der zur Betrachtung stehende Komplex von Trieben und Gefühlen basiert auf dem Grundtrieb der Selbsterhaltung. Aus diesem Urinstinkt, dessen Funktion die Durchsetzung des Individuums gegenüber der Umwelt ist, bilden sich unter dem Einfluß sozialer Faktoren die überbauenden differenzierteren Triebe wie z. B. Machtstreben und Geltungsdrang, die wir unter dem zentralen Begriff des *Egoismus* zusammenfassen. Alle Strebungen des Egoismus schließen ihrem Wesen nach „das Bewußtsein einer gewissen Isolierung gegen die Umwelt und Mitwelt und eine gewisse Gegenstellung zu ihnen ein." (S. 143) Diese Isolationstendenz wird beim natürlichen, gesunden Egoismus durch gleichgewichtige soziale Triebe ausgeglichen. Sobald jedoch diese Balance gestört ist, steigert sich die normale

---

[1] K. E. Georges, *Lateinisch-Deutsches Handwörterbuch*, 6. Aufl. (Leipzig, 1860).
[2] J. Hoffmeister, *Wörterbuch der philosophischen Begriffe*, 2. Aufl. (Hamburg, 1955).
[3] Die Termini *Wort, Konzept* oder *Gedanke, Sachverhalt* verwende ich hier und im folgenden für die drei Faktoren des semantischen Dreiecks. Für die Funktionseinheit „Wort-Konzept" gebrauche ich den Terminus *Begriff*. Zum gesamten Problemkreis Stephen Ullmann, *The Principles of Semantics* (Oxford, 1957).
[4] Phillipp Lersch, *Der Aufbau der Person*, 6. Aufl. (München, 1954).

Isolation zu einem Zustand weitgehender Lösung von den außerpersönlichen Strukturen bei gleichzeitig zunehmender Konzentrierung auf die eigene Person. Diesen überwertigen Egoismus, der gewöhnlich mit *Egozentrik* oder *Selbstsucht* bezeichnet wird, beschreibt Lersch folgendermaßen (S. 123): „Im Profil des Selbstsüchtigen sind vor allem ausgeprägt Züge wie Eigennutz, Besitzwille, Geldgier, Raffgier, Gewinnsucht (Profitsucht), Knauserei, Geiz. Das gesamte Verhalten des Selbstsüchtigen steht unter dem Zeichen der Sucht zu haben. . . . Zu den mitmenschlichen Einstellungen gehört vor allem auch der Neid, das Mißgönnen. . . . Je stärker der Egoismus eines Menschen ist, desto geringer ist seine Bereitschaft, sachliche Verbindlichkeiten anzuerkennen und auf sich zu nehmen. Wir stellen dies fest als Mangel an sachlicher Hingabe und Begeisterungsfähigkeit, an Einsatzbereitschaft und Leistungswillen, an Arbeits- und Leistungsgewissen. . . . Die Selbstsucht kann sich äußern in der aggressiven Weise von Grobheit, Rohheit, Rücksichtslosigkeit, Willkür und launenhafter Gewalttätigkeit."

Lersch nennt dann als weitere Formen das Mißtrauen, die Furchtsamkeit, die Heuchelei, den Satanismus als hybride Form des Machtstrebens, den Eigensinn, den Trotz, den Widerspruchsgeist, die doktrinäre Unbelehrbarkeit, die Eigenbrötelei und viele andere.[5]

Im Zentrum der egoistischen Strebungen steht die gefühlshafte Überzeugung vom Wert der eigenen Person. Dieses gesunde *Selbstwertgefühl* wird nun in der Egozentrik ebenfalls übersteigert und tritt dann in zwei verschiedenen Stufen der Intensität auf. Der Stolz als das Gefühl einer besonderen persönlichen oder sozialen Qualität und relativen Unabhängigkeit ist die eine gesteigerte Form des Selbstwertgefühls, die jedoch gemäßigt ist durch ein kritisches Bewußtsein, das Person und Umwelt in Beziehung hält. Ein solches Regulativ fehlt den eigentlichen Hybriden des Selbstwertgefühls: Es kann aus Mangel an Urteilskraft übersteigert werden zur Selbstüberschätzung und zum Größenwahn. Es kann als Verkleidung eines Minderwertigkeitsgefühls zu Hochmut und Dünkel pervertieren. Und es kann als Übersteigerung des Dranges nach Anerkennung zur Eitelkeit und zum Narzißmus werden.

Die den gesteigerten Selbstwertgefühlen entgegengesetzten Phänomene sind die Demut und ihre Übersteigerung, die Unterwürfigkeit. Demut ist die dem Stolz im Gegensatz entsprechende Haltung: die selbstkritische

---

[5] S. 124. Es ist bemerkenswert und weist auf geistesgeschichtliche Zusammenhänge hin, wie diese Darstellung von seiten eines modernen Psychologen sich deckt mit der mittelalterlichen Sündenfiliation, die im folgenden darzustellen sein wird (S. 15 ff.).

Unterordnung unter einen höheren Wert. Unterwürfigkeit hingegen ist mit ihrer Betonung eigener Wertminderheit und dem ständigen Hinweis auf die Wertüberlegenheit des Bezugsobjektes entweder eine Heuchelei oder aber Ausdruck eines Minderwertigkeitsgefühls, eines unterentwickelten Selbstwertgefühls.

Die reale Grundlage also, auf welcher sich das Konzept der ‚superbia' erhebt, ist eine Gruppe psychischer Phänomene, die sich unter dem Oberbegriff der *Egozentrik* zusammenfassen lassen. Sie alle tendieren in verschiedenen Graden zu einer Lösung von außerpersönlichen Ordnungen und Beziehungen bei gleichzeitiger Konzentration auf die eigene Person.

2. Die archetypischen Züge des Superbia-Gedankens

Lat. *superbia* bezeichnet also den Komplex der Vorstellungen und Auffassungen, die das Altertum und das Mittelalter von den Phänomenen der hybriden Selbstwertgefühle hatte. Insoweit ist der *Superbia*-Gedanke eine historische, zeitgebundene Erscheinung. Als Reflexion jedoch von psychischen Gegebenheiten, die zumindest über sehr lange Zeiträume hinweg unveränderlich sind, können sich dem *Superbia*-Gedanken ähnliche Vorstellungen jederzeit neu und eigenständig entwickeln. Und insoweit stellt sich der *Superbia*-Gedanke in die Reihe der Urgedanken der Menschheit. Die Vorstellung, daß sich der Mensch in seiner Konzentration auf sich selbst aus dem Ganzen der Weltordnung löse, findet sich in den verschiedensten Formen zu allen Zeiten und bei allen Völkern:

Seinem Wesen nach ist der *Superbia*-Gedanke notwendig an einen Gegenpol gebunden, an die Vorstellung nämlich von einer universellen Ordnung, einem Weltgesetz, einer kosmisch-ethischen Fügung des Universums. Dieser archetypische Gedanke des *Ordo*, der anders als der *Superbia*-Gedanke eine ganze Reihe von Darstellungen gefunden hat,[6] bildet die Grundlage für die ethischen Vorstellungen der meisten Religionen. Im Kern geht es dabei stets darum, daß eine numinose Ordnung durch ein negatives Prinzip gestört wird. Dieses Prinzip des Bösen und der Sünde kann nun in den verschiedensten Gestalten gedacht werden, bleibt sich in seinem Wesen jedoch in allen Hochreligionen gleich. Wie Gustav Mensching es formuliert

---

[6] Vor allem die folgenden: H. Krings, *Ordo* (Halle, 1941); Derselbe, „Das Sein und die Ordnung", *DVj* XVII (1940); O. Veit, „Ordo und Ordnung", *Ordo* V (1953); K. Flasch, *Ordo dicitur multipliciter* (Frankfurt, 1956); F. Gäßler, *Der Ordo-Gedanke* . . . (Freiburg, 1953); J. J. M. de Groot, *Universismus* (Berlin, 1918).

hat, ist Sünde in weitestem Sinn „Isolierung des Menschen in seinem gesamten Dasein von transzendenten Welten".[7]

Mensching unterscheidet zwei Grundtypen der Sünden-Idee, zwischen denen die Sündenauffassungen der verschiedenen Religionen sich in ständigem Wechsel bewegen: die aktuelle und die essentielle Sünden-Idee. Die aktuelle Sünde ist die primitivere, d. h. sowohl die ursprünglichere als auch die einfachere Form der Sündenauffassung, der nicht nur die Primitivreligionen folgen, sondern die auch in weiten Bereichen der Hochreligionen herrscht. Die aktuelle Sünde, die notwendig in einer Relation zu einem normierenden Gesetz steht, ist im Prinzip Normwidrigkeit. Diese Auffassung reicht von der kultischen Sünde, die in einer objektiven Verletzung von Ritualen und Gesetzen besteht, und bei der die Gesinnung keinerlei Relevanz hat, bis zur ethischen Sünde, die als ein der Gesinnung entspringender Verstoß gegen ein moralisches oder ein göttliches Gesetz gedacht ist.

Die essentielle Sünde dagegen, die ein Wesenszug der Hochreligion ist, meint eine generelle Situation des Menschen gegenüber dem Transzendenten. Sie ist ein Zustand der Trennung vom Allgemeinen, ein Zustand der Isolierung und der Verlorenheit. Der Grund für diese Isolierung des Seienden aus seinem universellen Zusammenhang ist gewöhnlich nahezu mit der Isolierung selbst identisch. Er besteht in der Bindung an die materielle Welt durch die körperliche Existenz oder in dem damit zusammenhängenden Unglauben oder Nichtwissen. Die Ursache für die Isolation wird entweder im Transzendenten oder aber im Menschen gesucht. Deterministisch ausgerichtete Religionen sehen im göttlichen Prinzip selbst den Urheber für das Böse, die Hochreligionen gewöhnlich im Wesen des Menschen.[8] Als Triebkraft nun für diese Absonderung werden in bemerkenswerter Einhelligkeit aller Hochreligionen genau die Strebungen angesehen, die wir im vorigen Abschnitt zu betrachten hatten. Die Strebungen nämlich, die sich auf die Konstituierung und Durchsetzung des Subjektes gegenüber dem Außerpersönlichen richten: die Triebe, der eigene Wille und die Selbstdurchsetzung, der Egoismus.

---

[7] *Die Idee der Sünde* (Leipzig, 1931), S. 2. Zu dem Themenkreis auch O. Dittrich, *Die Systeme der Moral* (Leipzig, 1923).

[8] In dem einen Fall kann sich aus der dämonischen Seite Gottes der Gedanke des Satanischen entfalten, das dann zum Repräsentanten der jeweiligen Grundsünde wird. In dem anderen Fall kann sich die Abkehr vom Göttlichen generell verstanden als Mythos manifestieren (Urfall, Ursünde).

Die Aufhebung der Sünde richtet sich ganz nach der jeweiligen Sündenauffassung. Die aktuelle Sünde muß durch konkrete Handlungen wiedergutgemacht werden oder führt zu konkreter Strafe; die essentielle Sünde wird durch die Beseitigung der Isolation aufgehoben. Das geschieht durch eine Aktion des Transzendenten (Gnade, Heilsgeschehen) oder durch die Auflösung der isolierenden Tendenzen im Menschen (Erkenntnis, Nirwana, Selbstaufgabe, Demut).

Diese Prinzipien, die Mensching in großer Ausführlichkeit beschreibt, durchziehen in mannigfaltiger Mischung die Geschichte aller Religionen. Sie bilden den Kern auch für die abendländischen Ideen, um die es uns hier geht. Was nach Ausweis der vergleichenden Religionswissenschaft als psychisches Prinzip des Bösen und der Sünde angesehen wird, deckt sich genau mit dem, was die psychologische Betrachtung als die reale Grundlage für das Konzept der *superbia* feststellte: Als Ursünde gilt den Hochreligionen der Komplex der Selbstbehauptung, des Egoismus. Hierin liegt die große geistesgeschichtliche Bedeutung des *Superbia*-Gedankens begründet.

3. Die Geschichte des Superbia-Gedankens

Die beiden ethischen Bezugspunkte ,Individuum' und ,allgemeine Ordnung' schließen einander aus, die Haltung der Selbstdurchsetzung ist derjenigen der Selbstaufgabe genau entgegengesetzt. Zwischen dem *Ordo*-Gedanken und der ihm zugehörigen *humilitas* auf der einen und dem *Superbia*-Gedanken auf der Gegenseite besteht deshalb ein polares Spannungsverhältnis, dessen dialektischer, gleichsam mit der Mechanik einer Waage wechselnder Fortgang die Geschichte dieser beiden Zentralbegriffe der Ethik bestimmt. Die Auffassung des einen als eines Grundwertes ist stets verbunden mit der entsprechenden Abwertung des anderen. Dieses Wechselverhältnis kann als ein geistesgeschichtliches Gesetz betrachtet werden.

Freilich ist der historische Ablauf dieser Dialektik nur bedingt vorauszuberechnen. Denn wie gesagt können sich Vorstellungen von Universalordnung und egozentrischer Isolation in jedem Kulturraum und zu jeder Zeit neu entfalten oder durch die jeweiligen Zeitverhältnisse sehr weitgehend modifiziert werden. Das bedeutet, daß man die Dialektik zwischen der *Ordo*-Idee und dem *Superbia*-Gedanken zwar historisch verfolgen, aber nicht allein historisch begründen darf. Die Möglichkeit der parallelen Entfaltung verbietet es grundsätzlich, von ähnlichen Erscheinungen eo ipso auf historische und entwicklungsgeschichtliche Zusammenhänge zu schließen.[9] Dies verringert aber keineswegs die Bedeutung der kausalen Verknüpfung und der historischen Bedingtheit der *Superbia*-Vorstellungen, wie sie in der Geschichte auftreten. Erst in dem Wechselspiel der beiden Ideen entwickelt sich aus dem archetypischen *Superbia*-Gedanken die spezifische *Superbia*-Theorie, die uns im Hochmittelalter entgegentritt. Wenigstens in ihren Grundzügen haben wir deshalb diese Entwicklung zu verfolgen.

Die abendländischen *Ordo*- und *Superbia*-Vorstellungen entwickeln sich in zwei voneinander unabhängigen, doch gleichzeitig und parallel verlaufenden Strömen: in der griechisch-römischen Ethik und in der alttestamentlichen Religion. In Griechenland[10] entsteht aus konkreten Vorstellungen von Grenzüberschreitungen der Begriff der *hybris*, die in der klassischen Zeit zur Grundsünde wird.[11] *Hybris* ist das Überschreiten der menschlichen Grenzen und das Ausbrechen aus dem *kosmos* der Welt, ihr Wesen besteht darin, „daß sie das Ich zum Zentrum machen und von den Bedingungen seines und allen Daseins loszureißen sucht".[12]

Von der Sophistik ausgehend und getragen durch die politisch-gesellschaftlichen Geschehnisse jener Zeiten, vollzieht sich im 6. Jahrhundert ein scharfer Wechsel. Zusammen mit den alten Gemeinschaftsbindungen und dem Glauben an personale Götter lösen sich auch die archaischen *Ordo*-Vorstellungen auf und machen einem ethischen Individualismus Platz. Im Hellenismus entwickeln sich die Philosophien, die auf die Selbstbehauptung des Individuums ausgerichtet sind, zur beherrschenden Weltanschauung. Epikureismus und Stoa machen den Individualismus zur Grundlage der spätantiken Ethik. Das Ich rückt in das Zentrum der Welt und tritt an die Stelle der numinosen und transzendenten Bezugspunkte. Das *summum bonum* ist nun nicht mehr ein *Ordo*-Begriff, zur höchsten Tugend wird vielmehr die Haltung, die einst Ursünde war: das Bewußtsein des eigenen Wertes, der sichere und starke Glauben an sich selbst und die Überzeugung, daß das in sich ruhende und unabhängige Individuum als Mittelpunkt in

---

[9] Andererseits gibt sie das Recht, einen bestimmten Ausschnitt aus der Geschichte des *Superbia*-Gedankens stärker zu isolieren und für sich zu betrachten, wie es in dieser Arbeit geschieht.

[10] Zum folgenden vgl. u. a. K. Latte, *Schuld und Sühne in der griechischen Religion* (Leipzig, 1920); E. Schwarz, *Ethik der Griechen*, hrsg. v. W. Richter (Stuttgart, 1951); L. Schmidt, *Die Ethik der alten Griechen*, 2. Bde. (Berlin, 1882).

[11] Latte, S. 270; Schmidt I, S. 253. Besonders J. J. Fraenkel, *Hybris* (Utrecht, 1941). Zur Hybris in der Tragödie u. a. M. Pohlenz, *Die griechische Tragödie* (Leipzig, 1930) und H. G. Mette, *Medén agan* (München, 1933).

[12] Schmidt I, S. 254, ähnlich auch S. 283. Vgl. auch Mette, S. 36.

Harmonie mit der Welt stehe. Unter der Bezeichnung *megalopsychía* bzw. *magnanimitas*[13] bildet diese Haltung den Mittelpunkt der antiken Tugendlehre bis in die spätrömische Kaiserzeit. Die ethischen Vorstellungen der Spätantike, mit denen sich das junge Christentum auseinanderzusetzen hat, sind also in ihrem Kern egozentrisch.

Im Gegensatz zur aristokratischen Individualethik der griechisch-römischen Welt behalten die vorderorientalischen Religionen stets eine archaische Sündenauffassung: Sünde ist Empörung gegen eine göttliche Herrschermacht.[14] Das gilt auch für das alttestamentliche Judentum, in welchem die christlichen *Superbia*-Vorstellungen ihre Wurzel haben. Das politisch-geschichtliche Selbstverständnis Israels gründet sich auf den Bund mit dem personalen Herrscher-Gott, seine Selbstbehauptung hängt ab von der Treue zu Jahwe, der Dauer des Gesetzes und der Tradition. Dieser Bundes-Vertrag bringt einerseits die allmächtige Fürsorge Jahwes für sein Volk und damit die reale Erhaltung dieser Religionsgemeinschaft, er fordert aber andererseits völlige Unterwerfung des Einzelnen wie des Staates unter den Willen des herrschenden Gottes. Jeder Vertragsbruch hat eine sofortige, wenn auch befristete Kündigung des Schutzverhältnisses zur Folge, Gehorsam dagegen bringt Gedeihen und geschichtlichen Erfolg.[15] Ungehorsam und Nichtachtung gegenüber Jahwe muß deshalb als das schwerste Vergehen des Menschen angesehen werden. Eigenmacht, Stolz, Widerspruchsgeist, Übermut, Selbstüberschätzung, kurz, Egozentrik sind im alttestamentlichen Glauben die Wurzel aller Sünde.[16] Die Selbstaufgabe und die völlige Unter-

---

[13] Dazu U. Knoche, *Magnitudo animi* (Leipzig 1935). Die *megalopsychía* ist bei Aristoteles die Tugend des sicheren Verständnisses und Bewußtseins eigenen Wertes. Die römische *magnanimitas* bezeichnet in leichtem Unterschied dazu eine Kombination aus *patientia* und *fortitudo,* sie ist die Tugend des Imperiums, das die Welt beherrschte. Mit dem Vordringen übrigens dieses Ideals sinkt die Bedeutung des Begriffes *hybris* ins Konkrete ab, er wird in hellenistischer Zeit überwiegend durch *hyperephanía* ,Eitelkeit, Hochmut' ersetzt.

[14] A. Jeremias, *Der Antichrist in Geschichte und Gegenwart* (Leipzig, 1930) bes. S. 7; E. Kamlah, *Christentum und Geschichtlichkeit,* 2. Aufl. (Stuttgart, 1951); J. Hempel, *Das Ethos des Alten Testaments* (Berlin, 1938).

[15] Der Versuch des israelischen Königtums z. B., sich und den Staat Israel zu einer geschichtlichen Macht eigener Tradition zu machen, widerspricht denn auch dem steten und absoluten Machtanspruch Gottes und wird durch die Propheten niedergekämpft. Daher kommt es, daß die prophetischen Schriften die Hauptquelle für die *Superbia*-Auffassungen des alttestamentlichen Judentums sind. Auf sie stützt sich später zumal die mittelalterliche *Superbia*-Theorie.

[16] Dazu bes. Kamlah, Kap. I. Der Begriff *superbia* kommt im Alten Testament (Vulgata) 181mal vor, dazu kommen *contumacia* ,Trotz' (43), *extollentia* ,Überhebung' (33), *arrogantia* ,Anmaßung' (16), *praesumptio* ,Dreistigkeit' (10). Der Begriff *humilitas* tritt 237mal auf. (Daten nach eigener Konkordanz-Auszählung.)

werfung unter Jahwes Willen hingegen sind die Aufgabe des Menschen und das besondere Merkmal des Gottesvolkes.

Von diesen recht konkreten *Superbia*-Vorstellungen des Alten Testaments entfernt sich das Neue Testament beträchtlich. Christi Lehre, die das Individuum jenseits aller innerweltlichen Ordnungen in unmittelbare Beziehung zum Transzendenten setzt, läßt nur noch die Alternative „Glaube, Verbindung mit Gott, geistiges Leben" oder „Unglaube, Trennung von Gott, geistiger Tod" zu. Die Idee der Sünde tritt demnach hier in ihrer generellsten Form auf: Sünde und Tod ist Trennung vom Weltganzen. Eine als solche fest formulierte Ursünde gibt es nicht, es sei denn der Unglaube. Grundlage der neutestamentlichen Ethik ist dagegen im Doppelgebot der Gottes- und der Nächstenliebe die Forderung, die eigene Person nicht in den Mittelpunkt zu stellen, sondern sich an Gott und den Mitmenschen zu binden. Kern der positiven Morallehre des Neuen Testaments ist also der Verzicht auf Selbstbehauptung, ist die Tugend der *humilitas*.[17] Die *superbia* dagegen spielt im Gegensatz zum Alten Testament im Neuen eine nur geringe Rolle.[18] Sie ist auf die konkreten Fehler des Hochmuts und der Eitelkeit eingeschränkt.

Aus dem Zusammenströmen dieser beiden Traditionsstränge, des heidnisch-antiken und des jüdisch-frühchristlichen, entsteht in den Jahrhunderten nach Christi Geburt die *Superbia*-Lehre des mittelalterlichen Christentums. Das Urchristentum sieht sich mit dem Ausbleiben der Parusie in den weiterlaufenden Strom der Welt geworfen und beginnt, um sich in der Geschichte behaupten zu können, neuerlich Ordnungen und Institutionen zu entwickeln. Der unerhörte Anspruch des Doppelgebotes zumal, das die gesamte Ethik auf nur zwei Maximen zusammenfaßt und in jeder neuen Situation neue Entscheidungen verlangt, ist für den durchschnittlichen Menschen auf die Dauer schwer erfüllbar. Mit dem Entstehen der christlichen Kirche zusammen geht deshalb eine zunehmende Differenzierung und Konkretisierung der moralischen Forderungen zu einem Normensystem, das dem Einzelnen eine Orientierung in der Welt gestattet und ihm gegenüber der transzendenten Gnade eine Möglichkeit eigener Tugendverdienste gibt. Dieser Zwang zu immer genauerer Definition und Formulierung der

---

[17] Daß schon das frühmittelalterliche Christentum das erkannt hatte, zeigt Augustin: *Si interrogares et quotiens interrogares de praeceptis Christianae religionis, nihil me aliud respondere audies nisi humilitatem.* (ep. 118, 3,22). Zur *humilitas* s. auch S. 26 ff.
[18] Siehe S. 26, Anm. 34.

ethischen Forderungen wird verstärkt durch die nun beginnende Auseinandersetzung mit der heidnisch-antiken Philosophie.

Am härtesten ist der Zusammenprall der beiden Weltanschauungen in ihrem Zentrum, in der Ethik. Eine Religion der Selbstaufgabe trifft auf eine Philosophie der Selbsterweiterung. Die *magnanimitas* des Heidentums muß dem Christentum als *superbia* erscheinen und umgekehrt muß die christliche Grundtugend der *humilitas* dem Stoiker und Neuplatoniker als charakterlicher Mangel verächtlich sein.[19] In ihrer Verteidigung und dann in ihren Angriffen gegen die heidnische Philosophie greift die christliche Apologetik natürlicherweise vorwiegend auf die *Superbia*-Gedanken des Alten Testaments zurück und geht im Beginn von den sehr konkreten Begriffen des Urchristentums (Tugendstolz, Eitelkeit, Exklusivhochmut etc.) aus. Doch wird diese aktuelle und konkrete Auffassung der *superbia* zunehmend generalisiert durch den Einfluß der essentiellen Sündenideen der christlichen Lehre. Als die eigenmächtige Trennung von Gott wird die *superbia* dem mittelalterlichen Christentum zur Ursünde in einem noch allgemeineren und schwerer wiegenden Sinne, als es die *hybris* der Antike und der *gaon* des Alten Testamentes war. Das Besondere an der sich in den ersten vier Jahrhunderten ausbildenden *Superbia*-Lehre der christlichen Kirche ist es, daß sie alle Elemente der in sie einmündenden Traditionsstränge in sich bewahrt. Der mlt. Begriff *superbia* hat deshalb, wie im folgenden zu zeigen ist, einen enormen semantischen Bereich, er umfaßt sämtliche nur denkbaren Erscheinungen des Egoismus und der Egozentrik und reicht von äußersten konkreten Spezifikationen, wie etwa der Putzsucht, bis zur generellsten Idee der Isolierung vom Weltganzen und von Gott.

Seine grundsätzliche Prägung erfährt der *Superbia*-Gedanke durch Augustin, dessen Lehre in ihren wesentlichen Zügen das ganze Mittelalter hindurch gültig bleibt. Da uns im weiteren vor allem Einzelheiten der *Superbia*-Theorie beschäftigen werden, die erst in der nachaugustinischen Zeit voll entfaltet wurden, seien Augustins Gedanken hier nur in ihren Umrissen und ihrem Kontext kurz dargestellt.[20]

---

[19] Das beruht nicht zuletzt auf begrifflich begründeten Vorurteilen. Denn wie das Judentum, so verwendet auch das Christentum mit einem gewissen Trotz für seine zentrale Tugend Begriffe, die im üblichen Sinn peiorativ waren: *tapeinós* und *humilis* bedeuten ,niedrig, gering'. Zu einem parallelen Vorgang im Mittelalter s. S. 56 f. Zum gesamten Themenkreis J. Stelzenberger, *Die Beziehungen der frühchristlichen Sittenlehre zur Ethik der Stoa* (Berlin, 1933) und O. Zöckler, *Die Tugendlehre des Christentums* (Gütersloh, 1904).

[20] Augustin hat seine *Superbia*-Lehre freilich nirgends in geschlossenem Zusammenhang dargelegt. Sie setzt sich vielmehr zusammen aus einer Vielzahl von mehr oder minder

Gott gegenüber als dem Grund allen Seins gibt es nur eine Möglichkeit des Gegensatzes, nämlich das Nicht-Sein.[21] Die Antithese, die Gott der Schöpfung zu ihrer Vollkommenheit beigefügt hat,[22] besteht deshalb nur in einer Negation: Das Geschaffene kann von Gott getrennt werden und einen Verlust an Gutem und damit an Existenz erleiden.[23] Um diese Tendenz des *malum* auszugleichen, läßt Gott eine Gegenkraft wirken, die alles Seiende in einem in Gott ruhenden Gefüge erhält: den *ordo*.[24] Die Erscheinungsformen dieser beiden Kräfte bei den Geschöpfen, die Gott mit Vernunft und Entscheidungskraft versehen hat, sind die *superbia* und die *humilitas*.[25] Ihr Widerspiel bildet die Heils- und die Weltgeschichte. Der erste Fall der *superbia* geschah in Luzifer, dem obersten der Engel, der eigene Macht zu errichten versuchte.[26] Aus Neid verführte der gestürzte

komplexen, gelegentlich einander widersprechenden Elementen, die sich in einer außerordentlichen großen Zahl von Äußerungen überall in seinem Werk finden. Nur einige der prägnantesten kann ich zum obigen als Beispiel anführen. Im übrigen hat E. Heinlein in seiner Greifswalder Dissertation von 1921 (masch.) „Die Bedeutung der Begriffe superbia und humilitas bei Papst Gregor I. im Sinne Augustins" untersucht. Er führt die wichtigsten Augustin-Stellen auf (weitere findet man leicht in der Migneschen Indizes), übergeht jedoch u. a. die Ordo-superbia-Beziehung und das Egozentrik-Moment. Eine umfassende Untersuchung ist zu wünschen. Ansätze dazu, die ich in der Erstfassung dieser Arbeit unternahm, konnten hier keinen Platz finden.

[21] *Deo id est summae essentiae, et auctori omnium qualium cumque essentiarum, essentia nulla contraria.* (C. D. XII, 2)

[22] *Qui ordo atque dispositio, quia universitatis congruentiam ipsa distinctione [sc. boni et mali] custodit, fit ut malum etiam necesse sit. Ita quasi ex anthitetis quodammodo . . . ex contrariis omnium simul rerum pulchritudo figuratur.* (ord. I, 6, 18)

[23] *Quid est autem aliud quod malum dicitur nisi privatio boni?* (encheir. XI) — *Relicto itaque Deo, . . . non iam nihil esse est, sed nihilo propinquare.* (C. D. XIV, 13) — *Non noveram malum non esse nisi privationem boni usque ad quod omnino non est.* (conf. 3, 7)

[24] *Ordo est, inquit, per quem aguntur omnia quae Deus constituit.* (ord. I, 10, 28) — *Ordo est parium dispariumque rerum sua cuique loca tribuens dispositio.* (C. D. XIX, 13) — *Naturae igitur omnes, quoniam sunt et ideo habent modum suum, speciem suam, et quandam secum pacem suam, profecto bonae sunt. Et cum ibi sunt, ubi esse per naturae ordinem debet, quantum acceperunt, suum esse custodiunt.* (C. D. XII, 5) — *Haec vero quae tendent esse, ad ordinem tendunt: quem cum fuerint consecuta, ipsum esse consequuntur, quantum id creatura consequi potest.* (mor. Manich. II, 8)

[25] *. . . nequaquam dubitare debemus . . . [causam esse] malarum ab immutabili boni deficientem boni mutabilis voluntatem, prius angeli, hominis postea.* (encheir. XXIII) — *Porro malae voluntatis initium quod potuit esse nisi superbia?* (C. D. XIV, 13) — *Est igitur aliquid humilitatis miro modo quod sursum faciat cor, est et aliud elationis quod deorsum faciat cor.* (C. D. XIV, 13) — *Quid est autem Christus qui diabolum occidit? Humilitas occidit superbiam. . . . Viam enim nobis fecit per humilitatem quia per superbiam recesseramus a Deo.* (enarr. in ps. XXXIII, 1, 4)

[26] *Cum vero causa miseriae malorum angelorum quaeritur, merito occurit, quod ab illo, qui summum est, aversi ad se ipsos conversi sunt, qui non summum sunt. Et hoc vitium quid aliud quam superbia nuncupetur? Initium quippe omnis peccati superbia.* (C. D. XII, 6)

Teufel den Menschen zur gleichen Ursünde der Egozentrik.[27] Die Liebe zu Gott und die Selbstliebe sind seitdem die Triebkräfte der *civitas Dei* und der *civitas terrena*.[28] Erst durch Christus, der die Verkörperung der *humilitas* ist, wird die *superbia* besiegt und der Mensch zu Gott zurückgeführt.[29] Die *superbia* ist also, wie die Schrift lehrt, als Trennung von Gott der Anfang aller Sünde.[30] Sie tritt in verschiedenen Erscheinungsweisen auf: Geltungsdrang,[31] Eigenliebe,[32] Autarkiestreben,[33] Machtstreben,[34] Eigenwille,[35] extremer Individualismus,[36] Tugendstolz,[37] Tatendrang[38] etc. Im Kern aber ist sie immer Egozentrik: *Si anima ad se ipsam deserto Deo conversa fuerit, et sua potentia tamquam sine Deo frui voluerit, intumescit superbia, quod est initium omnis peccati.* (nat. bon. 9) In der Ursünde der *superbia* wendet sich die Seele von Gott ab, indem sie sich aus Eigenliebe und zur Selbsterhöhung zum Mittelpunkt einer eigenen Ordnung macht: *Porro malae voluntatis initium quod potuit esse nisi superbia?*

[27] *Initium autem omnis peccati superbia, qua diabolus irrevocabiliter in exteriora progressus est, hominemque invidendo et ei simile aliquid suadendo deiecit. Cui homini in quadam scriptura* [Ecclu. X, 9 u. 10] *dicitur: „Quid superbit terra et cinis? Quoniam in vita sua proiecit intima sua.“ „In vita sua“ dictum est, tamquam in propria sua, et quasi privata, qua delectatur omnis superbia.* (epist. III, 2, 4) — *. . . suum sibi extendo principium per superbiam . . . cohaerendo.* (C. D. XIV, 13)

[28] *Fecerunt itaque civitates duas amores duo, terrenam scilicet amor sui usque ad contemptum Dei; coelestum vero amor Dei usque ad contemptum sui.* (C. D. XIV, 28)

[29] *Pro hoc enim mediator effectus est, ut nos reconciliat Deo per humilitatem, a quo per impiam superbiam longe recesseramus.* (epist. III, 28, 68) — *Quid est autem Christus qui diabolum occidit? Humilitas occidit superbiam.* (enarr. in ps. XXXIII, 1, 4)

[30] *Initium superbiae hominis apostatare a Deo.* — *Quoniam initium omnis peccati est superbia.* Auf diese beiden Sätze aus dem Ecclesiasticus (X, 13, 14) berufen sich Augustin und die anderen Autoritäten zu ungezählten Malen.

[31] *. . . superbia sit amor excellentiae propriae . . .* (gen. ad Litt. 11, 14)

[32] *. . . in quibus [angelis] praecessit hoc amor Dei, hoc amor sui.* (C. D. XIV, 13) Vgl. auch *amor sui* in C. D. XIV, 28.

[33] *[Angeli] alii sua potestate potius delectati, velut bonum sibi ipsi essent, a superiore communi omnium beatifico bono ad propria defluxerunt;* (C. D. XII, 1) — *[Diabolus] sua potestate propter excellentiam delectatus, tumesceret superbia . . .* (gen. ad. Litt. 11, 13)

[34] *Nec superbia vitium est dantis potestatem . . . sed animae perverse amantis potestatem suam . . .* (C. D. XII, 8) — *Sic enim superbia perverse imitatur Deum. Odit namque cum sociis aequalitatem sub illo: sed imponere vult sociis dominationem suam pro illo.* (C. D. XIX, 12)

[35] *. . . propria privataque nostra voluntate . . . tenebrati sumus.* (epist. III, 28, 68) — *Superbia quippe facit voluntatem suam; humilitas facit voluntatem Dei.* (tract. in ev. Joh. 16, 6)

[36] *Hoc enim dicit omnis superbus: Ego sum, et nemo.* (enarr. in ps. LXXIX, 11, 14)

[37] *Illud est vitium capitale, quod cum quisque bene profecerit, superbia tentatur, ut perdat totum quod profecit. Denique omnia vitia in malefactis timuenda sunt; superbia in benefactis plus metuenda* est. (enarr. in ps. 58)

[38] *. . . generalis vero amor actionis, quae avertit a vero, a superbia proficiscitur.* (lib. arb. 3, 53)

Initium enim omnis peccati superbia est. Quid est autem superbia nisi perversae celsitudinis appetitus. Perversa enim celsitudo est, deserto eo cui debet animus inhaerere principio, sibi quodam modo fieri atque esse principium. (C. D. XIV, 13)

Seit Augustin sind die *superbia* als Eigenliebe, Gottferne, Egozentrik, und ihr gegenüber die *humilitas* als Gottesliebe, Gottgebundenheit, Selbstaufgabe die Grundkategorien der mittelalterlichen Moraltheologie. Die weitere Entwicklung des *Superbia*-Gedankens besteht im wesentlichen aus einem langsam fortlaufenden Prozeß der Spezialisierung. Bei Augustin ist *superbia* im Sinne der generellen Sündenidee die zur Vernichtung führende Isolation des sich selbst zum Zentrum machenden Individuums. Diese der neutestamentlichen Auffassung an Abstraktionshöhe nicht nachstehende Vorstellung ist jedoch für das Alltagsleben der christlichen Welt schwer anwendbar. Die Praxis der Morallehre vor Klerus und Mönchen, noch mehr vor Laien oder gar vor Heiden verlangt Anpassung an praktische Erscheinungen und Bedürfnisse, Brauchbarkeit im täglichen Leben und leichte Verständlichkeit. Vor allem drängen sich Erscheinungsformen der *superbia* in den Vordergrund, die das frühe Christentum so sehr zu bekämpfen hatte und die nun in der eben konsolidierten Kirche neu aufspringen: der Stolz auf die eigenen Tugendleistungen und das darin begründete Gefühl selbstbewußter Unabhängigkeit. Es äußert sich in der für die junge Autorität der Kirche besonders störenden Form der Eigenwilligkeit und der Insubordination, und es ist besonders stark in den Zentren des strengsten Christentums, den Klöstern. Was Wunder, daß die *Superbia*-Theorien in der Folgezeit in erster Linie auf diesen kirchlich-klösterlichen Gebrauch zugeschnitten werden und in der *superbia* vor allem den Eigenwillen und den Ungehorsam bekämpfen.[39]

Bei dieser Vereinfachung der Vorstellungen wird nun die generelle Idee der egozentrischen Isolation oft aus dem Auge verloren, beibehalten jedoch Züge wie „Ursünde", „Wurzelsünde", „Teufelssünde", die sich nur aus dieser generellen Idee ableiten, dagegen von der fortschreitend konkretisierten Auffassung der *superbia* als Hochmut, Prahlerei, Eitelkeit, Ungehorsam usw. nicht zu erklären sind. Die Folge ist, daß zwischen der generellen Sündenidee und den konkreten Sünden der *superbia* eine Trennung entsteht, daß die *Superbia*-Theorie zumal in der seelsorgerischen Praxis an Systematik verliert und weithin in der Auf-

---

[39] Es ist nicht zufällig, daß sich die mittelalterlichen Autoren bei ihren Ausführungen zur *superbia* fast ausschließlich auf Zitate aus dem Alten Testament berufen.

zählung autorisierter Lehrsätze besteht, die bei manchen Autoren und in den Pönitentialien den Charakter zusammenhangloser Quodlibets annehmen kann. Damit verliert der *Superbia*-Gedanke weitgehend sein philosophisches Interesse, erlangt jedoch eben in seinen elementaren Lehrsätzen und starren Formulierungen die weiteste Verbreitung in der Praxis, so daß die Hauptkomplexe der *Superbia*-Theorie, die im folgenden unser Gegenstand sind, geistiges Allgemeingut des Mittelalters werden.

Die Höhepunkte in der nachaugustinischen Geschichte des *Superbia*-Gedankens sind Gregor der Große und Thomas von Aquin.[40] Gregor vollbringt in seinen *Moralia in Job,* dem Moralhandbuch des Mittelalters, die Hauptleistung sowohl der Entfaltung der *Superbia*-Theorie als auch ihrer Popularisierung. Thomas faßt die zahlreichen Theoreme der *Superbia*-Lehre wieder zu einem geschlossenen System zusammen und geht zudem als erster über Augustin hinaus, indem er das aristotelische Prinzip der Tugendmitte auch auf die *superbia* und *humilitas* anwendet und damit zu einer Unterscheidung von Magnanimität und Hochmut, von natürlichem und hybridem Selbstwertgefühl kommt, die sich den Auffassungen des Rittertums sehr nähert.[41] Diese Unterscheidung wird für den spätmittelalterlichen *Superbia*-Gedanken bestimmend, denn nun kann der Begriff der *superbia* leicht auf die konkreten Fehler des Hochmuts und der Eitel eingeschränkt werden. Die „Ursünde der Hoffart" bleibt in dieser Form Bestandteil der katholischen Morallehre bis zur Gegenwart. Die generellere *Superbia*-Idee dagegen tritt mit dem Niedergang der strengen mittelalterlichen Kirche und mit dem Aufkommen einer neuen Hochschätzung der Person in der Renaissance zurück. Sie lebt noch einmal in der Gegenreformation und den von ihr beeinflußten Strömen des 17. Jahrhunderts auf, wird dann jedoch vom aufkommenden Individualismus seit der Mitte des 18. Jahrhunderts abgelöst. In der Gegenwart herrschen in der westlichen Kultur Magnanimitäts-Ideale vor, die Behauptung des Individuums, das Bewußtsein persönlicher Werte und ihre Förderung gelten weitgehend als Prinzip des Guten. Der Urgedanke der *superbia* jedoch entfaltet sich immer aufs neue in allen Gesellschaftsgruppen und Systemen, die sich auf feste Ordnungen gründen, und er lebt fort in den ihnen entsprechenden Philosophien.

---

[40] Die wichtigsten Autoren und Schriften der *Superbia*-Theorie sind im 1. Teil des Literaturverzeichnisses aufgeführt.
[41] Da Thomas für den hier genauer untersuchten Zeitraum keine Bedeutung hat, werde ich nur diesen Teil seiner Theorie im Zusammenhang mit dem *hôhen muot* des Rittertums herausheben. (S. 114, Anm.)

psychologische Ausweitung und Entfaltung des Begriffes *superbia*. Denn das *Superbia*-Quaternal umfaßt mit seiner weitgreifenden Systematik alle wichtigen Erscheinungsweisen des Selbstwertgefühls:

1. EX SE: Die Person schreibt sich selber alles zu, was sie hat und ist und hält sich für unabhängig von Gott. — Diese Art trifft die Haltung der sittlichen Selbständigkeit, des stolzen Vertrauens auf die Kraft der autonomen Person, der Magnanimität. Gerade diese Art wird uns künftig besonders beschäftigen, denn in ihr werden ethische Auffassungen bekämpft, die im antiken Heidentum als der ärgste Feind der christlichen *humilitas* aufgetreten waren und die nun im aufkommenden Rittertum neues Leben gewinnen.

2. PRO MERITIS: Die Person glaubt, die Gaben Gottes für eigene Verdienste und Tugenden zu bekommen. — Diese Art erfaßt die Selbstgerechtigkeit, den Tugendstolz, den Pharisäismus. Das allzu große Vertrauen auf eigene Tugendverdienste und die Einbildung auf die persönliche und ständische Vorzüglichkeit waren die größte seelische Gefahr für das Mönchtum seit seiner Entstehung. Auf diese Art der *superbia* richtet sich das Augenmerk der mönchischen und für mönchische Verhältnisse schreibenden Autoren. Dadurch bekommt diese Art, die oft sogar unter den Namen *vana gloria* als selbständige Todsünde auftritt (s. S. 20), in der patristischen und scholastischen Literatur ein gewisses Übergewicht über die anderen.

3. FALSO: Die Person hält sich für mehr, als sie wirklich ist und brüstet sich mit Dingen, die sie nicht besitzt. — Hier handelt es sich um Einbildung, Selbstüberschätzung, Angeberei, übersteigertes Geltungsbedürfnis. Es ist der Komplex, der den praktischen Erscheinungen des Alltagslebens am nächsten liegt und der deshalb die *superbia* im allgemeinen Bewußtsein am augenfälligsten vertritt.

4. PLUS OMNIBUS: Die Person mißachtet alle anderen und möchte mit dem, was sie hat und ist, als etwas Einzigartiges erscheinen und eine besondere Stellung einnehmen. — Diese Art erfaßt den Individualismus, den aristokratischen Stolz, das ehrgeizige Streben nach Selbstvervollkommnung, Entfaltung der eigenen Persönlichkeit und dergleichen. Sie deckt sich am weitesten mit dem Grundbegriff der Egozentrik. Der Wunsch, sich aus der Masse seiner Mitmenschen (ursprünglich der Klostergemeinschaft, später des jeweiligen Standes) herauszuheben, bedeutet unmittelbar eine Störung des *ordo*, eine Störung nämlich des richtigen Verhältnisses zur Umwelt. Im gleichen Sinn, wie die *Ex-se*-Haltung eine Störung des Verhältnisses zu Gott ist.

Heutiger Betrachtung stellen sich also je zwei der vier Arten eng zusammen. Auf der einen Seite stehen Einbildung *(falso)* und Selbstgerechtigkeit *(pro meritis)*, auf der anderen Autonomie *(ex se)* und Individualismus *(plus omnibus)*, um der Einfachheit halber diese etwas schlagwortartigen Begriffe zu gebrauchen. Deutlich erscheinen damit an dem *Superbia*-Begriff des Mittelalters zwei Seiten, deren eine uns heute als durchaus positiv gilt und in Begriffen wie *Individualität, Originalität, Genialität, Autonomie, Freiheit* als ranghoher Wert auftritt, während die andere in Begriffen wie *Angeberei, Dünkel, Hochmut, Pharisäertum* zwar als relativ harmlos angesehen, aber doch immer noch als ein Laster verurteilt wird.

Gerade die Seite aber, die heute zu einem Wert geworden ist, steht, da sie dem Grundmotiv des Wunsches nach eigener Sonderstellung *(amor propriae excellentiae)* entspringt, dem Kern der *superbia* nach mittelalterlicher Auffassung am nächsten: Autonomie und Individualismus. Ich werde sie in der Erinnerung an ihre antike Form als *Magnanimität* bezeichnen, um sie von der Einbildung und der Selbstgerechtigkeit, die sich unter dem Oberbegriff *Hochmut* zusammenfassen lassen, zu unterscheiden.

So stellt sich uns der mittelalterliche Begriff *superbia* als ein im tiefsten Grund zweigeteiltes Gebilde dar. Das Konzept der *superbia* vereinigt in sich sowohl die hybriden wie auch die normalen Formen des Selbstwertgefühls. In der Ursünde *superbia* verurteilt die mittelalterliche Morallehre nicht nur den Erbfeind des *ordo*, die Egozentrik, sondern versucht bewußt oder aus einem Mißverständnis auch das Selbstwertstreben und die anderen Selbstbehauptungsstrebungen selbst als Prinzip und Grundlage der Entartungen zu treffen und zu vernichten.

Hier ist man erinnert an unsere Theorie von der Geschichte des *Superbia*-Gedankens als einer historisch ablaufenden Dialektik positiver und negativer Auffassung bis zu ihrer vorläufigen Synthese in der christlichen Morallehre, die nun Hybris und Magnanimität als Negativum zusammenfaßt. Diese Synthese, entstanden in den Auseinandersetzungen zwischen der heidnischen Ethik und der christlichen Moralauffassung, läßt in ihrer Zweischichtigkeit die gewaltsame Fügung noch erkennen. Bei aller Geschlossenheit und Überzeugungskraft des Quaternalsystems deutet sich in dieser Polarität die Möglichkeit an zu einem neuerlichen Auseinanderbrechen und damit zu neuen Auseinandersetzungen zwischen positiver und negativer Wertung der Selbstwertgefühle, zu den Kämpfen zwischen der Magnanimität und dem Hochmut, die den Einzug des *Superbia*-Gedankens in das deutsche Mittelalter kennzeichnen werden.

So sehr nun das *Superbia*-Quaternal den Charakter der Zentralsünde in sich bewahrt und so genau es die wesentlichen Züge des hochmittelalterlichen *Superbia*-Gedankens widerspiegelt, alltägliche Bedeutung erlangt es weniger. In der Praxis der Lehre und der Laien-Seelsorge treten sehr zahlreiche *Superbia*-Derivate wirkungsvoll in den Vordergrund, die zwar auf den vier Grundhaltungen basieren oder ihnen jedenfalls einigermaßen zugeordnet werden können, die aber in erster Linie empirischen Erscheinungen entsprechen, auf praktische Bedürfnisse zugeschnitten sind und sich oft gegen eine allzu genaue logische Festlegung zur Wehr setzen.[1a]

Aus der Menge der sich so entfaltenden *Superbia*-Formen und der großen Zahl der Bezeichnungen heben sich einige Begriffe heraus, die durch die Wichtigkeit ihres Inhalts oder durch die Häufigkeit ihrer Verwendung zu den Zentralbegriffen des Feldes werden: *arrogantia, vana gloria, jactantia, praesumptio, contumacia*.[2] Neben diesen Begriffen, die von alters her zum Feld ‚*superbia*' gehören, stehen nun auch solche, die erst durch die mittelalterliche *Superbia*-Theorie mit dem Feld der ‚Egozentrik' verknüpft werden und es durch die Relevanz ihres eigenen Inhaltes enorm vergrößern. Vor allem sind es *curiositas, hypocrisis, inoboedientia, pertinacia, temeritas*.[3] Für die inhaltliche Bestimmung dieser Hauptderivate können die knappen Definitionen des Pseudo-Hugo v. St. Viktor aus seinem populären Handbüchlein über „Die Früchte des Fleisches und des Geistes" gelten.[4] Sie liegen den folgenden Inhaltsbestimmungen zugrunde.

[1a] *Nascitur etiam ex superbia contumacia, inobedientia, contentiones, haereses et caetera innumera vitia.* Jonas Aurelianus, inst. laic. 3, 4. Ähnlich auch Hraban, vit. et virt. 3, 2.

[2] Dazu kommt eine ganze Reihe von Begriffen, die zwar ebenfalls weitgehend synonym mit *superbia* verwendet werden, jedoch weniger häufig und weniger festen Inhaltes sind: *ambitio, contentio, contumelia, elatio, extollentia, fastus, inflatio, insolentia, immodestia, superexaltatio, supereminentia, tumor mentis*. Ferner Begriffe wie *nimietas, singularitas*, etc.

[3] Ferner *heresis, inepta laetitia, levitas mentis, libertas, superstitio, tyrannis*. Von der Vorstellung des Ordnungsbruches ausgehend auch Begriffe wie *excessus, inordinatio, perversio, aversio, praevaricatio, supergressio* etc.

[4] Das Büchlein *de fructibus carnis et spiritus* (PL 176, 998—1010) hat pronunziert seelsorgerische Ziele: *Cum omnis divinae paginae sermo id intendat, ut . . . superbiae malum declinandum attentius suadeat, necessarium videtur . . . quasi formam quandam visibilem virtutum cultori facietenus ostendere. . . . Duos itaque arbusculos . . . adjunctis vitiorum sive virtutum paucis diffinitiunculis proponimus . . .* (prol.). In der bemerkenswerten Zeichnung (PL 176, 1007—1010) steigt aus der Wurzel der *superbia* der Baum der Laster auf, dessen sieben Früchte die Todsünden sind (s. nächster Abschnitt). Die Egozentrik-Derivate entspringen deshalb beim Pseudo-Hugo nicht aus der *superbia* direkt, sondern ihrem nächsten Sprößling, der *vana gloria*. Die *superbia* selbst definiert er als *singularis excellentiae, tumentisque animi super omnes coetus quaedam gloriae et supereminentiae appetitio*. (fruct. carn. 3)

ARROGANTIA. Die Person nimmt etwas für sich in Anspruch, was ihr nicht gehört und nicht zusteht: Dünkel und Anmaßung. Dies Überschätzen und Überschreiten der eigenen Grenzen deckt sich in etwa mit der *Falso-superbia*.[5]

VANA GLORIA *(inanis gloria, cenodoxia)*. Die Person tut, was sie leistet, um sich auszuzeichnen und zu gefallen: Geltungsdrang, Eitelkeit, Ruhmsucht, Tugendstolz.[6] Da dies weitgehend der *Ex-se*-Haltung entspricht, steht die *vana gloria* in engster Nähe zum Kern der *superbia*.[7] Sie ist die wichtigste der *Superbia*-Formen und bildet oft eine eigenständige Sünde im Lasterseptenar.

JACTANTIA. Die Person stellt ihre Leistungen zur Schau und behauptet Größeres von sich, als der Wirklichkeit entspricht: Prahlerei, Angeberei.[8] Die *jactantia* ist die äußerliche Erscheinungsform der *superbia* und der *vana gloria* und wird deshalb in der Praxis des Alltags sehr wichtig.[9]

PRAESUMPTIO. Die Person verlangt und erwartet in übermäßiger Sicherheit mehr als ihr zusteht: zuversichtliche Kühnheit, freche Anmaßung, Dreistigkeit.[10]

CONTUMACIA. Die Person widersteht aus Stolz einem höheren Anspruch: Widerspenstigkeit, Halsstarrigkeit, Ungehorsam, Trotz.[11]

---

[5] *Arrogantia est venditare quae non habes, et gloriari ex eo quod non acceperis placendi hominibus cupiditate* (fruct. carn. 3). Auch Alanus ab Insulis identifiziert die *arrogantia* mit der *Falso*-Grundhaltung: *Arrogantia scilicet, quae sibi ascribit quod non habet* (summ. praed. 10).

[6] *Vana gloria est, placendi desiderio mota utriusque hominis incompetens agitatio.* (fruct. carn. 3). — *Quodcumque ornandi causa vel laudis ab hominibus fecerimus, vana gloria nuncupatur* (Pirmin, dicta, 14). — . . . *superbia non est idem inani gloriae, sed causa eius. Nam superbia inordinate excellentiam appetit; sed inanis gloria appetit excellentiae manifestationem.* (Thomas, summ. theol. II, II, 162, 8, ad 2)

[7] Martinus Dumiensis (opusc. de sup.): . . . *propinquitas earum vix paucorum forte discretione cognoscitur. . . . bonum non largitori Deo sed suae tribuant potestati.* . . . *Vana gloria est ergo humanis laudibus delectari: superbia vero est bonum pro quo aliquis laudatur, sibi hoc applicari, non Deo.*

[8] *Iactantia est fastu mentis id agente maiora quam sint de te inaniter praedicare et promittere* (fruct. carn. 3). Ähnlich auch Gregor, mod. bene viv., 38.

[9] Hugo v. St. Viktor: *Superbiae duo sunt genera. Unum intus, alterum foris. Intus superbia est, foris iactantia. Superbia in elatione cordis, iactantia in ostentatione operis . . . utraque . . . diverso licet modo inordinate convincitur gloriari* (sacr., 13, 1).Cassian verwendet *cenodoxia* wie *iactantia, seu vana gloria* (coll. V, 2) synonym und setzt sie als siebente Todsünde an.

[10] Thomas (summ. theol. II, II, 21, 1, 2): . . . *praesumptio, qua quis inordinate praesumit a Deo, amorem sui includit, quo quis proprium bonum inordinate desiderat. . . . praesumptio autem est motus quidam appetitivus, quia importat quandam spem inordinatam.* Der Pseudo-Hugo definiert nur die *novitatum praesumptio*, die der *curiositas* benachbart ist, doch geschieht das im gleichen Sinne: *Novitatum praesumptio est contra qualitatem sui ordinis aut virium singulari tumore novi aliquid attentare.* (fruct. carn. 3).

[11] Alcuin: *Fit etiam per contumaciam superbia, quando despiciunt homines senioribus*

CURIOSITAS. Die Person trachtet nach etwas Neuem und richtet ihre ganze Aufmerksamkeit auf etwas Besonderes: Neugier, Wissensdrang, Suche nach Neuem.[12] Diese Sünde hat ihre Bedeutung darin, daß sie aller weltlichen Wissenschaft und Philosophie zum Vorwurf gemacht werden kann, desgleichen der Abenteuerlust des Rittertums.

HYPOCRISIS. Die Person täuscht etwas Gutes vor, um einen Fehler zu verstecken: Verstellung, Heuchelei.[13] Dieser Vorwurf richtet sich vor allem gegen ein äußerliches Christentum und gegen ein Ausweichen vor der kirchlichen Autorität durch Lippenbekenntnisse.

INOBOEDIENTIA. Die Person will aus Eigensinn und Nichtachtung der göttlichen Ordnung dem rechtmäßigen Gebot eines Befehlsberechtigten nicht Folge leisten: Ungehorsam, Unbotmäßigkeit.[14] Aus selbstverständlichen Gründen wird dieser Anschluß der *inoboedientia* an die *superbia* in der Praxis außerordentlich wirksam.

PERTINACIA. Die Person gibt aus unvernünftigem Starrsinn einem Besseren nicht nach: Hartnäckigkeit, Rechthaberei, Unbeugsamkeit.[16]

TEMERITAS. Die Person handelt aus Unbedenklichkeit und Temperament ohne Disziplin und Plan: Unbesonnenheit, Tollkühnheit, Rücksichtslosigkeit.[17]

Über alle diese mehr oder minder zentralen Begriffe hinaus dehnt sich der Komplex der *superbia* nun aber noch wesentlich weiter aus. Zu den

---

oboedire suis. (virt. et vit., 27). – Alanus ab Insulis (summ. praedic. 10): *contumacia, quae se erigit in praelatum* (als eine der Hauptformen der *superbia*).

[12] Die Verurteilung des Wissensdranges gründet sich auf die Schlangenverheißung der Genesis (3, 5): *scientes bonum et malum.* Augustin versteht unter der *concupiscentia oculorum* des Neuen Testaments (1. Johann. 2, 10) die *vana et curiosa cupiditas, nomine cognitionis et scientiae palliata* ... (conf. 10, 35). Vgl. auch conf. 5, 3: *nec inveneris a superbis, nec si illi curiosa peritia numerent stellas et arenam. . . . exsultant atque extolluntur qui sciunt, et per impiam superbiam reddentes et deficientis a lumine tuo* ... Bernhard v. Clairvaux macht die *curiositas* zur ersten der 12 Stufen der *superbia* (grad. hum., 10). Der Pseudo-Hugo schließt sie in seine *novitatum praesumptio* ein (fruct. carn. 3): das Verlangen nach Neuem.

[13] *Hypocrisis est virtutum simulatione clausum vitium ex arte palliare.* (fruct. carn. 3)

[14] *Inobedientia est, se duritia mentis obstinatae, ei, cui parere debeas, iusta imperanti noli obtemperare.* (fruct. carn. 3) Zu bemerken ist, wie im *iusta imperanti* ein Widerstandsrecht eingeschlossen ist!

[15] Daß die *superbia* die Verachtung der Gebote Gottes bedeute und aller Ungehorsam *superbia* sei, wird sehr häufig ausgedrückt. Als Beispiele nur Isidor v. Sevilla (sent. I, 38, 2): *Omnis peccans superbus est eo quod faciendo vetita contemptui habeat divina praecepta. Recte ergo „Initium omnis peccati superbia", quia nisi praecesserit mandatorum Dei inobedientia, transgressionis non sequitur culpa.* Im Ungehorsam manifestiert sich ja auch die *superbia* Adams.

[16] *Pertinacia est ex irrationabili et inflexibili mentis obstinatione meliori non cedere.* (fruct. carn. 3)

[17] *Temeritas est rationis expers procacis animi indisciplinatus excursus.* (fruct carn. 3)

zahllosen Sproßformen der *superbia* gehören sogar solch scheinbar harmlose Entgleisungen wie Geschwätzigkeit,[18] Ausgelassenheit,[19] auffallend
schönes Singen im Chor.[20] Selbst äußere Merkmale wie ein erhobenes Haupt,
wilde Augen und heftiges Gebaren fügen sich zu einer *imago superbi*
zusammen, die von mehreren Autoren beschrieben wird, um dem Seelsorger
bei der Diagnose zu helfen.[21] Ein solches Syndrom, in welchem sich alle
eben besprochenen *Superbia*-Spezifikationen eindrucksvoll zusammenfinden,
beschreibt Gregor d. Große:

*Cunctis namque superbia apud se cogitatione tumentibus inest clamor
in locutione, amaritudo in silentio, dissolutio in hilaritate, furor in tristitia,
inhonestas in actione, honestas in imagine, erectio in incessu, rancor in
responsione. Harum mens semper est ad irrogandas contumelias valida, ad
tolerandas infirma; ad obediendum pigra, ad lacessandos vero alios im-
portuna; ad ea quae facere non debet nec praevalet parata. Haec in eo
quod sponte non appetit nulla exhortatione flectitur, ad hoc autem, quod
desiderat quaerit ut cogatur . . .* (moral. 34, 52)

Der Begriff *superbia* reicht also vom Konzept der Ursünde in der egozentrischen Abwendung von Gott über die vier Grundhaltungen und die vielfachen empirischen Erscheinungsformen des Selbstwertgefühls bis zu den
konkretesten Erscheinungen von Eigenwillen. Als Oberbegriff herrscht die
superbia über ein großes Feld von praktisch weit verbreiteten Sünden und
Fehlern. Durch die dehnbaren Verbindungen zwischen den äußersten Spezifikationen und dem generellen Kern bekommt der *Superbia*-Komplex eine
beträchtliche Flexibilität und eine außerordentlich weite Anwendbarkeit.

Doch damit nicht genug. Neben die Entfaltung der *superbia* in die
vielen Sünden der Egozentrik selbst tritt eng damit verwoben ein zweites
Netz von Filiationen, welches der Ursünde nun auch alle anderen Todsünden zuordnet: das Lasterseptenar.

---

[18] Pseudo-Hugo, fruct. carn. 3: *Loquacitas est per quam levitas interior stulta verborum
effusione monstratur.* Vgl. auch Cassian, inst. coen. 12, 29 und Ambrosius Autpertus,
confl. vit. 22.
[19] Die *inepta laetitia* verurteilen u. a. Cassian, inst. coen. 12, 29; Gregor, moral. 34, 52;
Bernhard v. Clairvaux, grad. hum. 12.
[20] Cassian, inst. coen. 2, 1: *. . . propter sonum vocis extollere, quod scilicet modulatius
psallant.*
[21] Cassian, inst. coen. 12, 29; Julianus Pomerus, vita contempl. 3, 8; Innozenz III, contempt.
mundi 2, 30.

2. Die superbia und das Lehrstück von den Todsünden

Ist durch die vielfache Untergliederung und Spezifikation der *Superbia*-Gedanke bis weit in die Bereiche der seelsorgerischen Praxis und der Alltagspsychologie eingedrungen, so hebt ihn eine weitere Eigenheit an die höchste Stelle zum Oberbegriff der Hamartiologie. Dieser Faktor, der den *Superbia*-Gedanken im Ausgleich zur Spezifizierung in das Generelle ausweitet, ist die Stellung der *superbia* im Lasterseptenar.

Das Lasterseptenar ist die Reihe von 7 Todsünden, die den Kern der mittelalterlichen Lasterlehre bilden. Es sind die Laster, die meist nach ihren Anfangsbuchstaben in der Reihe *SALIGIA*[22] vorgestellt werden: *superbia, avaritia, luxuria, invidia, gula, ira, acedia* (Superbia, Habsucht, Genußsucht/Unzucht, Neid, Gefräßigkeit, Zorn/Haß, Trägheit/Trübsinn).

Dieses Lasterseptenar war als Lehrstück der praktischen Seelsorge durch Predigt, Beichte, Dichtung und bildende Kunst sehr weit auch in den populären Vorstellungen verbreitet, so daß bei einfacher Nennung dieser Namen sofort sämtliche Assoziationen von schwerster Schuld, Höllenstrafe, Verderben und dergleichen sich einstellen. Eine Vorrangstellung der *superbia* in dieser Reihe mußte ihr schweres Gewicht noch verstärken und ihre Bedeutung als generelle Ursünde popularisieren.

Die Lehre von den *vitia capitalia* entstammt orientalisch-monastischen Ursprüngen.[23] In den Kreisen der christlichen Eremiten, wie später ähnlich in den Klöstern, konnten wesentlich höhere Moralansprüche gestellt werden als in der Praxis des Laienlebens, das stets zu konkreteren Formen neigt. Die Morallehre konnte deshalb sehr viel tiefer schon im psychischen Bereich ansetzen. Anders als der Dekalog und die meisten biblischen Sündenkataloge behandelt diese mönchische Lastertheorie nicht aktuelle Tatsünden (*peccata*), sondern die ihnen zugrunde liegenden generellen Gedankensünden (*vitia*). Diese psychologisch viel tiefere und in ihrer Sündenauffassung viel generellere Lastertheorie bleibt jedoch stets an den klerikalen und klösterlichen Bereich gebunden. In das breitere geistige Leben strahlen

---

[22] Heinrich von Ostia, Summa de poenitentiis: . . . *unde Versus: Dat septem vitia, dictio saligia* (zitiert nach Zöckler, *Lehrstück*).

[23] Den verwickelten Vorgängen bei der Entstehung des Lehrstückes gehen besonders die folgenden Untersuchungen nach, auf sie stützt sich der folgende Abriß: O. Zöckler, „Das Lehrstück von den sieben Hauptsünden", in O. Zöckler, *Biblische und kirchenhistorische Studien* (München, 1893); O. Zöckler, *Die Tugendlehre des Christentums* (Gütersloh, 1904); M. Gothein, *Die Todsünden*, Archiv für Religionswissenschaft 10 (Leipzig, 1907); A. Vögtle, „*Woher stammt das Schema der Hauptsünden*", Theologische Quartalschrift, CXXII (1941); M. W. Bloomfield, *The Seven Deadly Sins* (Michigan, 1952).

eigentlich nur einige Formeln und effektvolle Vorstellungen aus, vermittelt in erster Linie durch die Beichtpraxis und die bildende Kunst.[24]

Die eigentliche Form der Todsündenreihe in der monastisch-klerikalen Lasterlehre ist ein Oktonar. Das Oktonar, das Cassian im frühen 5. Jahrhundert nach Europa einführt, besteht aus den Fehlern *gula, luxuria, avaritia, tristitia* (Trübsinn), *ira, acedia* (Trägheit), *vana gloria, superbia*. Sein Kennwort ist *GLATIAVS*.[25]

Gregor der Große reformiert mit der gesamten kirchlichen Hamartiologie auch die Todsündenreihe. Er nähert das monastische Oktonar etwas an laikale Verhältnisse an, indem er die spezifischen Mönchssünden *tristitia* und *acedia* zusammenschließt[26] und dafür die *invidia* (Neid) einfügt. Und er verhilft einer den christlich-europäischen Zahlenvorstellungen leichter entsprechenden 7-Zahl zum Sieg, indem er die *superbia* als Sündenursprung aus dem Oktonar herausnimmt und zur Anführerin des so entstehenden Septenars macht,[27] wobei die *vana gloria* ihre Stelle in der Reihe vertritt:

Radix quippe cuncti mali superbia est, de qua, Scriptura attestante, dicitur: „Initium omnis peccati est superbia". Primae autem eius suboles, septem nimirum principalia vitia, de hac virulente radice proferuntur, scilicet inanis gloria, invidia, ira, tristitia, avaritia, ventris ingluvies [= gula], luxuria . . . Sed habent contra nos haec singula exercitum suum. Nam de inani gloria inobedientia, iactantia, hypocrisis, contentiones, pertinaciae, discordiae et novitatum praesumptiones oriuntur. [usw.] (moral. 31, 45)

Diese Gregorische Reihe *S: VALIGIA*[28] gilt durch das ganze Mittelalter und beherrscht die katholische Kriminalsündenlehre bis heute.[29] Vorbildlich wird auch Gregors Filiationstheorie, die er in den *Moralia* 31, 45 darlegt: *Sed unumquoque eorum tanta sibi cognatione iungitur, ut non nisi unum de altero proferatur. Prima namque superbiae suboles, inanis est gloria, quae dum oppressam mentem corruperit, mox invidiam gignit, quia nimirum dum vani nominis potentiam appetit, ne quis hanc alius adipisci*

---

[24] Dazu besonders Gothein, *Todsünden*.

[25] Solche Kennwörter bildet die Sekundärliteratur nach dem Vorbild *SALIGIA*.

[26] Unter dem Namen *tristitia*. Im Hochmittelalter setzt sich die Bezeichnung *acedia* durch.

[27] Gregor kleidet seine Todsündenlehre in das eindrucksvolle und vielfach übernommene Bild einer Heeresordnung (moral. 31, 45): Die Königin *superbia* führt das Sündenheer zum Sturm auf das menschliche Herz. Ihre Herzöge sind die sieben Hauptlaster, denen die Heeresmassen der anderen Sünden folgen. Zur Allegorie des Lasterkampfes s. D, I.

[28] So heißt sie in der späteren Reihenfolge und mit der Bezeichnung *acedia* statt *tristitia*, eigentlich lautet sie *S: VIITGL*.

[29] Die protestantische Morallehre übergeht die Todsündenlehre fast ganz, immerhin kennt auch sie eine Trias „Herrschgier, Habgier, Sinnesgier".

valeat tabescit. Invidia quoque iram generat, quia quanto inferno livoris vulnere animus sanciatur, tanto etiam mansuetudo tranquillitatis amittitur; et quia quasi dolens membrum tangitur, idcirco oppositae actionis manus velut gravius pressa sensitur. Ex ira quoque tristitia oritur, quia turbata mens quo se inordinate concutit, eo addicendo confudit: et cum dulcedinem tranquillitatis amiserit, nihil hanc nisi ex perturbatione subsequens maeror pascit. Tristitia quoque ad avaritiam derivatur, quia dum confusum cor bonum laetitiae in semetipso intus amiserit, unde consolari debeat feris quaerit; et tanto magis exteriora bona adipisci desiderat, quanto gaudium non habet ad quod intrinsecus recurrat. Post haec vero duo carnalia vitia, id est ventris ingluvies et luxuria, supersunt. Sed cunctis liquet quod de ventris ingluvie luxuria nascitur, dum in ista distributione membrorum ventri genitalia subnexa videantur. Unde dum unum inordinate reficitur, aliud procul dubio ad contumelias excitatur.

Nach dieser psychologischen Deduktion, welche grundlegend für die spätere Hamartiologie des Mittelalters ist,[30] emanieren also die Todsünden stufenweise aus der Ursünde, sie stammen in einer Kausalkette von ihr ab. Seit Gregorius gilt die *superbia* als die Basis und der Ausgangspunkt aller anderen Hauptlaster.[31]

Ausdruck findet dieses Funktion der *superbia* in einer Reihe von Formeln, die der ungezählte Male zitierten Sentenz des Ecclesiasticus (10, 15) folgen: „Initium omnis peccati est superbia." Die Bezeichnungen für die *superbia* in diesen Sätzen sind meist bildlich (*caput, fons, mater, radix, dux*), was den sprichwörtlichen Charakter dieser Sentenzen unterstreicht.[32]

Die *superbia* ist durch die Theorie der Filiation und durch die Entfaltung ihres eigenen Feldes zum überzeitlichen, essentiellen Grund des Bösen und der Sünde geworden. Daraus ergibt sich die selbstverständliche Folgerung, daß sie auch der *historische* Ausgangspunkt aller Sünde sei:[33] Sie wird die

---

[30] Gregors Filiationstheorie und seinem Septenar folgen z. B. Isidor v. Sevilla (diff. 2, 40); Hugo v. St. Viktor (expos. in Abd.; alleg. in NT 2, 4); Hraban (comm. in exod. 3, 4); Alcuin (virt. et vit. 27); Petrus Lombardus (sent. 2, 43, 9); Fulgentius (ep. 3, 24); Martinus Dumiensis (opusc. de superbia, 3).

[31] Die auf das Neue Testament (Paulus) und eine breite sachliche Grundlage gestützte *concupiscentia* (Begierde) ist an sich sehr geeignet, der *superbia* den Platz streitig zu machen. Man ordnet sie gewöhnlich als Begleiterscheinung der Ursünde in das System ein. Hraban z. B.: *Porro cupiditas atque superbia in tantum unum est malum, ut nec superbus sine cupiditate nec sine superbia possit cupidus inveniri.* (comm. in eccles. 3, 3)

[32] z. B. *radix cuncti mali est superbia* (Petrus Lombardus, sent. 2, 43; Gregor, moral. 34, 23; Fulgentius, ep. 3, 14; Bernhard v. Clairvaux, mod. bene viv. 37) und *superbia caput totius peccati est* (Hraban, com. in lib. Judic. 1; Petrus Lombardus, coll. in ep. Paul. ad Coll. 2).

[33] Die Folgerung zog schon Augustin (s. S. 11).

Ursache des Teufelssturzes wie des Sündenfalls und damit zum *initium* der Weltgeschichte (s. Abschnitt 4).

Das Wesentliche an diesen Vorgängen ist, daß zwei Faktoren in ihrem Zusammentreffen eine überaus starke Bedeutungserhöhung der *superbia* ergeben. Die schon bestehende Wichtigkeit des Begriffes in der Theorie einerseits prädestiniert ihn zu der Schlüsselstellung in dem Lasterseptenar, das seinerseits ein Kernstück der kirchlichen Moraltheologie ist. Es resultiert eine auch in außerklerikalen Kreisen stärkere Verbreitung der Auffassung, daß die *superbia* der Ursprung des Bösen in jedem einzelnen Menschen und in der Weltgeschichte sei. Die *superbia* beherrscht damit vollends als Zentrum die gesamte Sündenlehre des Mittelalters.

3. Die superbia als Gegnerin der humilitas

Da der normativen Seelsorge des Mittelalters verständlicherweise das Verbieten leichter fällt als das Gebieten, tritt die Hamartiologie gegenüber einer positiven Morallehre leicht in den Vordergrund. Die *superbia* spielt deshalb eine viel größere Rolle, als ihr in der neutestamentlichen Lehre zugemessen wird.[34] Jedoch wird dadurch die grundlegende Bedeutung, welche die Demut für das Christentum hat, niemals ernstlich in Frage gestellt. Als der natürliche positive Hintergrund, auf welchem sich die Perversionen der *superbia* nur umso stärker abheben, ist die *humilitas* wie zu allen Zeiten einer der Kernpunkte der christlichen Ethik.[35] Im folgenden soll auf das Verhältnis der beiden Konzepte ein kurzer Blick geworfen werden.

Humilitas im generellsten Sinn ist die zum *ordo* gehörende und sich im Anschluß an *Ordo*-Vorstellungen stets entwickelnde Haltung der Einfügung in die Weltordnung und der Selbstaufgabe (s. Kap. I). Sie hat aber genau wie die *superbia* ein sehr breites Feld verschiedener Konkretheitsgrade um sich und kann deshalb ebenso in den unterschiedlichsten Auf-

---

[34] Die *superbia* kommt im Neuen Testament nur ein Dutzend Male vor. Von den acht großen Lasterkatalogen führen sie nur drei (Markus 7, 22; Römer 1, 30; 2. Tim. 3, 2). Die übrigen Stellen sind: Luc. 1, 51; 1. Tim. 3, 6; 1. Tim. 6, 4; Jac. 9, 6; Jac. 4, 16; 1. Joh. 2, 16; 1. Petr. 5, 5; 2. Petr. 2, 18. — Luc. 1, 51; Jac. 4, 6 und 1. Petr. 5, 5 zitieren Sätze aus dem alten Testament (Ps 32, 10 und Prov. 3, 39).

[35] Zur Einführung in diesen Komplex: „Demut" in *Reallexikon für Antike und Christentum* (Stuttgart, 1955 ff.); „Demut" in *Reallexikon für protestantische Theologie und Kirche*, 3. Aufl. (Leipzig, 1900); „Demut" in *Lexikon für Theologie und Kirche*, 2. Aufl. (Freiburg, 1957 ff.); „Demut" in *Die Religion in Geschichte und Gegenwart*, 3. Aufl. (Tübingen, 1957 ff.); A. v. Harnack, „Sanftmut, Huld und Demut in der alten Kirche", *Festgabe für Julius Kaftan* (Tübingen, 1918); A. Dihle, *Antike Höflichkeit und christliche Demut* (Florenz, 1952).

fassungen auftreten. So steht der antike *Humilitas*-Begriff *(mesótes, euphro-sýne, eunomía, pietas)*, der in der Spätzeit die Anerkennung der individu-ellen Grenzen und Gesetze meint und damit die Beachtung der eigenen Person voraussetzt, in schroffem Gegensatz zur früh-christlichen, der alt-testamentlichen Gehorsamsethik entstammenden Auffassung, die unter *humilitas* gerade die Selbstaufgabe der eigenen Persönlichkeit in der engen Bindung an Gott versteht.

In der Opposition zur antiken Auffassung[36] bildet sich der *Humilitas*-Begriff des Christentums zunächst zu der hohen Stufe der Selbstaufgabe aus, verfällt dann aber ihrerseits dem Normierungsprozeß in der christ-lichen Kirche: *humilitas* wird wieder zum Gehorsam. Zunächst gegenüber Gott, dann aber auch, nachdem das Mönchstum sie zu seinem Zentral-begriff gemacht und radikalisiert hat,[37] gegenüber der Autorität der Kirche. Für das Mittelalter ist *humilitas* die völlige Aufgabe eigenen Willens, eige-nen Denkens und eigenen Wertgefühls[38] zugunsten der göttlichen, kirch-lichen oder staatlichen Autorität.[39] Sie ist damit fast gleichbedeutend mit ihrem wichtigsten Unterbegriff, der *oboedentia*.[40]

Im Prinzip ist die *humilitas* das genaue Pendant zur *superbia*, das heißt, sie macht alle Wandlungen der *superbia* in Auffassung und Wertung rezi-prok mit; umgekehrt bestimmt natürlich auch die jeweilige Stellung der *humilitas* die Auffassung der *superbia*.[41]

Das Mittelalter führt in seiner Neigung zur Analogie die Spiegelbildlich-keit der beiden Begriffe bis in die äußerste Konsequenz durch. Die *humili-tas* wird der *superbia* diametral gegenüber gestellt. Sie ist als Negation der Negation Aufhebung der *superbia*, Rückweg aus der Gottferne, Heilmittel für die Ursünde. Christi Mission ist die eines Arztes, der die Medizin bringt:

In paradiso sano homini diabolus invidens superbiae vulnus inflixit, ut qui mortem non acceperet conditus, mereretur elatus. Sed quia divinae

---

[36] Dazu besonders Dihle, *Antike Höflichkeit*, S. 180—88.
[37] Schon Cassian kann *humilitas* als Synonym für Mönchstum gebrauchen (coll. 9, 3, 2 und 24, 9, 1).
[38] *Humilitas est virtus, qua homo verissima sui cognitione sibi ipsi vilescit.* (Bernhard v. Clairvaux, grad. hum. 1, 2)
[39] Alcuin, virt. et vit., 27: *Humilitas vero est, ut diximus, veritatis sermonem humiliter audire, memoriter retinere, voluntarie perficere.*
[40] *Humilitas est ex intuitu proriae conditionis vel conditoris, voluntaria mentis inclinatio.* (Pseudo-Hugo v. St. Viktor, fruct. carn. 11) Zur *oboedentia* vgl. das zur *inoboedentia* in Abschnitt 1 Gesagte.
[41] So ergibt die hohe Wertung der *humilitas* im Neuen Testament indirekt die mangelnde Bedeutung der *superbia!*

potentiae suppetet, non solum bona de nihilo facere, sed ea etiam ex malis quae diabolus perpetraverat, reformare, contra hoc inflictum vulnus superbientis diaboli medicina apparuit inter homines humilitas Dei, ut auctoris exemplo humiliati surgerant, qui imitatione hostis elati ceciderant. Contra ergo superbientem diabolum inter homines factus humilis Deus. Hunc potentes huius saeculi, id est membra diaboli superbientis, eo despicabilem crediderunt, quo humilem conspexerunt.[42]

Den besten Überblick über die geltenden Lehren gibt Alcuin in seinem Buch über die Tugenden und die Laster:

Quanta sit humilitatis virtus, facile ex verbis Domini cognoscitur, qui ut superbiam Pharisaeorum damnaret, dicit: „Omnis qui se exaltat humiliabitur, et qui se humiliat, exaltabitur." Humilitatis passibus ad coeli culmina conscenditur; quia Deus excelsus non superbia, sed humilitate attingitur. De quo dictum est: „Deus superbis restitit, humilibus autem dat gratiam." Unde et in psalmis dicitur: „Excelsus Dominus et humilia respicit, et alta a longe cognoscit." Alta posuit pro superbis, humilia vero pro humilibus. Humilia respicit, ut attolat: alta, id est, superba cognoscit, ut dejiciat. Discamus igitur humilitatem, per quam Deo propinquare poterimus, sicut ipse in Evangelio ait: „Discite a me quia mitis sum et humilis corde, et invenietis requiem animabus vestris." Per superbiam mirabilis angelorum creatura cecidit de coelo, per humilitatem fragilitas humanae naturae ascendit ad coelum. ... Quicumque humilis et quietus non erit, non potest in eo habitare gratia Spiritus sancti. Deus humilis factus est nostrae salutis causa, ut erubescat homo superbus esse. Quantum humilitate inclinatur cor ad ima, tantum proficit in excelso. Qui enim humilis erit, exaltabitur in gloria ... Noli, o homine, in virtutibus tuis gloriari. ... Descende ut ascendas, humiliare ut exalteris, ne exaltatus humiliaris.[43]

Und wie Christus die Verkörperung der *humilitas* ist, so ist auch die Heilige Schrift ein Lehrbuch dieser Tugend: *Cum omnis divinae paginae sermo id intendat, ut homini bonum humilitatis persuadet, et superbiae malum declinandum attentius suadeat* ...[44]

Humilitas und *superbia* sind also bis in den kleinsten Zug konträre

---

[42] Gregor, moral. 31, 1. Ganz ähnlich Petrus Lombardus: *Vitiorum namque omnium, superbia causa est. Ad hanc convincendam atque auferendam talis medicina coelitus venit; ad elatum hominem per superbiam Deus humilis descendit per misericordiam* ... (collect. in Paul. ad Coll. 2).

[43] virt. et vit., 10. Man beachte die für den Predigtstil typischen Schriftzitate.

[44] So der Pseudo-Hugo v. St. Viktor (fruct. carn., prol.), der die *humilitas* als die Wurzel des Baumes der Tugenden darstellt.

Gegensätze, alle ihre Entwicklungen geschehen im umgekehrten Verhältnis zueinander. Einer erhöhten Wertung und Wichtigkeit der einen entspricht eine gleiche Beschwerung unter umgekehrten Vorzeichen bei der anderen. Für die *superbia* heißt dies, daß wiederum in der Kombination mit einem von sich aus schon höchst bedeutsamen Begriff ihre Sonderstellung ausgebaut wird.

4. Die superbia und die Gestalt Luzifers

Aus dem gesamten Komplex des Teufelsglaubens,[45] der sowohl in seinen Ursprüngen wie in den populären Vorstellungen des späteren Mittelalters in das schier unendliche Feld des Dämonenglaubens übergeht, haben wir nur die Punkte herauszuheben, in denen die Gestalt des Teufels den Vorstellungskreis des *ordo* und der *superbia* berührt. Es geht also um die Frage: Welche Stellung hat der Teufel in der Schöpfung und zu Gott und in welcher Beziehung steht er zur Ursünde *superbia*?

Der Glaube an ein böses göttliches Wesen setzt, wenn man nicht eine ganz auf dem Prinzip des Bösen aufbauende Religion annehmen will, denknotwendig einen Dyotheismus und weiterhin eine polytheistische Unterscheidung von guten und bösen Gottheiten, letztlich also ein dualistisches Weltbild voraus. Beides widerspricht so grundsätzlich der israelitischen und später der christlichen Religion, daß es zu besonderen Schwierigkeiten und besonderen Formen des Teufelsglaubens kommen mußte. So ist die Vorstellung eines selbständigen bösen Wesens dem vorexilischen Alten Testament fremd. Erst seit der engeren Berührung mit dem babylonischen Glauben gelangt der Teufel in die israelitische Religion: aus babylonischen Vorstellungen von einem Dämon, der als Ankläger oder Verleumder das Verhältnis des Menschen zu den richtenden Göttern stört. Auf dieser Funktion, die den juristischen Zügen in der alttestamentlichen Religion verwandt ist und keine Gefährdung des göttlichen Herrschaftsmonopols darstellt, baut sich die Gestalt des Satan im Alten Testament auf. Er ist als Ankläger vor Gott der Widersacher des Menschen, der Gottes Untertanen kontrolliert, prüft und schließlich gar zu verderben sucht. Vor allem

---

[45] Die umfangreichste Darstellung ist Gustav Roskoffs *Geschichte des Teufels* (Leipzig, 1869). Daneben geben gute Überblicke und eine Reihe von Literaturhinweisen die Artikel „Teufel" in *Reallexikon für Antike und Christentum* und im *Lexikon für Theologie und Kirche* sowie der Artikel „Teufelsglaube", in *Die Religion in Geschichte und Gegenwart*. Die gründlichste Darlegung der Entwicklungen im AT und NT bieten die Artikel „satanas" und „diabolos" im *Theologischen Wörterbuch zum Neuen Testament*.

gehört er mit zu den Engeln Gottes, seine böse Natur bezieht sich nur auf den Menschen.[46]

Gustav v. Rad faßt die Position des Teufels im Alten Testament und im spätjüdischen Glauben mit den Worten zusammen: „Und dieses positive, absolut undualistische Eingegliedertsein in den göttlichen Hofstaat und das göttliche Regieren ist die Besonderheit der alttestamentlichen Satan-Vorstellung gegenüber der nachkanonischen Literatur. Es setzt nunmehr ein Prozeß ein, der auf eine nahezu vollständige Verabsolutierung gegenüber Gott hinläuft. Satan ist das Oberhaupt eines widergöttlichen Reiches, das böse Prinzip schlechthin. Diese Entwicklung ist im einzelnen überaus schwer aufzuhellen; die starke Dualisierung des apokalyptischen Weltbildes auf Grund iranischer Einflüsse ist nur e i n erklärender Faktor."[47]

Auch im Neuen Testament zeigt sich die Tendenz, genährt aus immer weiterer Verbreitung orientalischen Dämonenglaubens. Im frühchristlichen Glauben ist der Teufel ein durchaus selbständiger, wenn auch im letzten unterlegener Feind Gottes mit einem eigenen Herrschaftsbereich, von dem aus er versucht, das Reich Gottes durch das Verderben des Menschen zu stören. Christus ist gesandt, das Reich Gottes auf Erden aufzurichten gegen den Widerstand des Widersachers, der erst am Ende der Welt (und hier in der Apokalypse dringen wieder in Mengen iranisch-babylonische Mythologeme ein) endgültig besiegt wird. Diese Verselbständigung des Bösen, die im Endeffekt zu einem konsequenten Dualismus führen muß, bildet eine Gefahr für das universistische Weltbild und muß mit logischer Begründung wieder rückgängig gemacht werden.

Diese Aufgabe erfüllt der Mythos vom Engelssturz. Die Vorstellung vom Ungehorsam und Abfall einer Gruppe von Engeln und von ihrer Bestrafung durch den Sturz aus dem Himmel taucht schon im Henochbuch auf und durchzieht dann weiterhin die jüdische apokryphe Literatur. Daher stammen wohl auch die wenigen neutestamentlichen Anspielungen auf einen Engelssturz, die der Stützpunkt für die frühen Kirchenväter sind.[48] Schon Theophilus v. Antiochien (gest. um 180) versucht, die Theorie des Engelsabfalls etymologisch zu beweisen.[49] Weiter ausgeführt ist das Verhältnis Satans zu Gott bei Tertullian:

---

[46] Dies alles zeigt am deutlichsten Hiob 1, 6 ff. und 2, 1 ff.

[47] G. v. Rad, „diabolos" in *Theologisches Wörterbuch zum Neuen Testament*, hg. v. Kittel, Bd. 2 (Tübingen, 1935).

[48] Es sind dies die beiden Christuslogien Matth. 25, 42 und Luk. 10, 18. Ausführlicher dann Petr. II, 2, 4, Jud. 6 und vor allem Apok. XII, 7 ff.

[49] ad Autolicum 2, 28: Er heiße Drache (drákon), weil er, der ehemalige Engel, von Gott

Sed etsi ab homine in diabolum transcripseris mali elogium, ut in instinc-
torum delicti, uti sic quoque in Creatorem dirigas culpam, ut auctorem
diaboli, qui facit angelos spiritus: ergo quod factus a Deo est, id est angelus,
id erit eius qui fecit; quod autem factus a Deo non est, id est diabolus, id
est delator, superest ut ipse sese fecerit, deferendo a Deo.[50]

Hier liegen sämtliche Hauptprobleme des Teufelsdogmas vor, mit denen
die Kirchenväter der ersten Jahrhunderte fertig zu werden hatten: gegenüber dualistischen Tendenzen mußte einerseits die Selbständigkeit des
Teufels auf ein Mindestmaß beschränkt bleiben, andererseits aber durfte
das Prinzip des Bösen nicht in Gott fallen. Es galt also zwischen der Skylla
der dualistischen Teufelsautonomie und der Charybdis des *deus malus*
einen Ausweg zu finden — und den deutet Tertullian oben schon an: Der
Teufel hat sich selbst geschaffen, indem er sich durch seinen Abfall von
Gott vom *angelus* zum *diabolus* verwandelte.

Die Perversion Satans geschieht durch ihn selbst aus eigenem Willen. Da-
mit konzentriert sich das gesamte Teufelsproblem auf die *libera voluntas.*[51]
Bei der Annahme einer freien Willensentscheidung des Teufels stellt sich
jedoch sofort die Frage nach dem Motiv: Welchen Beweggrund hatte Satan
für seinen Abfall? Die nächstliegende Annahme scheint der Neid und die
Mißgunst gewesen zu sein. Irenäus[52] gibt die interessante Erklärung: Des
Teufels Beweggrund war Eifersucht auf den Menschen, der als jüngstes
Lieblingsgeschöpf den obersten Engel aus der Aufmerksamkeit Gottes zu
verdrängen schien. Diese schönste und psychologisch beste Erklärung der
Satansrebellion wird jedoch bei allen anderen Vätern vergröbert zum
benachbarten Neid, obwohl doch nie ganz klar werden konnte, warum
ein Erzengel den Menschen beneiden sollte. Vielleicht deshalb tritt später
der Neid erst sekundär auf: Satan, schon gestürzt, beneidet den Menschen
um seinen Heilsstand.[53] Dann aber muß der erste Beweggrund für die
perversio ein anderer sein. Und hier tritt die *superbia* ein.

Origines legt den Grund für die Lehre von der *superbia* Luzifers:
Quod ergo est peccatum maius omnibus peccatis? Ubique illud propter

---

fortgelaufen (apodedrakénai) sei. Fast gleichzeitig betont Irenäus gegen die Gnostiker
die Abhängigkeit des abtrünnigen Teufels von seinem Schöpfer (contr. haereses 4, 21, 1–2).

[50] adv. Marcion. 2, 10.

[51] Die intensivste Erörterung dieses Problems ist der *Dialogus de casu diaboli* des Anselm
von Canterbury. Ausführlich auch (neben Augustins lib. arb.) Pseudo-Hugo v. St. Viktor,
summ. sent. 2, und Thomas, summ. theol. II, II, 63, 1–3 u. 7.

[52] contr. haer. 4, 10, 3.

[53] Hraban z. B.: *Unde et duplici reatu diabolus constringitur, hoc est superbiae et invidiae.*
superbiae, qua ipse cecidit, invidiae, qua alios deicere contendit. (comm. in 4. reg. 1, 13)

quod et diabolus corruit. Quod est hoc peccatum in quo tanta sublimitas cecidit, ut „elatus in iudicium incidat diabolus?" ait Apostolus. Inflatio, superbia, arrogantia peccatum diaboli est, et ob haec delicta ad terras migravit de coelo. ... Superbia peccatis omnibus maior est et ipsius diaboli principale peccatum. Si quando Scriptura diaboli peccata describit, invenies ea de superbia fonte manantia.[54]

Der Gedanke, daß die *superbia* Ursache des Teufelsfalls sei, setzt sich seit Origines immer mehr durch, zumal durch die oben besprochene Filition auch der Neid und alle möglichen anderen Gründe auf sie zurückgeführt werden können. Bevor wir dies aber im Einzelnen betrachten, sei die Gesamtentwicklung der Teufelsidee zu Ende verfolgt.

Der Tendenz zum Dualismus, die schon im frühen Christentum die Stellung Gottes zu gefährden droht, machen also die Patres der ersten Jahrhunderte ein grundsätzliches Ende, indem sie durch die Perversionslehre den Teufel in die Abhängigkeit von Gott zurückverweisen. Angesichts immer neuer Angriffe des Dualismus[55] wird die Theorie der Engelsperversion im Jahre 561 auf dem Konzil von Braga dogmatisiert: Der Teufel ist als *bonus angelus* von Gott geschaffen und ist durch sich selbst zum *diabolus* geworden.[56]

Dieses dogmatische Gerüst wird im Mittelalter mit einer Vielzahl von Motiven aus der jüdischen Tradition, den heidnischen Religionen und dem Volksglauben aufgefüllt und ausgemalt zu dem farbenreichen Mythus vom obersten der Engel, seiner Rebellion und seinem Sturz.

Grundlage sind zwei Partien aus dem Alten Testament. Seit Tertullian wird die Rede Ezechiels an den tyrischen König Sor auf Satan bezogen als eine Schilderung seiner ursprünglichen Herrlichkeit.[57] Die Lehre vom

---

[54] hom. in Ezech. 9, 2. Der lateinische Text ist die im Mittelalter weitgelesene Übersetzung des Hieronymus.

[55] Nach den Manichäern und Priszillianisten später die Albigenser und die Waldenser.

[56] *Si quis dicit, diabolum non fuisse prius bonum angelum a Deo factum nec Dei opificium fuisse naturam eius, sed dixit, eum ex tenebris emersisse nec aliquem sui habere auctorem, sed ipsum esse principium atque substantia mali, sicut Manichaeus et Priscillianus dixerunt, A. S.* Zitiert nach Denzinger, *Encheiridion Symbolorum* (Freiburg, 1953, 29. Aufl.), Nr. 237, 3. Ähnlich später gegen die Albigenser das 4. Lateran-Konzil (1215; Denzinger Nr. 428) und das den Waldensern aufgezwungene Glaubensbekenntnis von 1208 (Denzinger Nr. 427a): *Diabolus enim et alii daemones a Deo quidem natura creati sunt boni, sed ipsi per se facti sunt mali. Homo vero diaboli suggestione peccavit.*

[57] Diese Stelle ist für die spätere künstlerische Ausmalung des Luziferbildes und für seine politische Anwendbarkeit außerordentlich wichtig. Sie sei deshalb voll zitiert: *Haec dicit Dominus Deus: Tu signaculum similitudinis, plenus sapientia et perfectus decore; — In deliciis paradisi Dei fuisti, omnis lapis pretiosus operimentum tuum, sardius, topazius et jaspis, chrysolithus, et onyx, et beryllus, sapphirus et carbunculus, et smaragdus,*

Sturz des obersten Engels wird noch eindringlicher durch die Luzifer-Rede Jesaias gefördert, die zwar als Spottlied auf den babylonischen König gemeint, aber schon früh auf Satan übertragen wird.[58] Gestützt werden beide Umdeutungen durch das Christuswort: *Videbam Satanam sicut fulgur de caelo cadentem* (Luk. 10, 18), das vielleicht selbst auf die beiden Prophetenstellen Bezug nimmt. — Die Vorstellung einer Rebellion und eines Kampfes geht aus von der Apokalyse.[59] Die Apokalyse liefert auch zahlreiche Motive für die Vorstellungen von der Hölle und von den Teufeln, Vorstellungen, die weiterhin sehr vieles aus dem volkstümlichen Dämonenglauben an sich ziehen. Durch die *interpretatio christiana* werden im Mittelalter vor allem viele germanische Glaubensvorstellungen in das Reich des Teufels eingeschlossen. — Eine wesentliche Erweiterung erfährt der Teufelsmythos durch die Gestalt des Antichristen. Dieser mythische Prototyp des menschlichen Gottesfeindes, der aus eschatologischen Elementen und geschichtlichen Erfahrungen im frühesten Christentum entstand, wird im Mittelalter zu einem mächtigen politischen Faktor.[60]

Soweit die allgemeine Entwicklung des mittelalterlichen Teufelsmythus. Es sei nun die Rolle der *superbia* in diesem Komplex hervorgehoben.

Schon Augustin macht die *superbia* zum Mittelpunkt der Luzifergeschichte und hebt sie damit in den größeren Zusammenhang seiner Geschichte der *civitates et amores duo*. Der Teufel ist als Engel geschaffen. Im Augenblick seiner Willensbegabung aber richtete sich seine Liebe auf sich selbst; er wollte selbständig sein, trennte sich von Gott und fiel. In seinem Neid zog er den Menschen nach sich. Eigenliebe, *superbia* ist das

---

aurum, opus decoris tui; et foramina tua, in die qua conditus es, praeparata sunt. — Tu cherub extentus, et protegens, et posui te in monte sancto Dei, in medio lapidum ignitorum ambulasti. — Perfectus in viis tuis a die conditionis tuae, donec inventa est iniquitas in te. — In multitudine negotiationis tuae repleta sunt interiora tua iniquitate, et peccasti; et ejeci te de monte Dei, et perdidi te, o cherub protegens, de medio lapidum ignitorum. — Et elevatum est cor tuum, in decore tuo; perdidisti sapientiam in decore tuo, in terram projeci te; . . . producam ergo ignem de medio tui, qui comedat te, et dabo te in cinerem super terram, in conspectu omnium videntium te; . . . nihili factus es et non eris in perpetuum. (Ezech. 28, 12–19. Vgl. auch 28, 1 ff.)

[58] *Quomodo cecidisti de caelo Lucifer, qui mane oriebaris? corruisti in terram, qui vulnerabas gentes; — Qui dicebas in corde tuo: In caelum conscendam, super astra Dei exaltabo solium meum; sedebo in monte Testamenti, in lateribus Aquilonis; — Ascendam super altitudinem nubium, similis ero Altissimo. — Verumtamen ad infernum detraheris in profundum laci.* (Jes. 14, 12–15. Es folgt weiteres über die Erniedrigung des Königs.) Den Morgenstern-Namen *Eosphoros, Lucifer* setzen die Übersetzer für das metaphorische „hell Scheinender" des Urtextes. Er wird dann als der ehemalige Name Satans aufgefaßt.

[59] Vor allem 12, 7–9.

[60] Jeder Feind der Kirche und jeder, der ihre Autorität mißachtet, kann als der Antichrist oder als *filius antichristi* angesprochen werden. Auf die Gestalt des Antichrist wird unser Blick im folgenden noch öfter fallen.

Motiv der Teufelsgeschichte, sie ist die einzig mögliche wie auch die einzig bestrafte Sünde Satans.[61] Daß die Schuld des Teufels in seiner *superbia* liege, ist spätestens seit Augustin die Meinung fast aller Autoren.[62] Thomas von Aquin sagt schließlich zusammenfassend:

Et hoc modo angelus peccavit, convertendo se per liberum arbitrium ad proprium bonum . . . In spiritualibus autem bonis non potest esse peccatum, dum aliquis ad ea efficitur, nisi per hoc, quod in tali affectu superioris regula non servatur. Et hoc est peccatum superbiae, non subdi superiori in eo in quo debet. Unde peccatum primum angeli non potest esse aliud quam superbia. . . . angelus absque omni dubio peccavit appetendo esse ut Deus.[63]

Wie Thomas in Übereinstimmung mit den anderen Autoritäten des weiteren ausführt, versuchte Luzifer, durch seine eigene Herrlichkeit verblendet, aus eigener Kraft aufzusteigen und Gott gleich zu werden. Er löste sich dadurch in Ungehorsam aus der Ordnung Gottes.

Satan beneidet den Menschen um seine Stellung bei Gott, aus seiner *superbia* folgt also gleich die *invidia.*[64] Aus Neid verführt er den Menschen zur gleichen Sünde des Ungehorsams und der Erhebung zur Gottgleichheit.[65] Die *superbia* ist also in doppeltem Sinn die Ursache des Sündenfalls.[66] Als

---

[61] Dies wird in zwei sehr ausführlichen Behandlungen entwickelt: C. D. XI–XII (auch XIV, 11) und gen. ad Litt. 13–26. Daneben steht eine Reihe von kürzeren Ausführungen, z. B. ver. rel. 13 und enarr. in ps. 58, 5. Kurz in tract. 43 in ev. Joh.: *Quaeritis fortasse, unde ipse diabolus? Inde utique et caeteri angeli. Sed caeteri angeli in sua obedientia perstiterunt: ille inobediendo et superbiendo lapsus est anglus, et factus est diabolus.*

[62] Aus der Menge der Beispiele nur das frühe Cassians: *Et ut gravissimae tyrannidis eius [sc. superbiae] potentiam agnoscamus, angelum ille, qui pro nimietate splendoris ac decoris sui Lucifer nuncupatus est, nullo alio quam hoc vitio dejectum coelitus invenimus, et ex illa beata sublimique angelorum statione telo superbiae vulneratum ad inferna fuisse collapsum.* (inst. coen. 12, 4). Weitere Belege, die z. T. interessante Einzelheiten geben, sind: Leo der Große, ep. ad Demetr. 8; Hraban, comm. in ecclus. 3, 3; Alcuin, virt. et vit. 27; Bernhard v. Clairvaux, serm. de temp. 1 und serm. de divers. 66; Isidor v. Sevilla, etym. 8, 18–19. Auslegung der Bibelstellen bei: Eusebius Hieronymus, comm. in Isaia 6, 14; Sanctus Victorinus, in apoc. 4, 1–2; Innozenz III., contempt. mundi 2, 31 (eine gute Zusammenfassung).

[63] summ. theol. I, II, 63, 1 ff.

[64] *Unde et duplici reatu diabolus constringitur, hoc est superbiae et invidiae: superbiae quo ipse cecidit, invidiae qua alios deicere contendit.* (Hraban, comm. in 4. Reg. 1, 13).

[65] *Denique et ipse sciens se per superbiam de coelestibus curuisse . . . homini subvertendo quem Deus fecerat sine ullo peccato, vitium persuasit serpentina callidità superbia, certus quod recepta superbia, quae est malorum omnium causa, facile iam peccata omnia, quae non nisi superbo concipiuntur animo, perpetraret.* (Julianus Pomerus, vit. contempl. 2)

[66] Dazu, daß die *superbia* auch das Motiv des menschlichen Sündenfalls ist, nur folgende Beispiele: Cassian, inst. coen. 12, 5; Cassiodor, expos. in ps. 93, 2; Hraban, comm. in ecclus. 3, 3; Hugo v. St. Viktor, summ. sent. 3, 6; Alanus ab Insulis, summ. art. praed. 10.

Grund für den Fall des Teufels wie des Menschen steht die *superbia* als *prima causa* am Anfang der Heilsgeschichte und der Weltgeschichte. Durch sie ist die Schöpfung in zwei Lager gespalten, das Reich des Teufels und das Reich Christi. Wie bei dem oben besprochenen Gegensatz von *superbia* und *humilitas* wirkt sich auch hier das mittelalterliche Denkschema der Polarität sehr stark aus. Wie die *humilitas* konstituierend ist für das Reich Gottes, so ist die *superbia* Grundlage des Teufelsreiches.[67] Wie Christus das Haupt seiner Glieder ist, so bildet auch der Teufel sein *corpus diaboli*.[68] Der Teufel brachte die *superbia* dem Menschen und stürzte ihn; sie zu bekämpfen und den Menschen wieder zu erheben, kam Christus.[69] Und wie Christus die Verkörperung der *humilitas* ist, so ist Satan die *superbia* selbst: *Quod est autem Christus qui diabolum occidit? Humilitas occidit superbiam.*[70]

Ziehen wir das Fazit aus dieser Entwicklung. Die reiche Entfaltung der Teufelsmythen bringt durch das ganze Mittelalter hindurch so starke dualistische Tendenzen hervor, daß schließlich die Abhängigkeit des Bösen von Gott dogmatisch festgelegt werden muß. Das Problem der Theodizee läßt sich zwar dadurch lösen, daß man die Willensfreiheit zum Ausgangspunkt des Teufelsabfalls macht, doch entsteht damit die Frage, welches Motiv denn Luzifer zur falschen Entscheidung getrieben habe. Und da liegt die Verbindung *diabolus-superbia* nahe. Diese Verbindung des Teufelsmythus mit der sich zur gleichen Zeit um die Begriffe *humilitas* und *superbia* aufbauenden Morallehre wird schon in den ersten Jahrhunderten geschlossen und gilt unangefochten durch das ganze Mittelalter. Durch diese Verbindung, und das ist in unserem Zusammenhang das Wichtige, werden beide Komponenten ungemein in ihrer Bedeutung verstärkt. Durch die Verbindung mit dem Zentralbegriff *superbia* wird der Teufel für die Theologie und die kirchliche Morallehre zu einer überaus ernst zu nehmenden Figur, und umgekehrt wird der kirchliche *Superbia*-Begriff durch die Verbindung mit der höchst populären Gestalt des Teufels zu einer anschaulichen und glaubhaften Größe. Und diese Veranschaulichung wird eine der stärksten Hilfen sein bei der Popularisierung des *Superbia*-Gedankens im Laientum.

---

[67] So schon in den Augustinischen *civitates*.
[68] *Sic enim bonorum caput Christus est, sic illorum caput diabolus . . . Totum corpus diaboli explicavit breviter, cum ait „superbi".* (Augustin, en. in ps. 139, 7—8) — Im gleichen Sinn auch Isidor v. Sevilla, sent. 2, 37, 7.
[69] Vgl. die Texte auf S. 27 f.
[70] Augustin, en. in ps. 33, 3.

Ich möchte die Ergebnisse des Kapitels zusammenfassen. Die Hamartiologie des Mittelalters hat vier Gipfelpunkte, in denen die *superbia* zu höchster Bedeutung aufsteigt:

In einem psychologisch gut begründeten System von Filiationen werden der *superbia* sämtliche Erscheinungen nicht nur der Egozentrik selbst, sondern auch des normalen Egoismus subsumiert. Der Geltungsbereich des Begriffs *superbia* erstreckt sich damit vom Zentrum der Ursünde selbst bis zum geringsten Anzeichen von Eigenmächtigkeit oder Selbstbewußtsein.

Die *superbia* rückt zweitens als Anführerin und als Erzeugerin an die Spitze des Lasterseptenars, des Kernstücks der kirchlichen Lasterlehre. Damit wird ihre Stellung im Mittelpunkt der Moraltheorie auch für den einfachen Laien augenfällig. Noch wichtiger aber ist: Ihr Herrschaftsbereich dehnt sich über ihre sechs oder sieben *filiae* nun auf alle nur denkbaren Laster und Vergehen aus. Die *superbia* bildet damit das Zentrum der mittelalterlichen Sündenlehre.

Zum dritten wird die *superbia* in ihrer Schlüsselstellung durch die polare Verknüpfung mit dem wesentlichsten ethischen Begriff des Christentums gefestigt: Die *superbia* wird genau diametral der christlichen Grundtugend *humilitas* entgegengesetzt. Das geschieht in so strenger Konsequenz, daß Christus und der Teufel zu Verkörperungen dieses Gegensatzpaares werden.

Und viertens wird die *superbia* in Verbindung gesetzt mit der im populären Danken ungemein wichtigen Figur des Teufels: Die *superbia* wird zum Charakteristikum Luzifers und zum Zentralmotiv des Teufelssturzes wie des Sündenfalls. Damit steht die *superbia* auch nach allgemeinster Anschauung am Beginn der Welt- und Heilsgeschichte.

In allen diesen vier Höhepunkten der *Superbia*-Theorie herrscht das gleiche Prinzip: die Verbindung des klerikalen und stark theoretischen Konzeptes der *superbia* mit verwandten Zentralmotiven des populären Glaubens. Damit steigen diese Komplexe erstens selbst in ihrer Bedeutung dadurch, daß sie über das *„tertium comparationis"* der *superbia* in einen systematischen Zusammenhang gebracht und theologisch verwendbar werden. Andererseits aber sind diese Kombinationen für den *Superbia*-Gedanken noch folgenreicher. Die *superbia* erhält durch ihre Assoziierung an wichtige Glaubensmotive eine wesentlich stärkere Legitimation als Ursünde oder Sündenwurzel, und sie wird in dieser schweren Bedeutung weithin im populären Denken und Glauben verbreitet. Dabei wirkt die Einbeziehung der empirischen, seelsorgerischen Psychologie in den Bereich der *superbia* zwar in der entgegengesetzten Richtung der Ausweitung ins

Konkrete, jedoch mit der gleichen, ja in ihrem Ausmaß noch viel stärkeren Wirkung der Popularisierung.

Das wesentliche Merkmal der mittelalterlichen *Superbia*-Theorie ist also letztlich folgendes: Die *superbia*, Egozentrik wie Egoismus umfassend, ist als Ursünde und Sündenwurzel Zentrum der kirchlichen Moraltheorie. In einem weit ausgearbeiteten Ableitungssystem werden sämtliche geistigen und tätlichen Verfehlungen auf dieses Zentrum als letzten Grund zurückgeführt. Die Reichweite des Begriffes *superbia* erstreckt sich also von der Ursünde bis zum geringsten konkreten Anzeichen von Egoismus und bis zur einfachsten Übertretung kirchlicher Moralvorschriften. Das bedeutet: Da in einem derart fest geknüpften Moralsystem auch das letzte Glied unlöslich dem Gesamtkomplex assoziiert ist, erscheint auch die konkreteste Derivation mit dem generellen Zentralbegriff im Kern identisch. Die Ursünde *superbia* ist in jeder Überheblichkeit, in jedem Ungehorsam, ja in jedem Vergehen überhaupt in ihrer ganzen Schwere gegenwärtig. Und in dieser assoziativen Wirkungsweise liegt der Grund für die außerordentliche Rolle, die der *Superbia*-Gedanke in der Praxis und im täglichen Leben des hohen Mittelalters spielt.

TEIL B

DIE REZEPTION DES SUPERBIA-GEDANKENS IN DER ALTHOCHDEUTSCHEN ZEIT

Kurz nach 580 beendet Gregor I. seine *Moralia in Iob,* in denen er der kirchlichen Morallehre eine für lange Zeit gültige Form gibt und in denen er zumal die hochmittelalterliche *Superbia*-Theorie konstituiert. Derselbe Mann begründet als Papst 595 die aktive Mission bei den Angelsachsen, von denen dann die Bekehrung der bisher noch nicht oder nur oberflächlich christianisierten Germania ausgeht. Es bedarf daher nicht einmal eines Zeugnisses wie der Missionsschrift Pirmins,[1] die nach einem Abriß der Heilsgeschichte samt Luziferfall zwei Kapitel der Lasterlehre und der *superbia* widmet, zu der sicheren Annahme, daß die gregorianische Hamartiologie ein Gegenstand der Missionslehre gewesen ist.

Es kommt hinzu, daß bestimmte wesentliche Züge dieser Hamartiologie der Denkweise der neuen Christen auf das beste entsprachen.[2] Vor allem die Vorstellung, daß das Wesen der Sünde in einem Abfall von Gott bestehe, mußte bei den an Treue- und Gefolgschaftsverhältnisse gewöhnten Proselyten auf tiefes Verständnis stoßen. Hier ergab sich ein Ansatzpunkt für den Missionar und den frühen Seelsorger, der germanischen Bevölkerung die ihr sehr fremde Vorstellung der Sünden und zumal der generellen Sünde zu übermitteln. Von hier aus erklärt sich wohl zu einem guten Teil das Hervortreten der Teufelsgestalt und der *superbia* in der Morallehre des hohen Mittelalters. Die geschichtsmythische Gestalt des Verräters und Neidings, der vom allmächtigsten Herrscher besiegt wird, verschafft als Verkörperung der Ursünde den christlichen Moralkonzepten Eingang in die Vorstellungswelt des Germanen.[3]

Während somit die Verbreitung einzelner populärer Züge der *Superbia*-Theorie im volkssprachigen Laientum schon seit frühester Bekehrungszeit anzunehmen ist, traten der Aufnahme des Gedankens in anderen, wesentlichen Punkten erhebliche Hindernisse entgegen, wie wir noch sehen werden. Im Vordergrund standen zunächst einmal begriffliche Schwierigkeiten,

---

[1] *de singulis libris canonicis scarapsus* (PL 89).
[2] So sehr, daß man den Gedanken fassen könnte, die Kenntnis langobardischer Sittlichkeit habe Gregors Moralschriften selbst beeinflußt.
[3] Dieser Endsieg verschaffte dem Christentum einen unschätzbaren psychologischen Vorteil gegenüber der grundpessimistischen Religiosität und Weltauffassung der Germanen. Auch deshalb mag wohl der Kampf mit dem Bösen so betont worden sein.

die dadurch vermehrt wurden, daß nicht nur lateinische Begriffe in einheimische übertragen werden mußten, sondern daß hier eine auf klerikale und monastische Verhältnisse zugeschnitte Theorie auf die Bedürfnisse des alltäglichen Lebens einer Bauern- und Kriegerbevölkerung abgestimmt werden mußte.

Bei alledem haben wir also mit einer erheblichen Germanisierung der *Superbia*-Theorie im konzeptualen wie im linguistischen Bereich zu rechnen. Es ist unausbleiblich, daß die Vorstellungen von der *superbia* mit ihrem sprachlichen Gewand auch ihren Charakter in gewissem Maße ändern. Dem entsprechend haben wir im folgenden vorzugehen. Es ist zunächst einmal der ahd. Wortschatz für das Feld ‚*superbia*‘ zu untersuchen. Erstens aus rein heuristischen Gründen, denn ohne Kenntnis des in Frage kommenden Vokabulars würde man in der nationalsprachigen Literatur nur die expliziten Darstellungen des *Superbia*-Gedankens (die es nicht gibt), nicht aber etwaige Andeutungen und indirekte Äußerungen finden. Zum zweiten können sich an einer genetischen Betrachtung des Vokabulars erste Hinweise auf zu erwartende konzeptuale Verschiebungen ergeben. Der nächste Schritt wird dann sein, aus den kirchlichen Äußerungen der Zeit die Form und Rolle des Gedankens in der Vulgärtheologie und Seelsorge der Zeit zu erschließen. Und schließlich kann dann eine Betrachtung des Motivs *superbia* in der ahd. Literatur und Dichtung erfolgen.

Die Erfassung des ahd. Vokabulars und seines semantischen Feldes ist insoweit leicht, als in den Glossen ein reiches Wörterbuchmaterial zur Verfügung steht. Sie ist insoweit schwierig, als eben dieses Material in seiner Fülle und Verworrenheit bekanntlich eine Menge von technischen und methodischen Problemen aufwirft. Vor allem zwingt die Masse des glossischen Materials zu entschiedenen Beschränkungen im Arbeitsbereich,[4] zumal die lexikologische Untersuchung hier weiteren Zusammenhängen dient und deshalb sehr enge Umfangsgrenzen nicht überschreiten darf. Im folgenden werde ich deshalb alle dialektologischen, morphologischen und philologischen Fragestellungen ausklammern und nur das anführen, was unsere gegenwärtigen Fragen beantworten kann.[5] Diese sind erstens, welches ist das lateinische Vokabular des *Superbia*-Gedankens? Zweitens, wie werden diese Vokabeln in den ahd. Glossen übersetzt? Drittens, woher stammt das ahd. Vokabular und welche semantischen Materialien bringt es mit sich in das Bedeutungsfeld ‚superbia‘ hinein?

1. Der mittellateinische Superbia-Wortschatz

Gefördert durch die oft wortgetreue Übernahme der Autoritäten entwickelt sich in der kirchlichen *Superbia*-Lehre allmählich eine recht einheitliche Terminologie. Aus einer Fülle von Begriffen, die wegen der Breite

---

[4] Das zeigt als ein methodisches Musterstück die Untersuchung des ae. Wortschatzes durch H. Schabram, *Superbia. Studien zum altenglischen Wortschatz. Teil I. Die dialektale und zeitliche Verbreitung des Wortguts* (München, 1965). Der Gießener Anglist beschränkt seinen Arbeitsbereich auf den lat. Wortstamm *superb-* und schaltet das Synonymenfeld aus. Zudem teilt er seine Untersuchung in einen lexikologischen und einen (noch ausstehenden) semantischen Teil. Durch diese Einschränkungen gewinnt er die Möglichkeit zu außerordentlich genauer und gründlicher Arbeit, die zu erstaunlichen dialektologischen und literaturgeschichtlichen Ergebnissen führt. Es bleibt freilich die Frage, wieweit die Einziehung vor allem von *arrogantia* und *jactantia* das Bild verschoben hätte, eine Frage, die besonders für den zweiten Teil seiner Arbeit relevant wird. Ein Beispiel für die Untersuchung eines Gesamtfeldes unter Ausschaltung dialektologischer und morphologischer Fragen ist die wichtige Arbeit D. Ruprechts: *Tristitia. Wortschatz und Vorstellung in den althochdeutschen Sprachdenkmälern* (Göttingen, 1959). Ruprechts Darstellung der Todsünde, die der *superbia* diametral gegenübersteht, ist ein ausgezeichnetes Gegenstück zu unserer Darstellung des *Superbia*-Wortschatzes.
[5] Ich hoffe, in nicht allzu ferner Zukunft eine eingehende Untersuchung des ahd. Wortschatzes für *superbia* und Verwandtes vorlegen zu können.

des Komplexes herangezogen werden, kristallisiert sich ein Kern von sechs Zentralbegriffen heraus, die bis zur Synonymität eng an den Mittelpunkt ‚superbia‘ angeschlossen sind.[6] Um diese Gruppe herum tritt ein weiterer Kreis von Vokabeln, die zwar in den Erörterungen der Theorie eine Rolle spielen[7] oder gelegentlich für Manifestationen der *superbia* gebracht werden,[8] in der Praxis aber nur selten mit dem *Superbia*-Gedanken in bewußte Verbindung gebracht werden. Jenseits dieses weiteren Bereiches wird das Feld der Begriffe, die in irgendeiner, wenn auch noch so losen Verbindung zur *superbia* stehen, geradezu unabsehbar.[9] Die Erörterung der Entfaltung des Konzeptes in der Moraltheologie hat genügend Hinweise darauf gegeben (s. S. 15 ff.).

Um das Feld der Untersuchung von Beginn an möglichst eng zu halten, gehe ich in der Wortschatzuntersuchung von der zentralen Gruppe aus. Was sind also die Glossierungen für die sechs Begriffe *arrogantia, contumacia, jactantia, praesumptio, superbia, vana gloria*?[10]

2. Die glossischen Interpretamente für superbia und Verwandtes[11]

ARROGANTIA

anagituon	(1)	II, 173, 71 (1)
geili	(1)	IV, 2, 24 (1)

---

[6] Zur inhaltlichen Bestimmung der Hauptbegriffe s. S. 20 ff.
[7] Hierher gehören Begriffe wie *aversio* ‚Abwendung (von Gott)‘, *perversio* ‚Umdrehung (von Gott fort)‘, Verkehrung‘, *apostasia* ‚Abfall, Abtrünnigkeit‘, *excessus* ‚Überschreiten der Ordnungsgrenzen‘, *immodestia* ‚Unmaß‘, *inordinatio* ‚Störung des Ordo‘, *nimietas* ‚Übermaß‘, *singularitas* ‚Individualität‘, *peccatum, malum* etc.
[8] Dazu gehören z. B. *inflatio* ‚Aufgeblasenheit‘, *supereminentia* ‚Überragen, Überhebung‘, *superexaltatio* ‚Überhebung‘.
[9] Begriffe wie *blasphemia, dissensio, contentio, seditio* etc. wären hier anzuführen.
[10] Da Morphologisches hier keine Rolle spielt, führe ich bei allen folgenden Wortuntersuchungen die Wortstämme in ihrer markantesten Wortart an, was meist die substantivische Form, gelegentlich auch eine andere, dann häufigste Wortform ist. Wo semantische Unterschiede impliziert sind, werde ich natürlich auch morphologische Erscheinungen in die Betrachtung einbeziehen.
[11] Das Belegmaterial entstammt einer Glossenkartei des *Mittellateinischen Wörterbuchs,* deren Benutzung der Leiter der Münchener Arbeitsstelle, Herr Dr. O. Prinz, mir freundlich gestattete. Die folgende Tabelle gibt oben links das lat. Lemma, rechts darunter in alphabetischer Reihenfolge die Interpretamente und daran anschließend die Editionsstellen. In Klammern folgt jeweils die Zahl der Handschriften, die das Interpretament führen. Die zitierte Ausgabe ist die von Elias Steinmeyer, *Die althochdeutschen Glossen,* 5 Bde. (Berlin, 1819–1922). Die Arbeit von W. v. Ackeren, *Die althochdeutschen Bezeichnungen der septem peccata criminalia und ihrer filiae* (Diss. Greifswald, 1904) ist, zumal sie die Belegstellen nur in Auswahl gibt, heute überholt. Von praktischem Wert jedoch sind die bei ihm abgedruckten Textzusammenstellungen.

gelpheidi	(10)	C. Mus. Brit. Hal. 3095 f. 30a (Beitr. 73, 237) (1)
givalgan	(4)	II, 193, 20—21 (4)
jactantia	(2)	I, 494, 36 (1), 4, 39 (1)
kronen	(2)	II, 242, 37 (1); II, 448, 40 (1)
ruom	(57)	I, 4, 39 (3); I, 6—7, 4 (5); I, 251, 32 (1);
		I, 272, 48—49 (2); I, 367, 34—36 (5);
		I, 439, 55 (1); I, 534, 13—17 (7); I, 547, 11 (1);
		I, 594, 40—43 (9); II, 163, 45 (1); II, 278, 56—57 (3);
		II, 303, 8 (1); II, 308, 19 (1); III, 143, 5—7 (5);
		III, 187, 68 (1); IV, 2, 14 (1); IV, 36, 34—35 (4);
		IV, 112, 38—39 (2); IV, 112, 40—41 (1);
		IV, 131, 38—39 (2); IV 221, 39 (1)
superbia	(1)	C. Mus. Brit. Hal. 3095 f. 30a (Beitr. 73, 237) (1)
vermezzen	(1)	I, 511, 17 ff. (1)
frechi	(1)	IV, 2, 30 (abrogans)

CONTUMACIA
bistritig	(1)	IV, 137, 57, (1)
einstritig	(6)	I, 63, 18 (1); I, 374, 28 (1); I, 542, 54 (1);
		II, 318, 29 (1); IV, 5, 47 (1);
		IV, 223, 11 (1)
frafali	(7)	I, 63, 18 (1); I, 374, 29 (1);
		II, 92, 10—11 (1); II, 583, 65 (1);
		III, 142, 15 (1); III, 417, 3 (1);
		IV, 223, 11 (1)
frazorer	(1)	II, 53, 22 (1)
gimeit	(1)	II, 250, 62 (1)
hohvartig	(1)	II, 427, 8—9 (1)
honchustig	(1)	II, 434, 36—37 (1)
uncusg	(1)	III, 5, 8 (1)
superbia	(3)	II, 103, 76—104 (3)
svelandi strit	(1)	II, 141, 56 (1)
widarbruhtig	(3)	I, 275, 71 (1); II, 53, 17 (1); II, 539, 6 (1)
widarstritig	(1)	IV, 137, 57 (1)
widarstrupli	(3)	II, 103, 76—104, (3)
ziplahan	(3)	I, 62, 18—63, 18 (3)

JACTANTIA
geili	(4)	I, 554, 5 (1); II, 50, 2 (1); II, 565, 9 (2)

gelf	(6)	I, 6—7, 2 (3); I, 994, 12 (1);
		II, 18, 14—15 (1); II, 165, 42 (1)
gimeit	(2)	II, 546, 3 (1); II, 658, 36 (1)
kronen	(2)	II, 504, 23—24 (2)
lobgirig	(1)	II, 710, 32 (1)
ruom	(29)	I, 194—195, 32 (5); I, 227, 7 (1);
		I, 494, 36—37 (1); II, 18, 14—15 (1);
		II, 25, 19—20 (1); II, 148, 31—32 (2);
		II, 167, 68 (1); II, 204, 46 (1);
		II, 212, 70—71 (1); II, 320, 26 (1);
		II, 322, 3 (4); II, 331, 27 (1);
		II, 420, 33 (2); II, 528, 27 (1);
		II, 569, 9 (1;) II, 569, 64 (1);
		II, 718, 12 (1); II, 749, 21 (1);
		IV, 244, 22 (1); Poitiers Hs 69 f (Beitr. 73, 272, 9) (1)
ubarmuotlich	(7)	II, 127, 55—58 (7)
[*wit werfen*	(5)	II, 426, 64 (1); II, 469, 42—43 (2);
		II, 554, 56 (1); II, 708, 40 (warpolon)]

PRAESUMPTIO

(er)balden	(16)	II, 126, 65 (1); II, 130, 14 (1);
		II, 166, 60 (1); II, 177, 32—33 (2);
		II, 286, 48 (1); II, 287, 41 (1);
		II, 297, 13—14 (2); II, 316, 59—60 (2);
		III, 254, 23 (2); IV, 12, 60—61 (1); IV, 13, 26 (1);
		IV, 295, 41 (1)
bihuobido	(2)	I, 591, 21 (1); II, 297, 13 (1)
bihevan	(1)	I, 227, 1 (1)
frabaldi	(2)	II, 177, 32—33 (2)
frazuri	(1)	I, 547, 9 (1)
intfahan	(3)	I, 44, 8 (2); II, 343, 15 (1)
scorran	(1)	I, 392, 30 (1)
geturren	(1)	II, 52, 11 (1)
ungaweri	(1)	IV, 319, 20 (1)
uzneman	(1)	II, 406, 28 (1)

SUPERBIA
| *flozzan* | (2) | I, 186—187, 12 (2) |
| *frabalich* | (1) | II, 92, 10 (1) |

frambari	(3)	II, 548, 19 (1); II, 637, 18 (1); II, 645, 65 (1)
geili	(2)	I, 793, 26 (1); II, 615, 67 (1)
gelf	(1)	C. Mus. Brit. Hal. 3095 f. 30a (1)
giwaltlich	(1)	II, 671, 43 (1)
guotlich	(1)	II, 589, 63 (1)
herlich	(1)	II, 443, 66 (1)
hoh	(1)	II, 632, 25 (1)
(hoh)muotig	(1)	II, 38, 24 (1)
plooz	(1)	III, 5, 10 (1) (= floz?)
ruom	(1)	IV, 112, 40—41 (1)
richtuom	(1)	IV, 142, 13—32 (1)
stiurri	(5)	I, 531, 43—44 (5)
stolz	(1)	III, 385, 5 (1)
ubarhuct	(8)	I, 6—7, 3 (2); I, 62—63, 20 (2); I, 138, 8 (1); I, 158, 8 (1); I, 187, 12 (2)
ubarmuot	(5)	I, 6—7, 3 (1); I, 198—199, 5 (2); II, 166, 41 (1) IV, 161, 55 (1)
urmari	(1)	II, 757, 41 (1)
vermezzen	(1)	I, 511, 17 ff. (1)
weigiri	(1)	II, 110, 61 (1)
widarstrupli	(3)	II, 103, 76—104, 1—3 (3)

GLORIA *(vana, inanis)*

guotlichi	(3)	I, 132—133, 33 (2); I, 160, 9 (1)
guollichi	(1)	I, 654, 44 (1)
ruom	(27)	I, 536, 13—15 (7); I, 537, 56—58 (7); I, 573, 5—7 (7); II, 163, 3 (1); II, 178, 48 (1); II, 207, 13 (1); II, 212, 40 (1); IV, 115, 33 (1); II, 380, 12 (1)
ital gelf	(6)	II, 320, 15 (2); II, 321, 26 (3); Poitiers, Hs. 69 f. (Beitr. 73, 272, 1) (1)

Die große Zahl der verschiedenen Interpretamente für die einzelnen lat. Begriffe ist ein Anzeichen dafür, wie schwer ihr Inhalt im Ahd. zu fassen war. Zumal die hohe Zahl der Übersetzungen von *superbia* läßt auf die Mühe schließen, mit der man die große Bedeutungsbreite zu meistern suchte: Fast der gesamte ahd. Wortschatz wird aufgeboten, doch meist bleibt es bei ein oder zwei Anwendungen.[12] Nur *ubarhuct* und *ubarmuot* setzen sich durch. Bei den andern Vokabeln des lat. Feldes sieht es etwas einfacher aus, die Übersetzungen scheinen sich leichter festzulegen und es überwiegen wenige Interpretamente die andern bei weitem. Bei *arrogantia* ist es *ruom*, bei *contumacia frafali* und die *strit-* und die *wider-*Bildungen, bei *jactantia ruom* und mit Abstand *ubermuot*, *gelf* und *geili*, bei *praesumptio bald* und bei *vana gloria ruom* und mit Abstand *gelf*. Es bilden sich also Schwerpunkte, so daß es möglich ist, eine Tabelle der wichtigsten ahd. Begriffe des *Superbia*-Bereichs aufzustellen. Diese Tabelle gibt hinter den ahd. Begriffen sämtliche lat. Lemmata an, für die sie in den ahd. Glossen stehen.

bald	*praesumptio* 16mal, *libertas* 23, *temeritas* 7
frafali	*contumacia* 7, *superbia* 1, *temeritas* 21, *improbus* 2, *obstinatus* 1, *pernitiosus* 1, *pertinax* 2, *procax* 11, *protervus* 5
frechi	*abrogans* 1, *ambitio* 2, *avaritia* 7, *cupiditas* 2, *parcus* 1, *petulus* 1
geili	*arrogantia* 1, *jactantia* 4, *superbia* 2, *fastus* 1, *elatus* 1, *insolentia* 13, *luxuria* 6, *petulantia* 7, *pompa* 2, *tumidus* 1
gelf	*arrogantia* 1, *jactantia* 6, *superbia* 1, *vana gloria* 6, *petulantia* 1
gimeit	*contumacia* 1, *jactantia* 2, *insolentia* 3, *superstitio* 5, *frustra-gratis-nequiquam* 9, *baridus* 1, *obtunsus* 1
guollichi	*superbia* 1, *vana gloria* 4, *gloria* (positiv) oft
hohfart	*superbia* 1
hohmuot	*superbia* 1, *tumor mentis* 1, *tumidus* 1
ruom	*arrogantia* 58, *jactantia* 29, *vana gloria* 27, *superbia* 1, *cenodoxia* 1, *petulantia* 1, *ostentatio* 5
stolz	*superbia* 1, *fastus* 6
ubarhuct	*superbia* 8, *aspernari* 1, *superstitio* 2, *supercilium* 2
ubarmuot(i)	*jactantia* 8, *superbia* 5, *elatio* 5, *extollentia* 2, *animositas* 7, *compositus* 1, *insolentia* 1, *protervus* 1, *sublimis* 2

[12] Die relativ hohe Zahl von Begriffen mit positivem Wortethos *(frambari, guotlich, herlich, hoh, stiurri)* geht auf positive Verwendungen von *superbus* in den glossierten Texten zurück; es handelt sich um Vergil, Prudentius und eine Bibelstelle. Daß eben diese positiven Stellen der Interpretation bedurften, zeigt, wie sehr der Ursünden-Charakter dem Leser eingeprägt sein mußte.

3. Die Etymologie des ahd. Superbia-Vokabulars

Mit diesen 13 Begriffen kennen wir nun den ahd. *Superbia*-Wortschatz in seinen Umrissen. Weiter hilft uns jedoch die Betrachtung des glossischen Materials nicht, denn aus ihm weitergehende Schlüsse zu ziehen, etwa auf die Vorbereitung und die allgemeine Bedeutung dieser Begriffe im Ahd., ist nicht möglich. Die Eigenart der ahd. Glossen (enger Kreis der glossierten Schriften, Glossierung zumal der ausgefallenen Bedeutungen, Kopieren von Vorlagen, Gelegenheitsübersetzungen) machen sie für allgemeine Sprachzustände wenig repräsentativ. Um das Bild zu verdeutlichen, wollen wir deshalb in aller Kürze einen Blick auf die Inhalte der Wortstämme in den Nachbarsprachen werfen und versuchen, das germanische Bedeutungszentrum dieser Wörter zu finden.[13]

bald: Die Bedeutung des germ. **balþa-* (von ie. **bhel-* ‚aufschwellen, strotzen‘) ist als ‚kraftvoll, mutig, kühn dreist‘ anzusetzen. Die negative Komponente tritt bei diesem im wesentlichen positiv verstandenen Wort vor allem im Gotischen auf, bedarf aber dazu verstärkender Präfixe (*usbalþei* ‚Frechheit‘, *þrasabalþei* ‚Streitsucht‘, auch an. *ofbeldi* ‚Übermut‘). Im germanischen Ursprung bedeutet der Begriff ‚kühn‘ und ist positiv.

frafali: Die Etymologie ist nicht sicher. Bei einem Anschluß mit Präfix und grammatischem Wechsel an germ. **ab-* ‚Kraft, Wirkung‘ (ie. **op-* ‚Arbeit, Reichtum‘) wäre die germanische Bedeutung ‚tatkräftig, vermögend‘. Mir scheint das Wort auf die gleiche Weise an germ. **bel-* ‚stark‘ anschließbar zu sein. Die germanische Bedeutung ist in jedem Falle positiv ‚stark, tatkräftig‘. Die frühesten vorhandenen Belege des Wortes (ae., ahd.) geben dem Wort jedoch schon eine negative Komponente ‚eigensinnig‘.

frechi: Das weitverbreitete germ. **frek-* (ie. **preg-* ‚heftig, gierig‘) bedeutet zentral ‚heftig, wild, kühn‘ mit der meist negativen Komponente ‚gierig‘. Nach de Vries und dem *IEW* ist auch der Stamm *frank-* hierher zu stellen, was den positiven Charakter des Wortes verstärken würde.

geili: Ein erschließbares germ. **gail-* (mit Ablautderivaten) entspricht dem ie. **ghoil-* ‚aufschäumend, übermütig, ausgelassen‘. Es be-

---

[13] Ich stütze mich dabei vor allem auf das *IEW*: J. Pokorny, *Indogermanisches etymologisches Wörterbuch* (Bern, 1959 ff.).

deutet ‚üppig, übermütig, gärend' (von daher wohl die roman. Sippe *gal- ‚lustig, übermütig'). Das Wortethos ist im wesentlichen positiv, wobei entsprechende Kontexte auch negative Komponenten hervorgehoben haben können.

gelf: Germ. *gelp- ‚übermütig, prahlend, laut' gehört als Labialderivat zur weitverzweigten Familie ie. *ghel- ‚schreien, gellen'. Bedeutsam sind dabei bestimmte magische Beschwerungen in *gal(d)- ‚Zaubergesang' und in *gelp- ‚trotzige Kampfrede'.

gimeit: Das germ. *maid- geht auf ie. *mei-t- ‚wechseln, täuschen' zurück und hat die durchweg negative Bedeutung ‚schlecht, verfälscht, verrückt, schädlich', wobei sich immer mehr die Komponente ‚töricht, verrückt, dumm' in den Vordergrund schiebt.

guollichi: Soweit nicht gelegentlich Assimilationen von *guot-lich* vorliegen, geht das Wort mit *urguol* (wovon franz. *orgueil*, it. *orgogglio* ‚superbia') auf die oben besprochene Sippe *gel- zurück. Das Wort wird als ‚Ruhm, Auszeichnung' ursprünglich stark positiv verwendet, noch im Ahd. steht es häufig für ‚gloria'.

hohfart: Das Wort läßt sich in anderen Sprachen nicht nachweisen, es scheint eine ahd. Bildung (zuerst bei Notker) zu sein. Die Bedeutung ist von Anfang an negativ.

hohmuoti: Das Kompositum, das vor allem von Notker verwendet wird, ist in den Nachbarsprachen nicht nachzuweisen. Es ist nach Ausweis der Bildungsweise (-i) eine typisch glossische Neubildung zum Grundwort *muot,* das auch im Ae. (s. Schabram, a.a.O.) zu *Superbia*-Neubildungen gern verwendet wird. Es hat von Anfang an negative Bedeutung.

ruom: Germ. *hrōm- ist Nasalerweiterung zum Stamm *hrō-, der mit Labialinfix auch der Sippe *hrōp- ‚rufen, rühmen' zugrunde liegt, und mit Dentalerweiterung die Sippe *hrōþ- ‚Ruhm, Lob' bildet. Ablautend stellt sich dieser Stamm zu ie. *kar- ‚laut tönen, verkünden, preisen'. Der Inhalt des Begriffs bleibt seit ie. Zeit das wichtige Konzept ‚Ruhm, Preis'. Negative Komponenten sind bei diesem Zentralwert kriegerischer Gesellschaften nicht zu finden.

stolz: Die etymologischen Versuche zu diesem seit dem 11. Jh. auftretenden Wort erforderten eine eigene Darstellung. Drei Vorschläge haben besonderes Gewicht: 1. Germ. Erbwort zum

Stamm von *stelzen*, 2. Lehnwort aus lat. *stultus* ‚dumm‘, 3. Lehnwort aus vulg.lat. **extultus* ‚überheblich‘. In jedem Fall ist die Ursprungsbedeutung negativ ‚dumm, steif, hochnäsig‘.

ubarhuct: Das got. *ufarhugjan* ‚überheben‘ und die häufige Verwendung von *oferhygd*- für ‚superbia‘ im Ae. (s. Schabram, a.a.O.) lassen vermuten, daß das Kompositum schon im Germanischen gebräuchlich war, zumal es im Wortmaterial keine Anklänge an seine Lemmata zeigt. Die Bedeutung war dann von Anfang an ‚sich überdenken, überheben‘.

ubarmuoti: Ein entsprechendes Kompositum ist nur im Got. überliefert, jedoch mit anderer Bedeutung *(ufarmaúdei* ‚Vergessenheit‘). Da auch das Ags. *ofermod*- als Hauptbegriff für ‚superbia‘ nimmt, liegt die Annahme nahe, daß es sich um eine missionarische Neubildung für das Konzept ‚superbia‘ handelt (im Ahd. seit 8. Jh.). Die Bedeutung ist also vom Ursprung her negativ.

Was zeigt diese Aufstellung? Zwei Erscheinungen fallen sofort auf. Zum ersten: Von den 13 Wörtern sind nur 3 Neubildungen (*hohfart, hohmuoti, ubermuoti*), die anderen sind Erbwörter, die schon in germanischer Zeit z. T. weit verbreitet sind. Ein solches Alter, solche Lebenskraft deutet auf eine starke Verwurzelung dieser Vokabeln in Bewußtsein der Sprachgemeinschaft hin.[14] Zum zweiten: Die Erbwörter sind fast alle von Haus aus positiver Bedeutung (bei *frechi, geili* mit negativer Komponente), nur *gimeit, stolz, ubarhuct* sind im Kern negativ. Doch sie alle werden in den ahd. Glossen in außerordentlich stark negativem Sinn gebraucht. Wir haben also eine einheimische, fest verwurzelte, positive Wortgruppe vor uns, die in den Glossen auf einmal mit dem lat. *Superbia*-Vokabular konfrontiert wird. Es drängt sich die Vorstellung eines Zusammenstoßes auf, eines Kampfes zwischen einem alten Wortschatz und einem neuen. Den dieser Konfrontation zugrundeliegenden oppositionären Konzepten wollen wir nun im folgenden nachgehen.

Der einheimische Wortschatz muß eine bindende Kraft besessen haben, eine Idee, die das Feld zusammenhielt und in der Grundbedeutung stützte. Vereinzelte, isolierte Vokabeln wären gegenüber den praktischen und durch

---

[14] Dazu fügt sich, daß von diesen Wörtern bis ins Mhd. nur *ubarhuct* ausfällt, alle anderen aber lebendig bleiben. Selbst im Nhd. sind 8 (*Frevel, frech, geil, Hoffart, Hochmut, Ruhm, Stolz, Übermut*) noch in Gebrauch.

die Glossik bevorzugten Neubildungen, die das Bedeutungsfeld „*superbia*"
sehr gut hätten allein tragen können, sehr schnell verloren gewesen, sie
wären untergegangen oder wären bedeutungsmäßig in andere Bereiche ab-
getrieben. Die Tatsache, daß sie in den Bedeutungskreis der negativen
superbia geraten und dennoch überleben, zeigt, daß auch die einheimischen,
übernommenen Begriffe ein mehr oder minder geschlossenes Feld gebildet
haben müssen. Die Vermutung liegt nahe, daß wir es bei den alten, in das
ahd. *Superbia*-Feld aufgenommenen Vokabeln mit den Resten eines aus
germanischer, vorchristlicher Zeit stammenden Wortgruppe zu tun haben.
Deren Bedeutungsinhalt läßt sich auch tatsächlich ohne große Schwierigkeiten aus den gemeingermanischen Grundbedeutungen der Begriffe kon-
struieren: *bald, frafali, geili, guollichi, ruom, frechi, gelf* tragen in ihrer Gesamtheit den Oberbegriff „kraftvoll, angesehen, mutig" in sich. Sie sind
durchweg Bezeichnungen für Tatkraft und kriegerische Tüchtigkeit und
gehören in die lange Reihe germanischer Begriffe für Kriegertugenden.
    Wie weit diese Begriffe nun in einem Feld festgelegt waren, d. h. in
einem festen Verhältnis zueinander standen, wird sich kaum ergründen
lassen. Über die germanischen Bedeutungsfelder im Bereich der Sittlichkeit
sind nur sehr vage Aussagen möglich.[15] Ein Band immerhin, das solche
Begriffe in Bezirken zusammengehalten hat, ist erkennbar. Die germanischen Begriffe für Charakter- und Verhaltensweisen ordnen sich jeweils
in Kreise von Tugenden für bestimmte Menschengruppen, oder besser für
jeden Menschen in einer bestimmten Situation. Da nun die Situation des
Kampfes und der Selbstbehauptung im germanischen Leben prominent war,
steht der Tugendkreis der kriegerischen Tüchtigkeit und Tapferkeit an her-
vorragender Stelle. Was Wunder, daß in den wenig abstrahierenden germanischen Sprachen die Zahl der Vokabeln für diesen wichtigen Gedan-
kenkomplex außerordentlich groß ist, und daß sich die Wortfelder der einzelnen germanischen Sprachen durchaus nicht immer decken.[16] Was übrigens

[15] Ein schon recht differenziertes Standessystem setzt z. B. Weisweiler, „Beiträge zur Bedeutungsentwicklung germanischer Wörter für sittliche Begriffe", *IF* XLI (1923), voraus,
wenn er sagt: „Die älteste Sprachperiode kennt zunächst nur Ausdrücke für Standes-
tugenden und Standesfehler, die immer nur einer bestimmten Situation entsprechen. So
bezeichnet mildja- vorwiegend die Fürstentugenden, Ableitungen von rehta- und ebna-
die Richtertugenden, die zahlreichen Wörter für „tapfer" die Kriegertugenden . . ."
Eine solche Zuordnung bestimmter Tugendkomplexe zu bestimmten Standesgruppen
scheint mir zu starr, die einzelnen Tugendbereiche waren wahrscheinlich eher an bestimmte Lebenslagen, in die jeder Mann kommen konnte, gebunden.
[16] Der Wortschatz des An., des Ags. und des Ahd. für „tapfer usw." ist daher zumal in
Randbegriffen oft recht verschieden: Von den 16 ags. Begriffen, die Schücking, *Heldenstolz*, S. 14 auswahlweise anführt, haben z. B. nur *ār, blaed, cūt, dōn, ellen, maertu, rōf,
tīr, weort* deutliche Entsprechungen im Ahd.

die Vermutung aufkommen läßt, dieser Konzeptbereich mit seinem Wortfeld habe sich erst in nachgemeingermanischer Zeit voll entwickelt: eine Zeit wie die der großen Wanderungen und Völkerkämpfe hatte entsprechende Kriegertugenden zu fordern.

In der Reihe *bald, frafali, gelf, guollichi, ruom, frechi,* die durch *frambari, kuoni, wuotgrim* etc. zu erweitern wäre, haben wir wesentliche Bestandteile des germanischen Wortschatzes für das Konzept der ,*Virtus*'[17] vor uns. Alle diese Begriffe kommen mit ihren verschiedenen Wortstämmen in fast allen germanischen Sprachen vor, durchweg besonders im Ahd., im As., im Ags. und im Got. (das An. ist oft eigenwilliger). Sie sind als die gemeingermanischen Hauptbegriffe anzusehen. Das ahd. *Superbia*-Feld hat also mit diesen Begriffen den Hauptteil des germanischen Bedeutungsfeldes ,Tapferkeit, Mannhaftigkeit, *Virtus*' in sich aufgenommen.

Aus welchen Gründen und unter welchen Bedingungen es zu diesen Vorgängen kommt, diese Frage führt nun wieder über den Bereich der bloßen Wortschatzuntersuchungen hinaus auf geistesgeschichtliche Zusammenhänge. Hinter den Konfrontationen, die sich im Wortschatz spiegeln, steht das Aufprallen des christlichen *Superbia*-Gedankens auf die ganz anders geartete germanische Sittlichkeit. Da dieser einheimische Gegner die Geschichte des *Superbia*-Gedankens bis ins Spätmittelalter bestimmen wird, scheint mir hier ein kurzer Abriß der germanischen Vorstellungen geboten.

4. *Exkurs: Der Superbia-Charakter der germanischen Sittlichkeit*

Die Aufgabe, die germanische Ethik auf bestimmte Aspekte hin abzusuchen, wird glücklicherweise durch ausgezeichnete Sekundärliteratur erleich-

---

[17] Der Terminus *Virtus* (der Großbuchstabe soll bewußt machen, daß es sich um keinen *echten* Begriff handelt), den ich wegen seiner Breite (,Mannhaftigkeit, Tüchtigkeit, Tapferkeit, Tugend' usw.) als praktische Bezeichnung für diese germanischen Vorstellungen gewählt habe, führt übrigens zu einem weiteren bezeichnenden Sachverhalt: Schon die Etymologie der Bezeichnungen für das ethische Prinzip der „Tugend" zeigt, daß in allen abendländischen Kultursprachen die Grundqualität die Eignung, Nützlichkeit, Tüchtigkeit, Mannhaftigkeit ist: Gr. *areté* (zu ie. **ar-* ,fügen, passen'), hat etwa die Grundbedeutung ,Eignung, Güte, Tauglichkeit'. Lat. *virtus* zeigt als Ableitung von *vir* (dazu auch *vis* ,Kraft') die Grundbedeutung ,Kraft, Tüchtigkeit, Mannhaftigkeit' ganz schlüssig. Nhd. *Tugend* geht mit seinen Parallelen auf ein germ. **dugunþu* — mit der Bedeutung ,Tauglichkeit, männliche Tüchtigkeit, gute Eigenschaften' zurück. Dies ist eine Nominalbildung zu germ. **dug-* ,taugen' vom ie. **dheug-* ,berühren, sich gut treffen, drücken usw.' Dazu W. Bopp, *Geschichte des Wortes Tugend* (Heidelberg, 1934). Nach den Ausführungen E. Aumanns, „Tugend und Laster im Ahd." *Beitr.* LXIII (1938), bezeichnet ahd. *tugend* noch ganz allgemein ,Tauglichkeit, Kraft, gute Qualität'. Die besondere Anwendung ,Mannhaftigkeit, Tapferkeit' beginnt erst bei Notker. Die Glossen nehmen dort, wo *virtus* ,kriegerische Tüchtigkeit' bedeutet, *theganheit* (II, 610, 18; 609, 36; 611, 31; 613, 23). Die Umprägung des Begriffs geschieht offenbar durch das kirchliche *virtus*.

tert. H. Kuhn beruft sich in seinem Artikel „Sitte und Sittlichkeit" in Schneiders *Handbuch der germanischen Altertumskunde*[18] auf Andreas Heusler,[19] dessen Darstellungen er als umfassend und mustergültig zu einer Grundlage für alle Behandlungen germanischer Ethik erhebt. Es mag daher wohl angehen, Heuslers Ausführungen auch bei der folgenden Untersuchung der germanischen *Virtus*-Vorstellungen zur Basis zu machen, denn wenn man einige andere Stimmen jeweils zur Ergänzung und Korrektur hinzuhört,[20] dürfte sich ein hier ausreichend scharfes und gültiges Bild ergeben.

Die germanische Sittlichkeit ist nicht wie die christliche auf den Mitmenschen orientiert, sondern zielt (auch in ihren strengen Bindungen von Sippe und Brauch) auf die Erhaltung und Förderung des Einzelnen, in dessen Hand Selbstbehauptung und Lebensführung gelegt sind.[21] Aus dieser Grundsituation der Autonomie und Selbsthilfe leiten sich die bedeutendsten und dem Germanentum eigentümlichen Erscheinungen ab, nicht zuletzt die dem Christentum sehr fremden Auffassungen von Rache, Totschlag, Raub und Ehre.[22] In einer Welt, in der durch Selbsthilfe und Eigengesetzlichkeit der normale Alltag vom Krieg kaum noch zu unterscheiden ist,[23] müssen notwendig auch alle Lebensnormen, alle ethischen Grundsätze auf dieses Zentrum der Selbsterhaltung hin geordnet sein. In einer solchen Kriegerethik gelten auch nicht die zumal dem christlichen Abendland selbstverständlichen ethischen Pole „gut und böse", vielmehr erforderte diese Moral der Selbsterhaltung die Gliederung „Freund und Feind" oder im tiefsten Grund „für das Ich und gegen das Ich".[24] Im einzelnen sind

---

[18] (München, 1938), S. 221.

[19] A. Heusler, *Germanentum. Vom Lebens- und Formgefühl der alten Germanen* (Heidelberg, 1934). Besonders Teil I: „Altgermanische Sittenlehre und Lebensweisheit."

[20] Es sind dies neben dem genannten Aufsatz Kuhns R. Seeberg, *Christentum und Germanentum* (Leipzig, 1914); L. Schücking, *Heldenstolz und Heldenwürde im Angelsächsischen* (Leipzig, 1933); Gehl, *Ruhm und Ehre bei den Nordgermanen* (Berlin, 1937).

[21] Heusler, S. 40 ff. u. ö.

[22] Dazu Heusler: „Totschlag außerhalb des Krieges (und allenfalls des Zweikampfes) ist nicht kurzerhand ein Verbrechen." (S. 413). — „Rache ist ein Gebot, bewußte Forderung des Ehrgefühls . . . Man möchte von einem Kultus der Rache sprechen." (S. 43) — „‚Geld und Ruhm erwerben' an. fé ok frami ist ein heiliger Ausdruck." (S. 45) — Daher ist die Kirche genötigt, in Morallehre wie Gesetz immer wieder den Totschlag *(homicidium)*, die Rache *(odium, rancor, ira* u. dgl.), den Raub *(rapina, avaritia* u. dgl.) als Todsünden zu brandmarken und ihnen breite Aufmerksamkeit zu widmen.

[23] Heusler, S. 42.

[24] Heusler: „Die große Zweiteilung ‚Freunde und Feinde' bedingte keine Zweiteilung ‚Gute und Böse'." (S. 52) — Kuhn: „Mit unserem christlichen Gut und Böse ist der germanischen Ethik nicht beizukommen. Der Wille zu Macht und Größe steht hier an erster

die Werte dieser Ethik danach bemessen, wie weit sie der Erhaltung und Ausbreitung des Ich förderlich sind. Es rückt also der Komplex von Kraft, Mut, Macht und Größe in die Stellung eines *summum bonum* und wird als „Ehre" zum Grundbegriff der germanischen Sittlichkeit.[25] Eigenartigerweise hat diese so stark auf Egoismus gestellte Moral auch eine nicht weniger ausgeprägte soziale Seite: den Ruhm.[26] Der Ruhm, das heißt, das allgemeine Bekanntsein der persönlichen Vorzüge, ist die Verbreitung der Ehre zeitlich und räumlich über den eigenen Lebenskreis hinaus. Tritt der Ruhm damit als Triebfeder der Ehre an die Seite, so wird er vollends zum Angelpunkt germanischer Lebenseinstellung, indem er als Ersatz für die transzendenten Mächte und Gottheiten, die von der fortschreitenden Autonomie und Selbständigkeit des Menschen aufgelöst wurden, zum nötigen Halt, zum Religionsersatz für die ohne außerpersönliche Bezugspunkte orientierungslose und verlorene Existenz wird.

Die höchsten Werte der germanischen Ethik sind also Ehre und Ruhm, Selbstbestimmung und Unabhängigkeit, Macht und Größe. Die höchsten Tugenden sind dementsprechend Eigenwille, Tatkraft, Mut, Stolz, Ehrgeiz, Größe, kurz: *Virtus*. Nun wird es völlig deutlich, worauf das Wesen der germanischen Kriegerethik letztlich hinausläuft. Die Hochschätzung der Persönlichkeitswerte, die Ziele der Selbstbehauptung und der Ausbreitung des eigenen Ichs führen auf eine zentrale Stellung des Ich. Das Ich der Einzelpersönlichkeit steht im Mittelpunkt der germanischen Wert-

---

Stelle." (S. 219) – Und aus einer eingehenden Untersuchung heraus F. Willems, *Heldenwörter in germanischer und und christlicher Literatur* (Köln, 1942): „. . . abstrakt ‚böse und gut' gibt es im Germanischen noch nicht." (S. 25).

[25] Heusler: „Noch manches andere, friedliche schätzt man am Mann, leibliche und geistige Gaben. Aber was beim Ehrenmann nicht fehlen darf, sind die verschiedenen Kriegertugenden. Nicht jeder kann und muß ein großer Held sein, aber das Wunschbild des Mannes ist bis zu Einseitigkeit der Held. . . . Tapferkeit ist die erste der germanischen Tugenden." (S. 49 f.; ähnlich 69) – Gehl: „Ehre ist die innerste Triebkraft altgermanischen Lebensgefühls." (S. 1) – Willems: „An der Spitze der Wertskala steht der Bereich von Kampf und Tapferkeit." (S. 73).

[26] Zur Rolle und Funktion des Ruhmes einige Stimmen, die aus teils anderer Sicht doch den gleichen Tenor haben. Heusler: „Stärker, körperhafter als die Jenseitsgedanken war . . . die Ruhmeshoffnung. . . . Der Ruhm ist die Steigerung der Ehre, die den Mann im Leben begleitet; er ist das höchste Gut. . . . Der Ruhm, die ‚gute Nachrede nach dem Tode', ist dem Heiden, was dem Christen die ewige Seligkeit: das höchste Gut." (S. 57 u. 103) – Zumal Gehl führt in seiner Arbeit aus, bis zu welchen Extremen die germanische *Virtus*-Ethik in ihren letzten Höhepunkt gelangte: „Erst dem wurzellosen Wiking wird der Ruhm zum Götzen seines Daseins . . . Das ‚trúa á mátt sinn ok megin' ersetzt ihm alle Religion." (S. 137) – „Diese Welt wird von der Ruhmesidee verzehrt wie von einem inneren Feuer." (S. 139). – „Der Gedanke an den Nachruhm steht in dieser Welt an Stelle des christlichen oder heidnischen Jenseitsglaubens." (S. 139) – Ähnliches auch bei Schücking, bes. S. 14.

vorstellungen. Damit ist die germanische Sittlichkeit mutatis mutandis im Wesen der antik-heidnischen gleich: Der Kern beider ist Egozentrik.

Mit bemerkenswerter Genauigkeit erfüllt damit die germanische Ethik die Bestimmungen der *superbia* in ihrem allgemeinsten Sinn. Zur Erhärtung dieser Identifizierung tragen einige Formulierungen bei, die von den verschiedensten Seiten und Anschauungspunkten her alle auf den Hauptnenner der Egozentrik hinführen: „Es ist keine Ethik der Nächstenliebe, des Mitleids und der Demut, sondern der männlichen Triebe des Geltenwollens und des Stolzes . . . Es gilt selbstverständlicher Egoismus. Der Reichtum wird unbefangen erstrebt und gepriesen. Offenes Bekenntnis zum Machtwillen. Den Ruhm feiert man als höchstes Gut." (Heusler S. 68) „Von den Wesenszügen des Germanen tritt der Wille zur Selbstbehauptung und Selbstbestimmung, die Liebe zur Freiheit, wohl am stärksten hervor. Neben ihnen steht aber ein fast ebenso großer Herrscherwille. . . . Es ist vor allem dieser Wille zur Macht und Größe, der die Gebote der Ehre und damit die sittliche Ordnung geformt hat. Was zu Macht und Größe führte, war ehrenhaft." (Kuhn, S. 175 u. 220)[27]

Wie sehr der Kern der germanischen Ethik sich mit dem deckt, was wir eingangs als Egoismus und Egozentrik beschrieben haben, ist deutlich genug. Einen letzten Beweis dafür liefert die Tatsache, daß auch germanische Sittlichkeit der Gefahr, welche in der engen Nachbarschaft von Megalopsychie und Hybris, von Egoismus und Egozentrik liegt, nicht entgangen ist. Die spätere germanische Ethik steigert sich immer mehr zur Hybris und wird in ihren Ausläufern des Wikingertums zu „maßloser Willkür".[28] Nach alledem läßt sich als Fazit dieses Abrisses der Satz herausstellen:

Die germanische Sittlichkeit ist in ihrem Kern Egozentrik, sie ist im christlichen Sinne *superbia*.

Damit wird mit einem Male auch eine der tiefsten Klüfte zwischen Germanentum und dem einwandernden Christentum erhellt. Es bedarf kaum noch einer Ausführung, welche Spannungen sich aus dem Treffen der völlig konträren ethischen Grundauffassungen beider Kulturen und Religionen ergeben. Dem Christentum muß das nur äußerlich leicht besiegbare germanische Heidentum *superbia* sein mit allen strengsten Konsequenzen, während dem germanischen Lebensgefühl die Grundforderung der *humilitas*, der Selbstaufgabe, grundfremd und zunächst unannehmbar ist. Es er-

---

[27] Im gleichen Sinn auch I. Herwegen, *Antike, Germanentum und Christentum* (Salzburg, 1932), S. 19; R. Seeberg, *Christentum*, S. 9.
[28] Gehl, der diese Entwicklung eingehend verfolgt, S. 155.

gibt sich im entscheidenden Punkte die gleiche Konstellation, die schon den Kampf des Christentums mit dem antiken Heidentum bestimmt hatte: *Superbia* und *humilitas* stehen sich als Exponenten beider Lager gegenüber. Dem Demutsideal des kirchlichen Christentums steht in jedem Zug konträr die *magnanimitas* und *superbia* diesmal des germanischen Heidentums entgegen.[29]

Auf diesem Hintergrund müssen nun alle im folgenden betrachteten Entwicklungen gesehen werden, die von den Verschiebungen im Wortschatz bis zum späteren Kampf um den Hohen Mut schon zum zweitenmal über die geistesgeschichtliche Bühne gehen.

5. Die Subversion des germanischen Virtus-Wortschatzes

Ein besonders deutlicher Punkt der Ähnlichkeit der Kontroversen des Christentums mit der antiken *magnanimitas* und mit der germanischen *Virtus* ist die Übertragung des christlichen Zentralbegriffes in die heidnische Sprache. Im Altertum hatte das Christentum willig den Begriff aufgenommen, der dem herrschenden Ideal der Megalopsychie gerade entgegengesetzt war. Das christliche *tapeinós, humilis* half in seiner gebräuchlichen Bedeutung ‚niedrig, minderwertig‘ durchaus nicht zum Verständnis der christlichen Grundgedanken, sie verschärften im Gegenteil noch die Fremdheit der beiden Ideale.

Auch im Germanischen hatte sich ein der Magnanimität ähnliches Ideal ausgebildet, das im Nordischen noch als *mikilmenni* ‚Mann von großer Art‘ weiterlebte. Dem *mikilmenni* als Besitzer sämtlicher Vorzüge der germanischen Sittenauffassung steht als Negativ der *litilmenni* gegenüber, der äußerlich und innerlich Kleine und Niedrige. So stehen auch im Germanischen der Einführung des *Humilitas*-Gedankens entsprechende Schwierigkeiten entgegen: wieder muß das Christentum auf die dem einheimischen Ideal entgegengesetzten peiorativen Vokabeln zurückgreifen. *Tapeinós* wird im Gotischen mit *haúns* übersetzt, also im Grunde mit „niedrig, schmählich". Das An. nimmt *litillátr*, also dem Wortstamm des *litilmenni*, der kleinmütigen

---

[29] Auch die oft spiegelbildlich konträren Gegensätze von Germanentum und Christentum, besonders die von *mikilmenni* und *humilitas* sind in der Literatur oft gesehen worden. „In dieser Kriegerethik schätzt man bis zur Einseitigkeit die harten Eigenschaften am Menschen. Am tiefsten unchristlich ist ferner: daß man sich offen und freudig bekennt zum Stolz und zum Machttrieb. . . . Mit Mitgefühl folgt man dem Stolzen, den das Schicksal beugt. Etwas Neues ist in den christlichen Geschichten der Blick der Genugtuung, der den Sturz des Mächtigen trifft!" (Heusler, S. 56 ff.) — „Das Christentum verlangt Demut. . . . Stolz, Ruhmredigkeit und Ruhmsucht sind eben unvereinbar mit christlichem Denken." (Schücking, S. 15).

Knechtsgesinnung, zur Bezeichnung der fremden Tugend. Die westgermanischen Sprachen gebrauchen neugebildete Komposita mit der Bedeutung „dienstwillig".[30]

In der gesamten Germania also wird zur Wiedergabe des *Humilitas*-Ideals zunächst peioratives und diskriminierendes einheimisches Sprachmaterial benutzt, das dann durch den Druck der christlichen Lehre allmählich ein positives Ethos bekommt. Diese Methode[31] erwies sich als erfolgreich: Die christliche Mission wirkt gleichsam aus einem unbekannten, unbeobachtenden Punkte, sie nimmt zunächst größere Schwierigkeiten und Mißverständnisse in Kauf, um dann viel tiefer greifend die heidnischen Anschauungen desto wirksamer auf den Kopf zu stellen. Die christliche *humilitas* setzt den Hebel im wertmäßig tiefsten Punkt der heidnischen Wertauffassung an und bricht dann, langsam aufsteigend, die heidnische Ethik in das Gegenteil um.

Dieses linguistische Vorgehen begegnet — wie das Vorgehen der Mission überhaupt — geschickt den im vorigen aufgezeigten Widerständen und Verschiedenheiten. „Es war keineswegs die Absicht der Kirche, den Ehrbegriff grundsätzlich zu bekämpfen; auf diese Weise hätte die Mission niemals Fuß fassen können. Die mittelalterliche Theologie gab der Ehre im scholastischen Lehrgebäude der moralis philosophia ihren festen Platz. Gegen einen Ehrbegriff im Rahmen des scholastischen honestum hatte die Kirche nichts einzuwenden, nur der superbia und der vana gloria galt ihr unermüdlicher Kampf." (Gehl, S. 149) Nach diesem Grundsatz war die Methode der Subversion des Wortethos tatsächlich die einzig mögliche und zugleich die wirksamste. Sie wird nun im gesamten Bereich der *superbia* angewendet und bildet den Grundvorgang bei der Entwicklung des ahd. Wortschatzes.

Mit den Ideen prallen also auch ihre Träger, die beiden unter genau entgegengesetzten Vorzeichen stehenden Wortfelder zusammen. Auf der einen Seite dringt das bis zur Einzeldefinition fest gefügte *Superbia*-Feld mit seinen äußerst stark negativ geladenen Begriffen vor, auf der anderen Seite steht eine Reihe von Ausdrücken, die zwar in Sprachtradition und

---

[30] Ags. *eaþmod*, ahd. *otmuoti* ‚leichter, beweglicher, bequemer, milder, williger Sinn' wird allmählich von *thiomuoti* (*theu- ‚Diener') ‚Sinn eines Dieners' verdrängt. Dies letztere, obd. Wort empfahl sich wohl durch seine starke Komponente der *obedientia* und damit, daß es zeitgenössischen, bildlichen Vorstellungen entsprach.

[31] Dieser Ausdruck soll nicht bedeuten, daß eine planvolle, über lange Zeit gesteuerte Tätigkeit vorgelegen habe. Unter *Methode* verstehe ich hier ein vorwiegend unbewußtes, sich aus den Verhältnissen in allen Fällen ganz gleich ergebendes Verhalten.

Lebensauffassung tief verwurzelt, jedoch nicht von einem Zentralbegriff zu einer Einheit geschlossen sind, sondern lediglich unter einem gemeinsamen Nenner ein locker gefügtes und kaum gegliedertes Bedeutungsfeld bilden. So steht, um mit Vorsicht ein historisches Bild zu gebrauchen, wie einst die römische *acies* den germanischen Kampfgruppen und Einzelkämpfern, das *Superbia*-Feld dem einheimischen *Virtus*-Wortschatz gegenüber und siegt natürlich: Wie wir gesehen haben, zeigt ausnahmslos jede alte Vokabel eine Verschiebung des Wortethos zum Peiorativen, eine Tendenz zur Negativierung. Diese „Negativierungstendenz", der handliche Terminus sei gestattet, erstreckt sich auch über das weitere Feld, ist also als grundsätzlich und beherrschend anzusehen.[32]

Dabei ist bezeichnend, daß die christliche Mission von den beiden möglichen Arten, einen einheimischen, heidnischen Begriff zu überwinden, nämlich ihn entweder einem christlichen Gedanken dienstbar zu machen oder aber ihn auszumerzen, hier durchweg die schwierigere erste wählt, also die Methode der *interpretatio christiana* anwendet. Während sonst die Kirche stark heidnisch gebundene Vokabeln meist durch neue, assoziationsfreie ersetzt, macht sie gerade hier bei einem Wortschatz, der zunächst im höchsten Grade unvereinbar mit einem ihrer Zentralbegriffe ist, eine Ausnahme und unterzieht sich der Mühe, diese hoffnungslos vorbelasteten Vokabeln umzudeuten. Die Frage nach dem Grund ist um so dringlicher, als in einem ganz benachbarten Wortfeld diese Rücksicht nicht statthat: Von den zahlreichen gemeingermanischen Wörtern zur Bezeichnung des Mannesideals sind im Ahd. nur noch drei (*thegan, man, gomo*) erhalten, alle anderen sind untergegangen.[33] Die kirchliche Literatur hat sie fallen lassen, wohl weniger als gefährlich denn als unnötig. Und darin liegt vielleicht die Antwort. Ausmerzen oder fallen lassen konnte man nur Vokabeln, die an konkrete heidnische Einrichtungen gebunden waren und mit diesen vergingen. Mit Begriffen aber von solcher Aktualität, von solcher Affektgeladenheit und gedanklicher Gefährlichkeit wie denen des *Virtus*-Wortschatzes konnte man nur durch Einverleibung fertig werden. Mag nun zu der Tatsache, daß diese Begriffe zu tief eingesessen waren und nur durch Subversion ihrer Gefährlichkeit beraubt werden konnten, auch noch einige durch allerlei Ärger der Geistlichen über heidnische *superbia* geschürte

---

[32] Sie gilt auch für die ahd. Begriffe (wie *fraza, frabaldi, kuoni*), die oben auf S. 43 ff. im *Superbia*-Bereich auftraten, die ich aber im weitern fortlassen mußte.
[33] Diese Feststellung trifft Willems, *Heldenwörter*. Willems zählt für das An. und Ags. noch 8 Begriffe auf.

Kampflust hinzugekommen sein, jedenfalls wird der einheimische *Virtus*-Wortschatz mit ungewöhnlicher Schärfe und Konsequenz angegriffen, negativiert und nach dieser Christianisierung zum ahd. *Superbia*-Wortschatz gemacht.

Bei genauerem Hinsehen treten dabei nicht uninteressante Züge auf: Der Grad der Negativierung ist recht verschieden, er reicht von völliger Subversion des Wortethos (z. B. *frafali*) bis zur bloßen Verstärkung eines schon vorhandenen peiorativen Sinnes (z. B. *gimeit, stolz,* und *frechi*). Die Negativierungstendenz[34] hatte eine abgestufte Wirkung je nach Widerstandskraft der alten Begriffe, die sich aus der Stärke der positiven Ladung und aus der Frequenz und Wichtigkeit des Wortes ergab. So leisten einige der „wertvollsten" heidnischen Begriffe wie *bald* eine Zeitlang kräftigen Widerstand, das Gros des Wortschatzes aber wird mehr oder minder stark ins Negative umgewendet und christianisiert.

Die Methode der Zerstörung des positiven heidnischen Ethos ist durchschlagend: Die germanische *Virtus* wird in allen ihren Hauptpunkten durch die Identifikation mit den wichtigsten *Superbia*-Filiationen direkt angegriffen. Denn naturgemäß sind es eben die verbreitetsten und konkretesten Manifestationen der germanischen *Virtus*-Ethik, die der christlichen Kirche am heftigsten im Wortsinn gegen die Natur gehen. Vor allem sind es die Ideale des Ruhmes, der Ehre, des Stolzes und der Tapferkeit, die sich der christlichen Demut am ärgerlichsten als Selbstvertrauen, Selbständigkeit, Selbstzufriedenheit und ruhmrediger Egoismus in den Weg stellen. So stellen denn auch die Glossen diese Begriffe den diskriminierendsten, affektvollsten, schwersten *Superbia*-Filiationen entgegen. Gegen das „tapfere Selbstvertrauen" (*bald*)[35] die „Zügellosigkeit" (*libertas*), „Willkür" (*temeritas*) und die *Superbia*-Grundart „gottloses Selbstvertrauen" (*praesumptio*). Den „Ruhm" (*ruom*) vernichten *superbia, vana gloria, jactantia* und *arrogantia,* wobei die Masse der Zentralbegriffe zeigt, wie stark der Gegner war. Die „Selbstberühmung" (*gelf*), deren wichtige Funktion einer „seelischen Kraftquelle" Schücking hervorhebt,[36] wird als *inanis*

---

[34] Die im Idealfall eine völlige Negativierung anstrebte, wie der Umstand zeigt, daß die Neubildungen sogleich mit völlig negativem Ethos ausgestattet sind.

[35] Dazu gehört auch eine Reihe von Begriffen, die zunächst mehr äußere Fähigkeiten und nicht Gesinnungen bezeichneten und deshalb von der Negativierung verschont blieben: mhd. *küene, snel, starc* etc.

[36] Schücking, *Heldenstolz,* beschreibt den Brauch der Selbstberühmung als „Funktion der wichtigen Rolle, . . . die Stolz und Würde überhaupt im Persönlichkeitsideal der ags. Epik spielen." (S. 4) Er stellt zwei Formen fest, den *beot* als Gelübde einer besonderen Leistung und den *gielp* als Kampfrede mit Selbstberühmung und Schmähung des Fein-

gloria und *jactantia* verurteilt, die „Tapferkeit und Kühnheit" (*frafali, frechi* etc.) vordringlich durch *temeritas* und *praesumptio.* Die schweren lateinischen Begriffe decken also mit der Wucht ihres Ethos und ihres Affektes die einzelnen, nicht durch einen feldbildenden Oberbegriff geschützten germanischen Begriffe ab, und können sie in dem Maße, wie sie selbst in Ansehen und Bekanntheit steigen, verwandeln und sich einverleiben. Die einheimische Begriffe werden vom *Superbia*-Wortschatz verschlungen.

Ein weiteres: Der Kampf gegen die heidnische Begrifflichkeit geht von der angelsächsischen Mission aus. Im ahd. Wortschatz zeigt sich das daran, daß kaum ein Wort der Vokabeltabelle ganz auf das Ahd. beschränkt ist.[37] Es finden sich gewöhnlich Parallelen, und zwar mit Abstand häufiger im Ags. als im An. oder gar Got. Über diese Parallelität von ags. und ahd. *Superbia*-Wortschatz hinaus scheint es, als habe das Ags. die Priorität, als seien die Lehnbildungen ags. Herkunft, wie es auch anders gar nicht sein kann. Es kommt hinzu, daß gerade die für das *Superbia*-Vokabular wichtigen Gruppen der Gregor- und der Canonesglossen auf fuldische und das heißt angelsächsische Arbeit zurückgehen. Der *Superbia*-Wortschatz scheint also vordringlich im Norden, im Gebiet der ags. Mission bearbeitet worden zu sein. Für unseren Zusammenhang ist dies insoweit wichtig, als es zum Teil die Schärfe des Kampfes erklärt, denn es war ja die anglo-irische Kirche, in der sich die strenge, monastische Lasterlehre am längsten und kräftigsten hielt. Aus deren Laster-Oktonar erklärt sich außerdem zu einem Teil die besondere Bekämpfung des Ruhmes, denn die *vana gloria* spielte dort ja noch als eigenständige Todsünde eine große Rolle und traf überdies in ihrem germanischen Bereich auf eine besonders stark ausgebildete Form des Selbstruhmes (s. Schücking, s. u. A. 36). Die Annahme also, der heftige Kampf gegen die heidnischen *Virtus*-Begriffe gehe von der ags. Kirche aus, hat vieles für sich. Sie erhellt auch, warum die Vehemenz des Kampfes sich im Laufe der Zeit abschwächt. Am energischsten griff die *frühe* Mission die germanische Ethik an, doch je mehr auch diese sich im heidnischen Raum zu ihrem Höhepunkt erhob, desto vorsichtiger wurden die Angriffe

---

des. „Der beot gilt also dem Genossen, der gylp aber dem Gegner. Gemeinsam ist die Bezugnahme auf eigene Leistungen. . . . Der Stolz als Bewußtwerden des eigenen Wertes wird zur seelischen Kraftquelle." (S. 8) Die gründliche Untersuchung des Beheißens und Gelfens ist ein Desiderat.

[37] Bis auf *hohfart,* das Notkersche Schöpfung zu sein scheint, das süddeutsche *theomuoti* und das später wichtige *vermezzen,* das von der Glosse I, 511, 17 ff. als fränkisch, also ebenfalls dem ags. Missionsbereich angehörig bezeichnet wird.

der Kirche: am strengsten ist die polemische Mission der Ags., am fried-
fertigsten und äußerlichsten die bei den Nordgermanen. Die Negativierung des *Virtus*-Wortschatzes, die nach Ausweis der Wörterbücher in allen
germanischen Sprachen wirkt, ist dementsprechend am stärksten im Ags.,
am schwächsten im An.

Noch ein Hinweis sei angefügt darauf, wie hoch der alte heidnische
Wortschatz ursprünglich im Ansehen stand und wie lange er gegen die
kirchlichen Angriffe seine Stellung im populären Denken hielt. Viele und
gerade die wichtigsten der alten Vokabeln bilden Personennamen, aus
deren Zahl man auf den Rang des Begriffes schließen könnte. Graffs *Ahd.
Sprachschatz* ergibt mit einiger Ungenauigkeit folgende Liste: *flozzan*
1 Personenname (*Flozolf*), *bald* 78, *geil* 5, *gelf* 2 (*Gelfried, Gelfhart*), *muot*
31 (davon mit germanischen Tugenden 17), *rih* 103 (davon 20 mit Kampf,
Stärke, Macht), *mari* 55, *freh* 4. Die Tatsache, daß man einem Kind als
Omen im Namen nur erwünschte Eigenschaften mitteilt,[38] ergibt zumindest
für die namenbildenden Begriffe der germanischen *Virtus*-Gruppe den
Nachweis eines positiven Ethos.

Die Resistenz der alten Begriffe muß also wesentlich größer gewesen
sein, als es die kerikalen Glossen zeigen. Nur zum Teil ist es der Kirche
gelungen, ihrem Gedankengut den heidnischen Wortschatz dienstbar zu
machen. Die tragfähigsten Begriffe entzogen sich immer noch so weit der
völligen Deckung durch die christlichen Gedanken, daß die Kirche schon
sehr bald gezwungen war, für ihre Zentralbegriffe unbelastete Neubildungen einzusetzen. Für den Zentralbegriff *superbia*, der sich in seiner schweren Bedeutung wohl doch als zu stark und zu fremd für die hervorgebrach-
ten Vokabeln erwies, nahm man die Lehnschöpfungen *ubarmuoti, hohmuot*
und *hohfart*.[39] Diese Neubildungen setzen sich mehr und mehr als die deutschen Hauptbegriffe für *superbia* durch und drängen alle anderen Vokabeln an den Rand. Dadurch aber geraten die alten einheimischen Begriffe
aus dem Gefahrenbereich. Die Wucht des Zentralbegriffs fällt auf die Neubegriffe, die alten aber entgehen der endgültigen Verwandlung. Damit ist
der erste große Angriff der christlichen Lasterlehre gegen die germanische
Virtus auf dem Gebiet des Wortschatzes abgeschlagen. Der alte Wortschatz
behält einen Teil seines positiven Ethos, es wird folgenreich im 11. Jahrhundert wieder aufleben.

---

[38] Vgl. G. Schramm, *Namenschatz und Dichtersprache* (Göttingen, 1957), bes. S. 53 ff.
[39] So bleiben die Versuche mit *flozzan, frafali, geili, gelf, guollichi, ruom, stolz, vermezzen*
vereinzelt und werden zunächst wieder aufgegeben.

Um das Erarbeitete im Griff zu behalten, seien nun wieder die Ergebnisse aus der Untersuchung des ahd. Wortschatzes ordnend zusammengefaßt. — Bei dem glossischen Vokabular für die lateinischen Zentralbegriffe des *Superbia*-Komplexes handelt es sich im wesentlichen um die Hauptbegriffe des vorchristlichen Wortschatzes für „Tüchtigkeit, Tapferkeit, Mannhaftigkeit". Dieses Wortfeld bezeichnete im Germanischen einen Kreis von Tugenden, die den Mittelpunkt seiner kriegerisch-großbäuerlichen Ethik bildeten. Im Ideal der germanischen *Virtus* fügen sich alle Haltungen zusammen, die auf die Behauptung und Förderung der eigenen Person zielen. Die germanische Sittlichkeit ist in ihrem innersten Wesen Egoismus und Egozentrik. Das germanische Wertsystem ist daher wie das antike dem christlichen genau entgegengesetzt. Es wird notwendig von der Kirche mit der Ursünde der *superbia* identifiziert und entsprechend bekämpft. Das Christentum versucht, dieses ihm in seinem Wesen feindliche *Virtus*-Ideal als *superbia* zu vernichten und ihre Ethik der *humilitas* an dessen Stelle zu setzen. So entsteht aufs neue der Kampf von *magnanimitas* und *humilitas,* der Kampf der Exponenten von Christentum und Heidentum.

Dieser Kampf wird uns zunächst in seiner sprachlichen Spiegelung sichtbar, bei der Eindeutschung des lateinischen *Superbia*-Feldes. Die Kirche sucht von der Missionierung an, die einheimischen Ausdrücke durch ihr überlegen organisiertes und zentriertes Wortfeld ‚*superbia*' zu erdrücken und in einer *interpretatio christiana* des Wortschatzes die gefährlichen alten Begriffe zu Trägern des christlichen *Superbia*-Gedanken umzufunktionieren und dienstbar zu machen. Die wirkungsvolle Methode dabei besteht in einer Subversion des Wortethos. Die Sachbedeutung nämlich des deutschen und des lateinischen Begriffs wird durch leichte gegenseitige Anpassung zur Deckung gebracht und so der Weg auf das eigentliche Angriffziel, das Wortethos eröffnet. Denn nun können die alten Begriffe durch die Identifikation mit dem zentralen *Superbia*-Begriff direkt angegriffen werden. Das wuchtige negative Ethos des *Superbia*-Gedankens fließt in die Begriffe ein und verchristlicht sie. Der vorchristliche *Virtus*-Wortschatz wird im Vorzeichen umgekehrt zum ahd. *Superbia*-Wortschatz. Jedoch läuft dieser Vorgang nicht ungestört ab. Auf der einen Seite erweist sich eine Anzahl der alten Begriffe als so kräftig, daß sie nicht über eine Ambivalenz der Bedeutung hinaus umgewendet werden können; auf der anderen Seite verlieren die christlichen Angriffe allmählich ihre Stoßkraft. Beides entscheidet den Kampf der beiden Wortfelder. Nachdem ein sofortiger und völliger Erfolg über die heidnischen Begriffe ausbleibt, bindet sich der Bedeutungskern der *superbia* an die Neuschöpfungen *ubarmuot* und *hôchmuot,* wodurch die Wucht des Zentralbegriffs von den alten Begriffen abgelenkt wird. Ein Rest der heidnischen Vorstellungen, des alten Ethos bleibt erhalten und kann sich unterliterarisch fortpflanzen.

1. Die Aktivierung einer „inneren Mission"

Bei der Bekehrung der Germanen, die ihrer ersten oberflächlichen und
meist politischen Christianisierung folgen mußte, handelte es sich nicht zuletzt darum, das heimische, tief verwurzelte *Virtus*-Ideal auszutreiben und
durch das christliche Grundideal *humilitas* zu ersetzen. Diese Aufgabe war
wesentlich schwerer als das Exorzisieren oder die *interpretatio christiana*
der alten Götter.

Die Notwendigkeit einer „inneren Mission"[1] bei den unlängst bekehrten
Völkern wird bald erkannt, besonders seit diese Probleme mit der schwierigen Bekehrung der Sachsen wieder sehr akut werden. Die Gesetzgebung
Karls des Großen sorgt denn auch für entsprechende Maßnahmen. Schon
die *Admonitio Generalis,* die für die innere Mission das Programm ent-
wirft, fordert dringlichste Unterweisung der Gemeindemitglieder in der
christlichen Lebenslehre[2] und geht gegen heidnische Sitten wie Blutrache,
Faustrecht und Berühmung vor. Den Bischöfen wird die Überwachung
ihrer Parochien besonders in Bezug auf die drei Hauptfehler der damaligen
germanischen Christenheit, Unzucht, Totschlag und Ruhmsucht, übertragen.[3] Und vor allem wurde die Ausbildung des Klerus für die Laienunter-
weisung sehr verbessert. Die *Capitula de examinandis ecclesiasticis* von
802 schreiben genaue Prüfungen der Geistlichen auf ihre Fähigkeiten in
Katechese, Predigt und Beichtpraxis vor: *Similiter et in doctrina populo-
rum et in officiis praedicandi necnon et confessione peccatorum imponere*

---

[1] Ich verwende den Begriff in seiner ursprünglichen Bedeutung als (erstmalige oder nach
Rückfällen erneute) innere Bekehrung im Gegensatz zur äußeren Christanisierung.

[2] *. . . Sed omni instantia admonete eos de dilectione Dei et proximi, de fide et spe in Deo,
de humilitate et patientia, de castitate ex continentia, de benignitate et misericordia, de
elemosinis, et confessione peccatorum suorum . . .* (Adm. gen. c. 82. Nach der Ausgabe in
den *MGH, Cap.* I.).

[3] Adm. gen. c. 62 unterscheidet augustinisch die Kinder Gottes von den Teufelssöhnen durch
das Merkmal der Friedfertigkeit: *Ut pax sit et concordia cum omni populo christiano.
In hoc enim praecepto discernuntur filii Dei et filii diaboli; quia filii diaboli semper dis-
sensiones et discordias movere satagunt . . .* Gegen das Schwören (das Beheißen und den
Gelf) wendet sich die Adm. gen., wenn sie das *iuramentum* nicht nur vor dem Altar, sondern auch *in communi loquella* verbietet (c. 64). Gegen die Blutrache und Raubzüge:
*Item ut homicidia infra patriam . . . nec causa ultionis nec avaritiae nec latrocinandi
non fiant* (c. 67).

sciant vel procurent.[4] Der Schwerpunkt liegt hier schon auf Beichte, Bußpredigt und Morallehre. Ganz in den Mittelpunkt der kirchlichen Gemeindearbeit wird die Morallehre durch das Konzil von Chalon (813) gestellt, das den Priestern vorschreibt: ... *ea, quae ad fidem pertinent, et ubi de extirpandis vitiis et plantandis virtutibus scribitur, hoc ab eis crebro legatur et bene intellegatur et in populo praedicetur.*[5] Was mit den auszurottenden Fehlern gemeint ist, die germanischen Sünden Stolz und Ruhm, Rache und Fehde, Neid und Habsucht nämlich, definiert unter Ludwig dem Frommen das Konzil von Paris (829):

Inter cetera quippe mala, quae eandem fidem commaculant, quattuor nobis vitia spirituali merito exaggeranda videntur, quae quanto occultiora sunt, tanto pernitiosiora, id est superbia, per quam angelus diabolus de caelo eiectum; invidia, per quam idem diabolus hominem de paradyso eiecit; odium et discordia, quae caritate inter proximos extingunt et dilectionem evacuant et omnia bona pervertunt et non sinunt proximos in muta dilectione consistere nec quietam tranquillamque, ut decuerat Christianos, vitam degere.[6]

Das Fazit aus diesen Umrissen, die eine genauere Darstellung verdienten: Seit Beginn des 9. Jahrhunderts wird in Reaktion auf heftige innere Widerstände des germanischen Heidentums die kirchliche Laienarbeit beträchtlich aktiviert. Über eine intensivere Ausbildung gerade des unteren Klerus (die gesamte Glossenarbeit steht damit eng in Verbindung) wird eine starke Popularisierung der christlichen Lehre erzielt. Im Vordergrund stehen dabei die Glaubenslehre und die Moralpädagogik, deren letzte besonders auf die Bekämpfung der germanischen Sittlichkeit abgestellt ist. Als die drei Erziehungsgebiete und Lehrmittel bieten sich an und sind vorgeschrieben: die Tauflehre, das Beichtgespräch und die Predigt, zu der im weiteren auch der Traktat und die Bibeldichtung rechnet. Die Lage des *Superbia*-Gedankens auf diesen Gebieten ist nun im einzelnen zu untersuchen.

2. Die superbia in der Taufkatechese

Die Taufe wird, ihrem sakramentalen Wesen entsprechend, grundsätzlich wie ein formell-magischer Bekehrungsvorgang angesehen, der jenseits

---

[4] *MGH, Cap.* I.
[5] *MGH, Conc.* II, 2, c. 37.
[6] *MGH, Conc.* II, 2, c. 1.

des menschlichen Verstandes von Gott bewirkt wird.[7] Dazu treten aber seit Tertullian, gleichsam als Eigenleistung des Täuflings, die Taufformeln, insbesondere die Abschwörung der alten Religion.[8] Diese *abrenuntiatio diaboli* gehört zunächst noch ins Sakrament, dann aber, als sie sich als guter katechetischer Ansatzpunkt erweist, gleitet sie ab in die Katechese. Diese Möglichkeit nutzt nun die karolingische Kirche, um mit ihrer Bekämpfung der germanischen Ethik schon im Augenblick der Taufe beginnen zu können, und baut die Renuntiation zu einem Lehrmittel aus: . . . *hi, qui fidem Christi expetunt et provectae aetatis sunt, priusquam ad baptismum accedant, instruantur et fidei et baptismi sacramento . . . ut intellegant et vim eiusdem sacramenti et quid pro alliis spoponderint . . .*[9] Dies empfehlen die Bischöfe der Synode von Paris (829) Ludwig dem Frommen und erklären auch gleich den Inhalt der Taufkatechese: *De eo etiam instruendo fideles necessarium praevidimus, ut intellegant pactum, quod cum deo in baptismate fecerunt.*[10] Der Pakt werde oft ganz oder teilweise gebrochen, ganz durch *infidelitas, haeresis, schisma, . . . ex parte vero, quando quis aut ad superbiam aut ad invidiam aut ad cetera vitia spiritualia, quae ex radice superbiae prodeunt, labitur.* (c. 37)

Die Taufe wird also, indem man intensiv auf heimische Gewohnheiten eingeht, als Bündnis mit Gott als gleichsam oberstem Gefolgsherrn dargestellt und die Abrenuntationsformel als ein Treuegelöbnis vor dem neuen *druhtin.* Als Bruch des Vertragsverhältnisses erscheinen die Sünden des Unglaubens, des Irrglaubens und der *superbia* mit ihrem Gefolge. Der *Superbia*-Gedanke ist damit auch in der Lehre von der Taufe in eine wichtige Stellung eingerückt.

Doch damit nicht genug, sie hat ihren Platz auch in der Abrenuntiationsformel. Die drei Objekte der Abschwörung sind *diabolus, pompa eius, opera eius,*[11] was im Ursprung recht konkrete Bedeutung hatte: eine Absage

---

[7] Offenbar in diesem Sinne könnte die Taufe bei der Sachsenbekehrung auch als Zwang wirksam sein. Der Widerstand der Sachsen zeigt, daß sie an die bekehrende Wirkung der Taufe auch selbst glaubten. *Capitulatio de partibus Saxoniae (MGH, Cap.* I): *Si quis deinceps in gente Saxonorum inter eos latens non baptizatus se abscondere voluerit et ad baptismum venire contempserit paganusque permanere voluerit, morte monetur.* Vgl. auch die Taufvorstellungen des *Rolandsliedes.*

[8] Dazu H. Rahner, „Pompa diaboli", *ZKTh* 55 (1931); I. Kirsten, *Abrenuntio diaboli* (Heidelberg, 1952).

[9] *MGH, Cap.* II, Episc. ad Hlud. rel., c. 35.

[10] Ebd. Dieser Vorschlag erlangt Gesetzeskraft im Conc. Paris. *(MGH, Cap.* II, 2, c. 9).

[11] Dem entspricht im sächsischen Taufgelöbnis (S. III) *diabolae, diobolgelde, dioboles uuercum.* Während diese *abrenuntiatio* den obigen Vorschriften entspricht, ist die dem fränkischen Gelöbnisses ihm recht entfernt, obwohl eine *Superbia*-Interpretation in der Katechese gut an *uuerc endi uuillon* anknüpfen konnte.

an den bösen Geist, sein Gefolge (die ältern Götter, die im *Sächsischen Taufgelöbnis* sogar genannt werden) und seine Taten (die Sünden allgemein). Daraus ergab sich wie von selbst eine Anknüpfung zum *Superbia*-Gedanken.[12] Die enge Verbindung des Teufels mit der Ursünde ist oben ausführlich behandelt. Daß seine Taten die Todsünden sind, liegt damit auch auf der Hand, und *pompa* endlich hat im Mlt. ohnehin u. a. die Bedeutung ‚Prunk, Hoffart‘. Es war also kein großer Sprung nötig, um die *superbia* bei der Erklärung von *opera* und *pompa* heranzuziehen, wie es seit demKonzil von Tours (813) Vorschrift wurde:

Episcoporum sit magna sollicitudo presbyteris suis tradere baptismi sacramentum et quid in eodem renuntiandum quidve credendum sit. Renuntiatur ergo diabolo et operibus eius. Opera enim diaboli opera carnis esse intelleguntur, quae sunt homicidia, fornicationes, adulteria, ebrietates et multa alia his similia, quae nimirum diabolico instinctu prius cogitatione mentis concipiuntur quam opere perpetrentur. Pompe vero eiusdem sunt superbia, iactantia, elatio, vana gloria, fastus et alia quamplurima, quae ex his oriri videntur.[13]

Als *opera* fungieren also die Dekalogsünden und die *vitia carnis*, als *pompa*, als Gefolgschaft des Teufels, die *superbia* mit allen ihren spezifisch germanischen Sprößlingen! Und die *superbia* nimmt schließlich auch den Platz der fleischlichen Sünde ein, denn das Konzil von Paris interpretiert die Abrenuntiationsformel ganz auf *superbia*, womit sie andeutet, daß dieser Nachdruck bei den Laien nötig war:

Cap. X. Quid sit abrenuntiare diabolo, operibus eius et pompis eius. . . . Quibus auditoribus etiam ammonendo saepius inculcandum est, ne iugo satanae, quod reiecerunt, eiusque dominationi, quam aspernati sunt, quoquomodo succumbant. Magna quippe ex parte Christianum decus vilescit, quando renati in Christo ea, quibus in baptismate renuntiaverunt, nec intellegere curant nec ab his se, ut Christo polliciti sunt, abstinere satagunt. . . . Unde necesse est, ut praedicatores in ammonendo et auditores in discendo et opere complendo abhinc, ut suum cavere periculum possint, maius adhibeant studium. Abrenuntiare igitur diabolo est: penitus eum respuere . . . sive aliud quid, quod hoc verbo in hoc sensu exprimi potest. Opera eius sunt, quae utique operibus salvatoris contraria existunt, primum

---

[12] Man vergleiche die glossische Interpretation aus der Zeit Karls d. Gr. (*ZfdA* 40, 187): *Pompas nos dicimus sinni gelp anda sinen uuillon.*

[13] *MGH, Conc.* II, 1, Conc. Turon., c. 17. Offensichtlich durch mangelnden Erfolg genötigt, nimmt das Konzil von Mainz (847) diese Vorschriften wieder auf. (*MGH, Conc.* II, 2, c. 3).

superbia, cuius ille auctor est, et quae eum ex angelo daemonem fecit, quae est etiam initium omnis peccati, et cetera vitia, quae ex radice prodeunt superbiae. Pompa diaboli haec est quae et pompa mundi, id est ambitio, arrogantia, vana gloria, omnibusque cuiuslibet rei superfluitas in humanis usibus. Unde crescit elatio, quae multaties honestati solet adscribi, et cetera huiusmodi, quae de fonte superbiae procedere noscuntur. Haec et his similia sunt, quae unusquisque fidelis tempore baptismatis a se reiecit: Christoque se mancupavit pactumque cum Deo fecit, ne peritus ad ea, quibus abrenuntiavit, rediret. Verum si iura humane pactionis firmiter conservantur, fixius tamen atque ferventius iura tanti pacti, quae cum Deo facta sund, inviolabiter sunt observanda. (MGH, Conc. II, 2, c. 10)

Das mutet fast Wort für Wort wie ein Kommentar zu dem an, was wir über das Verhältnis der kirchlichen Moraltheologie zur heimischen Ethik mit ihrem *Virtus*-Ideal gesagt haben. Die Deutlichkeit, mit der hier die gesamte Taufkatachese auf die Bekämpfung der „Germanen-Sünden" zugerichtet ist und *diabolus, opera, pompa* als *superbia* interpretiert werden, bedarf keiner weiteren Erklärung.

Als Ergebnis sei festgehalten: Seit etwa Beginn des 9. Jahrhunderts wird aus der wohl schon lange bestehenden Notwendigkeit einer inneren Mission, und das heißt in den germanischen Ländern vor allem der Bekämpfung der alten *Virtus*-Sittlichkeit, die Konsequenz gezogen. Taufkatechese und Taufpredigt werden intensiviert, ihr Ziel ist die Bekämpfung der *superbia*, auf die hin die Abrenuntiationsformel gedeutet wird. Der *Superbia*-Gedanke steht damit im Mittelpunkt der Tauflehre.

3. Die superbia im Beichtwesen

Für die Arbeit an der moralischen Umwandlung der neuen Christen bot sich wie von selbst jenes Sakrament zum Werkzeug an, das am ursprünglichsten und am unmittelbarsten den moralischen Bereich anrührt: die Beichte. Für die Genese und die Geschichte der Beichte sei auf die einschlägige Literatur verwiesen,[14] hier nur das, was zur Einordnung und zu ihrem Verständnis in unserem Zusammenhang nötig ist.

[14] Neben den Artikeln „Buße", „Beichte" usw. im *RGG* und *RThK* und der dort angegebenen Literatur, A. Kirsch, *Die Beichte, ihr Recht und ihre Geschichte* (1904); P. Sprockhoff, *Althochdeutsche Katechetik* (Berlin, 1912); Charlotte Zimmermann, *Die deutsche Beichte vom 9. Jh. bis zur Reformation* (Leipzig, 1934). Die Dissertation von P. Schulze, *Die Entwicklung der Hauptlaster- und Haupttugendlehre von Gregor d. Gr. bis Petrus Lombardus und ihr Einfluß auf die frühdeutsche Literatur* (Greifswald, 1914) sei nur erwähnt, sie ist in ihren wenigen für uns ergiebigen Punkten durch Zimmermanns Arbeit überholt.

Das seit dem 2. Jahrhundert entwickelte Beicht- und Bußwesen nimmt einen beachtlichen Aufschwung, als sich seit etwa dem 8. Jahrhundert die bezeichnenderweise im ags. Raum entstandene und mit der ags. Mission auf dem Festland verbreitete Privatbeichte gegenüber der alten öffentlichen Beichte durchsetzt. Diese neue Beichtform, deren Kern die ausführliche Befragung des Beichtkindes durch den als Seelenarzt auftretenden Beichtvater ist, ermöglicht ein beliebig tiefes und intensives Eingehen in das Gewissen jedes einzelnen und macht die Beichte zum vorzüglichen Instrument der Seelenführung.[15] Wie sehr die Kirche denn auch diese Möglichkeit genutzt hat, zeigt die einsetzende Fülle von Literaturen und Formen.[16] Da wird zunächst einmal, wie es im vorigen Teil darzustellen war, als theoretische Grundlage die psychologische Lasterlehre ausgebaut. Dazu wird durch die Poenitentialien die Organisation und Form des Beichtwesens, insbesondere der Sündenkatalog und in extenso die Strafzuteilung festgelegt. Und endlich wird neben Theorie und Organisation der größte Wert gelegt auf die Praxis. Dem Beichtvater wird intensives Studium der seelsorgerischen Literatur anempfohlen, damit er in der Lage sei, auch die verborgensten Sünden im Gewissen seines Schutzbefohlenen aufzuspüren:

Nunc ergo, fratres, qui voluerit sacerdotalem auctoritatem accipere inprimitus Deum cogitet et praeparet arma eius, antequam manus episcopi tangat caput, id est, Psalterium, Lectionarium, Antiphonarium, Missale, Baptisterium, Martyrologium . . . postea autem suum Poenitentialem, qui hoc ordine secundum auctoritatem canonum ordinatur, ut discretiones omnium causarum investiget primitus, sine quibus rectum judicium non potest stare.[17]

Als Material für diese Interrogation wurden den Geistlichen Aufstellungen von Sünden an die Hand gegeben; einmal die zum Verlesen vor dem Beichtiger bestimmten volkssprachlichen, über die noch zu reden sein wird, zum andern für die eigene Information Sündenregister mit Erklärungen in den Poenitentialien. Und hier treffen wir wieder auf den

---

[15] Ihre Form ist trotz mancher Abweichungen die, welche der einflußreiche *Corrector et medicus* des Burchard v. Worms (Decreta XIX: de poenitentia) ausführlich darstellt: Die Beichte hat mindestens einmal im Jahr stattzufinden, was regelmäßige Kontrolle gestattet. Sie ist geheim und persönlich, was große Offenheit ermöglicht. Nach der zunächst auf einige Einleitungsgebete und Ermahnungen hin erfolgenden selbständigen Beichte des Poenitenten, nimmt die bis ins Einzelne gehende Befragung durch den Priester den Hauptteil ein. Ihre Begründung ist die sakramental notwendige Vollständigkeit des Bekenntnisses.
[16] Ich konzentriere mich hier auf die wichtigsten, besonders das Columbans und das Theodors v. Canterbury samt ihren Abkömmlingen.
[17] Beda Venerabilis, remed. peccat., 1.

Superbia-Gedanken, denn Hauptgegenstand der Sündeninquisition soll die *superbia* und ihr Lastergefolge sein:

Sacerdotibus vero summopere satagendum est, ut octo vitia criminalia cum eorum sequentiis atque testimoniis Scripturarum, quibus coercendi sunt homines atque ad meliora provehendi, omni studio intelligant atque doceant, sicut hic in prima fronte annexa sunt. Quorum vitiorum octo haec sunt nomina, in primis superbia, gloria inanis, invidia, ira, avaritia, tristitia, ventris ingluvies atque luxuria ... Es schließt sich eine ausführliche Darstellung der geläufigen *Superbia*-Lehre an, aus der ersichtlich ist, daß die zentralen Punkte der Theorie auch durch die Beichtlehre kontinuierlich propagiert werden.[18]

Das Material für diese Befragung und Belehrung liefern dem Geistlichen die Poenitentialien, die in kaum überschaubarer Vielfalt und Verknüpfung von Rom und von England aus Mitteleuropa überfluten. Zum Glück erübrigt es sich hier, die Masse der hauptsächlich von Wasserschleben und Schmitz gesammelten Texte[19] durchzuarbeiten, denn da die Poenitentialien viel mehr kirchliche Strafgesetzbücher als Beichtspiegel oder gar populäre Beichttexte sind und im rein kirchlichen Gebrauch bleiben,[20] gehören sie zur theoretischen Literatur und würden eher einen weiteren Beitrag zum ersten Teil dieser Arbeit liefern als zur jetzigen Untersuchung der Seelsorge. Immerhin aber bilden die Poenitentialien den Übergang der Theorie zur Praxis, und deshalb sei ihr Verhältnis zum *Superbia*-Gedanken skizziert.

In kaum einem Poenitentiale fehlt die *superbia* ganz. Im Gegenteil spielt sie in den meisten eine große Rolle, da ein beträchtlicher Teil von ihnen und gerade die für die fränkische Kirche wichtigsten auf dem ags. Oktonar aufgebaut sind: das grundlegende Poenitentiale *Pseudo-Theodori*,[21] die auf Karls des Großen Organisationen zurückzuführende Sammlung Halitgars,[22]

---

[18] Alcuin, div. off. 13. Ähnlich Beda, remed. peccat. 13; Burchard v. Worms, decret. XIX, 97 und die *Capitula ecclesiastica* Karls d. Gr., c. 15 *(MGH, Cap.* I).

[19] F. W. H. Wasserschleben, *Die Bußordnungen der abendländischen Kirche* (Halle, 1851); H. J. Schmitz, *Die Bußbücher und die Bußdisziplinen der Kirche* (Mainz, 1883 und Düsseldorf, 1898). Beide Autoren liefern auch eingehende Erörterungen zu den einzelnen Texten.

[20] Es gilt wohl für alle, was Alcuin von seiner Schrift über die geistlichen Ämter sagt (div. off. 13): *... Non enim omnes clerici aut ullus laicus hanc scripturam usurpare aut legere debent, nisi soli illi quibus necesse est; hoc sunt episcopi vel presbyteri ...*

[21] Vor 690 in Canterbury. Wasserschleben S. 566 ff.; S V I I A A G L (2x).

[22] Verfaßt zwischen 718 und 831. Schmitz II, 267: S V I I A G (2x) L.

der *Ordo Romanus*,[23] das *Poenitentiale Merseburgense*,[24] das *Poenitentiale des Codex Vallic.*,[25] das *Poenitentiale ecclesiarum Germaniae*,[26] das *Capitulare Bigontianum*[27] und der *Corrector Burchardis*.[28] Wie gesagt, bei längst nicht allen liegt das Oktonar klar zu Grunde, oft verschwindet es in einer Unzahl von katalogartig gereihten, recht ungeordneten Sünden und Vergehen. Bei manchen Poenitentialien ist dagegen der Zuschnitt auf die germanischen Verhältnisse noch deutlicher als bei den genannten. Etwa im *Poenitentiale Pseudo-Egberti* und im *Poenitentiale Pseudo-Theodori*, deren Sündenreihe geradezu eine Liste der spezifischen Germanensünden darstellen.[29] Alle Poenitentialien aber haben Inhalt und Ziel gemeinsam, wie es umfassend Theodulfs *Capitulare Secundum*[30] umschreibt:

Sacerdos cum a fidelibus confessionem accipit, inter cetera debet confitentem admonere ut de octo principalibus vitiis confessionem faciat et emendationem promittat et poenitentiam medicinam animae suscipiat. Vitiorum autem principalium octo, sicuti continentur, nomina per singula interroget, et ille confiteatur, et de omnibus, sicut praemissum est, confessionem faciat.[31]

---

[23] Verfaßt Ende 8. Jh., benutzt in Mainz. Schmitz I, S. 85 ff. Hat sehr den Charakter eines Beichtspiegels mit seinen Aufzählungen von gut 100 Sünden, beginnend mit dem modifizierten Oktonar: . . . *Confiteor etiam, quia peccavi nimis in superbia, inani gloria, in extollentia tam occulorum quam vestium et omnium actuum meorum, in invidia, in odio, in avaritia tam honoris quam pecuniae, in ira, in tristitia, in acedia, in ventris ingluvie* . . . Man beachte die Germanensünden Fehde, Ehrgeiz, Beutesucht.

[24] Fränkisch, etwa 8. Jh., Schmitz I, 697 ff.

[25] 9. Jh., Schmitz I., 761 ff. Ausführliche Vorlage für ein Beichtgespräch. Die Filiation wird vollständig vorgetragen.

[26] Nach Schmitz II, S. 420 ff., die Vorlage für Burchards Korrektor. Verwendet in der fränkischen Kirche. Ausführliche Filiation.

[27] Fränkisch, 8. Jh., Wasserschleben S. 441 ff.

[28] Über Burchard s. o. Hier handelt es sich um Kap. 181. Wasserschleben S. 665.

[29] Pseudo-Egbert (9. Jh.): *Hae sunt vanitates huius mundi: primo est arrogantia, et odium et invidia et furor, et furta, et ebrietas, et lascivia, et adulteria, et malificium, et avaritia, et rapina, et ars magica, et homicidia, et multae aliae harum similes; certe homo, qui haec committit, non est dignus aliqua communione cum religiosis hominibus* (c. 8. Wasserschleben S. 18). Pseudo-Theodor (post 829) sagt nach der Brüsseler Hs. (an Stelle des Oktonars in den anderen Fassungen): *Nunc igitur capitalia crimina explicabo. Prima superbia, sicut scriptum est: Initium omnis peccati superbia, de cuius radice oritur inanis gloria, invidia, ira longo tempore, fornicatio, deinde adulterium, homicidium, falsum testimonium, furtum, sacrilegium, id est sacrarum rerum furtum, et hoc maximum est furtum, periurium, rapina, usura, ebrietas assidua, idolatria, molles, sodomitae, maledici, heresis, ista ergo sunt capitalia crimina.* (c. 7, Wasserschleben, S. 571).

[30] Mansi, *Collectio Sacrorum Conciliorum*, Bd. 13, Sp. 10, 16. Im Text folgt eine ausführliche Erläuterung der einzelnen Oktonarsünden.

[31] Dies wird beim Konzil von Chalon (813) kanonisiert, wieder mit besonderer Rücksicht auf die Germanenfehler Fehdehaß, Besitzneid, *superbia* (*MGH, Conc.* II, 2, c. 33).

Die Poenitentialien und die theoretische Ausbildung der Geistlichen für die Beiche und Beichtordnung räumen also der *superbia* einen breiten Platz ein zwischen den anderen Sünden, meist denen des Dekalogs und den empirisch häufigen fleischlichen Vergehen.

Der Beichtkatachese selbst liegt, wie wir sahen, im wesentlichen die offizielle *Superbia*-Theorie zugrunde. Die Befragung und das Sündenbekenntnis des beichtenden Laien erfordert nun vereinfachende volkssprachige Bearbeitungen der Beichttexte. Man braucht Sündenkataloge, die Stück um Stück vorgelesen werden und nur der Bestätigung bedürfen, man braucht zum anderen leicht faßliche Bekenntnis- und Reueformeln. Diese Funktionen des Beichtspiegels und der Beichtformel haben die volkssprachlichen Beichten zu erfüllen, die ihrerseits eine kaum geringere Mannigfaltigkeit als die lateinischen Poenitentialien selbst erreichen, deren einfache Übersetzungen sie zumindest im Mittelteil, dem Sündenkatalog, recht häufig sind.[32]

Die Stellung der *superbia* in dieser ersten in unserem Zusammenhang auftauchenden deutschen Literatur zu bestimmen, ist nicht ganz einfach, denn in den meisten ahd. Beichten verschwinden die geistigen Todsünden, vor allem ihr Urbegriff, in einem Meer von konkreten, meist fleischlichen Sünden. Wüßte man nicht aus der angeführten theoretischen Literatur, welch zentrale Rolle die *superbia* in ihrem Gefolge durch die Beichtunterweisung und Beichtpredigt auch in der Laienarbeit gespielt hat, — aus den ahd. Beichten könnte man es nicht erschließen. Wie Inseln ragen aus dieser Flut einige der *Superbia*-Begriffe hervor, ein zusammenhängendes Bild jedoch läßt sich auch mit unseren Vorkenntnissen kaum erahnen.

Eine Ausnahme bilden nur die *Bamberger* und die erste *Wessobrunner Beichte*,[33] deren umfangreiche *confessio* auf dem Schema der Todsünden aufgebaut ist: *superbia* (142, 24 ff.), *vana gloria* (143, 26 ff.), *ira* (144, 7 ff.), *tristitia* (144, 22 ff.), *avaritia* (145, 29 ff.), *gula* (146, 30 ff.) und *luxuria* (nur B, 147, 6 ff.).[34] Der *Superbia*-Teil lohnt zitiert zu werden. Ich gebe

---

[32] Für eine sich dennoch ergebende Typologie, die sich vor allen auf den Zusammenbau des umrahmden Formelteils mit dem immer mehr aufgeschwellten Lasterkatalog bezieht, und für die Genese sei auf folgende Arbeiten verwiesen: H. Eggers, „Die ahd. Beichten", *Beitr.* LXXVII (1955); Charlotte Zimmermann, a.a.O.; P. Sprockhoff, a.a.O.

[33] St. S. 135 ff.

[34] Dabei sind die üblichen Grenzen der Folgesünden nicht immer eingehalten, jeder Abschnitt aber nennt themaartig die umgreifenden Todsünden. Nach 142, 24 *ubarmuot* und *uppic guotlichi* folgen 144, 7 *nid;* 147, 22 *sunthafte unfroude;* 144, 30 *gitigi;* 147, 7 *huor.* Auch ihre vielen Begleitsünden scheinen, im einzelnen leicht an den Glossen zu spüren, zumeist Übersetzungen aus dem Lateinischen zu sein.

die *Bamberger* Fassung, in Klammern die wichtigsten *Wessobrunner* Abweichungen:

Ich bin leidir scúldig in allem ubermuote (allero ubermuoti), in allem mîchilhohi (allero uberhohi), in allem áchúste, in máginkrefte uréchi (flize uuerltlichero uuercho), in adeles giluste, in intwerdunga, in uirsmáhide, in uirmezzenheite, in unhuldie, in hêrgiride, in gibóten, in uberwânide, in giwaltes giride, in urlobin, in uberhersônne, in únruoche, in urabalde (frabaldi), in ungnozsami, in hohuertigîe (hohferti), in ungihorsamî, in wíderstritigî, in unriwa (geriuna), in hartmuotigi, in ungirihte, in undienisthafti, in unmezzigheite, in allemo uberwillen (ubelemo uuillen), in ubersprâchi, in ubergiuazzide, in ubergibaride, in demo frauelen uberuánge aller gotis êwa. . . . Ich bin scultig (sundic) in allen offensundon, in aller gotis uirmânide (fersmahidi), in mâniger wirserúngo mînes ebenchristanin, und in áller undeumuoti. — Ich habe gisúndôt in úppiger guotlichi, in ruome (ruomesali), in únrehter ánadâhti, in lôser ubercieride, in wattiuride, in gimeitheite, an glíchesunge, in aller bitrôgini, in aller lôsheite, in úppiger ehaltie, in sunderewa (sunterlichero e), in lobis gîride, in einstrîtigi, in vuriwizgerni, in niugerni, in zwîualheite, in ungiwoniheite, in zoubere, in gougile . . . in allemo tiuualheite . . . állero unglóubo . . . in stritlêra . . . unde in állero úppigheite. (St. 142, 24 ff.)

Man kann ohne viel Mühe aus diesem Katalog durch wörtliche Übersetzung eine lateinische Vorlage rekonstruieren, die, ob sie nun tatsächlich existiert hat oder nicht, eine Aufzählung der Hauptmasse des lateinischen *Superbia*-Feldes wäre.[35]

Freilich kann man auch an diesen beiden auffallend gut gegliederten Texten, die zwischen dem alten Beichtspiegel mit seiner langen ungegliederten Sündenliste und der neuen „Offenen Schuld", in welcher der Sündenkatalog keine Rolle mehr spielt, etwas wie eine besondere Gattung der „systematischen Beichte" darstellen, keine besondere Vorrangstellung der *superbia* erkennen. Die *Superbia*- und die *Vana-gloria*-Sünden bilden aus

---

[35] Ich versuche eine solche Rückübersetzung in die lat. Begriffe, indem ich Wort für Wort dem Beichttext folge: *superbia, supereminentia* (?), *vitium, munditia* (?), *nobilitatis desiderium, taedium, contumelia, arrogantia, odium, ambitio, jactantia (beot)* (?), *superbia-praesumptio, potestatis cupiditas, libertas, tyrannis, incuria, praesumptio, inconcinitas* (?), *superbia-arrogantia, inobedientia, obstinatio, pertinacia, duritia, insubordinatio* (?), *immoderatio, mala voluntas, magniloquuium, praesumptio, fastidium* (?), *praevaricatio legis Dei*. . . . *libertas peccandi* (?), *contumelia Dei, deterioratio proximi, inhumilitas. vana gloria, jactantia, falsa intentio* (hypocrisis?), *pompa* (?), *superbia vestium, insolentia, hypocrisis, fraus, levitas, temeritas, superstitio* (?), *privilegium, ambitio, pertinacia, curiositas, novitatum praesumptio, dubium-tristitia, insolentia, ioculatio* (?) . . . *opera diaboli* . . . *infidelitas* . . . *heresis* . . . *vanitates.*

Gewohnheit zwar die ersten, keineswegs aber irgendwie betonte und hervorgehobene Artikel. Immerhin zeigt sich auch hier, daß und wie die kirchliche Lasterlehre über die Kreise des Klerus hinaus auch den Laien in deutscher Sprache zugänglich gemacht wurde.

Mehr als diese Folgerung freilich, daß durch die Beichte die Begriffe populär wurden und in den allgemeinen Sprachschatz eingingen, läßt sich auch aus der Betrachtung aller übrigen ahd. Beichten nicht entnehmen. Denn nicht nur, daß in ihnen ihrem Katalogcharakter nach jegliche theoretische und psychologische Erläuterung fehlt,[36] auch quantitativ ist der *Superbia*-Komplex etwas vernachlässigt, wie ein Überblick über die Belege der zentralen Vokabeln in den ahd. Beichten und Sündenklagen zeigt:[37]

hôhfart	W II, 38
hôhmuot	JB 8
ruomigerne	JB 16; (Up. 16)
ubermuot	S 9; L 7; JB 8; Ben. II, 13; Ben. III, 79; (Mil. 448; Ver. 473)
uppige guoteliche	Ben. III, 79

Superbia taucht also (meist als *ubermuot*) 9mal auf, *vana gloria* 3mal. Man kann noch *ungihorsam* (6), *virmanon* (1) und sogar *spot* (5) und *swerjan* (4), wenn man sie als Gelf und Beheißen auffaßt, hinzunehmen, jedoch erhöht das die geringe Zahl der *Superbia*-Belege nicht wesentlich. Da jedoch im Vorgehenden wahrscheinlich geworden ist, daß der *Superbia*-Gedanke in Umrissen durch den Unterricht vermittelt wurde, die Vorstellung der Sündenwurzel also gängig war, läßt sich die geringe Rolle der eigentlichen *Superbia*-Begriffe in den ahd. Beichten durch die Annahme erklären, daß die Anführung der Oberbegriffe zugunsten der praktischen Sündenerscheinungen unterlassen ist. Mit ihren 12 Belegen stehen deswegen die Begriffe *superbia — vana gloria* nur an 7. Stelle in einer Rangliste der häufigsten und wichtigsten Beichtsünden:[38]

1. Übertretungssünden *(unreht* usw.: *acta inordinata)* 66
2. Unzucht *(luxuria)* 45
3. Wortsünden (schwören, fluchen, spotten usw.) 36

---

[36] Eben dieser Umstand deutet auf das Vorhandensein einer intensiven Katechese, denn ohne eine vorhergehende Belehrung wären die Begriffe zum großen Teil unverständlich geblieben.

[37] Zitiert nach MSD. Fortgelassen habe ich die eben behandelten *B.* und *W.I.*

[38] Diese Rangliste ergibt sich aus einer Auszählung der Tabellen bei Sprockhoff S. 30 ff.

4. Völlerei (Überfraß, Sauferei: *gula*) 24
5. Haß (Zorn, Haß usw.: *ira et odium*) 20
6. Raub (Diebstahl, Betrug usw.: *avaritia*) 19
7. Übermut (Hochmut, Angeberei, Ruhmsucht: *superbia*) 12
8. Totschlag *(homicidium)* 11
9. Neid *(invidia)* 11

Diese Aufstellung erlaubt uns eine bemerkenswerte Beobachtung: Unter den wichtigsten Beichtsünden befinden sich alle die empirischen Untugenden der germanischen Christen, die praktischen Auswirkungen und Auswüchse der *Virtus*-Moral.[39] Auffällig oft werden Redesünden (Nr. 3) genannt, die neben der Ruhmredigkeit an die Sitten des Gelf und des Beheißens denken lassen. Haß (5), Raub (6), Totschlag (8) und Ruhmsucht (7) sind die Manifestationen der einheimischen Vorstellungen von Selbstbehauptung. Bis in ihre Begrifflichkeit hinein ist also die ahd. Beichte auf die Bekämpfung der germanischen Ethik und ihrer Auswüchse gerichtet.

Für die Stellung des *Superbia*-Gedankens in der Beichtlehre sind zusammenfassend drei Bereiche zu unterscheiden: die theoretischen Anweisungen für den Beichtvorgang, die Kataloge der Poenitentialien und schließlich die ahd. Beichttexte. Die geringste Rolle spielt die *superbia* in den ahd. Beichten. In den meisten taucht überhaupt keiner ihrer Begriffe auf, und nur in sechs Beichten steht sie zwischen einer Fülle von verschiedensten, assoziativ gereihten Vergehen. Lediglich in der *Sächsischen*, der *Lorscher* und der *2. Wessobrunner Beichte* läßt sich das Lasteroktonar in vagen Umrissen wahrnehmen, auch hier jedoch zurückgedrängt von den wichtigen Tatsünden des Schwörens und Fluchens, des Totschlags, der Unzucht und der Völlerei. Immerhin zeigt sich, daß die Hauptbegriffe für *superbia* auch durch die ahd. Beichten dem populären Wortschatz bekanntgemacht und eingefügt wurden.

Eine Sonderstellung nehmen die *Bamberger* und die *Wessobrunner Beichte I* ein, in denen der *Superbia*-Gedanke eine viel größere Rolle spielt, was zusammen mit dem oktoadischen Grundschema diese beiden Beichten ganz in die Nähe der Poenitentialien rückt, als deren deutsche Fassungen sie erscheinen.

In den Poenitentialien spielt der *Superbia*-Gedanke insoweit eine wesentliche größere Rolle, als den meisten von ihnen das Lasteroktonar zugrunde liegt. Zwar wird auch hier über die Anfangsstellung der *superbia* und der

---

[39] Die Wichtigkeit von *gula* und *luxuria* (2. und 4.) versteht sich von selbst.

vana gloria hinaus die *Superbia*-Lehre nicht weiter besprochen, doch darf man nicht vergessen, daß auch die Poenitentialien mehr Gedächtnisstütze, Formelbuch, Strafgesetzbuch und Beichtordnung für den Geistlichen sind denn Lehrbücher und sachlich-theoretische Abhandlungen.

Daß auch in ihnen die Kenntnis der *Superbia*-Theorie vorausgesetzt und gefordert wird, zeigen schlüssig die theoretischen Anweisungen der Autoritäten und der Konzilien, die expressis verbis den *Superbia*-Gedanken in den Mittelpunkt des Beichtwesens stellen. Wie im Taufwesen hat die *superbia* auch bei der Beichte in der begleitenden und schriftlich nicht fixierten volkssprachigen Katechese und Unterweisung ihren Platz. Durch Interpretation und Lehre hat der *Superbia*-Gedanke den kanonischen Vorschriften entsprechend auch im Beichtwesen seine zentrale Bedeutung.

4. Die superbia in der Predigt

Für die Taufe und die Beichte ist also eine zentrale Bedeutung der *superbia* zu erschließen, kaum jedoch ihre Züge. Er ergibt sich zwar aus den kirchlichen und rechtlichen Quellen, daß die allgemeine *Superbia*-Theorie der Inhalt der Katechese und Lehre war, nicht aber, ob und inwieweit diese Vulgärlehre der patristischen Theorie entsprach. Wie wurde die *superbia* in der praktischen Seelsorge dargestellt, welche Züge trägt sie in der Lehre und Predigt?

Die Predigt hatte in der mittelalterlichen Kirche ausschließlich katechetische Funktionen, sie ist Unterricht im Glauben und in der Moral.[40] Daß diese Unterweisung den offiziellen Lehren zu folgen hatte, wird in der *Admonitio generalis* streng befohlen: ... *recte et honeste praedicant; et non sinatis nova vel non canonica aliquos ex suo sensu et non secundum scripturas sacras fingere et praedicare populo* ... (c. 82). Karls des Großen Prüfungsordnung vom Jahre 802 schrieb den Geistlichen sogar das Auswendiglernen eines Predigtkanons für die einzelnen Festtagslektionen vor.[41]

Inhalt der moralpädagogischen Predigt ist demnach die offizielle *Superbia*-Theorie, wie sie im ersten Teil dieser Arbeit darzustellen war. In welcher

---

[40] Die Definitionen Alans in seinem Predigthandbuch sind sehr deutlich: *Praedicatio enim est illa instructio quae pluribus fit, et in manifesto, et ad morum instructionem* ... *Perhoc quod praedicatio dicitur, morum et fidei instructio, insinuantur duae partes theologiae: rationalis, quae de divina scientiam prosequitur; et moralis, quae morum instructionem pollicetur* ... *ex rationum semita, et auctoritatum fonte proveniens.* (summ. praedic. 1).

[41] Cap. de exam. eccles. *(MGH, Cap.* I), c. 10: *Ut canones et librum pastoralem necnon et homelias ad eruditionem populi diebus singulis festivitatum conruentiam discant.*

Art der *Superbia*-Gedanke schon in der Missionspredigt den Germanen vorgesetzt wurde, das zeigt das Muster einer solchen Predigt in Pirmins Missionsbüchlein:[42] Nachdem in einem Abriß der Heilsgeschichte auch der Sturz Luzifers und seiner Gefolgschaft als Strafe für Ehrgeiz und *superbia* dargestellt wurde, wird vom 13. Kapitel an die Lasterlehre vorgetragen, wobei bezeichnenderweise vor dem eigentlichen Oberbegriff die Ruhmsucht den Vorrang hat, die mit ihrer Definition als „Taten um Ehre und Preis" offenbar auf die Gedanken der germanischen Hörer abgestimmt ist. Schon in Pirmins Predigt sind alle Grundelemente der *Superbia*-Theorie vorhanden: Filiation, Oktonar, Teufelssturz, *Humilitas*-Gegnerschaft.

Als kurze Summe der popularisierten *Superbia*-Theorie des hohen Mittelalters mag hier eine Musterpredigt stehen, die dem berühmten Namen ihres Verfassers entsprechend verbreitet und benutzt war. Alanus ab Insulis schlägt in seiner *Summa de arte praedictoria*, im Kapitel *de superbia* vor (c. X.):

Si ad fugam superbiae praedicator auditores intendit excitare, his utatur auctoritatibus: „Omnis qui se exaltat, humiliabitur." Item: „Quod hominibus altum est, abominatio est apud Deum." Item Paulus: „Noli altum sapere, sed time." Item Jesus, filius Sirach: „Initium omnis peccati superbia." Item: „Deposuit potentes de sede, et exaltavit humiles." Item Petrus: „Deus superbis resistit, humilibus autem dat gratiam." O homo, considera, quid superbia auferat, quid humilitas alumna virtutum conferat. Superbia ex angelis daemones facit; humilitas autem homines sanctis angelis similes facit. Superbia caelestis est natione, sed tamen latitat in cinere et cilicio. . . . O quam humilitati dissimilis est superbia! Quae Luciferum de coelo eiecit, Adam paradiso privavit, Nabuchodonosorem in bestiam transformavit. Haec est superbia, quae dum supra se insolenter se erigit, infra se ruinose descendit. . . . Haec est quae hominem in generalitate facit specialem, et in universitate facit singularem, in publico solitarium, et in conventu privatum. Haec prima fuit, quae hominem deiecit, et ultima est, quae ei ad Dominum redeunti se obiicit. „Cum bene pugnabis, cum cuncta subacta putabis, Quae mala tunc praestat, vincenda superbia restat." . . . Haec philosophum tradit in reprobum sensum, excaecavit Judaeum, perimit obstinatum, deiicit exaltatum. Haec designatur per aquilonem, . . . de qua dicitur: „Omne malum penditur ab aquilone"; quia superbia mater est omnis nequitiae. . . . Haec olla est servorum superbiae, in qua decoquuntur

---

[42] Hrsg. von G. Jecker in *Die Heimat des hlg. Pirmin, des Apostels der Alamannen* (St. Gallen, 1959), unter dem Titel „*Dicta Pirminii*". Ältere Ausgabe in *PL* 89.

filii tenebrarum, sectatores honorum, venatores divitiarum, qui appetunt primas cathedras, qui volunt in foro salutari, et vocari ab hominibus rabbi. Hanc ollam succendit Nabuchodonosor, id est diabolus, huic flammam praestat superbiae fastus, in hac decoquitur superbus, decoctum comedit Aegyptus, id est immundus spiritus trahit in corpus suum; consequenter egerit in infernum. Superbia ventus est . . . Hic est tumor, qui infusa medicamina depellit, quia superbia oblatam gratiam non recipit. Quattuor autem sunt species superbiae, quae quasi quattuor venti totum mundum perflant, quia mundanos tumoribus inflant. Arrogantia scilicet, quae sibi ascribit quod non habet; insolentia, quae sibi appropriat quod aliis debet; fastus, qui multa credit de se ultra verum; contumacia, quae se erigit in praelatum. Hi sunt quattuor febri, qui totum orbem concutiunt et varia phantasmata hominibus offerunt.

Alles, was die besonderen Züge der *Superbia*-Lehre ausmacht, ist hier in nuce vereinigt: Die wichtigsten Schriftstellen,[43] Schlagwörter und Merksätze,[44] der Teufelssturz, das Gegenmittel der *humilitas*, das Aufstieg-Fall-Paradoxon, die Isolation des Ich, historische Beispiele, biblische Bilder (*olla, aquilo, ventus, tumor, febris*), praktische Erscheinungsformen (Ehrgeiz, Habsucht, Pharisäertum u. dgl.), die Sündenquelle, die Viergliederung. Doch steht dieses reichhaltige Kompendium nur als ein Beispiel für die Art, in welcher die *Superbia*-Theorie verkündet und popularisiert wird. Es ist nur eines aus der langen Reihe von Autoritätsschriften, die an der *Superbia*-Theorie arbeiten und die im ersten Teil zur Sprache kamen. Sie alle haben wir als Grundlage der Predigt und des Laienunterrichts anzunehmen. Die *Superbia*-Theorie gelangt, ohne in den volkssprachigen Quellen niedergelegt zu sein, durch die Predigt und durch den katechetischen Unterricht in das Volk. Es gab mit Sicherheit auch volkssprachige Fassungen der *Superbia*-Lehre, denn die Übersetzung der klassischen Homilien ist durch das Konzil von Tours vorgeschrieben:

Visum est unanimitati nostrae, ut quilibet episcopus habeat omilias continentes necessarias ammonitiones, quibus subiecti erudiantur . . . Et ut eas-

---

[43] In der *PL*-Ausgabe sind die Stellenangaben dem Text beigefügt.
[44] Aus Raumgründen gehe ich auf die zahllosen *Superbia*-Sprichwörter nicht ein, obwohl sie ein gutes Zeugnis ablegen für die allgemeine Verbreitung des Gedankens. Zumal auf die deutschen Sprichwörter sei dabei hingewiesen (z. B. „Hochmut kommt vor dem Fall" und „Hochmut ist aller Laster Anfang"). Dazu K. F. S. Wander, *Deutsches Sprichwörter-Lexikon* (Leipzig, 1870) und H. Walther, *Proverbia Sententiaeque Latinitatis Medii Aevi* (Göttingen, 1963 ff.).

dem omelias quique aperte transferre studeat in rusticam Romanam lin-
guam aut Thiotiscam, quo facilius cuncti possint intellegere quae dicuntur.[45]
Auch die deutsche Predigt lehrte also offenbar die *Superbia*-Theorie.

Die Ergebnisse des Kapitels seien wieder kurz resümiert. In der praktischen Seelsorge der karolingischen Zeit spielt der *Superbia*-Gedanke
eine erhebliche Rolle, weil ein Großteil der Moralauffassungen und
Verhaltensweisen der neubekehrten germanischen Bevölkerung den christlichen Grundforderungen zuwiderläuft und somit unter die Rubrik der
superbia fällt. Auf den Widerstand der alten heidnischen Sittlichkeit hin wird seit Beginn des 9. Jahrhunderts die sittliche Bekehrung
und Umerziehung in der inneren Mission erheblich aktiviert. Als *superbia*
rücken die bekämpften einheimischen Sittlichkeitswerte in den Mittelpunkt
der kirchlichen Lehrpraxis. Durch ihre Identifizierung mit den *pompa et
opera diaboli* der Abrenuntiationsformel bildet die *superbia* den Hauptgegenstand der Taufkatechese. Nach konziliarischen Anweisungen zur
Beichtpraxis nimmt die *superbia* auch in der Beichtkatechese einen hervorragenden Platz ein. Die deutschsprachige Predigt ebenfalls lehrt als einen
ihrer Hauptgegenstände die Grundzüge der offiziellen *Superbia*-Theorie.

Im Laufe des 9. Jahrhunderts wird also die *Superbia*-Theorie vollkommen popularisiert, so daß spätestens seit der Jahrhundertmitte mit einer
festen Verankerung der Grundzüge der *Superbia*-Lehre, wie ich sie im
ersten Teil dieser Arbeit dargestellt habe, im Denken der Allgemeinheit
zu rechnen ist.

---

[45] *MGH, Cap.* II, I, c. 17.

III. Der Superbia-Gedanke in der ahd. Literatur

1. Superbia in den kleineren ahd. Denkmälern, in der Übersetzungsliteratur und bei Notker

Bisher war es neben den lateinischen Quellen und den ahd. Beichten nur das Wortmaterial der ahd. Glossen, aus dem sich die Auffassung des *Superbia*-Gedankens in ahd. Zeit ergab. Nun soll untersucht werden, ob nicht doch in diesem oder jenem der ahd. Literaturdenkmäler eine eigene, oder wenigstens eine zusammenhängende Superbia-Erörterung erscheint, und sei es auch nur in der Art des Übersetzens.

Die Kleineren Denkmäler[1] zeigen außer der Kenntnis des Wortschatzes und der Begriffe nichts vom *Superbia*-Komplex. Die wichtigsten der außerhalb der Beichten sich findenden Belege sind folgende: *Muspilli* St. 99: *denne der paldet, der gipuazzit hapet. Georgsl.* St. 24: *Tacianus vuuoto . . . Predigtsammlung A* St. 11 f.: *in den freisen des keuuates. Predigtsammlung C, Fragment 6* behandelt die Stufen der Demut nach der *BR.* Die *Altal. Psalmenübersetzung* bringt in ungeschickter Syntax einige der glossischen *Superbia*-Vokabeln.

Auch der Ahd. Isidor[2] hat in seiner Abhängigkeit von seiner lateinischen Vorlage so gut wie keinen Aussagewert, die wenigen auftauchenden *Superbia*-Vokabeln bleiben im Rahmen des Üblichen. Es treten auf *baltlihho: confidenter* (39, 11); *geili: superbia* (29, 6); *ôtmuotic: humilis* (24, 7; 41, 10); *guotlih: gloriosus* (42, 21); *hruomac: gloriosi terrae* (6, 1); *ubarmodic: contumax* (29, 17).

Das gleiche gilt für den Tatian.[3] Von den wichtigeren Begriffen finden sich hier nur *beldida: fiducia* (81, 2); *guollichî: gloria* (111, 13); *eigana tiurida: gloria propria* (104, 5); *ubarhuht: superbia* (4, 7; 84, 9).

Aller dieser Denkmäler Bedeutung für den *Superbia*-Gedanken, wenn man ihnen eine solche überhaupt zuschreiben will, liegt höchstens in der weiteren Verbreitung der Begriffe.

Auch die ahd. Interlinearversion zur Benediktinerregel[4] hat über ihre

---

[1] Nach den Ausgaben von Steinmeyer (S) und Müllenhoff-Scherer (MSD).
[2] *Der althochdeutsche Isidor,* hg. v. G. A. Hench (Straßburg, 1893).
[3] *Tatian, lateinisch und deutsch,* hg. v. E. Sievers, 2. Aufl. (Paderborn, 1892).
[4] Zitiert nach S.

unmittelbare Absicht hinaus, die Ordensgesetze auch den Ungelehrteren zugänglich zu machen, wie es die Vorschriften der Aachener Synode von 802 erforderten, keine Bedeutung. Eine zusammenhängende *Superbia*-Lehre wird nicht geboten, die Übersetzung folgt eng und nicht einmal vollständig der lateinischen Vorlage und fügt sich in Absicht und in ihrer sprachlichen Leistung in die übrige Glossenarbeit ein.[5] Und dennoch empfing die ahd. *BR* eine gewisse Bedeutung mittelbar durch ihre Vorlage, denn die Ordensregel der Benediktiner stand als Manifestation des Mönchtums in hohem Ansehen und besaß große Wirkung auch bei den Laien, wenn auch vielleicht weniger durch ihre schriftliche als durch ihre gelebte Form. Der Verdeutschung des Textes ist insoweit einige Wirkung zuzutrauen, und sie hat auch tatsächlich, wie das Fragment der *Predigtsammlung C* zeigt,[6] Eingang in die deutsche Predigt gefunden. Das bedeutet auch für den *Superbia*-Gedanken weitere Popularisierung, freilich nur ex negativo: Die *superbia* spielt in der *BR* nur eine Nebenrolle,[7] dafür jedoch steht ihr Pendant *humilitas* zumal in dem umfangreichen siebenten Kapitel als konstituierende Haupttugend im Mittelpunkt der gesamten Regel.[8] Nur in diesem Zusammenhang findet sich auch einiges zur *superbia* und damit in der Übersetzung der einzige schriftlich überlieferte Ansatz einer deutschsprachigen *Superbia*-Theorie:

Omnis qui se exaltat humiliabitur! et qui se humiliat exaltabitur; . . . ostendit scriptura nobis omnem exaltationem genus esse superbiae, Quod se cauere propheta indicat dicens: ,Domine, non est exaltatum cor meum neque elati oculi mei.' . . .: eocouuelih der sih erheuit uuerdit kedeonoot indi der sih kedeomuatit ist erhaban . . . keaugit vns eocouuelihha erhabanii

---

[5] Der *Superbia*-Wortschatz ist deshalb quantitativ gering: *superbia: ubarmuoti* (5x), *praesumptio: erpalden* (4); *contumacia: einstritic; tyrannis: rihhida; elatio: keili; perversus: aboh; adversus: widarwart* usw. Bemerkenswert ist nur *humilitas: smahlihhii* (215, 22).

[6] St. CXXX, 297, 28 ff.

[7] Die wichtigsten Stellen sind: 197, 10 ff. *(propriis uoluntatibus: eiganeem villoom);* 204, 31 *(superbum: ubarmuatan);* 205, 30 *(uoluntatem proriam: vvillon eikinan);* 287, 5 *(superbiendi: ze ubarmuatonne);* 279, 19 *(superbiae: ubarmuatii).* Vom Abt wird 200, 35 ff. verlangt: *Inprobos autem et duros ac superbis uel inoboedientes uerborum uel corporis castigatione in ipso initio peccati coerceat; . . . vnkiuuareem keuuisso indi herteem indi ubarmuate. edo vnhorsame. filloom edo des lihhamin rafsungu in demu selbin anakin dera sunta keduuinge . . .*

[8] In 7: „*De humilitate*" wird die *humilitas*, die die Seele der gesamten Ordensregel ist, ausführlich dargestellt und zwar an das Bild der Jakobsleiter anschließend als zwölfstufig (vgl. Bernhard v. Clairvaux): Gottesfurcht, Aufgabe des Eigenwillens, Gehorsam, Geduld, Sündenbekenntnis, äußerste Bescheidenheit, Minderwertigkeitsgefühl, Regelbefolgung, Schweigsamkeit, Ernst, Zurückhaltung beim nötigen Sprechen, äußerliche Zeichen (Augensenken usw.).

chunni vvesan dera ubarmuatii daz sih piporageen uuizzago kechundit qhuedenti truthin nist erhaben herza minaz noh ni keiliv sint augun miniu . . .[9]

Die ahd. *BR* steht für uns neben den Glossen, der katechetischen und homiletischen Literatur und der kirchlichen Übersetzungsarbeit. Sie trägt dazu bei, die offizielle *Superbia*-Lehre zugänglich zu machen und zu verbreiten.

NOTKER DER DEUTSCHE[10] hatte bei seinen Psalmenübersetzungen mehr als genug Gelegenheit und Veranlassung, sich zur *superbia* zu äußern. Er tut das mit besonderer Sorgfalt im Ausdruck, denn für den Begriff *superbia* gebraucht er vier verschiedene Vokabeln: *hôhfertig* (*superbus* 4mal, *eferri* 1), *hôhmuot* (*superbia* 6, *elatio* 1, ohne Entsprechung 1), *ubermuot* (*elevatus* 1, *triumphae* 1, *magniloquus* 1, *superbia* 57) und *uberwân*[11] (*superbia* 6). *Ubermuot* ist mit zehnfacher Überlegenheit der Hauptbegriff. Ein Vergleich mit der Verwendung der übrigen Vokabeln des Feldes[12] zeigt auch, daß bei Notker das Ende der Wortschatzumwandlung erreicht ist. Die Neubildungen haben alle alten Vokabeln aus dem Blickfeld gedrängt, nur *ruom* spielt als Negativum noch eine Rolle. Doch abgesehen von dieser Vereinfachung gewinnt Notker durch eine derartige Konzentration auf wenige Neubegriffe den Vorteil der Eindeutigkeit, die ihm bei seiner Absicht zustatten kommt, Zusammenhänge und Gedankengänge mehr denn Begriffe zu verdeutschen. Eben in dieser erklärenden Verdeutschung von Gedankengängen und Sentenzen liegt seine Leistung auch im Bereich des *Superbia*-Gedankens. Der kommentatorischen Art seiner Übersetzungen nach wäre es unangebracht, seine *Superbia*-Auffassung systematisch darstellen zu wollen, viel zweckmäßiger ist die einfache Anführung einiger deutlicher Stellen aus dem Psalter:

---

[9] St. 209, 18 ff. Man vergleiche hiermit die offensichtlich abhängige Passage in der *Altal. Psalmenübersetzung*, St 297, 28 ff. Der Auf- und Abstieg der Engel wird 210, 14 ff. gedeutet: *exaltacione descendere! et humilitate ascendere . . .: erhabanii nidarstigan indi deoheit vrstigan . . .*

[10] Text nach *Notkers des Deutschen Werke*, hg. v. E. H. Sehrt u. T. Starck, 3 Bd., 3 Teile, ATB 40, 42, 43 (Halle, 1952 ff.). Die Zahlen geben den Teil, die Seite und die Zeilen an. In Klammern füge ich im Text die Übersetzungen des Glossators bei.

[11] *uberwân* ist Eigentum des Glossators.

[12] Ihr Gebrauch entspricht dem allgemeinen Bild: *bald(i)* (16) bedeutet positiv ‚zuversichtlich, stark, tapfer‘; *fravali* (3) ist negativ ‚praesumptio, temeritas‘; *frambari* (5) positiv ‚Höhe, Größe‘; *freh* (11) negativ ‚habgierig‘; *geil* (1) negativ ‚ferox‘; *in gimeitun* (18) negativ ‚vane, frusta, töricht‘; *kuone* (12) *positiv* ‚tapfer, tüchtig‘; *ruom* (13) negativ ‚jactantia, gloriari, vana gloria, arrogantia, strepare, insultare‘; *guollichi* (sehr häufig) ‚gloria‘, je nach Bezug positiv oder negativ.

1. *Der Gote getrûet. den scírmet óuh Got. Der aber ubermûote ist. unde sih ze ímo selbemo fersíhet der fállet. (2, 659, 12 ff.)*

2. *Non in uiribus equi uoluntatem habebit. Imo neist lîebo ze dero starchi des rósses. Dien der hals starh ist. unde ubermuote sint. dien ist er únhold. (3, 1042, 6 ff.)*

3. *Et oculus superborum humiliabis. Vnde dero úbermuoton óugen gedîemuotest dû. dîen íro sélbero réht lîchet. unde gótes reht neuuízen (1, 83, 12 ff.)*

4. *Âne fone tóugenero superbia (ubermuoti) dîa Gót eino uuizen mag, díu sîe lêrta de se praesumere. non de Christo (fóne in selben fermézzin. nals fone Christo). (2, 662, 10 ff.)*

5. *Dero diemûoti tûot er uuára. dia úbermûoti fersíhet er. (3, 998, 14 f.)*

6. *Odisti obseruantes uanitates superuacue. Dîe uppighéit fórderont in geméitun. dî házest dû. Vanitas (uppigkeit) ist uuíderuuartig ueritati (uuârheit). . . . Die rihtûom fórderont unde êra. dîe fórderont uppighéit (3, 158, 7 ff.)*

7. *Qvid nobis profuit superbia et divitiarum iactatio? (uuaz tohta uns úbermûoti unde rîhtûomis rûom?) (2, 342, 12 f.)*

8. *Et emundabor a delicto maximo. Vnde so uuirdo ih keréinet. dêro méistun sculde. Daz ist superbia (ubermuot). Fóne iro chóment alle sculde. Si uuárf angelum de cęlo (engil fone hímele). unde getéta in ex angelo diabolum (fóne éngile ze rukkesturze). Si gitéta hominem ex inmortali mortalem (menniscen fóne unstirbigemo ze stírbigemo). . . . Superba anima (úberuuâne sêla) uuíle ménniscon óugon lîchen. humilis uuíle góte lîchen. (1, 95, 15 ff.)*

9. *Et a cornibus unicornium [salva] humilitatem meam. Vnde lôse mina dîemuoti fóne dien hornen dero éinhúrnon. Daz chit dero úbermuoton súnderiga herscaft sih ánazucchentero. unde ánderro gnôzscaft ferchîesentero. (1, 113, 4 ff.)*

10. *Et retribuet his qui abundanter faciunt superbiam. Vnde er lônot dîen. dîe fóllun úbermûoteglicho tuont. Vuéle sint daz? ane dîe sih íro negelóubent. unde míte fóllegânt. Daz ist kesprochen fone allen sundon. uanda iz chit. Initium omnis peccati superbia (ánauanch állero súndon úberuuân). (1, 167, 15 ff.)*

11. *Increpasti superbos. Vbermuote zuêne unsere fórderen irráfstost dû. Vuârána skéin íro ubermûoti? Âne daz sîe gérno gehôrton. Eritis sicvt Dii. Mahta Got zuîuelon uuâr adam uuâre. do er frâgeta. Adam ubi*

es? Vuâr bist du chad er. sîd dû an démo statu nebist. an demo ih dih
kescûof. Dar neuuoltost dû sîn. uuâr bist du danne nû. âne in miseria?
(3, 875, 18 ff.)

12. *Absconderunt superbi laqueos mihi. Vbermûote rihton mir stríccha. Mih*
    îlton heretici gefáhen mit iro únchústen. . . . íro ubermûoti scéidet sie
    fóne Gote. (3, 1012, 15 ff.)

13. *Induit dominus fortitudinem. . . . Vuaz ist diu starchi? Âne humilitas*
    (sin dîemuoti). mit déro er sîe fertrûog. Dáraingágene ist superbia in-
    firmitas (iro ubirmûoti. iro uuéichi). (2, 674, 4 ff.)

14. *Deus quis similis tibi? Got uuer ist dir gelih? Iâ mûoding adam. 'dû*
    uuoltost ímo gelîh sîn. Vuîo? per superbiam (mit ubermûoti) nals per
    humilitatem (mit dîemûoti). Kelîh uuârist dû ímo. ube dû uuoltist. daz
    er uuólta. er uuolta dîna obedientiam (gehôrsami). dîna subiectionem
    (undertâni). dû zúge áber fúre contemptum (fermánunga). (2, 485,
    14 ff.)

15. *dîe uuéga des lîbes. Daz sint uię humilitatis (uuéga tiemûoti). uuanda*
    sîe in adam fîelen per superbiam (durh ubermûoti). (1, 67, 14 f.)

16. *Volucres cęli et pisces maris qui perambulant semitas maris. Kefúgele*
    unde mérefisca. dîe alle méreuuéga durhstrîchent. Daz sint úbermuote.
    unde fúreuuizkérne. (1, 32, 2 ff.)

Das alles sind bekannte Gedankengänge. *Superbia* ist Ursünde, Wurzel
und Anfang aller Sünden, Ursache des Teufessturzes und des Menschen-
falls (8, 10, 11, 14), sie besteht in einer Abkehr von Gott, in Ungehorsam, eigenwilliger Verachtung von Gottes Geboten (10, 11, 14). Die
superbia hat für Notker ihre seelische Ursache in ganz bestimmten Trieben
und Wünschen. Zur *superbia* gehört einmal das Streben nach leeren Schein-
werten (16), und das sind vornehmlich Besitz und Ansehen (6, 7), zum anderen gehört zu ihr als Haupteigenschaft die Eigenwilligkeit (2, 14), der
Wunsch nach Selbständigkeit (3), nach Erhöhung der eigenen Stellung (11,
14), nach Macht (9), das Vertrauen auf die eigene Kraft (1, 4), der Wunsch
den Menschen zu gefallen (8). — Notkers *Superbia*-Auffassung ist also die
der offiziellen Theorie, mit einer gewissen Verlagerung der Akzente auf
heimische Verhältnisse.

2. Superbia im Heliand

Wesentlich stärker und wirksamer ist diese Akzentverlagerung in der
ersten Dichtung, die zur Vermittlung der christlichen Lehre den engeren

kirchlichen Bereich verläßt und zu den Germanen geht: dem as. HELIAND.[13] Wahrscheinlich weil es ohnehin fruchtlos gewesen wäre, den eben notdürftig und gewaltsam christianisierten Sachsen die *Superbia*-Theorie vorzusetzen, verzichtet der Helianddichter so gut wie ganz auf die Darlegung dieses Begriffes, zumal ihn ja auch seine wichtigste Vorlage, der *Tatian*, nicht dazu nötigt. Nur einmal wird die christliche Moraltheologie in nuce als die Lehre Christi angedeutet: . . . *hêt sie lioht godes / minnion an iro môde, mên farlâten, / aboha obarhugdi, ôdmôdi niman. / hladen that an iro hertan; . . .* (4252 ff.). Im übrigen aber beschränkt sich der Heliand darauf, die allernötigste Umwendung der Sachsenmoral einzuleiten. Und zwar überträgt er die Angriffsmethode der Kirche, die wir in den Glossen kennengelernt haben, geschickt auf das literarische Gebiet. Auch er wendet sich gegen die vordringlichsten Angriffsziele, die germanischen Ruhmesvorstellungen, das Mannhaftigkeitsideal und vor allem die Selbstberühmungssitten, indem er deren wichtigsten Begriffen ein negatives Ethos zuschiebt.

Das geschieht aber nicht wie in den Glossen durch Identifikation mit *Superbia*-Begriffen, sondern dadurch, daß er diese Züge den Juden und Pharisäern, den Feinden Gottes zulegt. *Gelp* ist die Frechheit der Juden (3928, 3955), zumal ihre Hohnreden gegen Christus (5052, 5566, 5591), *gimêd* ihre menschliche Dummdreistigkeit (2658, 3467), *gêl-* ihr frecher Übermut bei der Gefangennahme (4948 *gêlmôdig*) und bei der Kreuzigung (5572 *gêlhert*). Ihre frechen Trotzreden flieht Christus sogar (2896 *gêlaro gelpquidi*), obwohl es zumal die Schmähreden sind, die zu ertragen ihm von Gott befohlen ist: . . . *filu scal ik thar githoloian, / hoskes gehôrien endi harmquidi, / bismersprâka endi bihêtuuord manag;* (3527 ff.) Christi Demut äußert sich denn auch vorwiegend darin, daß er die Beleidigungen erträgt (1534, 5290, 5301).[14] *Hrôm* wird als *vana gloria* gedeutet (1562, 1572, 2459, 5040), er ist als *superbia* besonders verwerflich, wenn sich die Juden des Christusmordes rühmen (4926, 5111).[15] In die gleiche Linie der Frechheit der Juden fügt sich endlich auch der Begriff *ôbarmôd* selbst ein: *ôbarmôdic* ist Herodes, der Christus verfolgt, *ôbarmôd* zeigen auch die Juden ggenüber Christus in ihren Nachstellungen (3992,

---

[13] *Heliand und Genesis*, hrsg. v. O. Behaghel u. W. Mitzka, ATB 4 (Tübingen, 1965), 8. Aufl.

[14] Sie erinnert freilich mehr an die milde Gutmütigkeit eines Herrschers als an die christliche *humilitas*. Es bleibt jedoch, wenn auch etwas beziehungslos, die heilsgeschichtliche Bedeutung der *humilitas* bestehen: . . . *thurh huilic ôdmôdi he thit erðriki herod thurh is selbes craft sôkgean uuelda,* . . . (376 f.)

[15] Der Ruhm wird ähnlich auch im Begriff *wlanc* ,frech, übermütig' (dazu Schücking, S. 24) negativiert. (5210 Pilatus, 3927, 4134, 4220, 4942 wieder die Juden gegenüber Christus).

4169, 5296). Und auch Satan gesellt sich zu ihnen, der Christus und die Menschen frech versucht (*frôkno* 4660, *gelp mihil* 1084).

Superbia ist im *Heliand* „Frechheit und Aufsässigkeit der Juden gegen den Weltenkönig". Mit diesem charakteristischen, germanisierten *Superbia*-Gedanken sucht der Dichter die germanischen Züge des Selbstruhmes, der Eigenwilligkeit und der Selbständigkeit zu treffen. Gegen sie wendet er sich anläßlich Petri Verleugnung in einer Sittenpredigt (5031 ff.) sehr nachdrücklich. Gott ließ Petrus, so sagt der Dichter, am eigenen Leibe erfahren, wie wenig des Menschen Wille ohne Gottes Hilfe vermag, um ihn zum Verständnis gegenüber Sündern zu erziehen. „Deswegen ist des Menschen Selbstruhm nicht sehr nützlich, die Prahlerei des Dieners: wenn ihn wegen seiner Sünden die Hilfe Gottes verläßt, dann wird sein Gemüt alsbald viel ängstlicher, obwohl er vorher Vermessenheiten (*bihêt*) ausgesprochen hat, sich mit seinen Kämpfen und Kräften rühmte, der Mensch wegen seiner Macht. . . . Deswegen soll der Mensch sich nicht zu viel selbst rühmen, weil ihn oft Zuversicht und Freude (*uuân endi uuilleo*) verläßt, wenn ihm der waltende Gott, der Himmelskönig, sein Herz nicht stärkt."[16]

3. *Superbia in Otfrids Evangelienharmonie*

Ganz anders als alle seine geistlichen Mitautoren stellt Otfrid sich zu den germanischen Tugenden. Er preist an seinen geliebten Franken, für die als neues Publikum er seine Evangelienharmonie dichtet, und an ihrem König alle Vorzüge, die einen kriegstüchtigen, mächtigen und selbstsicheren Mann zieren können und läßt die Frankenhelden Ideale an germanischer Tüchtigkeit sein. Doch ihr wichtigster Vorzug ist, daß sie alles dies Gott unterordnen, Untertanen Gottes sind: *wanta állaz thaz sie thenkent, sie iz al mit góte wirkent; / ni dúent sies wíht in noti ána sin girati / . . . / Gidán ist es nu redina thaz sie sint gúate thegana, / ouh góte thiononti alle joh wísduames folle.*[17] Alle *Virtus*-Tugenden sind also gut, solange sie in Gott ihr Ziel haben. Eine solche Aufnahme der germanischen Werte führt umgekehrt zu einer *interpretatio germanica* der christlichen Moralbegriffe. So wird die *humilitas* gefaßt als standhafter Dienst für Gott, als gottgerichtete Tüchtigkeit. In der Zuschrift an König Ludwig wird dieser mit David, dem bekannten *typus humilitatis* verglichen: beide haben standhaft als Helden Gottes unter seinem Schutz gestritten, sie sind *man* und *thegen* des *truhtin*,

---

[16] 5039–5049. Die Übersetzung ist von mir.
[17] I, 1, 105 ff. Zitate nach der Ausgabe von O. Erdmann, ATB 49, 5. Auflage (Tübingen, 1965).

wie David ist auch Ludwig *gotes drut.* (2, 40 ff.) Alle Franken sollen an dieser Art von Kriegerschaft teilnehmen: *Eigun wir thia gúati, gilicha théganheiti / in theses selben múate* . . . (45 f.)[18] Die Haupteigenschaft dieser Gottesgefolgschaft ist die sehr häufig vorkommende *guati.* Sie ist der Begriff für die germanisierte *humilitas,* wie aus der nun folgenden Zitatreihe vielfach hervorgeht:

1. *Dét er mit giwélti síneru hénti, / thaz er úbarmuoti giscíad fon ther gúati; / Fona hóhsedale zistíaz er thie ríche, / gisídalt er in hímile thie ótmúatige. (I, 7, 13 ff.)*

2. *Hiar stréwit thiu sin gúati in uns thio úbermuati, / thia únsera dumpheit, so wár so iz io zi thíu gigeit. (III, 3, 11 f.)*

3. *Thaz ther fáter ougta, thar man then sún doufta, / thaz éina wari uns núzzi, hábetin wir thie wízzi. / In thiu wari uns ál ginuagi, iz drági uns ni bilúagi. / fon hérzen iz ni intfúarti thiu unser úbermuati. (II, 3, 45 ff.)*

4. *Hiar múgun wir instántan (thaz éigun wir ouh fúntan), / thaz quement úmmahti fon súntono suhti. (III, 5, 1 f.)*

5. *So wér so wolle mánno gan after mír io gerno: / firlóugn er fillu fóllon then sinan múatwillon. (III, 13, 27 f.)*

6. *wanta nídigaz muat hazzot émmizen thaz gúat, / Hazzot ío thio gúati thuruh úbermuati. (III, 14, 118 f.)*

7. *uns thúnkit in giwíssi, thaz iz hónida si, / Tház wir thes bigínnen, wir hónida gihéngen, / oda in thes wórtes wige wiht íamanne firsuige. / Thaz duat uns úbarmuati, nálas unsu gúati, / mihilu gélpfheit joh unser hérza gimeit. (III, 19, 6 ff.)*
   Thaz ist kúsgi joh ouh gúat; habe mámmuntaz múat. / Thaz thu thuruh thiu sínu bilidi, firdrégist thero manno frávili. (III, 19, 35 ff.)

8. *Sie [Märtyrer] sturbun báldo, so man wéiz, ni dátun sie iz in úrheiz, / ouh ni dátun sulih dúam thuruh thehéinan wóroltruam; / Ther tód was in wúnna thuruh gótes minna; (IV, 5, 45 ff.)*

9. *Er zalta in [Pharisäern] óuh tho in alawár thaz iro rúamisal thar, / thia míhilun giméitheit (siu was álles zi breit!): / wío se minnotun thár thaz mán sie hiazi méistar. / . . . / Quad sie mit ótmuati suahtin héroti; / iz allesuio ni dohti joh wérdan ni mohti. (IV, 6, 35 ff.)*

---

[18] Auf diese Weise sind die Otfridschen Franken Vorläufer der Gottesstreiter des *Rolandliedes.* Davon wird später mehr zu sagen sein. Eine ähnliche Gestalt haben wir im *Ludwigslied* vor uns.

10. *thíu sin hoha gúati lerte si ótmuati. (IV, 11, 18)*
    thaz ír ni sit zi frávili, thaz zéigot iu thiz bílidi. (IV, 11, 44)
11. *Wir fúorun thanana [Paradies] nóti thuruh úbarmuati, / yrspúan*
    unsih so stíllo ther unser múatwillo. / Ni wóltun wir gilós sin, harto
    wégen wir es scín, /nu riazen élilente in frémidemo lante; / Nu ligit
    uns umbitherbi thaz unser ádalerbi, / ni níazen sino gúati; so duat uns
    úbarmuati! (I, 18, 13 ff.)
12. *Ob uns in múat gigange, thaz unsih héim lange, / zi thémo lante in*
    gáhe ouh jámar gifáhe: / Farames so thíe ginoza ouh ándara straza, /
    then wég ther unsih wénte. zi éiginemo lánte. / Thes selben pádes
    suazi suachit réine fuazi; / si thérer situ in mánne ther tharána gange; /
    Thu scalt haben gúati joh mihilo ótmuati, / in hérzen io zi nóti waro
    káritati; / Dua thir zi giwúrti scono fúriburti, / wis hórsam io zi
    gúate, ni hóri themo muáte; (I, 18, 31 ff.)
13. *Si thar thaz ni dótha, so mir gibúrren mohta: / zéllet thio gimeíti*
    minera dúmpheiti, / Mínes selbes úbili, thaz íh io ward so frávili.
    (V, 25, 29 ff.)

Vermutlich durch seine Reimqualität begünstigt, ist *guati* als Gegenbegriff zu *ubarmuati* die Bezeichnung für Otfrids germanisierte *humilitas* geworden (1, 2, 6, 7, 9, 10, 11, 12). Sie unterscheidet sich jedoch von der eigentlichen *otmuati* insoweit, als *guati* umfassender die Gesamtheit aller Tauglichkeiten, die *otmuati* dagegen jene Sondertugend bezeichnet, welche als Krönung die andern alle in Beziehung zu Gott setzt. So kann Otfrid sagen, daß der Mensch *Virtus* und dazu *humilitas* haben soll (12), und so kann er dennoch *otmuati* und *guati* gleichsetzen in ihrer Funktion als Gegner der *ubarmuati* (1, 2, 6, 7).

Denn diese ist konträr der *otmuoti*, indem sie nicht Dienerschaft, Gefolgschaft und Ergebenheit gegenüber Gott, sondern *muatwillo*, Eigenwille und Unfolgsamkeit (11, 5), Ehrgeiz und Machstreben (9, 1) ist. Eben dadurch ist sie aber auch das Gegenteil von der Tüchtigkeit eines *vir Dei*, sie bringt Unklugheit und Trägheit (3), Dummheit (2), neidische Gehässigkeit (6), Torheit (9, 13, 7), Schlechtigkeit (13), ja körperliche Schwäche und Krankheit als Folge der Sünden-Sucht (4). So werden also der *superbia* alle Untauglichkeiten und umgekehrt der *humilitas* alle Vorzüge des germanischen Mannesideals zugeordnet: Kraft, Tapferkeit, Klugheit. Nur das Ruhmstreben wird abgelehnt, es erscheine denn als Streben zum Ruhme Gottes. Der Ehrgeiz der Pharisäer ist törichte und nutzlose *superbia* (9). Vorbilder

der Gotteshelden sind dagegen die Märtyrer, die nicht wie germanische Krieger aus Selbstverpflichtung oder Ehrgeiz todesmutig sind, sondern aus Liebe zu Gott (8).[19] Otfrid selbst setzt die Motive für seine dichterische Tätigkeit als Gottesdienst von dem Ehrgeiz anderer Dichter ab.[20]

Otfrid hat die große Leistung vollbracht, germanische und christliche Ethik in einen Schrein zu fassen. Durch die *humilitas* wird die germanische *Virtus* an Gott gebunden, und zwar unverändert, vertraut und unversehrt bis auf die Ausmerzung der widerchristlichen Züge Ruhmstreben und Eigenwille. Der Kern der heidnischen Ethik, die Egozentrik, wird ausgewechselt und ersetzt durch *humilitas*, die Gottgebundenheit, und wird als *superbia* Sammelpunkt alles dessen, was germanischer Vorstellung nach untüchtig und minderwertig ist. Der *superbus* ist dumm, schwach, träge, gehässig, — kurz, er sieht dem alten *litilmenni* zum Verwechseln ähnlich. Mit dieser *interpretatio germanica* hat Otfrid die Umpolung vollzogen, die den rigoros polemischen Bemühungen der Kirche in Wortschatz und Lehre nicht gelang, nämlich aus der germanischen Ethik ihre positiven und unbesiegbaren Elemente zu entnehmen und den Rest zur *superbia* abzuschieben. Mit einer solcherart modifizierten *Superbia*-Auffassung ist Otfrid Protagonist des späteren ritterlichen Ideals des *miles Dei*, wie es im *Rolandslied*, im *Ludus de Antichristo*, bei Hartmann und bei Wolfram seine vollkommenste Form haben wird.

Die Rolle des *Superbia*-Gedankens in der ahd. Literatur läßt sich, um wiederum das letzte Kapitel in wenigen Worten zusammenzufassen, schnell überblicken. Die kleinen ahd. Sprachdenkmäler, die ahd. *Benediktinerregel*, der ahd. *Isidor* und der ahd. *Tatian* tragen nur durch die Verbreitung des *Superbia*-Wortschatzes zur Popularisierung des Gedankens bei. Bei Notker finden sich überdies Ansätze zu einem Eingehen auf die einheimischen Gedankengänge und Vorstellungen. Diese Ansätze werden in den beiden großen deutschen Dichtungen der Karolingerzeit eindrucksvoll fortgeführt.

Der *Heliand* paßt den *Superbia*-Gedanken gewandt germanischem Denken an: die bekämpften Germanentugenden werden als frecher Hochmut den jüdischen Christusfeinden beigelegt, mit denen sich der betroffene

---

[19] *Urheiz* bedeutet nicht einfach, wie das Wörterbuch Erdmanns will, ‚Kampf‘ sondern ‚Beschluß und Verschwörung zum Kampf‘ (deutl. III, 25, 19 u. IV, 28, 28). In der oben zitierten Märtyrerstelle bedeutet es genau wie das zugehörige Verb *biheizan* ‚sich einer Tat oder Sache vermessen‘, wobei die Sitte der Selbstberühmung und Selbstverpflichtung noch deutlich durchscheint. Weitere Belege dafür III, 15, 19 u. 22; III, 20, 97; IV, 13, 49; IV, 19, 31; IV, 20, 17; IV, 20, 24; IV, 28, 8; IV, 28, 28; IV, 30, 9.
[20] I, 1, 1; I, 2, 17.

Hörer identifizieren muß. Otfrid geht einen eigenen Weg. Er läßt die Kriegertugenden als Werte bestehen und entzieht ihnen nur die *Superbia*-Züge der Selbständigkeit und des Ruhmstrebens, indem er diesen egozentrischen Kern durch die *humilitas,* die Bindung an Gottes Willen ersetzt. In dieser Synthese von *virtus* und *humilitas* gelingt Otfrid zum ersten Mal eine Verbindung von germanischer und christlicher Moral.

Zusammenfassung von Teil B

Es gibt in der ahd. Literatur keine geschlossene Darstellung auch nur von Teilen der *Superbia*-Theorie. Leistung der ahd. Zeit ist vielmehr die Einführung des fremden Gedankens in die Germania über zwei Stufen. Die erste ist die Zubereitung eines einheimischen Wortschatzes als Träger des Gedankens und als Voraussetzung für seine weitere Vermittlung. Die zweite Stufe ist im Ahd. nicht unmittelbar nachzuweisen, ergibt sich jedoch aus den lateinischen Quellen, den gesetzlichen Vorschriften und den praktischen Anweisungen für den lehrenden Klerus: Die *Superbia*-Theorie wurde durch Katechese und Predigt so intensiv im Laientum verbreitet, daß spätestens seit der Mitte des 9. Jahrhunderts mit einer allgemeinen Bekanntheit der Hauptzüge zu rechnen ist.

Der Grund für die Schwierigkeiten bei der so intensiv betriebenen Einführung des Gedankens liegt in dem Zusammenprall der christlichen Ethik mit den germanischen Moralvorstellungen. Der Kern der kirchlichen Morallehre stößt im germanischen *Virtus*-Ideal, das in seinem Wesen eine neue Ausprägung des Urphänomens Egozentrik ist, auf einen unüberbrückbaren Gegensatz. In der Erkenntnis, daß diese germanischen Vorstellungen sehr tief verwurzelt und nicht ohne weiteres ausrottbar seien, versucht die Mission durch allmähliche Subversion den *Virtus*-Gedanken zu wandeln und zu absorbieren. Die Methode, deren sie sich dazu bedient, ist eine Spielart der *interpretation christiana:* Das germanische Ideal wird mit der *superbia* identifiziert. Dieser Vorgang läßt sich sprachlich bis in Einzelheiten verfolgen. Der ererbte ahd. *Virtus*-Wortschatz wird durch Gleichsetzung mit *Superbia*-Begriffen in den Glossen und der Übersetzungsliteratur negativiert und nach dieser Subversion des Wortethos weitgehend zum Träger des *Superbia*-Gedankens gemacht. Die schwierigere praktische

Bekämpfung der in der Mentalität der germanischen Bevölkerung fest-verwurzelten Vorstellungen geschieht dementsprechend in der Katechese und Predigt durch die Identifikation mit den Ursünden und den anderen Sünden des Septenars und des Dekalogs, das heißt durch die Einbindung der heimischen Ideale in die kirchliche Lasterlehre.

Jedoch erweist sich der *Virtus*-Gedanke zumindest in einigen Begriffen und Zügen als so stark, daß sich die Kirche, als der erste, völlige Erfolg ausbleibt, aus psychologisch-taktischen Gründen gezwungen sieht, ihre Angriffe zu mäßigen oder erlahmen zu lassen. Im Bereich des Wortschatzes wird der *Superbia*-Gedanke auf die neuen, genuin kirchlichen Begriffe abgelenkt, wodurch der Rest des einheimischen Wortfeldethos entkommt.

In der Lehre zeichnen sich im *Heliand* und stärker bei Otfrid die ersten Kompromisse ab, in dem Versuch, die *Superbia*-Vorstellungen der Kirche germanischem Denken nahe zu bringen und doch die germanischen Ideale nach der Reduzierung ihres extremsten Egozentrik-Charakters dem christlichen Weltbild und der kirchlichen Morallehre einzuordnen. Otfrids besondere Leistung ist die Verbindung von germanischer und christlicher Sittlichkeit in einer Synthese von *virtus* und *humilitas*, welche die heimischen Kriegertugenden im Dienst Gottes rechtfertigt und zu einem Wert innerhalb der kirchlichen Moralordnung macht.

Das Fazit: In der ersten Auseinandersetzung des christlichen *Humilitas*-Gedankens mit dem einheimischen *Virtus*-Ideal erringt die Kirche nur einen Teilerfolg. Die alten Vorstellungen leben unter der Oberfläche weiter und bleiben eine latente Gefahr. Sie werden im Rittertum des hohen Mittelalters wieder aufleben.

TEIL C

DER SUPERBIA-GEDANKE
IM DEUTSCHEN HOCHMITTELALTER

Das Verhältnis von Transzendenz und Immanenz, von Gott und Welt ist ein Grundproblem des gesamten Mittelalters. Diese Dualität, die sich darstellte in dem Zwiespalt zwischen Gott und Schöpfung, *lex aeterna* und *lex naturalis,* geistlichem und weltlichem Staat, Ideal und Realität, Gebot und Sünde, Selbstaufgabe und Selbstbehauptung, *ordo* und *superbia,* war und blieb, da sie sich stets zu einer unüberbrückbaren Kluft auszuweiten drohte, eine der größten geistigen Gefahren des Mittelalters. Sie zu bannen, die auseinandertreibenden Pole zu einen, war die geistesgeschichtliche Funktion des *Ordo*-Gedankens. Doch war, wie schon das Mißverstehen der augustinischen *Civitas*-Lehre zeigt, diese gewaltige Konzeption einer graduellen Weltordnung in ihrer Abstraktheit nur in der Theologie lebensfähig, in der Praxis dagegen auf die Dauer nicht haltbar. Es kann als Verschulden des Reform-Mönchtums angesehen werden, den Zwiespalt zwischen Gott und Welt noch weiter aufgerissen zu haben. Denn der erste Schritt zu dem radikalen Dualismus des Hochmittelalters geschieht durch die monastische Abwertung und Negativierung der Welt und ihrer Selbstbehauptung. Diese Weltverneinung erreicht über Cluny und Hirsau in der ersten Hälfte des 12. Jahrhunderts ihren Höhepunkt; und sie erzeugt im gleichen Augenblick die dialektische Antithese. Eine durch die lange Stauung nur um so kraftvoller gewordene Tendenz der Weltbejahung bricht im 12. Jh. durch und führt zu einer weitgehenden Emanzipierung weltlicher Mächte.

Diese Auseinandersetzung erweist sich als die hochmittelalterliche Erscheinungsform des Widerspiels von Universalismus und Egozentrik nicht zuletzt dadurch, daß die beiden Begriffe *ordo* und *superbia* eine Schlüsselstellung einnehmen. Die Rolle des *Superbia*-Gedankens in diesen weitläufigen Zusammenhängen zu untersuchen, ist im folgenden unsere Aufgabe, wobei es den schwierigen Mittelweg zwischen leerer Allgemeinheit und diffuser Materialausbreitung zu finden gilt.

Die Auseinandersetzung zwischen Gott und Welt, Kirche und Welt spielt sich auf allen Lebensgebieten ab, spiegelt sich in schriftlicher Überlieferung jedoch vor allem auf zwei Gebieten: dem der Politik und dem der in der Dichtung sich darstellenden Weltanschauung. Da ein Ausblick über das eigene Gebiet hinaus erhellend wirkt, werde ich zunächst in einem Exkurs einen Blick auf die Rolle des *Superbia*-Gedankens in der Politik werfen, was zumal bei deren enger Verbundenheit mit der zeitgenössischen Geschichtstheologie angebracht scheint.

Viel schwerer als der urkundlich überlieferte Streit zwischen *regnum* und *sacerdotium* ist der geistige Kampf der Kirche gegen die Emanzipationsbestrebungen des Rittertums zu fassen, weil er nur auf Umwegen aus der lateinischen und der volkssprachigen Literatur der Zeit erschlossen werden kann. Zumal die Wertvorstellungen des Rittertums, soweit sie über grundlegende christliche oder soldatische Tugenden hinausgehen, entziehen sich trotz aller Versuche, sie in einem einigermaßen geschlossenen Zusammenhang darzustellen, immer noch einer genaueren Bestimmung. Hier berührt unsere Untersuchung ein Gebiet, das ebenso unbewältigt und unübersichtlich wie umfangreich und wichtig ist. Um unseren Weg durch dieses Gebiet verfolgen zu können, werde ich mich bei dem nun folgenden Versuch, die der kirchlichen Morallehre opponierende ritterliche Sittlichkeit darzustellen, ganz auf die für uns zentralen Gedanken zu konzentrieren haben. Um das sonst zu umfangreiche Material zu beschränken, werde ich außerdem die Untersuchung im folgenden ausschließlich auf deutschsprachige Quellen gründen. Zudem werden wir zunächst nur die frmhd. Zeit betrachten, während der sich die ritterlichen Wertvorstellungen literarisch ausbilden, denn die Genese erlaubt Rückschlüsse auf das Wesen dieser Werte.

Eine Untersuchung der semantischen Entwicklungen im *Superbia*-Wortschatz der frmhd. und mhd. Zeit wird als Raffung geistesgeschichtlicher Vorgänge die Einsichten des ersten Kapitels auf eine breitere Grundlage stellen. Die eingehendere Betrachtung der *Superbia*-Vorstellungen in der deutschen Dichtung des hohen Mittelalters ist Sache der beiden letzten Kapitel dieses Teiles.

I. Die superbia im Streit zwischen Kirche und Rittertum

1. Exkurs: Das Motiv der superbia als politische Waffe

Bisher hat sich uns der *Superbia*-Gedanke vorwiegend als philosophischer und moraltheologischer Komplex vorgestellt. Auf ähnliche Weise, wie es sich bei vielen, vor allem staats- und geschichtsphilosophischen Gedanken der patristischen Theologie beobachten läßt, tritt im Hochmittelalter zusammen mit der augustinischen Geschichtsphilosophie auch der *Superbia*-Gedanke in das allgemeine soziale und politische Denken und in die Öffentlichkeit ein. Der *Superbia*-Gedanke wird nun ein bewußt eingesetztes Instrument der Politik, und zwar ebenso stark auf dem Gebiet der Kulturpolitik wie auf dem der Diplomatie.[1]

Die große Spannweite des Begriffs *superbia* macht ihn zu einer höchst vielseitigen und gefährlichen politischen Waffe. Ich habe dargestellt (T. A, K. II) wie der abstrakte und im höchsten Maß generelle Begriff der *superbia* als der Ursünde durch seine psychologische Untergliederung und durch seine Verknüpfung mit hervorragenden, anschaulichen und populären Punkten der kirchlichen Lehre nach der praktisch-konkreten und laikalen Seite hin ausgedehnt wurde. Er bekommt dadurch die bemerkenswerte Eigenschaft einer universalen, assoziativen Wirksamkeit. Denn auf dem Grund seiner kirchlichen Erziehung ist im Mittelalter einem jeden Menschen auch die abstrakteste Erörterung der *superbia* anschaulich und verständlich, während ihm umgekehrt auch bei der leisesten Andeutung oder der geringsten konkreten Erscheinung von *superbia* der gesamte Komplex assoziativ gegenwärtig ist. Das bedeutet: auch mit dem kleinsten Vorwurf der *superbia* oder auch nur einer ihrer *filiae* fällt auf den Betreffenden der gesamte verflochtene Komplex, und sofort tauchen hinter dem Todsünder die Schatten Luzifers, des Antichrist und aller anderen *typi superbiae* auf. So bietet der Vorwurf der *superbia* die Möglichkeit, jeden Gegner moralisch,

---

[1] Soweit ich sehe, gibt es freilich bisher keinen Versuch, beide in ihrem Zusammenhang zu zeigen. Es gibt eingehende Darstellungen der Rolle des *Superbia*-Gedankens in der Politik des Mittelalters (s. S. 97) und es gibt einige nur andeutende Besprechungen von Teilgedanken des *Superbia*-Komplexes in der ritterlichen Kultur, aber die Querverbindungen werden nicht hergestellt, eben weil die Darstellung des gemeinsamen Oberbegriffes und Ursprungs fehlt.

juristisch und theologisch zu vernichten, einerlei, welche Art der *superbia* ihm zur Last gelegt werden konnte oder zugeschrieben wurde.

Im Rahmen seiner Untersuchungen über die Wirkungen der mittelalterlichen Geschichtsauffassungen auf Politik und Historiographie hat Ernst Bernheim und ihm folgend eine Reihe seiner Schüler die Rolle der *superbia* in der Politik so vielseitig untersucht, daß diese Frage für den Historiker grundsätzlich geklärt scheint.[2] Wie Bernheim darlegt, sind die Begriffe *superbia* und *humilitas* Bezeichnungen für die beiden möglichen Einstellungen gegenüber Gott, aus denen sich eine Reihe von wichtigen staatstheoretischen Grundbegriffen ableiten (*rex justus* — *rex injustus, bellum justum* — *bellum injustum,* etc.). Maßstab für die Bewertung von Institutionen und Aktionen ist das Verhältnis zu Gott, die Vorzeichen *bonum* und *malum* richten sich nach dem Grundsatz „Gottzugehörigkeit oder Gottlosigkeit".

Von der Kirche wird der Vorwurf der *superbia* schon sehr früh angewendet, zunächst auf den äußeren Gegner im antiken Heidentum, später auf ihren inneren Todfeind: alle normwidrigen Tendenzen innerhalb der Christenheit selbst. Der *Superbia*-Komplex wird vor allem auf die Schismatiker und Häretiker angewendet,[3] sie rücken als Antichristen in die persönliche Nähe des Teufels und sind Urbilder der *superbia*. Die Belege dafür sind zahllos,[4] genau wie es die Möglichkeiten sind, die Normen und Grenzen der *ecclesia* zu überschreiten und damit zum Heiligen oder zum Ketzer zu werden. Beispiele dafür, wie automatisch und regelmäßig alle

[2] E. Bernheim, „Politische Begriffe des Mittelalters im Lichte der Anschauungen Augustins", *Dt. Zschr. f. Geschichtswiss., NF I* (1896—97).
Derselbe, *Mittelalterliche Zeitanschauungen in ihrem Einfluß auf Politik und Geschichtsschreibung* (Tübingen, 1918).
Zwar beginnt Bernheim mit der Betrachtung der *superbia* erst bei Augustin und geht über eine allgemeine Beschreibung nicht hinaus, doch trifft er ihr Wesen sehr genau: „Superbia, das ist die summarische Bezeichnung der Ur- und Grundsünde ... Nicht eins sein wollen mit Gott, sich nicht seinem Willen und Sein in unbedingter Liebe hingeben und unterordnen, und damit die unmittelbare Folge der Strafe auf sich laden, den Verlust der Einheit mit Gott ..." (*Zeitanschauungen,* S. 16).
[3] Eine Anweisung dazu gibt Eusebius Hieronymus (Comm. in Jes. VI, 14): *Infelix Judas ... vitio suo suscepit ascensorem diabolum, qui ut superbiae verba compleret, etiam hoc ausus est dicere: Ero similis Altissimo, ut quomodo Christus habet prophetas et apostolos sic ego habebam pseudoapostolos. Haec autem omnia referenda sunt ad haereticos, qui cum deorsum sint, cum principe suo excelsos se esse iactant.*
[4] Vorbild ist Augustin (C. D. XX, 19): Beim jüngsten Gericht ... *exierunt multi haeretici de medio Ecclesiae, quos multos dicit Johannes antichristi ...* — So auch Augustin in seinem Tract. 3 in epist. Johan. ad Parth.: *Omnes haeretici, omnes schismatici ex nobis exeunt, id est, ex Ecclesia exeunt ... antichristi sunt ... Latine enim Antichristus, contrarius est Christo ... Omnes certe qui exeunt de Ecclesia, et ab unitate Ecclesiae praeciderentur antichristi sunt.* Ähnlich auch Hraban, comm. in Ezech. XIII, 38. In den Filiationsdarstellungen ist die *haeresis* gewöhnlich unmittelbare Tochter der *superbia,* z. B. bei Alcuin (virt. et vit., 27) und beim Pseudo-Hugo v. St. Viktor (fruct. carn., 3).

Häresie mit dem Teufel identifiziert wurde, bietet reichlich die Bericht-erstattung über den Arianismus, der für das allgemeine Bewußtsein bis ins hohe Mittelalter hinein die prototypische häretische Teufelswelt war.[5]

Augustin teilt den Lauf der politischen Weltgeschichte nach dem Wechsel von frommen und unfrommen Herrschern ein. Merkmale eines *rex iustus* sind nach dem „Königsspiegel" (C.D., V, 24): Gerechtigkeit, Demut vor Gott, Milde und ähnliche Tugenden, vor allem aber . . . *suam potestatem ad Dei cultum maxime dilatandum maiestati eius famulum faciant.* Nicht unter Gott geordnet, sondern um ihrer selbst willen erstrebt ist dagegen die Herrschaft des *rex injustus,* des *tyrannus* (C.D., V, 19), dessen Merkmal die *superbia* ist und die darin liegende Verwandtschaft mit dem Teufel. Diese Begriffe des *rex justus* und des *tyrannus, rex injustus et superbus* nimmt die mittelalterliche Kirche auf, aber, wie so oft, den Urheber mißverstehend. Augustin mißt dem Staat selbst, den er als Zweckgemeinschaft als *utile* betrachtet, nichts Göttliches bei, und die Herrschaft eines Menschen, der persönlich *justus* ist, gilt ihm als Glücksfall, nicht als Notwendigkeit. Die spätere Kirche hingegen identifiziert sich mit der *civitas Dei* und weist dem Staat die dadurch notwendige Funktion des politischen Trägers zu. Mit diesem Gedankengut des *sacrum imperium* wird auch der *rex justus,* das heißt der sich ganz unter die Führung Gottes und seiner Stellvertreterin stellende Imperator, zur Forderung. Und umso schärfer wird auf der anderen Seite die Verdammung des *tyrannus,* und das ist jeder Herrscher oder Fürst, der sich der *superbia* im Ungehorsam gegen die Kirche schuldig macht.

In diesem Sinn wendet die Kirche den Universalbegriff *superbia* als Hauptkampfmittel gegen die Machtansprüche der staatlichen Institutionen an,[6] vor allem im Investiturstreit. Die tödliche Wirksamkeit des Vorwurfs *superbia* als Grund für Bann und Acht in der Auseinandersetzung Hein-richs IV. und Gregors VII., die den Kaiser nach Canossa zwingt,[7] haben

---

[5] Dazu W. Lange, *Texte zur germanischen Bekehrungsgeschichte* (Tübingen, 1962).

[6] Das Vorbild ist, soweit ich sehe, Gregor der Große, der jede eigenständige Herrschsucht als *imitatio diaboli* bezeichnet: *Solus quippe Altissimus ita dominatur super omnia, ut alteri subesse non possit. Quem diabolus imitari perverse voluit, cum suum dominium quaerens, ei subesse recusavit. Imitatur ergo diabolum quisquis idcirco potestatem suam appetit, quia ei qui sibi est superna ordinatione praepositus subesse fastidit.* (moral., 29, 7).

[7] Gregor bannt Heinrich (sich auf Gregor d. Gr. berufend!), *quia contra ecclesiam inaudita superbia insurrexit.* (Jaffé, Bibl. rer. Germ. 2, 1 S. 224). Das zweite Mal *pro sua superbia, inobedientia et falsitate* (Jaffé, S. 404), während Rudolf an seine Stelle gesetzt wird *pro sua humilitate, obedientia et veritate* (Jaffé, S. 276).

Werdermann und Weinert aufgezeigt.[8] Hier mag der Hinweis genügen, zumal uns der Begriff des *rex injustus* bei der Interpretation mancher Dichtungen begegnen wird.

Superbia als Schlagwort für jede Auflehnung gegen die eigenen für absolut gültig gehaltenen Herrschaftsansprüche kann nun aber genau so gut vom Imperium als Waffe gebraucht werden: hier ist *superbia* einfach umgekehrt die Nichtanerkennung der göttlichen Staatsordnung. Und wie das *sacerdotium* wendet auch das *imperium* diesem Begriff gegen äußere und innere Widersacher.

Das Imperium legitimiert seine Weltherrschaftsansprüche sowohl theologisch wie historisch: historisch, indem es sich in der Theorie der *translatio imperii* als bezweckten Endpunkt der Weltgeschichte versteht, und theologisch, indem es sich als von Gott eingesetzten Träger des *ordo mundi* sieht. Während nämlich die Kirche in der Praxis den universalen *Ordo*-Begriff weitgehend aus den Augen verliert, okkupiert ihn der Staat, indem er die halbgenerellen *Ordo*-Vorstellungen seines römischen Vorgängers aufnimmt. Denn entgegen der Ansicht Augustins, die innerweltlichen Ordnungen seien nur unvollkommene, behelfsmäßige Imitation der *lex divina et naturalis*, wird dem Mittelalter gerade diese konkreteste aller Stufen des *ordo* zum wichtigsten Teil der Weltordnung.[9] Indem sich so die Staatsordnung mit der *lex naturalis* identifiziert und sich als Stellvertretung der transzendenten Ordnung betrachtet,[10] stellt sie sich wieder auf die Stufe der vorchristlichen, orientalischen und römischen Identifikation von Staat und Weltordnung. Das genau zu untersuchen ist jedoch nicht unsere Aufgabe, hier muß dieser etwas apodiktische Abriß genügen. Wie sehr aber das Selbstverständnis des mittelalterlichen Imperiums dem des römischen ähnlich ist, mag eine Formulierung Lothars III. erhellen, die erstaunlich an Vergils Römerberufung erinnert: *. . . sicut imperialis est auctoritatis superbos*

---

[8] G. Werdermann, *Heinrich IV, seine Anhänger und seine Gegner im Lichte der augustinischen und eschatologischen Geschichtsauffassung* (Greifswald, 1913).
E. Weinert, *Die Bedeutung der superbia und humilitas in den Briefen Gregors VII.* (Greifswald, 1920).

[9] In diesem Sinn sagt Fritz Kern: „Der ordo ist nicht in unbestimmtem Sinne Ordnung überhaupt, sondern im Sinne des Mittelalters das konkrete göttliche Naturrecht, nach dem sich alle vergängliche Menschensatzung zu richten hat; etwa die ‚Weltordnung‘." *Gottesgnadentum und Widerstandsrecht im früheren Mittelalter* (Leipzig, 1914), zu An. Reg. Franc. a. 749.

[10] Daher können *Superbia*-Begriffe auch auf Unordnungen in der Natur angewendet werden, z. B.: *Tanta quippe est maris insolentia, ut defunctorum corpora nullo naturae suae iure sustineat.* (Chron. Rhein. 546, 40).

deicere, . . . sic eius magnificentiae et decoris est, humiles et devotos beneficiis attollere. (Dipl. Loth. III., 71, a. 1135).

Es wird dabei auch deutlich, in welchem Sinne die staatliche Partei *superbia* und *humilitas* verwendet: genau wie die Kirche, nur mit umgekehrtem Bezugspunkt. *Superbia* ist jeder Widerstand gegen die Staatsgewalt.[11] Dabei behält der Begriff seine theologische Bedeutung. So kann z. B. der Vorwurf der *tyrannis* auch den Sachsen gemacht werden, eben nicht im Sinne von Gewaltherrschaft, was absurd wäre, sondern als Widerstand gegen das *imperium Christi: Temporibus . . . Karoli . . . imperatoris . . . cum saeva tirannidis paganorum emergeret . . .* (Mirac. Bert. 1, p. 509, 18. a. 892). Denn Hraban definiert ja: *Tyrannus autem vel diabolum typice potest figurare vel Antichristum, qui contrario semper Christi imperio agere moliuntur . . .* (univ. 16, 3). Konsequent wird damit auch jeder Rebell dem Teufel ähnlich und erleidet dessen Schicksal, woran er auch ohne die Bezeichnung *diabolus* sofort erkannt wird: *Heinricus dux Bavariae miro fasto contra imperatorem Fredericum . . . sentiens . . . de summo culmine honorum cecidit* (Ann. Mell. Castr. II, 1180 A).

Superbia also bleibt auch als staatsrechtlicher Begriff die Ursünde. Mit diesem Sinn werden die *superbia* und einige ihrer Hauptbegriffe (vor allem *praesumptio, arrogantia, temeritas, tyrannis, insolentia* und *fastus)* zum juristischen Terminus für Gesetzesbruch. Und genauso wie sich die Staatsautorität nach innen durch den *Superbia*-Begriff gegen Gesetzesbruch und Widerstand absichert, wendet sie ihn auch vice versa gegen die kirchlichen Ansprüche.

Ein bezeichnendes Geschehnis verdient zum Schluß berichtet zu werden, weil es auf das beste geeignet ist, die fast unheimliche Rolle der *superbia* in der Zeit der Spannungen zwischen Staat und Kirche beispielhaft zu

---

[11] Mir liegt aus dem Material des *Mittellateinischen Wörterbuches* in Berlin eine große Zahl von Belegen für diese Tatsache vor, die darzustellen Sache einer eigenen Untersuchung wäre. Doch möchte ich wenigstens einige Beispiele dafür bringen, wie *Superbia*-Begriffe zum Kern von Gesetzbekräftigungsformeln werden. (Ich übernehme die Siglen des Mlt. Wb's.): Dipl. Heinrich II. (a. 1023) 285, 9: *si quis superbiendo istud pactum vel praeceptum violaverit . . .* — Dipl. Conr. II., 102, 38 (a. 1027): *. . .si quis autem temerarius presumptor huius nostrae praeceptalis autoritatis violare praesumpserit firmamentum . . .* — Dipl. Otto, III, 388 (a. 1001): *Si quis autem diabolico fastu ductus huius nostri praecepti violator extiterit . . .* — Dipl. Karlom. II., 2 (a. 877): *. . . si quis vero . . . hoc preceptum . . . infringere disposuerit, in die iudicii tremendi pro hac ipsa temeritate redditurus rationem ante dominus fiat.* — Es werden sogar konkrete Vergehen mit *Superbia*-Begriffen bezeichnet und bestraft, z. B. Dipl. Karol. III, 12 (a. 879): *. . . tres auri obriti libras . . . pro temeritate persolvat.* Oder Karol. III, 93: *. . . ut pro inlata presumptione componat duo milia . . . .*

erhellen.[12] Papst Hadrian IV. schreibt am 20. Sept. 1157 an Friedrich I. einen scheinbar nebensächlichen Beschwerdebrief, in welchem er den Kaiser bittet, er möge in Sachen eines von Rittern gefangengesetzten Bischofs endlich etwas unternehmen. In diesem Zusammenhang bringt er die unvorsichtige Ermahnung: *Debes enim, gloriosissime fili, ante oculos mentis reducere. . . . quantam tibi dignitatis plenitudinem contulerit* [*sc. sacrosancta Romana ecclesia*] *et honoris et qualiter imperialis insigne coronae libentissime conferens . . .* Es ist bezeichnend für die Empfindlichkeit der damaligen Politiker in Fragen des Prinzipats, daß Barbarossa und seine Leute bei diesem Satz sofort hellhörig wurden und in Zorn gerieten. Nachdem er die beiden päpstlichen Kardinalslegaten in Haft genommen hat, antwortet Barbarossa in einem Schreiben von erheblicher Schärfe:

Cum divina potentia, a qua omnis potestas in caelo et in terra, nobis, christo eius, regnum et imperium regendum commiserit et pacem aecclesiarum imperialibus armis conservandam ordinaverit, non sine maximo dolore cordis conqueri cogimur dilectioni vestrae, quod a capite sanctae aecclesiae, cui Christus pacis ac dilectionis suae characterum impressit, causae dissessionum, seminarium malorum, pestiferi morbi venenum manare videntur. De quibus . . . inter regnum et sacerdotium scisma fieri pertimescimus.

Nur vor dem Hintergrund des ganzen Komplexes wird sichtbar, mit welcher Eleganz hier dem Gegner indirekt und doch vernichtend der *Superbia*-Vorwurf gemacht wird:[13] jedem Zeitgenossen mußten die Begriffe *causa dissessionum, seminarium malorum, pestiferi morbi venenum* und *scisma* nicht nur assoziativ, sondern als topische Umschreibungen der *superbia* bekannt sein. Ein Vorwurf, dessen ganze Schwere Friedrich zunächst vermeiden wollte, denn im folgenden lädt er ihn, wieder ist der eigentliche Adressat der Papst, auf die Legaten ab:

. . . ipsi quasi de mammona iniquitatis inflati, de altitudine superbiae, de fastu arrogantiae, de extollentia tumidi cordis elatione, legationem apostolicis litteris conscriptam nobis praesentaverunt, quarum tenor talis erat: quod pro oculis mentis semper deberemus habere, qualiter domnus papa insigne imperialis coronae nobis contulerit . . . Cumque per electio-

---

[12] Der gesamte Vorgang findet sich in den *MGH*, Const. 1, S. 229 ff.: *Controversia cum Hadriano IV.* (1157—58). Es handelt sich um den Reichstag zu Besançon. Die brisante Übersetzung des Wortes *beneficium — lehen* durch Reinhard v. Dassel ist ja berühmt.

[13] Diese Technik der assoziativen Diskriminierung ist kein Einzelfall, zumal in der Dichtung wird sie noch begegnen, hier nur weiteres Beispiel diesmal von der Gegenseite (Anselm. Hav. dial. 3, 12, a. 1145): *Ecclesiam Romae vos opponentes cornu singularitatis erexistis. Cornu* ist Bild der *superbia* (vgl. Teil D, I), *singularitas* trifft genau ihr Wesen!

nem principum a solo Deo regnum et imperium nostrum sit, qui in passione Christi filii sui duobus gladiis necessariis regendum orbem subiecit . . .

Daher sei es eine Lüge (wieder ein antichristliches Charakteristikum), den Prinzipat des *sacerdotium* zu behaupten. Und tatsächlich ist Hadrian von diesen Drohungen so eingeschüchtert, daß er nach einem hilfeflehenden Brief an die deutschen Bischöfe auf deren Vermittlung hin einen Entschuldigungsbrief an Friedrich schreibt, indem er mit vielen etymologischen und stilistischen Erklärungen seinen Satz zurücknimmt.

Diese Episode macht deutlich, mit welcher Verbreitung und Brisanz man beim hochmittelalterlichen *Superbia*-Begriff rechnen muß: In seiner großen Spannweite zwischen äußerster theoretischer Differenzierung und Begründung und zwischen völliger Verschwommenheit und Allgemeinheit ist der breit anwendbare *Superbia*-Begriff als politische Waffe vielleicht vergleichbar mit zwei heutigen Begriffen, nämlich dem des *Kommunismus* und dem des *Faschismus*.

Als die politische Rolle der *superbia* sei folgendes festgehalten: Wegen seiner großen Spannweite und wegen seiner Assoziation an Luzifer und den Antichrist wird der Begriff *superbia* im Hochmittelalter zu einem ebenso universalen wie wirksamen Kampfmittel. *Superbia* als „Gottferne" ist in Politik und Historiographie ein grundsätzlicher Beurteilungsmaßstab. Das Gegensatzpaar *superbia* und *humilitas* liegt im Augustinischen Sinne allen wichtigen staatstheoretischen Doppelbegriffen wie *rex justus, rex iniquus* usw. zugrunde. Sowohl Kirche wie Staat verwenden das ächtende Schlagwort gegen jede Art von Nichtanerkennung ihrer Autorität, auch wechselseitig.

2. Die Entwicklung der ritterlichen Wertvorstellungen in frmhd. Zeit

Es deutete sich schon im Fazit der althochdeutschen Zeit an, daß sich nach dem Fehlschlag der ersten Angriffe des kirchlichen *Superbia*-Gedankens gegen die einheimische, festverwurzelte germanische Sittlichkeit eine neuerliche Auseinandersetzung anbahne. Doch ist der wiedererstandene Gegner noch der gleiche?

Die *Superbia*-Theorie hat sich seit der althochdeutschen Zeit so gut wie nicht verändert, es ist aber kaum anzunehmen, daß auch ihr Gegenpart ganz unverformt die kirchlichen Angriffe überstanden haben sollte. Es ergibt sich aufs neue die Aufgabe, den Kontrahenten des *Superbia*-Gedankens in seinen Qualitäten zu bestimmen, denn ohne die Fixierung des Gegenpoles würde auch der *Superbia*-Gedanken der mhd. Zeit verzerrt und in falscher Perspektive erscheinen, genau wie es umgekehrt der Fall ist.

Gezwungen, das unsichere Gelände der ritterlichen Ethik zu betreten, möchte ich mich um so sorgfältiger auf dem seit Anfang beschrittenen Weg halten und konsequent nur den Komplex *Virtus-magnanimitas* im Auge behalten. Vorher sei jedoch wenigstens in knappen Linien das Gesamtgebiet und das schon Erschlossene abgesteckt.[1]

Alle Versuche, die ritterliche Ethik in ein System zusammenzufassen, sind seit E. R. Curtius' scharfer Kritik am Aufsatz G. Ehrismanns als unzureichend und undurchführbar erwiesen. Wie etwa in Zukunft eine Darstellung der ritterlichen Lebensauffassung auszusehen habe, führt beispielhaft H. de Boors Einleitung zum zweiten Band seiner Literaturgeschichte vor,[2] die konsequent die Feststellung Curtius', das Wesen und auch der Reiz des ritterlichen Ethos liege gerade in dem „Schweben zwischen vielen, teils nahe verwandten, teils auch polaren Idealen" (S. 520), fortführt: „Aber auch im weiteren hat Curtius recht: in der Ablehnung einer Systematik überhaupt. Höfische Existenz haben wir als Haltung oder Stil gekennzeichnet, und das bedeutet eine Gestalt, nicht System. Eine Gesellschaft, auch wenn sie an ihre Glieder sehr bestimmte Forderungen des äußeren und inneren Verhaltens stellt, lebt aus Tradition und Instinkt, nicht aus einer Theorie . . . In der höfischen Dichtung . . . treffen in der Tat verschiedene Werte aufeinander, neben dem christlichen auch germanische und antike, und wirklich liegt der Reiz dieser Erscheinung in ihrer Vielschichtigkeit und dem Schweben zwischen verschiedenen Idealen. Eben darin erweist sich die höfische Kultur als eine echte Erscheinung des christlichen Abendlandes."

De Boors Beschreibung dieser ritterlichen Lebenshaltung in ihren Kristallisationsbegriffen wie *hövischeit, zuht, vröude, hôher muot, minne, êre,*

---

[1] Die wichtigsten Arbeiten (abgesehen von den zahlreichen Gelegenheitsbehandlungen in den Literaturgeschichten und ähnlichen Großdarstellungen) sind auf dem Gebiet des ritterlichen Tugendsystem: G. Ehrismann, „Die Grundlagen des ritterlichen Tugendsystems" *ZfdA*, LVI (1919); H. Naumann und G. Müller, *Höfische Kultur* (Halle, 1929); A. Arnold, s. S. 104 f.; E. R. Curtius, „Das ritterliche Tugendsystem", zuerst *DVj*. XXI (1943), später in *Europ. Literatur und lat. MA*, (Bern, 1948); F. Maurer, „Das ritterliche Tugendsystem", *DVj*. XXIII (1949); Derselbe, „Zum ritterlichen Tugendsystem", *DVj*. XXIV (1950); F. W. Wentzlaff-Eggebert, „Ritterliche Lebenslehre und antike Ethik", *DVj*. XXIII (1949); E. Neumann, „Der Streit um das ritterliche Tugendsystem", *Festgabe für Karl Helm* (Tübingen, 1951).
[2] H. de Boor, *Die höfische Literatur*, 4. Aufl. (München, 1960), S. 1–20.

gotes hulde lege ich als Rahmen zugrunde, wenn ich im folgenden der Rolle des *Superbia*-Gedankens in diesem Problemkreis nachgehe.

Bei der Fixierung des dem *Superbia*-Gedanken polaren ritterlichen Ideals haben wir es insofern leicht, als eine umfassende und in ihrem Rahmen gültige Untersuchung des zentralen Begriffes *hôher muot* in einer Arbeit A. Arnolds vorliegt, deren Ergebnis wir unseren Untersuchungen zugrundelegen können: „Das Wesen des Hohen Mutes beruht in einer beherrschten Schwellung des Ichs, das sich seiner Haltung als einer idealen bewußt ist, und das dem Glück und der Vollkommenheit als letzten konkreten Zielen enthusiastisch zustrebt."[3]

Diese allgemein-höfische Form der ritterlichen *magnanimitas* fügt sich organisch in die großen dialektischen Abläufe ein, die ich eingangs als Hintergrund skizziert habe. Der ritterliche *hôhe muot* stellt sich nach der antiken *magnanimitas* und der germanischen *Virtus* als dritte geschichtliche Erscheinung einer positiv aufgefaßten *Superbia*-Haltung dar, freilich in einer noch näher zu beschreibenden christlichen, gemäßigten Form als „*beherrschte* Schwellung des Ichs".

Über diese Definition hinaus wird jedoch unsere Untersuchung durch Arnolds Arbeit nicht unterstützt, denn Arnold zieht eben dort seine Grenzen, wo unsere Probleme einsetzen. Schon Trier bedauert in seiner sonst lobenden Besprechung, daß Arnold zwar die Ehrismannsche unmittelbare Verknüpfung von *magnanimitas* und *hôhem muot* widerlege, aber die wirkliche historische Beziehung selbst nicht darstelle.[4] Diese Zurückhaltung hat ihren äußeren Grund in einer bewußten, freilich nicht gerechtfertigten Beschränkung des Untersuchungsgebietes,[5] die denn auch eine Relativität der Ergebnisse mit sich bringt und Anlaß zu einigen Punkten der Kritik gibt. Arnold beschränkt seine Untersuchungen auf den Begriff *hôher muot*. Er läßt also bis auf kurze Seitenblicke die benachbarten Begriffe des Feldes „*superbia*" unberücksichtigt, und er übergeht die charakteristische Gefühlskomponente der *vröude*.[6] Zum andern schaltet Arnold die geistliche Lite-

---

[3] A. Arnold, *Studien über den Hohen Mut* (Leipzig, 1930), S. 74. Dazu die Rezension von J. Trier, *Anz. f. dt. Altertum,* L (1931) S. 178 ff.

[4] Trier, S. 175 u. 181.

[5] „Zur Untersuchung steht die Geisteshaltung des Hohen Mutes in der Ritterkultur des deutschen Mittelalters. Als Faden dient dabei der von der Zeit selbst geprägte Terminus ‚hôher muot' mit seinen grammatischen Abwandlungen ... Wir stellen die weltanschauliche Einheit, die Einzelperson in den Vordergrund . . . Diese phänomenologische Untersuchung setzt zeitlich da ein, wo der Terminus zuerst auftritt, und wird bis zum Erlöschen des Wortes geführt . . . Das Quellenmaterial besteht in den Dichtungen der Ritterzeit unter Ausschaltung der Chroniken und der geistlichen Poesie." (S. VII–VIII).

[6] Das beklagt Trier in seiner Besprechung (S. 181). Die (von Trier auf S. 180 verschärfte)

ratur aus, verzichtet also ganz auf die Stimmen der Gegenpartei, die e contrario zur Erhellung des ritterlichen Ideals hätten beitragen können. Er verzichtet auch auf die Darstellung des korrespondierenden *Superbia*-Gedankens, denn sein dreiseitiger Überblick über die Geschichte des Hohen Mutes ist nicht mehr als ein kurzes Florilegium und hat nur Raum für einige spekulative Gedanken.[7]

Diese Einschränkungen ergeben zusammen mit der phänomenologischen Betrachtungsweise einen weitgehenden Verzicht auf die geistesgeschichtliche Einordnung des Gedankens:[8] Die besonderen Verhältnisse bei der Entwicklung des Begriffs aus dem geschichtlichen Widerspiel der beiden konträren Gedanken werden nicht behandelt, Arnold stellt nur den fertig ausgebildeten Gedanken der einen Partei dar, wodurch sich natürlich gewisse Verzerrungen ergeben.[9] Und er läßt außer dem Hinweis auf germanische Wurzeln alle genetischen Fragen offen.[10] So bleiben vor allem zwei Fragen stehen, deren Klärung besonders viel zum Verständnis des Hohen Mutes beitragen könnte: Die Ähnlichkeit zwischen Hohem Mut und *magnanimitas*, gründet sie sich „auf eine Konvergenz aus gleicher Kulturlage oder eine sekundäre Einwirkung?"[11] Und inwiefern wurzelt der Hohe Mut im ger-

---

Unterscheidung von *magnanimitas* als erarbeiteter Gesinnungshaltung und *hôhem muot* als einer augenblicklich angeregten Gefühlsschwellung wird dem ritterlichen Ideal gerecht, sie vernachlässigt wiederum die germanischen Komponenten des Mutes und der Tüchtigkeit, die neben dem Gefühlsteil nicht unwesentlich den Gedanken mitbestimmen.

[7] „Auf einer im Dunkel liegenden Vorstufe muß der neue freudige Zeitgeist sprachschöpferisch tätig gewesen sein ... Wenn wir auch nicht näher erkennen können, wie der Entstehungsprozeß des Hohen Mutes vor sich gegangen ist, so liegt doch in der Tatsache, daß gerade die altheimischen Minnesänger, unbeeinflußt von romanischen Vorbildern, und die Dichter des östlichen Kulturraumes überhaupt zuerst und am häufigsten den Terminus ‚hôher muot‘ gebrauchen ... ein deutlicher Hinweis auf das Germanische ... Der Hohe Mut erhebt sich auf der Basis des germanischen Heroismus ..." (S. 4–7).

[8] Arnold geht von der Untersuchung des Gedankens bei den einzelnen Dichtern aus (s. S. 104), eine Methode, die angesichts der Denkweisen des Mittelalters fragwürdig ist. Denn nicht die individuelle Ausprägung ist dem mittelalterlichen Denken das Primäre oder das Ziel, sondern Sinn jeden Schreibens ist der transpersonale Gedanke, dem gegenüber die Einzeldarstellungen nur als notwendige Individuationen angesehen werden konnten. Diesem Primat des formalen Gedankens hat eine Untersuchung Rechnung zu tragen.

[9] Ich werde Korrekturen jeweils an gegebener Stelle vorbringen und auch auf die Schwierigkeiten hinweisen, die Arnold mit der Einordnung der bei Hartmann und Wolfram auch in der Ritterdichtung auftauchenden *Superbia*-Lehre hat.

[10] Wo der Gedanke jedoch in seinem Arbeitsgebiet auftaucht, stellt Arnold sehr Genaues fest: „Der Hohe Mut in seiner Verbundenheit mit dem germanischen Heroismus nimmt seinen Ausgang aus dem archaischen Kulturraum der Welfen. Sein Kern erscheint bei den höfischen Minnesängern als freudiger Stolz, den vornehmlich die höfische Liebe und die subjektive und objektive Ehre bewirken ... Um 1190 ist der Hohe Mut als Geisteshaltung und als Terminus in der ganzen höfischen Welt bekannt." (S. 74).

[11] Die Frage stellt Trier, Besprechung S. 179.

manischen Heroismus, wie sieht die verwandtschaftliche Verbindung aus?

Zur Beantwortung beider Fragen mag eine Betrachtung der frühen Stufen der ritterlichen Sittlichkeit helfen, wie sie sich in der frühmittelhochdeutschen Literatur darbieten. Es soll nun untersucht werden, ob und in welcher Form Züge des germanischen *Virtus*-Gedankens in den ritterlichen Tugendvorstellungen der frühmittelhochdeutschen Zeit erscheinen.

Die Kaiserchronik erzählt von dem vorbildlichen Ritter Conlatinus, wie er flüchtend nach Rom gekommen und dort gut aufgenommen worden sei:

> *swar si riten ûf diu lant,*
> *da diente in ie der helt palt,*
> *unz er mit sînem swerte*
> *alsô grôzen ruom beherte,*
> *daz si den ellenthaften man*
> *ze grôzen êren wollten han,*
> *und daz in die snellen*
> *erwelten in selben ze gesellen.* (Kchr. 4319 ff.)

Ruhm und Ehre sind also eng miteinander verflochten.[12] Die *êre* ist hier wie *honor* sowohl die äußere Rangstellung als auch ihre gesellschaftliche Anerkennung, während der *ruom* die Verbreitung und Mitteilung dieser *êre* ist. Er ist mit dieser Funktion, seinerseits *êre* zu schaffen, wie im Fall Conlatinus deutlich wird, dem Begriff *êre* untergeordnet. Daß der Besitz an Ehre der Zeit ganz besonders wichtig war, zeigt die große Zahl von positiven wie negativen Erwähnungen des Ruhmes als Tatmotiv,[13] häufig in der Verbindung *êre und ruom*.[14] Das zeigt auch die Klage des Armen Hartmann:

> *Ein wort heizit êre,*
> *daz coufet maniger sêre,*
> *da umbe verlûsit manig beide*
> *lîb unde sêle.* (Hartm. G. 2498 ff.)

Darin, daß der *ruom* an die objektiven Werte der *êre* so eng angeschlossen ist, liegt also eine gewisse Verlagerung des germanischen Ruhmesideals

---

[12] Für diese Verbindung im Ahd. vgl. E. Karg-Gasterstädt, „Êre und ruom im Ahd." *Beitr.* LXX (1948), weiterhin F. Maurer, „Tugend und Ehre im Ahd.", *WiWo* II (1952).

[13] z. B. *Suer ave sinen wistům / cheret an wertlichen rům / unde allen sinen sin / cheret an werltlich guîn / . . . / der muoz der ewigin wunnin / in êner werlte mangilen.* (Wien. Gen. 5550 ff.) — *das her tůt goteliche dinc / mer durch den wertlichen rům / dan durch ewige lôn.* (Äg. 170 ff.) — Als Tatmotiv tritt *ruom* in etwa der Hälfte aller seiner 40 frmhd. Belege auf.

[14] Alex. S. 469, 3465, 4801; Vor. Bal. 256; Milst. Ps. 28, 2; Rol. 6030; Kchr. 15966, 14052.

zum Individuum hin, denn mehr als der Ruhm sind die persönlichen Werte ausschlaggebend.

Neben der *êre* spielt der Besitz eine große Rolle, eine Fülle von Verurteilungen des weltlichen *rîchtuomes* macht die natürliche Macht des Besitzstrebens, der *gîrischeit* und *gîtikeit,* auch in damaliger Zeit klar.[15] In diesem zwiefachen noch sehr naiven Streben nach Besitz und Ansehen, in dem Motivpaar, das Heinrich von Melk mit *gitichäit und hôhvart* (Erinn. 725), der Dichter des *Rother* mit *rîche und grôzliche dinc* (5159) und der Arme Hartmann mit *ruom und werltlîcher rîhtûm* (2980; 2394) bezeichnet, liegt schon das spätere ritterliche Güterpaar *êre* und *varnde guot* als Vorstufe zutage; auch die Unvereinbarkeit beider mit *gotes hulde* wird schon in frühmittelhochdeutscher Zeit als Problem gesehen.

Ruhm und Ehre gründen sich also auf persönliche Vorzüge, von dem es ganz bestimmte Grundtypen gibt. Da ist einmal der Besitz,[16] zum andern edle Abkunft,[17] dazu leibliche Qualitäten wie Stärke, Schönheit und Klugheit.[18] Alles dies sind die Güter des Tundalus ebenso wie später die des Armen Heinrich. Vor allem aber liegt die Wurzel von Ehre und Ruhm in der kriegerischen Tüchtigkeit und der Mannhaftigkeit. Trotz aller Beteuerungen der geistlichen Dichter, wie gnädig, gerecht und demütig ihre Helden seien, legen die Darstellungen Rolands, Karls, Alexanders, Cäsars, Rothers ein Hauptgewicht an Sorgfalt gerade auf deren männliche, kriegerische Taten und zeigen damit deutlich, wo das Interesse des Publikums lag und was am Helden geschätzt wurde.[19] In die gleiche Richtung weist, daß *tugent* immer noch häufig die alte Bedeutung ‚Tüchtigkeit, Stärke, Virtus‘ hat.[20].

Sehr erhellend für die Vorstellungen des jungen Rittertums ist ferner die Antwort, die in der Kaiserchronik der eigens hierzu eingeführte edle Held Totila als Sprecher des Rittertums auf die Frage einer Dame gibt, ob

---

[15] Ich nenne als Beispiele die ausführlichen Abhandlungen H. v. Melks (Er. 749 ff.) und des Armen Hartmann (Gl. 2395 ff.).
[16] Die Verbindung *rům* und *rîchtům* findet sich, natürlich auch des Reimes wegen, öfter, z. B. Hartm. Gl. 2025; 2248; 2395; 1930; Recht 314; Wien. Gen. 4963.
[17] Schon die beiden Septenar-Beichten (Wess. und Bamb.) wenden sich gegen *adiles giluste* u. ä. (s. o.), die spätere Häufigkeit der Erwähnungen macht Belege überflüssig.
[18] Auch die Häufigkeit dieser Begriffe wie *scône* und *wîs* bedarf keiner Belege.
[19] Besonders deutlich das *Annolied,* das entgegen seiner anfänglich ausgesprochenen Absicht, mit Kriegsberichten Schluß zu machen, ausführlich die Kriege Cäsars schildert und preist (z. B. XXVI f.).
[20] z. B. Himml. Jer. 80. Weitere Belege im *BMZ* und bei Maurer „Tugend und Ehre im Althochdeutschen" (s. o.).

er eine schöne Frau oder einen tüchtigen Kampf vorziehe (Kchr. 4575 ff.).[21] Er wisse als einfacher Mann keine rechte Antwort, aber es sei so, einem Kampf dürfe man nicht ausweichen, ja einem anständigen Mann ginge er wohl vor; doch auch die Liebe passe eigentlich ganz gut dazu, sie mache gesund, jung und auch höfisch, doch vor allem *kuone*, kampftüchtig und mutig.

Schon diese kleine Auswahl an Hinweisen zeigt, daß der Schwerpunkt der Rittertugenden in frühmittelhochdeutscher Zeit noch immer wie im Germanischen auf Tapferkeit und Tüchtigkeit, also auf der *Virtus* liegt.

Der edle Totila hat musterhaft auch den Platz der Minne in dieser Welt der Degen bezeichnet. Zwar tritt die Gestalt der *vrouwe* schon hier und da auf,[22] aber die Liebe selber bleibt vorläufig noch ausgesprochen irdisch, so daß die häufigen Angriffe der Sittenkritiker gegen die „Hurerei" wohl kaum Mißverständnisse der Kleriker darstellen.[23] Diese vorhöfische Minne stellt sich, wie Totila klarmacht, in ihrer Beziehung zum Ritterideal in eine Reihe mit den andern *bona et honesta*: sie macht gut gestimmt und selbstsicher, trägt also ihr Teil zur *Virtus* bei. Entsprechend naiv, ja unfein tritt hier auch der Minnegesang zumindest mit einer seiner Wurzeln auf:

> *swâ sich diu riterschaft gesammet,*
> *dâ hebet sich ir wechselsage,*
> *wie manige der unt der behûret habe;*
> *ir laster mugen si nicht verswîgen*
> *ir ruom ist niwan von den wîben.* (H. v. Melk, Erinn. 354 ff.)

Es mag offenbleiben, wie weit hier Minnesangartiges gemeint ist, auf jeden Fall zeigt sich auch hier, in welcher Weise die Minne als Beitrag zum Ritterideal fungiert. Sie fördert nicht nur das objektive Wertgefühl, sondern in der Mitteilung auch die objektive Wertschätzung, den Ruhm. Wie sehr auf diese Weise die Minne zum Gegenstand auch der Selbstberühmung werden kann, zeigen Conlatinus und Tarquinius in der Kaiserchronik. In einer Rittergesellschaft (die aufschlußreiche Szene ist übrigens der von

---

[21] Dazu W. Mohr, „Lucretia in der Kaiserchronik", *DVj*. XXVI (1952).
[22] Holofernes behandelt Judith nicht nur in der Anrede als Dame (Ä. Jud. 122, 7 ff.; Jg. Jud. 164, 12 ff.) und in Lukrezia schildert die Kchr. das Vorbild einer edlen Hausherrin (4496–4526 und 4446–4760), wie es Tarquinius anerkennt: *nu lône dir got, frowe! / man mac dir aller êren wol getrûwen: / dîne site sind guot. / dû hâst aller tugende genuoc* (4523 ff., ähnlich 4760). Ja, selbst der strenge Geistliche Heinrich v. Melk macht vor den Damen seine Verbeugung und nimmt sie von seiner Strafpredigt aus: *... von den frowen sul wir niht ubel sagen.* (Er. 341, ähnl. 318).
[23] Wieder erübrigt die Fülle der Belege Beispiele. Man denke auch an die Auffassung der Minne als Naturkraft oder Krankheit in der vorhöfischen Epik.

Heinrich v. Melk kritisierten[24] verblüffend ähnlich) rühmen sie beide die Qualität ihrer Frauen und gehen schließlich eine Wette darüber ein, was ihnen die Bezeichnung einträgt: *helede alsô vermessen* (4471).[25] Wenn auch nicht überall so stark, wird die Minne allgemein in den Rahmen des vorhöfischen Ritterideals einbezogen in dieser Funktion der Erhöhung der Wertschätzung und des Wertgefühls, des Ruhmes und des Stolzes.

Auch die ritterliche Geselligkeit, das ritterliche Turnier und das Fest tritt uns in den Schilderungen als noch recht naiv und äußerlich entgegen. Bei der Belagerung von Viterbo in der *Kaiserchronik* (4563 ff.) treiben die Römer eines Tages *grôze rîterscaft*, also ein Turnier. Die Frauen der Stadt eilen auf die Mauern, um zuzusehen, was beträchtlichen Kampfeseifer der Römerrecken zur Folge hat:

> *dûo die Rômaere die frowen ersâhen,*
> *si îlten ie baz und baz dar zuo gâhen,*
> *daz di frowen jaehen*
> *welhe guote riter von Rôme waeren. (Kchr. 4569 ff.)*

Bei dieser Urform des höfischen Turniers ist der Antrieb für den Ritter die Ehre oder auch die Angeberei. Der Inhalt der Feste ist, soweit man es den kärglichen Aussagen entnehmen kann,[26] ein recht äußerliches Treiben, *üppicheit* nach Meinung der Kirche: Tanz, Musik, Turnierkampf und prahlerische Unterhaltungen, also Ausdruck von Geltungsdrang und Frohsinn.

Diese *inepta laetitia*[27] ist denn auch der Punkt, an dem die weltlichen, ritterlichen Feste von der Kirche als eine gar lästige Konkurrenz empfunden werden. In seinen Predigten wendet sich der Klerus gegen weltliche, unrechte Feste und betont dabei die rechte geistliche Freude der Kirchenfeiern.[28] Jede Freude, die nicht auf dem Gedanken an das Seelenheil beruht, ist sündig, auch der höfische Frohsinn. In der Tat ist die *vröide* der frühhöfischen Gesellschaft, auf die Lukretia als Gastgeberin großen Wert legt, eher Weinseligkeit:

---

[24] S. a. 134 ff. Bei dieser Schilderung (Er. 354–372) sind die Themen Minne und Kampf. In der Kchr. 4415–4430 ff. treten Pferde und Hunde als Gesprächsthemen hinzu.
[25] Es handelt sich hier anscheinend um eine abgesunkene Form des *beot* (s. S. 59).
[26] Ein gutes Beispiel gibt das *Rolandslied*. Im prächtigen Lager der Christen treibt man Waffenübungen, Musik, Dichtervortrag vor schönen Frauen (629–674); die Heiden treiben Tanz und Turnier (285 ff).
[27] Vgl. dazu oben Bernhard v. Clairvaux, grad. hum. (s. S. 22).
[28] Spec. eccl. 38, 3 ff. *Wan daz uns vil maenich grozziv hochgezit des irret* [daß wir hier auf Erden in der Fremde sind] *so solten wir ze allen ziten mit bôze sin bevangen.* Ähnlich 21, 32 ff.; 55, 31; 116, 31 ff.

Du diu froude aller maist was,
diu frowe nam ir goltvaz,
si scante alumbe,
si bat die furste alle bisunder
daz si frô waeren,
mit scônen gebaeren
mit lachenden ougen. (Kchr. 4751 ff.)

Von der feinen höfischen Freude ist diese lustige Stimmung recht verschieden, sie hat noch sehr viel von naiver Ausgelassenheit an sich. Vor allem ist sie für das frühritterliche Tugendideal nicht konstituierend: nicht einmal der Tugendkatalog Karls, des Besitzers so gut wie aller Tugenden, nennt den Frohsinn.[29] Die Freude ist keine primäre Charaktereigenschaft oder Haltung, sondern ein Produkt, eine gute Folge vorhandener Tugenden. Die Tundalus-Charakteristik sagt ausdrücklich, daß der Ritter seinen Tugenden entsprechend frohgemut gewesen sei.[30] Die *vröude* als Komponente des höfischen Hohen Mutes ist also in ihrer frühhöfischen Form die gehobene Stimmung, Zuversicht, Freude, die der Stolz auf Tugenden schenkt.[31] Auch dieser frohe Sinn entspringt letztlich der *Virtus*.

Ich möchte festhalten: Der Hohe Mut entwickelt sich auf der Grundlage des einheimischen Kriegerethos. Allen seinen Komponenten, die die frühmittelhochdeutsche Literatur noch in der Entwicklung zeigt, liegt die *Virtus* zugrunde. Der frühhöfische *hôhe muot* besteht in der stolzen, selbstbewußten und zuversichtlichen Gesinnung und Stimmung, die auf dem Bewußtsein persönlicher Tüchtigkeit und Geltung beruht. Der germanische *Virtus*-Gedanke lebt also im Rittertum weiter, verschiebt sich jedoch merklich. Er betont und entwickelt neben dem objektiven Wertsein besonders die subjektive, emotionale Komponente der Wertschätzung und des Wertgefühls.

Und hierin liegt ein so tiefer Unterschied zur stoischen *magnanimitas*, die ja ausgesprochen objektiver Gesinnungswert ist,[32] daß man eher eine eigene, parallele Entfaltung annehmen sollte als eine direkte Verwandtschaft zwischen der stoischen Gesinnungstüchtigkeit und dem ritterlichen

---

[29] Kchr. 150 72 ff. So kann auch Wolfram sagen, *sîn muot stuont hôch, doch jâmers vol* (P. 320, 1), denn der Hohe Mut ist eben vom Unglück unabhängig.
[30] *Man sagt daz er waere. / froelicher gebaere. / Div seiner tugende wol gezam.* (Tund. 43, 32 ff.)
[31] Das gleiche stellt Arnold für den Minnesang fest: „Sein [des Hohen Mutes] Kern erscheint bei den frühen höfischen Minnesängern als freudiger Stolz . . .“ (S. 74).
[32] Ein Charakteristikum, das Trier a.a.O. sehr deutlich formuliert.

Mut, der das Gefühl zum Wert hinzufügt.[33] Hoher Mut ist in vorhöfischer Zeit *Virtus* und Stolz auf die *Virtus*. Ein Ideal, ein heißer Wunsch des Ritters, wie ihn der Wunschstein des *Alexanderliedes* zu schaffen verspricht:

> er ist tûre unde gût.
> er gibit harte stolzen mût.
> und den alden di jugint.[34] (Alex. S. 7105 ff.)

Wenn also die kirchlich-asketische Forderung der *humilitas* vom Rittertum nicht befolgt wird, entfällt zusammen mit der Obödienz gegenüber der geistlichen Autorität und ihren Gesetzen auch der sichere Maßstab für Tun und Lassen, welcher der kirchlichen Morallehre ihre praktische Durchführbarkeit und Lebensfähigkeit verleiht. Anstelle des Tugendprinzips des demütigen Gehorsams muß sich das Rittertum für seine ständischen, innerweltlichen Tugendideale ein diesen innewohnendes laizistisches Prinzip suchen. Und da bietet sich die Vorstellung des *mesón* an, das seit Aristoteles auch die Grundlage der antiken Ethik war und das bezeichnenderweise um den Höhepunkt der ritterlichen Kultur der aus ritterlichem Hause stammende Aquinate wieder aufnimmt: Die Tugend ist ein Mittel zwischen den zwei Übeln der Über- und der Untertreibung.

Daß das Wesen der Tugend im Maßhalten bestehe, diesen Gedanken hat das Rittertum ursprünglich freilich ebenso wenig wie den der *magnanimitas* direkt aus seinem antiken Vorläufer entnommen. Obwohl sein deutscher Hauptbegriff *mâze* schon sehr früh mit dem lateinischen *modus, mensura, moderatio* identifiziert wird[35] und entsprechende Bedeutungselemente aufnimmt, ist seine Herkunft germanisch-indogermanisch, er bezeichnet seit je eine fest abgegrenzte Quantität. Als ethischer Begriff tritt das Wort im Frmhd. zunächst noch mit adjektivischer Bestimmung zur Bezeichnung des moralisch rechten Maßes auf,[36] wird aber auch gleichgesetzt mit dem Maß,

---

[33] Die Annahme einer Ähnlichkeit aus gleicher Lage, erklärt auch zur Genüge, ja besser, die Verbreitung und Beliebtheit der *Moralis philosophia* des Pseudo-Wilhelm von Conches. Das Rittertum, das seine Ideale längst vor Bekanntwerden des lat. Werkes oder gar Werner v. Elmendorfs Übersetzung (1180!) entwickelt hat, zieht sich die römischen Philosophen als Geistesverwandte zur eigenen Bestätigung und Lehre heran. Es bedurfte auch schon des Machteinflusses des Rittertums an den fürstlichen Höfen, die heidnische Moralphilosophie gegenüber der Moraltheologie der Kirche überhaupt diskutabel zu machen.
[34] Miest in dem Bild des Wachsabdruckes. Das *Insigel*-Bild z. B. Aneg. 3, 92 f.: Summ. theol.
[35] In den Glossen und besonders in der ahd. *Benediktinerregel*, z. B. 46, 1: *cum omni mensura et ratione: mit aller mazze un biscaidenheit.*
[36] Trudp. 67, 23: *wande sint sî frô daz ist ane mâze, sint si trûrich daz ist ane gelimph.*

das die kirchliche Moralgesetzlichkeit vorschreibt,[37] und schließlich mit dem Maß, das Gott allen Dingen gesetzt hat:

> *er hât aller dingelîchem mâze gegeben,*
> *daz iz gelîche sol wegen.*
> *selben rihtet er die wâge . . .* (Kchr. 9237 ff.)
> *sô we sih mit rehter mâze dregit*
> *denen inwirt niht widirsegit*
> *wan got allein mit der mâze vollebrâhte*
> *dat uns die prophêten vore saten.* (Wild. M. Ver. 59 ff.)

Der Hinweis auf die Propheten erweist diesen christianisierten *Mâze*-Begriff als die Entsprechung zum patristischen *modus*, der dem bekannten Satz *sed omnia in mensura, et numero, et pondere disposiusti* (Sap. 11, 21) entstammt und einer der Grundbegriffe des Feldes ‚ordo' ist.

Die *mâze* wird also schon in frmhd. Zeit zu einem Ordo-Begriff. Dementsprechend können nun auch andere Begriffe dieses Feldes nahezu synonymisch der *mâze* zur Seite stehen, besonders *ê, orden(unge), reht, site.* Eine wesentliche Konsequenz des mittelalterlichen Ordo-Gedankens ist die Vorstellung, daß Gott, der die gesamte Schöpfung geordnet habe, einen nicht minder festen und differenzierten *ordo* auch dem menschlichen Geschlecht gegeben habe: die Standesordnung. In diesem Sinn spezialisieren sich *ordo* und seine deutschen Begriffe zur Bezeichnung nicht nur des einzelnen Standes, sondern auch seines Wesens und seiner spezifischen inneren Ordnung, seines Gesetzes. *mâze, ê, orden, reht, site, leben* werden wichtig als Bezeichnungen für den Tugendkomplex eines jeweiligen Standes, sie bezeichnen letztlich das Tugendsystem, das einem jeden Menschen nach seiner Standeszugehörigkeit von Gott vorgeschrieben ist:

> *Ein iwelich ding diu ê noch havit*
> *Di emi Got van erist virgab,*
> *Ne wene die zuei gescephte,*
> *Di her gescuph die bezziste:*
> *Die virkerten sich in diu doleheit*
> *Dannin hubin sich diu leit.* (Anno III, 17 ff.)[38]

---

[37] Ups. Sklg. 51: *Der mâze rehte, die mir mîne êwarten dâthen diu ne behîlte ich mit gehôrsame nie.*

[38] In ähnlichem Sinn kann auch die Kchr. an Christus loben, er wisse den *ordo* jedes menschlichen Standes: *von aller ordenungen, / hête er grôz urchunde.* (9685 f.) Obwohl es nicht schwer wäre, weitere Beispiele zu finden, möchte ich den Gedanken, da er im Frmhd. noch nicht sehr entwickelt ist, erst später weiterverfolgen.

Durch diese Aufgliederung und Relativierung der allgemeineren ethischen Gesetze erhalten die einzelnen Tugendordines die Möglichkeit, sich zu absolutieren und in eigener innerer Entwicklung ein Eigenleben zu führen. Diese Möglichkeit wird denn auch von dem Laienstand wahrgenommen, der zunächst als einziger die innere Kraft dazu besitzt. Das Rittertum entwickelt seinen *ordo* zu einem spezifischen, innerweltlichen Standeskodex. Es streitet zwar niemals dessen Abkunft von Gott ab, doch das ändert nichts daran, daß er in der Praxis oft in Widerspruch zur kirchlichen Morallehre steht, die als für den eigenen Stand nicht gültigen *priesterorden* abgelehnt werden kann. So stellt sich der ritterliche Tugendkomplex als ein aus dem mittelalterlichen Universalismus abgeleitetes, doch weitgehend selbständig gewordenes Ordnungssystem dar, das in der Berufung auf den göttlichen *ordo* imstande ist, sich gegenüber der kirchlichen Moraltheologie auch theoretisch zu behaupten. Die Einordnung dieses ritterlichen Tugendkomplexes in das christliche System gelingt der Kirche daher erst mit der vollen Entfaltung des *Ordo*-Gedankens in der Ständeordnung seit Anfang des 13. Jahrhunderts. Vorerst entwickelt das Rittertum den Gedanken der *mâze* weiter zum Prinzip seiner Werte, und zwar unter eigener Oberhoheit:

> *her* [der Kaiser] *sazte der ritter leben*
> *in wielhir ordinunge sie sulen wesen.* (Trier. Silv. 396)

Wogegen die Kirche selbstverständlich ihre Befehlsgewalt verteidigt: *ez ist reht, daz der leige / den selben sit eige / sô in der briestir vor sage* (Recht 517 ff.). Doch das hält das immer unabhängiger werdende Rittertum nicht ab, seine eigenen Wertprinzipien weiter zu entfalten. Seit frühhöfischer Zeit, feststellbar seit der Jahrhundertmitte, entwickelt sich der Gedanke der *mâze* zum prinzipiellen Korrektiv ritterlichen Verhaltens. Zunächst freilich noch recht einfach und generell als die Zügelung der Emotionen, im frühen Minnesang z. B. der Liebe,[39] in Lamprechts *Alexander* des Ehrgeizes und der allgemeinen Maßlosigkeit.[40] Gelegentlich aber taucht schon

---

[39] Hausen, *MF* 43, 19; Fenis *MF* 51, 8; Rugge (s. o.) *MF* 101, 17 f.; bei Meinloh, *MF* 15, 10 ist die Dame *in rehter mâze gemeint.*

[40] Der geistliche Dichter wendet sehr geschickt den laizistischen Begriff der Zügelung kirchlich-religiös, er mahnt in Alexander den Menschen zur Beherrschung seiner Strebungen, letztlich eben der *superbia*. Die *mâze* ist bei Lamprecht der *humilitas sehr* benachbart! Alexander *wandelte sîne site / unde sîn gemûte / in aller slâhte gûte / und plach gûter mâzen* (S. 7260 ff.), das ist die Moral seiner Erzählung. Ähnlich auch Alex. S. 3433 ff.; 4870 f.; 1506; Alex. V. 1089; 1532. Zum *Alexanderlied* s. auch S. 149 f.

der Gedanke einer geistigen Leistung auf: *sît ich niht mâze begunde nochn kunde. / kunde ich die mâze, sô lieze ich den strît.* (Rugge, MF 101, 17 f.) Die *mâze* bedeutet also in frühhöfischer Zeit das Einhalten rechter und vernünftiger, zum Teil auch schon kodifizierter Grenzen. Demgemäß wird jedes Überschreiten solcher Tugendgrenzen eine Untugend. *Unmâze, unreht, unsite, unzuht* und ähnliches werden die Inbegriffe der ritterlichen Verfehlungen. Mit dem Prinzip der Überschreitung von Ordnungsgrenzen, der Ordnungsstörung wird also ein wesentlicher Zug der archetypischen Egozentrik zur Basis einer „ritterlichen Hamartiologie".[41] Die *superbia* der kirchlichen Morallehre gilt diesem Denken nicht mehr als Ursünde, sie sinkt als „Starrsinn, Hochmut, Frechheit" auf die konkrete Stufe einer speziellen *unmâze* ab.[42]

3. Die ritterliche Sittlichkeit als Gegner der kirchlichen Morallehre

Die eben skizzierten Umrisse reichen aus, das Wesen der ritterlichen Sittlichkeit unseren Gesichtspunkten und Fragestellungen entsprechend zu charakterisieren: Der *hôhe muot* entwickelt sich kontinuierlich aus dem heimischen *Virtus*-Gedanken, der dem germanischen im wesentlichen gleich ist, jedoch auf spezifische Weise abstrahiert wird. Die zunächst als Überbau hinzutretenden Gefühlswerte des freudigen Stolzes und Selbstbewußtseins treten allmählich gegenüber den zugrundeliegenden objektiven Werten der körperlich-geistigen Tüchtigkeit und der Wertgeltung in den Vordergrund. In dieser Gefühlskomponente liegt ein wesentlicher Unterschied weniger zur germanischen Verwandten mit ihrer emotional gefärbten Selbstberührmung als vielmehr zur *magnanimitas* der Stoa, die in ihrer Ataraxie das entgegengesetzte Ziel erstrebt. Die Annahme, es habe über sekundäre Beeinflussung hinaus einen unmittelbaren genetischen Zusammenhang mit dem antiken Ideal gegeben, verliert an Wahrscheinlichkeit. Germanisch-ritter-

---

[41] Es ist kein Wunder, daß dem ritterbürtigen Thomas von Aquin das aristotelische Tugendprinzip nahe liegt! *Ordo* und *inordinatio* sind die zentralen Begriffe der thomistischen Tugendlehre.

[42] Es sei an die grundsätzliche Doppelung des *Superbia*-Begriffes erinnert, die wir auf S. 18 betrachtet haben. Thomas nun zerlegt die *superbia* in eine generelle und in eine konkrete Komponente (z. B. summ. theol. II, II, 162, 2 Resp.). In den Erscheinungen des übersteigerten Selbstgefühls ist sie die Störung einer speziellen Ordnungszelle, die aus der Tugenddyade *magnanimitas — humilitas* besteht. Im generellen Sinn dagegen bedeutet *superbia* das eigenwillige Verlassen der allgemeinen göttlichen Ordnung, ist die prinzipielle *inordinatio*, die dem *amor sui* entspringt. — Zur speziellen *Superbia*-Vorstellung des Rittertums s. S. 170 f.

liche *Virtus* und antike *magnanimitas* verstehen sich damit als parallele Entfaltungen aus ähnlichen Grundlagen.

Das Rittertum entwickelt schon in frmhd. Zeit Züge, die es in Widerspruch zur kirchlichen Morallehre bringen. Nicht allein, daß es die *Virtus* im *hôhen muot* zur höchsten Tugend macht und so die *humilitas* durch ihr Gegenteil verdrängt. Sie ersetzt darüber hinaus die *humilitas* als generelle Tugend-Kategorie durch das immanente Prinzip der Tugendmitte und hebt damit sein Wertsystem aus dem christlichen gottgebundenen Ordnungsgefüge heraus. Die ritterliche Ethik stellt im Kern den Versuch dar, sich aus den kirchlichen Normen weitgehend zu emanzipieren und aus eigener Kraft eine Vollkommenheit zu erreichen, um durch dieses innerweltliche *summum bonum* eine Verbindung zu Gott zu finden. Arnolds Definition: „Das Wesen des Hohen Mutes beruht *in* einer beherrschten *Schwellung* des Ichs" sollte leicht korrigiert werden: „Der Hohe Mut beruht *auf* einer beherrschten *Erweiterung* des Ichs". Denn der Hohe Mut ist als effizierter Gefühlswert Spitze oder Exponent einer dahinterstehenden, sich auf wesentlich breitere Bereiche erstreckenden Lebenshaltung: einer Haltung, die Ranke und de Boor „Humanität" nennen,[43] und die wir in ihren Zügen Autonomie, Selbsterhöhung und Selbstgefühl als eine dem antiken Ideal ähnliche, freilich gemäßigte und nicht völlig absolutierende Form der Egozentrik zu erkennen haben.

Mit dem Charakter der ritterlichen Sittlichkeit als einer neuen Form der Egozentrik sind alle Voraussetzungen gegeben für eine notwendig daraus folgende, nahezu parallele Wiederholung der früheren Auseinandersetzungen zwischen *Ordo-* und *Superbia*-Gedanke. Ungeachtet der mäßigen Züge muß die Kirche in der ihr entgegentretenden ritterlichen Moralauffassung wie einst in der *magnanimitas* und in der germanischen *Virtus* ihren natürlichen und unversöhnlichen Feind sehen. Das im *hôhen muot* repräsentierte ritterliche *Virtus*-Ideal ist für die Kirche unabdingbar *superbia!* Nach moraltheologischer Auffassung fallen ja Hochmut und Magnanimität in der *superbia* zusammen. Damit entsteht ein Geflecht von gegenseitigen Fehlinterpretationen und Mißverständnissen, welches das gedankliche Schema für den Streit zwischen *superbia* und *hôher muot* bildet und das ich deshalb als ein ordnendes Gerüst für alle folgenden Vorgänge klärend voranstellen möchte.

[43] H. de Boor, *Die höfische Literatur*, 4. Aufl. (München, 1960), S. 1—20.
F. Ranke, *Gott, Welt und Humanität in der deutschen Literatur des Mittelalters* (Tübingen, 1952), bes. S. 46 und 53.

Im Mittelpunkt steht die Frage der Selbstorientierung und des Selbstverständnisses, die man grundsätzlich entweder mit aktiver, autonomer Selbstbehauptung oder mit passiver, sich einordnender Selbstaufgabe entscheiden kann. Beide Entscheidungen, die sich im Hochmittelalter in der *humilitas* der kirchlichen Position und im *hôhen muot* der ritterlichen kristallisieren, liegen sich als Möglichkeiten gleichgewichtig gegenüber. Sie sind auch beide der Gefahr einer Übersteigerung ausgesetzt: der Selbstherrlichkeit und Bindungslosigkeit einerseits und der Servilität und Bigotterie andererseits. An diesen Extremen setzen nun die beiden Parteien mit ihren gegenseitigen Angriffen an, indem sie deren negative Interpretation rückwirkend auf die gesamte gegnerische Haltung ausdehnen. Die Kirche interpretiert das ritterliche Tugendideal der *superbia,* während das Rittertum sich mit dem Gegenvorwurf der *pusillanimitas* und *hypocrisis* zur Wehr setzen kann. Es zeichnet sich von vornherein ab, daß das Rittertum der mächtigen Waffe der *Superbia*-Interpretation nichts Gleichwertiges entgegenzusetzen hat und letzten Endes unterliegen muß. Die Kirche ist denn auch stets, trotz des zeitweiligen Erfolges des staufischen Rittertums, die eigentlich Überlegene, ihr ethischer Kern *humilitas* ist nie ernsthaft in Frage gestellt. Die Auseinandersetzung ist im Grunde nur ein Streit um die Bewertung und Einordnung des ritterlichen *Virtus*-Gedankens.

II. Die Weiterentwicklung des Superbia-Wortschatzes

1. Der frmhd. Wortschatz[1]

Der im Ahd. (s. S. 42 ff.) gebildete deutsche *Superbia*-Wortschatz erscheint im Frmhd. im Wortmaterial kaum verändert. Nur in den Randgebieten des Feldes haben einige unwesentliche Verschiebungen stattgefunden, einige ahd. Vokabeln sind ausgestorben (z. B. *fraza* und *flozzan*), einige sind sehr selten geworden (z. B. *vrambaere*, Lob Sal. 188), von denen wieder einige im Mhd. neue Bedeutung erlangen (z. B. *hoene* und *gemeit)*, einige Randbegriffe haben die Beziehung zum *Superbia*-Feld verloren (z. B. *kroenen)* und einige Begriffe treten im Frmhd. neu auf, setzen sich aber erst im Mhd. weiter durch (s. S. 125 ff.). Der Kern des ahd. Feldes jedoch bleibt erhalten.

Unsere Untersuchung des frmhd. Wortschatzes verkürzt sich somit beträchtlich, da keine etymologischen Fragen auftreten und wir unser Interesse vordringlich auf etwaige größere semantische Verschiebungen richten und uns vor allem auf Veränderungen im Wortethos konzentrieren können. Es geht also um die Frage, ob nach Aussage des Kontextes eine positive oder negative Verwendung vorliegt, ob damit das Wort dem *Superbia*-Gedanken zugeordnet ist oder dem *Virtus*-Ideal. Die folgende Aufstellung resumiert die semantischen Merkmale sämtlicher frmhd. Belege.

b a l t ,stark, tüchtig, behende, mutig, zuversichtlich; übermütig, dummdreist, vorschnell, gewalttätig' wird oft epithetisch angewendet, besonders im *Rother* und im *Alexander*. Die positive Bedeutung überwiegt mit 50 Belegen die negative mit 8 bei weitem.

g e i l ,lustig, froh, üppig-kraftvoll; leichtsinnig, übermütig'. Die Feststellung, daß die drei negativen Belege früher liegen als die beiden positiven,

---

[1] Dem folgenden liegt das Material der Arbeitsstelle *Mittelhochdeutsches Wörterbuch* in Hamburg zugrunde, deren Karteien zu benutzen mir Professor Ulrich Pretzel freundlich gestattete. Die Kartei ist für die frmhd. Denkmäler lückenlos. Für die mhd. Zeit wird die Verzettelung leider sporadisch und unzuverlässig. Die Belege für den frmhd. *Superbia*-Wortschatz sind im Anhang (S. 243—47) vollständig aufgeführt.

was eine Positivierungstendenz anzeigen könnte, ist wegen der geringen Belegzahl fragwürdig.

g e l f ‚übermütiger Lärm, Prahlerei, Machtdarstellung' weist sowohl in seiner Bedeutung wie in seiner Verwendung im steten Zusammenhang mit Kämpfen (daher finden sich 11 der 16 Belege im Rol., Kchr. und Alex.) auf seine Verwandtschaft mit dem *gylp,* der kampfeinleitenden Selbstberühmung hin (s. S. 59). In diesem Sinn kann es sowohl von Feinden negativ (8) wie von Freunden positiv (8) gesagt werden. Die Sachbedeutung läßt zweierlei Bewertung je nach der Beurteilung des dahinterstehenden Motivs zu.

r u o m ‚Ansehen, Lob, Ehre, Tatenpreis; Triumph, Prahlerei, Ehrsucht, Weltruhm'. Die eine Hälfte der 60 Belege ist positiv (30), die andere negativ (30). Die Bewertung, das läßt sich im Rol. und im. Alex. gut beobachten, entscheidet sich grundsätzlich danach, ob der Ruhm für sich selbst oder im Dienst Gottes erstrebt wird. Nur die gottlose Seite des Ruhmstrebens wird als *vana gloria* (die Fügung *wertlîcher ruom* findet sich oft) aufgefaßt, der Ehrgeiz für Gott wird als Wert erhalten. Im Rol. und in der Kchr. entscheidet der Parteistandpunkt des Sprechers: *ruom* beim Gegner ist negativ, bei christlichen wie heidnischen Freunden positiv. Auch hier also wie bei *gelf* ist die sachliche Grundlage weitgehend neutral, das Motiv ist das Wertkriterium.

s t o l z ‚edel, tapfer, wert, hervorragend, hochgemut; hochmütig, eingebildet, selbstherrlich'. Für die ahd. Zeit hatte die angedeutete Untersuchung von Etymologie und Bedeutung ergeben, daß das Wort aus germanischem Stamm mit der negativen Bedeutung ‚gesteltzt, prahlerisch' abgeleitet und durch die Glossierungen vollends zum *Superbia*-Feld gezogen wurde. Im Frmhd. nun liegen auf einmal die Dinge anders: Es hat sich ein positiver Bedeutungsstrang entwickelt, dessen 77 Belege die 23 negativen stark überwiegen. Dabei liegen die negativen Belege sämtlich früher als die Hauptmasse der positiven. Nachdem das *Alexanderlied* (V. und S.) noch schwankend den Anfang mit der positiven Verwendung gemacht hat, wird das Wort seit dem *Münchner Oswald* in eindeutig positivem Sinne zu einer Hauptvokabel der ritterlichen Dichtung. Bei *stolz* ist auf besonders deutliche Art eine Positivierungstendenz zu erkennen, die nach Ausweis ihrer Verbreitung vom ritterlichen Denken getragen ist.

v e r m e z z e n als Verb ‚schwören, versprechen, behaupten; sich zuviel zutrauen', als Adjektiv ‚tapfer, entschlossen, kühn'. Die fast ganz an das

Adj. gebundene Bedeutungsverschiebung zum positiven ‚mutig‘, die sich seit der Kchr. und dem Rol. findet, also ritterlich gestimmt ist, macht etwa ein Drittel des Vorkommens aus (17). Für das Verb verbleiben 37 Belege, zu einem Drittel (11) negativ, zu zweien (26) positiv. Die meisten Belege (25) stellen Kchr. und Rol., in denen *sich vermezzen* vordringlich ‚eine Leistung zu vollbringen schwören‘ bedeutet. Es bestätigt sich auch hier: in *vermezzen* wird die Sitte des Sichberühmens vor Freunden weitergeführt. *Vermezzen* vertritt also das alte *biheizen*, ebenso wie *gelf* das alte ags. *gylp* aufnimmt. Die negativen Belege bezeichnen das Sichrühmen der Feinde oder in Bedeutungserweiterung ‚Selbstüberschätzung‘.

v r e c h ‚lebhaft, kühn‘ ist im Frmdh. sehr selten. Die wenigen Belege (3 negativ, 1 positiv) lassen keine gültigen Schlüsse zu, es sei denn die Feststellung einer weiteren Bedeutungsverschiebung des ahd. ‚lebhaft, geldgierig‘ von der Habsucht weg auf das Ungebärdige hin.

v r e v e l ‚tüchtig, stark, mutig, tapfer; tollkühn, frech, frevelhaft‘. Die 35 Belege sind zum größten Teil negativ (25), die meisten der zehn positiven stammen aus ritterlich gestimmter Dichtung und liegen nach der Jahrhundertmitte (Kchr. 4, Alex. S. 1, Eilh. 1, Pil. 3).

h ô c h m u o t ‚superbia‘. Alle 9 Belege sind negativ, *hôchgemuot* steht als Positivum daneben, ist jedoch auf den Osw. M. beschränkt und liegt damit sehr spät.

h ô c h v a r t ‚superbia‘. Sämtliche 42 Belege sind negativ, 28 davon gehören in rein geistliche Dichtung und nur 14 verlassen in Kchr., Rol. und Salm. diesen Umkreis etwas. Bemerkenswerterweise macht sich bei diesen eine abschwächende Tendenz bemerkbar: eine Abschwächung zu einfacher Angeberei (deutlich Rol. 4488).

ü b e r m u o t ‚superbia‘. Dieses Wort ist mit 124 Belegen Hauptbegriff des frmhd. *Superbia*-Wortschatzes. Die weitaus meisten Belege gehören in rein geistlichen Bereich, 31 stammen aus dem „Zwischenreich“ der Kchr. und des Rol., und nur 7 finden sich in der Spielmannsdichtung. Es ist bemerkenswert, daß der *Rother* an 2 Stellen (1835, 4349) und der *Pilatus* einmal (361) das Wort als ‚Pracht, Kostbarkeit‘ in durchaus positivem Sinn verwendet.

Wenn man diese einzelnen Beobachtungen auf gemeinsame Nenner ordnet, ergibt sich wie schon beim ahd. Wortschatz ein klares Bild von den Vorgängen. Die Relation zwischen positiver und negativer Verwendung stuft die Vokabeln in folgende Reihe ein:

übermuot	2 : 122	= 1	: 61	—	Univalenz,[2] negativ
hôchvart	0 : 42	= 0	: 42	—	Univalenz, negativ
hôchmuot	0 : 9	= 0	: 9	—	Univalenz, negativ
vrech	1 : 3	= 1	: 3	—	Ambivalenz, negative Tendenz
vrevel	10 : 25	= 1	: 2,5	—	Ambivalenz, negative Tendenz
geil	2 : 3	= 1	: 1,5	—	Ambivalenz, negative Tendenz
gelf	8 : 8	= 1	: 1	—	Ambivalenz
ruom	30 : 30	= 1	: 1	—	Ambivalenz
vermezzen	38 : 17	= 2,2	: 1	—	Ambivalenz, positive Tendenz
stolz	77 : 23	= 3,4	: 1	—	Ambivalenz, positive Tendenz
balt	50 : 8	= 6	: 1	—	Ambivalenz, positive Tendenz

Wenn auch diese Folge keine unbedingte Gültigkeit besitzt, denn das Bild könnte bei breiterer Überlieferung besonders von *vrech* und *geil* etwas anders aussehen, so geht aus der Tabelle einiges Bemerkenswerte mit Sicherheit hervor: Als zentrale Begriffe haben sich, was sich schon im Ahd. anbahnte, *übermuot, hôhmuot, hôchvart* herauskristallisiert, wobei *übermuot* die Führung übernommen hat. Von diesen dreien setzen sich alle anderen Begriffe mit großem Abstand ab, sie sind sämtlich in verschiedenen Graden ambivalent, d. h. sie bewegen sich mit verschieden starker Tendenz vom negativen ‚*superbia*' fort zu einer positiven Wertung hin. Nur der Begriff *balt* ist fast eindeutig positiv. Diese auffällige Ambivalenz des frmhd. Wortschatzes erhält besondere Dimensionen, wenn man die Distribution der Vokabeln hinzunimmt:

Bemerkenswert ist, daß schon die grobe Verteilung der Begriffe auf die Denkmäler sie in zwei Lager teilt. Die häufigste Verwendung finden *hôchvart, hôchmuot, übermuot* in geistlich bestimmter Dichtung,[3] während von den andern vor allem *stolz*, nicht ganz so deutlich auch *balt* und *vermezzen* (hauptsächlich durch Kchr. und Rol.) im ritterlichen Bereich gebraucht werden. Noch viel eindeutiger und grundsätzlicher trennen sich die beiden Lager der geistlich und der ritterlich bestimmten Literatur in der Verteilung von positivem und negativem Wortgebrauch. Die negative Verwendung ist vor-

---

[2] Diesen Terminus für die Eindeutigkeit des Wortethos wähle ich als Gegenbegriff zu *Ambivalenz*, das die Zweipoligkeit des Wortethos bezeichnet. Als univalent habe ich auch *übermuot* gelten lassen, doch sollte man die bemerkenswerten gegenläufigen Verwendungen nicht übersehen, so selten sie sind.

[3] Ich versuche mit diesem Begriff, der nicht mehr als die Lage des inhaltlichen und gehaltlichen Schwergewichtes in kirchlich-geistlicher bzw. ritterlich-säkularer Gedankenwelt bezeichnet, der hier besonders gefährlichen, starren Klassifizierung *geistlich, ritterlich, spielmännisch* aus dem Wege zu gehen.

wiegend Merkmal der geistlichen Literatur (besonders deutlich bei *balt, stolz, vrech, hôchmuot, hôchvart, übermuot*), der positive Wortgebrauch findet sich zumeist in ritterlicher Dichtung (besonders deutlich bei *küene, vermezzen, vrevel, übermuot*). Das heißt, zum negativen Gebrauch der Begriffe neigt die geistliche Literatur, während die ritterlich gefärbte Dichtung zur positiven Wertung tendiert. Die Ambivalenz des frmhd. Wortfeldes beruht also auf den entgegengesetzten Wertmaßstäben ritterlicher und geistiger Denkweise.

Das zeigt sich sehr gut an den drei Begriffen, die im Ruhm und in der Selbstberühmung althergebrachte Konzepte am unmittelbarsten weiterführen: *ruom, gelf, vermezzen*. Sie bekommen ihre Wertung je nach ihrem Motiv oder ihrem Stellenwert. *Ruom* ist ein Positivum, wenn er mit und für Gott erstrebt wird, für sich selbst gesucht aber ist er als *werltlicher ruom*, als *vana gloria* Sünde. *Gelf* und *vermezzen*, deren Gebiete die ritterliche Kriegswelt in Rol., Kchr. und Alex. ist, gelten grundsätzlich bei Freunden als positiv, dagegen bei Feinden als negativ, was bei der Parallelität der Gegensätze Freund — Feind, Christ — Heide, Gottesfreund — Gottesfeind gleichfalls auf die letzte Dyade hinausläuft: gottgebunden — gottlos, *humilitas* — *superbia*.

Die Ambivalenz und die Polarität des Wortfeldes ist jedoch keineswegs starr und fixiert. Die Kräfte, die seit der vorherrschenden Negativität des ahd. *Superbia*-Wortschatzes eine solch starke Verschiebung zum Positiven verursacht haben, lassen sich an einigen Vokabeln in ihrem Weiterwirken beobachten. Das frühere Datum der negativen geistlichen Belege von *geil* und *stolz*, die gelegentliche Abschwächung von *hôchvart* und *übermuot* in der geistlich-ritterlichen Dichtung, die beim letzteren bis zur positiven Bedeutung gehen kann, die Positivierung endlich von *stolz* in der Spielmannsdichtung, — alles das sind Wirkungen einer Positivierungstendenz, die vom ritterlichen Lager ausgeht und mit der Zeit an Boden gewinnt. Diese Positivierungstendenz, ein sprachliches Symptom für das Wiederauftauchen des *Virtus*-Ideals, sucht die alten Kriegertugendbegriffe aus der Herrschaft des *Superbia*-Gedankens zu lösen und bewirkt, daß die Begriffe *balt, stolz* und *vermezzen* zu einem großen Teil aus dem *Superbia*-Feld ausbrechen. Der *Superbia*-Gedanke wird damit noch weiter auf seine eigenen Hervorbringungen *übermuot, hôchmuot, hôchvart* zurückgedrängt (ja, selbst hier noch etwas angegriffen), während auf der anderen Seite der ritterliche *Virtus*-Gedanke, ganz ähnlich wie früher das angreifende

Superbia-Feld, sich einen eigenen, spezifischen Wortschatz aufzubauen beginnt, wie im folgenden zu erörtern sein wird.

Die Ergebnisse: Im frmhd. *Superbia*-Wortschatz macht sich eine Positivierungstendenz bemerkbar, deren Ursprung die Wiedererstarkung des einheimischen *Virtus*-Gedankens in der ritterlichen Gedankenwelt ist. Der im Ahd. durchweg negative Wortschatz wird dadurch zu einem Teil wieder positiviert. Diese partielle Positivierung des Wortethos führt zu einer charakteristischen Ambivalenz des *Superbia*-Wortschatzes im Frmhd. Für das Vokabular des kirchlichen *Superbia*-Gedankens bedeutet dies, daß sich das Zentrum des Komplexes nun fast ganz auf die Begriffe *übermuot, hôchmuot, hôchvart* zurückgezogen hat. Die anderen Vokabeln werden im wesentlichen nur noch von geistlicher Seite zur *superbia* gezählt und vagieren zwischen den Fronten. Damit ist auf sprachlichem Gebiet der kirchliche Angriff auf den *Virtus*-Gedanken abgeschlagen, ja, es wird im Gegenteil die kirchliche *superbia* ihrerseits zurückgedrängt von der schnell und kräftig aufwachsenden Gedankenwelt des jungen Rittertums.

2. Der mhd. Wortschatz[4]

In mhd. Zeit erweitert sich der *Superbia*- und *Virtus*-Wortschatz beträchtlich, überdies nimmt die Zahl der Belege derart zu, daß der Versuch einer vollständigen Erfassung illusorisch wäre. Die folgenden Untersuchungen müssen sich darauf beschränken, den einzelnen Vokabeln im Überblick und dem Wortschatz in statistischen Zusammenfassungen nachzugehen. Diese notwendige Ungenauigkeit wird aber durch die große Zahl der Belege soweit ausgeglichen, daß die Ergebnisse und Verhältniszahlen doch wieder statistisch genau genug sind.[5]

Der frmhd. Wortschatz wird ins Mhd. übernommen, es zeigen sich allerdings einige semantische und distributive Verschiebungen:

b a l t ‚zuversichtlich, mutig, wohlgemut, stark, heftig, schnell; dreist vermessen'. Die Unterscheidung der 54 Belege in positiven und negativen Gebrauch, die (um noch einmal darauf hinzuweisen) hier wie bei den andern

---

[4] Da die Materialien des Hamburger *Mhd. Wb.* nur für einzelne Autoren des Mhd. vollständig sind, ist diese Untersuchung auf die vorliegenden Wörterbücher verwiesen. Um ein fest umrissenes und überprüfbares Material zugrunde zulegen, ziehe ich hier nur die Belege heran, die *BMZ* und *Lexer* angeben und klammere dabei wiederum die spätmhd. Belege aus. Auf Beispiele und Beweisbelege glaube ich verzichten zu dürfen, der Verweis auf *BMZ* spart Raum.

[5] Dem folgenden liegen wohlgemerkt ausschließlich die Belege in Beneckes *Mittelhochdeutschem Wörterbuch* und in Lexers *Mittelhochdeutschem Handwörterbuch* zugrunde. Vgl. vorige Anmerkung.

Begriffen oft schwierig und nie ganz eindeutig ist, ergibt eine Verteilung von 37 : 17 = 2,2 : 1. Bedeutung und Ambivalenz sind also erhalten geblieben, nur hat sich die Ambivalenz zum Negativen verschoben.

g e i l ‚üppig, kräftig, froh, übermütig, wild‘ hat seine Bedeutung mehr auf das Gebiet des ‚kräftig Lebensfrohen‘ verlagert, entsprechend zeigt sich ein Umschlag in der Ambivalenz, die mit 55 : 17 = 3,2 : 1 gegenüber 1 : 2 im Frmhd. stark ins Positive gewendet ist.

g e l f ‚laut, lustig; freudiger, übermütiger Lärm, Prunk; Prahlerei‘. Die spezifisch kriegerische Bedeutung der Selbstberühmung hat sich also weitgehend verloren,[6] jedoch ohne daß das Wort in der Wertung gestiegen ist; im Gegenteil, es ist 12 : 21 = 1 : 1,8 ambivalent mit negativer Tendenz.

r u o m (und eine lange Reihe von Ableitungen) ‚Ehre, Preis, Herrlichkeit; Gepränge, Prahlerei, Selbstlob, Überhebung, Ruhmsucht‘ wird sehr stark negativiert, die negative Seite mit der Bedeutung ‚*vana gloria*‘ überwiegt 40 : 72 = 1 : 1,8 gegenüber einem Verhältnis von 1 : 1 im Frmhd. Nur das Konzept der Selbstberühmung *(gelf)* ist so stark abgewertet worden wie der Ruhm.[7]

s t o l z ‚stattlich, prächtig, vorzüglich, herrlich, hohen Sinnes; übermütig‘ hat seine Bedeutung so sehr erweitert, daß es über den seelischen Bereich hinaus auch auf Dinge und Tiere angewendet werden kann (10 Belege). Die negative Bedeutung ‚übermütig, hochnäsig‘ steht 4 : 1 (65 : 16) im Hintergrund, im Wortethos hat sich also nicht viel geändert. In seiner Häufigkeit jedoch scheint *stolz* (81 Belege) vor *geil* (72), *vrech* (67), *vermezzen* (65), *balt* (54), und nach *gemeit* (103) und *hôher muot* (86) zu einer ritterlichen Hauptvokabel geworden zu sein.

v e r m e z z e n zeigt wieder den Bedeutungsunterschied zwischen Verb und Adjektiv. Als Verb bedeutet es (neben dem seltenen ‚falsch messen‘) ‚sich etwas vornehmen, entschlossen sein, behaupten‘. Die Grundlage des Beheißens schimmert also immer noch durch, vor allem darin, daß dem Verb aus seiner Geschichte noch eine wesentlich stärkere negative Aura anhaftet (1,6 : 1).[8] Das Adjektiv dagegen ist fast eindeutig positiv ‚mutig, entschlossen‘, die negativen Belege treten 1 : 1 zurück. Als Wortstamm betrachtet, zeigt sich *vermezzen* im ganzen mit 3,6 : 1 leicht positiviert.

---

[6] Sie lebt noch nach im Nl. 409, 1: *die zîte wart den recken in gelfe vil gedröut* und Rab. 32 b: *si sigent da her mit eime grôzen gelfe*.
[7] Zu untersuchen wäre, inwiefern der so diskreditierte Begriff ritterlicherseits durch den Begriff *êre* ersetzt wird.
[8] *BMZ* leitet den Begriff als ‚seine Kräfte abmessen‘ ab, wobei das Element der Selbstüberschätzung ursprünglich nicht vorhanden sei. Man vgl. dagegen die ahd. Bedeutungsgeschichte des Wortes und seine Verwandtschaft zum *beot*.

v r e c h ‚mutig, kühn; verwegen, keck, frech' hat sich von ‚*avarus*'
ganz verschoben auf ‚*audax*'. Auch in seinem Wortethos ist es dementsprechend sehr stark gewandelt. Die Ambivalenz ist nunmehr ebenso deutlich positiv, wie sie im Frmhd. negativ war (47 : 20 = 2,4 : 1).

v r e v e l ‚mutig, unerschrocken, selbstsicher; übermütig, vermessen, rücksichtslos, ungesetzlich' bleibt zwar vorwiegend negativ, zeigt aber in der
Zunahme der ritterlichen Bedeutung ‚mutig' eine Positivierungstendenz,
30 : 57 = 1 : 1,9 gegenüber dem frmhd. 1 : 2,6.

Noch stärker als schon im Frmhd. hebt sich von diesen Vokabeln die
Gruppe der *Superbia*-Begriffe *übermuot, hôchmuot, hôchvart* ab.

h ô c h v a r t übernimmt mit 63 Belegen vor den beiden andern die
Führung. Erstaunlich ist die sich im Mhd. zeigende Ambivalenz: 18 Belege
sind positiv (‚*magnanimitas*'), gegenüber den 45 Verwendungen im Sinne von
‚*superbia*', das Verhältnis ist 1 : 2,5. Das bedeutet im Vergleich zum Frmhd.
eine sehr starke Positivierung!

ü b e r m u o t wird ebenfalls stark positiviert: eine neue Komponente
‚Pracht, Kraftgefühl, herzhafter, hoher Sinn' nimmt 6 Belege ein und
macht den Begriff ambivalent im Verhältnis 6 : 42 = 1 : 7.

h ô c h m u o t ist zwar recht selten, dafür aber am eindeutigsten negativ
(1 positiver, 10 negative Belege = 1 : 10.[9] Der Grund für das Zurücktreten des univalenten Negativums ist vermutlich, daß das positive Bedeu-
tungspendant von ritterlichen Neubildungen getragen wird:

hôher muot und *hôchgemüete* haben mit 86 Belegen den quantitativen
Vorrang übernommen. Sie sind genuin positiv, finden jedoch ebenfalls
bezeichnenderweise gelegentlich negative Verwendung (82 : 4 = 21 : 1). Die
Ambivalenz dringt also sogar in die Neubildungen ein!

Faßt man die Verschiebungen in einer Tabelle zusammen, dann zeigen
sich wiederum charakteristische Tendenzen:

hôchmuot	1:10=	1 :10	— Univalenz,	negativ, leicht positiviert
übermuot	6:42=	1 : 7	— Ambivalenz,	neg. Tend., stark positiviert
hôchvart	18:45=	1 : 2,5	— Ambivalenz,	neg. Tend., stark positiviert
vrevel	30:57=	1 : 1,9	— Ambivalenz,	neg. Tend., positiviert
ruom	40:72=	1 : 1,8	— Ambivalenz,	neg. Tend., negativiert
gelf	12:21=	1 : 1,8	— Ambivalenz,	neg. Tend., negativiert
balt	37:17=	2,2: 1	— Ambivalenz,	pos. Tend., negativiert
vrech	47:20=	2,4: 1	— Ambivalenz,	pos. Tend., stark positiviert

[9] Es ist wieder zu bemerken, daß es eine reine Univalenz im *Superbia*-Wortfeld charak-
teristischerweise nicht gibt.

geil	55:17= 3,2: 1	— Ambivalenz, pos. Tend., stark positiviert
vermezzen	51:14= 3,6: 1	— Ambivalenz, pos. Tend., positiviert
stolz	65:16= 4 : 1	— Ambivalenz, pos. Tend., leicht positiviert
hôher muot	82: 4=21 : 1	— Univalenz, positiv, nicht verändert

Es setzt sich also die langsame Bewegung zum negativen Ethos bei den alten Hauptbegriffen für Tapferkeit (vor allem *balt*) leicht fort.[10] Ebenfalls weiter entwertet werden die Begriffe der Selbstberühmung *(gelf* und *ruom)*. Zumal *ruom* wird immer mehr mit *vana gloria* identifiziert und diskreditiert, so daß es scheinen will, als habe das Rittertum, um sein neuentstandenes Ruhmesideal zu wahren, diesen Begriff liegen lassen und dafür den Begriff *êre* aufgenommen, — ähnlich wie in der Antike *megalopsychía* die vorbelastete *hybris* vertreten mußte.

Deutlicher jedoch als diese noch aus den kirchlichen Angriffen stammende abwertende Tendenz fällt eine gegensätzliche, überaus starke Positivierung ins Auge. Nur *vrevel* und *vermezzen* (Subst.) werden schwach zum Positiven verschoben, bei *vermezzen* (Adj.), *geil, vrech* und *gemeit* (s. u.) ist die Positivierung so stark, daß diese Vokabeln zu Hauptbegriffen der ritterlichen *Virtus* werden. Denn stärker noch als in frmhd. Zeit steht hinter der Positivierungstendenz das Selbstbewußtsein des nun zu voller Kraft kommenden Rittertums, das auch auf dem Gebiet des Wortschatzes voll zum Gegenangriff auf den *Superbia*-Gedanken angetreten ist. Deswegen erstrecken sich die positivierenden Tendenzen sogar auf die drei Wörter, auf die als Zentralbegriffe das Konzept ‚*superbia*‘ im Frmhd. zurückgedrängt worden war: *hôchmuot, hôchvart* und *übermuot*. Diesen Begriffen werden kräftige, positive Komponenten mit der Bedeutung ‚*virtus, magnanimitas*‘ angefügt, die sich bei *hôchmuot* sogar zu eigenen Vokabeln emanzipieren *(hôchgemüete, hôher muot)*.

Eine Reihe von Vokabeln, die in frmhd. Zeit vernachlässigt waren, werden wieder aufgenommen. Viele von ihnen erlangen jedoch so wenig Verbreitung, daß es genügt, kurz auf sie hingewiesen zu haben: *bôr* ‚Trotz, Empörung‘ (Hapaxlegomenon in Willeh. 308, 6) setzt das ahd. *irburian* fort; *güenlîch*, das nicht aus *güetliche* assimiliert ist, wie *BMZ* es will, hat

---

[10] Diese Erscheinungen erstrecken sich auch auf weitere Vokabeln aus dem Bereich ‚Mut und Tüchtigkeit‘, obwohl dieses Feld im ganzen nicht vom *Superbia*-Konzept betroffen ist. Ein Beispiel sei der Begriff *küene:* Er taucht im ahd. *Superbia*-Kreis noch gar nicht auf, sondern steht glossisch für *heros, fortis* etc., wenn er auch gelegentlich als Wiedergabe von *ferocia* (Kampfesmut) negativiert erscheint. Auch im Frmhd. sind nur 3 von 169 Belegen negativ. Im Mhd. dagegen zeigt sich eine Zunahme der Komponente ‚dreist‘ (3 von 36 Belegen im BMZ), die zum Nhd. hin stark zunimmt.

die Bedeutung des ahd. *guollichi* beibehalten: ‚Ruhm, Herrlichkeit' (von den 5 Belegen ist nur einer negativ). In *selphêr* ‚eigenmächtig' (3 Belege), *überhêr* ‚übermütig' (2) und in der negativen Komponente von *hêrschaft* ‚herrisches Wesen, Pracht' (2) schwingen die ahd. Negativa nach; *vrambaere* ‚ausgezeichnet, herrlich' ist ausschließlich positiv (4); *weiger,* ahd. *weigari* ist mhd. positiviert zu ‚stolz, stattlich' (2); *wuot* ‚Gemütserregung, Wut' behält seit dem Ahd. seine Affinität zu *superbia*,[11] *vrast* und *vrastmunt* (5) ‚Mut, Standhaftigkeit' (1) nehmen wahrscheinlich das ahd. *fraza* positiv wieder auf; *einkriegic* ‚eigensinnig' entspricht dem ahd. *einstritic.*[12]

Größere Bedeutung hingegen erlangen die folgenden Begriffe:

g e m e i t ändert, was schon im Frmhd. beginnt, seine Bedeutung vollkommen. Aus dem ahd. ‚dumm-dreist, schwach, leichtsinnig' wird im Mhd. ‚froh, erfreut' (35 Belege). Diese Bedeutung erweitert sich zur allgemeinen Bezeichnung der ritterlichen *Virtus* in der Bedeutung ‚stattlich, schön, mannhaft, tüchtig' (58 Belege, davon 37 im Nl.), die sogar auf Tiere und Dinge bezogen werden kann (10).[13] Sämtliche Belege, die das Wort durch ihre große Zahl (103) in die Spitzengruppe ritterlicher Begriffe bringen, sind positiv.

h o e n e ‚hochfahrend, schmähend, übermütig, eingebildet' ist aktivische Ableitung des ahd. *hôn*-Stammes. Es erscheint in 32 Belegen in ausschließlich negativer Bedeutung.[14]

t o l , verwandt mit dem got. *dwals* ‚töricht', wird im Mhd. als ‚toll, unsinnig' (5 Belege) und besonders ‚vermessen' (7 Belege, davon 2 auf Luzifer bezogen) zu einem *Superbia*-Begriff. Diesen negativen Belegen steht gelegentlich ein positives ‚großartig' gegenüber.

(g e) t u r s t ‚Kühnheit; Verwegenheit' ist ähnlich wie sein ahd. Vorgänger ambivalent: 27 positive gegen 9 negative Belege = 3 : 1 .

v r e i d i c hat gelegentlich noch die alte Bedeutung ‚abtrünnig, treulos' (3), hat gewöhnlich aber seine Bedeutung verändert zu ‚trotzig, streng, schrecklich, leichtsinnig, übermütig, kühn, verwegen, mutig, wohlgemut'.[15]

---

[11] z. B. Wolk. 110, 2, 2: *sô kan si niemt mit hôchfart überwüeten,* ähnliches findet sich in 11 weiteren Belegen, zumal der Teufel und der Antichrist werden so charakterisiert (7 Belege).
[12] Eine Anzahl weiterer Vokabeln, die im Ahd. zum äußeren *Superbia*-Feld gehörten, taucht im Mhd. mit so großer Bedeutungsverschiebung auf, daß sie hier nicht mehr in Frage kommen, z. B. *âkust* verallgemeinert zu ‚schlechte Beschaffenheit', *abec* ‚verkehrt', *kroenen* ‚lachend schwatzen', *stiure* ‚fest, steif', *tiure* ‚Kostbarkeit' usw.
[13] Ähnliches gilt für das benachbarte *stolz.*
[14] Die anderen Ableitungen des Stammes (57 Belege) bedeuten ‚Schande, schimpflich, niedrig etc.'.
[15] Ähnliches gilt für das Substantiv *vreide.*

Die 17 negativen und 18 positiven Belege ergeben eine Ambivalenz im Verhältnis 1 : 1.

Der mhd. Wortschatz wird ferner durch eine Reihe von neu eingetretenen Vokabeln erweitert, die aber zumeist keine große Verbreitung erlangen. Die wichtigeren sind *giude* ‚prahlen, großtun‘ (17 Belege, davon nur 2 positiv), *traz* ‚trotzig‘ (16 Belege, alle negativ), *grôzmuotekeit* ‚magnanimitas‘ (5, alle positiv) und *guft*, das sich als wichtigster dieser Neubegriffe mit der typischen Ambivalenz zum *Superbia-Feld* stellt: ‚laute Freude, Herrlichkeit, hoher Mut; Übermut, Prahlerei‘, bei 20 positiven und 26 negativen Belegen ist das Verhältnis 1,3 : 1.

Solche Begriffe wie *giude, traz, guft* kommen vorwiegend in der ritterlichen Literatur der klassischen Zeit vor. Zusammen mit den negativen Komponenten ‚Einbildung, Hochnäsigkeit, Übermut‘ der Vokabeln *vrevel, vrech, hôchmuot, hôchvart, übermuot* beginnen sie ein Feld zu bilden, das mit seiner Bedeutung ‚Anmaßung und Hochmut‘ geeignet wäre, die empirischen Erscheinungen der Egozentrik auf sich zu nehmen. Daß ein solcher konkreter *Superbia*-Gedanke im Rittertum besteht,[16] darauf deutet eine weitere Vokabelgruppe, die in der mhd. Literatur eine quantitativ große Rolle spielt: die Komposita mit den Präfixen *über-, un-* und *wider-*.[17]

über- entwickelt aus der Grundbedeutung ‚*super*‘ die besondere Komponente ‚über etwas hinaus‘, die sich in einer großen Zahl von Vokabeln zur Bedeutung ‚über ein normales Maß hinaus‘ spezifiziert: *übergelt, übergelust, übergenôze, übergift, überglanz, übergrâ*, um den Anfang einer langen Reihe zu nennen. Diese Implikation einer Norm und einer Grenze kann sich in dem konkreten Überschreiten einer Eigentumsgrenze manifestieren: *übergraben, überackern, überbûen, überetzen* bedeuten ‚über die eigenen Grenzen hinaus graben, ackern, bauen, pflügen, weiden‘. Aus Derartigem entsteht durch weitere Abstraktion ein Feld für ethische Verstöße, die sämtlich in dem Überschreiten der durch Norm oder Gesetz gegebenen moralischen Grenzen bestehen. Aus der großen Zahl sind folgende für uns interessant: *überbraht* ‚übermäßiger Lärm, Prahlerei, Anmaßung‘, *überbrechen* ‚ein Gebot übertreten‘, *überfanc* ‚Übergriff auf fremden Boden, Gesetzübertretung‘, *übergân* ‚überströmen, über etwas hinausgehen‘ besonders ‚übertreten von Geboten‘, *übergiuden* ‚ungesetzmäßige Gewalttätigkeit‘, *überezzen* ‚gula‘, *überheben* ‚übergehen, auslassen‘, besonders ‚überheblich, zu stolz sein‘, *übermâz(en)* ‚was über die *mâze*

---

[16] Darüber ausführlicher S. 170 f.
[17] Eine Reihe von ihnen findet sich schon im Ahd.

hinausgeht', *übersprechen* ,unüberlegt zu viel sprechen: mehr sagen als einem zukommt = *vermezzen'*. Die Vorstellungen von einem ethischen *ordo*, wie sie bei Thomas im theoretischen System erscheinen, prägen sich hier sprachlich auf das deutlichste aus. Die Vorstellung, daß alle ethischen Verfehlungen im Überschreiten von Grenzen und Maßen bestehen, hat sich nachhaltig in der Sprache niedergeschlagen.

Eine ähnliche Funktion erfüllt das Präfix *un-* in einer ganzen Reihe seiner Komposita. Zumal Begriffe des *ordo* und der Ethik werden damit in ihr Gegenteil, einen Begriff der Un-Ordnung, der Schlechtigkeit verwandelt. Es sei dabei nachdrücklich an die große Rolle erinnert, welche die Negation, das *nihil* in der zeitgenössischen Philosophie spielte. Das mhd. *un-* entspricht deshalb nicht einfach dem nhd. *un-*, sondern ist besser mit *nicht-* oder mit *gegen-* wiederzugeben.[18] Diese Funktion der Vorsilbe *un-* drückt schon Hugo von Trimberg trefflich aus:

> *Ein wîser man sprach: „Lieber sun,*
> *Ein lasterblech daz heizet un,*
> *Daz durch tiutschiu lant nu gêt*
> *Und vorn an manigen worten stêt,*
> *Der lop ez nidert unde swachet*
> *Und ez gar ze nihte machet. (Renner 9189 ff.)*[19]

Auch *wider-* gibt mit seiner Grundbedeutung ,gegen' die Möglichkeit zu ähnlicher Verwendung im Sinne des ,*anti'*. Die entsprechenden Komposita haben die besondere Komponente ,Widerstand, Nichtfügenwollen' und werden daher besonders im Einsatz gegen Ungehorsam und Selbständigkeit wichtig.[20]

Alle diese Komposita schließen sich zu einem Feld von erheblichem Umfang zusammen, dessen Zentrum in der Vorstellung ,Ordnungsstörung und Unmaß' liegt und das Pendant zum Konzept der *mâze* bildet. Dieses Feld ,Unmaß', dem sich das vorher beschriebene des konkreten ,Hochmut' anfügt, stellt ein ritterliches Gegenstück zum geistlichen *Superbia*-Wortschatz dar.

Aus der Untersuchung des mhd. Wortschatzes ergibt sich in der Zusammenfassung folgendes: Die charakteristische Ambivalenz des *Superbia*-Wortschatzes findet sich auch im Mhd., sie dehnt sich sogar auf neu dem

---

[18] *Ungelimpf, ungevüege, unvuoc, unmâz, unredelich, untugent, unsite, unreht*, u. v. a.
[19] Es folgen 41 Beispiele wie *ungehôrsam, unordentlich, unkristenlîch, unbescheiden*.
[20] Begriffe wie *widerwart* und *widerbruht* sind uns seit dem Ahd. schon mehrmals begegnet. Zahlreiche Beispiele liefert Lexer.

Feld beitretende Begriffe aus. Gegenüber der frmhd. zeigt die mhd. Ambivalenz jedoch bis auf wenige Ausnahmen eine starke Verschiebung zum Positiven hin, die sogar bis zu den ursprünglich völlig negativen zentralen *Superbia*-Begriffen vordringt. Die neueingeführten Begriffe, die Komponente ‚Hochmut‘ der alten Begriffe und die Komposita mit *über-, un-* und *wider-* bilden zusammen ein neues Bedeutungsfeld, das vor allem die konkret-empirischen Erscheinungsweisen der Egozentrik abdeckt und daher geeignet ist, die Kritik, die vom kirchlichen *Superbia*-Gedanken ausgeht, vom ritterlichen *Virtus*-Gedanken abzulenken.[21] Sowohl die Positivierungstendenz wie der Aufbau des Ablenkungsfeldes sind Leistungen der ritterlichen Literatur, hinter ihnen steht als treibende Kraft das Selbstverständnis des hochmittelalterlichen Rittertums.

Es ist interessant, einen kurzen Blick auf die weitere Geschichte der Hauptbegriffe zu werfen, die sich anhand des Diefenbachschen und des Grimmschen Wörterbuches leicht verfolgen läßt. Das heutige vorläufige Endergebnis dieser Geschichte: *balt, gemeit* und *gelf* sind untergegangen, zwei Begriffe *(Ruhm, Stolz)* sind positiv, die meisten *(Frechheit, Frevel, Geilheit, Hoffart, Hochmut, Vermessenheit)* sind negativ, haben aber ihre Bedeutung verändert und meist verflacht. Es scheint danach, als habe sich die geistliche Auffassung durchgesetzt. Jedoch deuten sich in neuester Zeit wieder Umwertungen an: *frech, übermütig* und *vermessen* bekommen zumal als literarische Kriterien einen lobenden Beiklang, während auf der Gegenseite Begriffe wie *tugendhaft, bescheiden, demütig* schon deutlich abfällig gebraucht werden. Diese Erscheinung, deren Hintergründe als sehr weitreichend angedeutet seien, stellt sich als eine neue Positivierungstendenz in der jüngsten Gegenwart dar.

Ich fasse die Ergebnisse des Kapitels zusammen: Die Entwicklung des deutschen *Superbia*-Wortschatzes stellt sich als eine kontinuierliche Fortführung der im Ahd. angelegten Tendenzen dar. Die Ambivalenz der Begriffe bleibt durch das Frmhd. und das Mhd. erhalten, sie zeigt jedoch eine stetig fortschreitende Verlagerung des Schwergewichts auf den positiven Pol zu. Das heißt, die Zurückdrängung des *Virtus*-Gedankens kommt gegen Ende der ahd. Zeit zum Stillstand und wird seit der frmhd. Epoche in zunehmendem Maße rückläufig. Es macht sich eine

---

[21] Dies Bedeutungsfeld, das etwa die Haltungen ‚Hochmut, Übermut, Frechheit, Gewalttätigkeit, Schrankenlosigkeit, Eigensinn‘ umschreibt, könnte der Kürze halber mit dem Begriff *Arroganz* bezeichnet werden.

wachsende Tendenz zur neuerlichen Aufwertung der alten Begriffe geltend. Sie greift im Mhd. sogar die zentralen *Superbia*-Vokabeln selbst an und bereitet zusammen mit der Bildung eines Ersatzfeldes für konkrete Erscheinungen des übersteigerten Egoismus den Weg für den neuerlichen Aufstieg des *Virtus*-Gedankens, dessen Träger nach Ausweis der Provenienz des literarischen Materials das junge Rittertum ist.

Die Kontinuität der Wortschatzwandlung, die Kontinuität der Auseinandersetzung zeigt, daß das germanische *Virtus*-Ideal zwar zurückgedrängt, doch ohne Unterbrechung virulent geblieben war. Damit ist nun auch durch den Wortschatz die Existenz einer ununterbrochenen Verbindung zwischen der germanischen und der ritterlichen Sittlichkeit wenigstens in ihrem Zentrum erwiesen. Ja mehr noch, die Bruchlosigkeit in der Entwicklung der Sachbedeutungen zeigten, daß ein Artunterschied zwischen germanischem und ritterlichem Ideal nicht bestanden haben kann, und liefern damit ein weiteres Indiz für die Abstammung des ritterlichen Hohen Mutes vom germanischen *Virtus*-Ideal.[22]

[22] In die gleiche Richtung weist die Tatsache, daß auch in der nachalthochdeutschen Glossenarbeit und in der kirchlichen Lehre die lateinischen *Superbia*-Begriffe unverändert auf die ritterlichen Begriffe angewendet werden.

1. Die Ziele der Geistlichendichtung

Gewiß ist die Welle von Weltfeindlichkeit und Bußmahnung, welche die plötzlich in Menge aufbrechende deutsche Literatur in der frmhd. Zeit trägt, vordringlich ein Ausfluß der Hirsauer Reformbewegung, und gewiß hat die Charakterisierung dieser Literatur als „cluniazensisch" ihr Recht. Man darf aber nicht übersehen, daß außer der Spannung, welche die Auseinandersetzung zwischen *regnum* und *sacerdotium* in den Klöstern erzeugte und welche den damals schon alten Reformgedanken am Leben erhielt, auch noch ein aktueller Anlaß zur Weltfluchtmahnung vorlag: die sich eben emanzipierende ritterliche Lebenshaltung. Auf sie ganz besonders richten sich die moralpädagogischen Bemühungen der Kirche, ihr stellt die Geistlichkeit die Mahnung zur Weltflucht entgegen.

Den Stand der Laien mit ihrer Lehre zu erreichen, hat sie bessere Möglichkeiten als je zuvor. Denn die deutsche Sprache hatte sich in den vergangenen zwei Jahrhunderten soweit entwickelt, daß nun der Kommunikation zwischen Klerus und Laientum keine große Schwierigkeiten mehr entgegenstehen. Die seelsorgerische Führung des Bauerntums ist denn auch so intensiv wie erfolgreich. Um jedoch an das selbstbewußte und kulturell eigenständige Rittertum heranzutreten, muß sich die Geistlichkeit über Predigt und Katechese hinaus auf wirksamere und dem Adressaten gefälligere Mittel besinnen. So versucht die Kirche nunmehr das Gebiet zu erobern, auf dem das besondere Interesse der ritterlichen Gesellschaft liegt und das einen Mittelpunkt der höfischen Kultur bildet: die Dichtung. Während in ahd. Zeit der Klerus bis auf wenige Ausnahmen weder Neigung noch Grund hatte, sich der rustikalen deutschen Zunge literarisch zu bedienen, entsteht jetzt die kulturpolitische Notwendigkeit, einer gefährlichen Konkurrenz, die in der neuerlich beliebten einheimischen Heldendichtung und Liebeslyrik erstanden ist, mit eigener Produktion zu begegnen.

Die didaktische Theorie hatte schon lange empfohlen, die geistliche Lehre dem Intelligenzgrad des Angesprochenen anzupassen und sie vor allem für unreife Gemüter anschaulich zu machen.[1] Otfrid hatte den Anfang damit

---

[1] Alan schreibt in seinem Predigthandbuch vor: *Minoribus autem decet in parabolis loqui,*

gemacht, die unnützen, schädlichen Laiendichtungen durch eine deutsche und anschauliche Darstellung der Heilswahrheiten zu verdrängen.[2] Zweihundert Jahre später beklagt das *Annolied* die weite Verbreitung von Heldengeschichten und fordert, endlich in Gedanken an die eigene Bestimmung die heilsgeschichtlichen Hinweise zu beachten, die Christus durch historische Persönlichkeiten wie Anno gegeben habe.[3] Diesem Aufruf kommt wieder eine Generation später die geistliche Literatur nach, indem sie fordert und versucht, die Volksdichtung als schädlich oder nutzlos zu verdrängen und durch eine christlich gebundene, heilsgeschichtlich legitimierte historische Erzähldichtung zu ersetzen. Die Argumente sind in fast allen diesbezüglichen Passagen die gleichen: offenbar berechtigte Klagen über das Desinteresse an geistlicher Belehrung, Ablehnung der Volksdichtung als falsch und schädlich, Legitimation der eigenen Dichtung als Auftrag Gottes.

Dazu die wichtigsten Beispiele, die in der Regel in den Prologen stehen: Darüber, daß die Zuhörer sich langweilen beim Vortrag belehrender, religiöser Literatur, klagen die Verfasser der *Kindheit Jesu* (68, 311 ff.), des *Himmlischen Jerusalem* (448 ff.) und der *Kaiserchronik* (6 ff.). Heinrich v. Melk wendet sich scharf gegen den Erzählstoff des Rittertums (Erinn. 354 ff.) und scheint sich auch in der Invektive gegen die Fürstenschmeichelei der höfischen Geistlichkeit nicht zuletzt gegen ritterlich-geistliche Dichtwerke zu wenden (Priesterl. 619 ff.). Als von Gott befohlen legitimiert der *Tundalus* (1 ff.) seinen Bericht, als Glaubenspflicht Heinrich von Melk (Erinn. 1 ff.) seine Mahnungen, und ähnlich viele andere. Die weltliche Dichtung wird als *luge, uppicheit, tumpheit, übermuot* (Ava, Leb. Jesu, Himml. Jer., Kchr., Trier. Silv.) abgelehnt. Die pädagogische, didaktische Absicht wird deutlich ausgesprochen vom Armen Hartmann im Prolog zu seiner erzählenden Glaubensdeutung (Gl. 19 ff.).

Die nun breit einsetzende geistliche Literatur „dient in allen ihren verschiedenen Formen dem einen Ziel, den Laien in das kirchliche Denken einzuordnen, ihn mit dem Bewußtsein seiner sündhaften Verlorenheit und des Heilswirkens Gottes zu erfüllen und ihn zu lehren, all sein Tun in dem Blick auf das Jenseits abzumessen".[4] Um diese Beschreibung Helmut de Boors

---

maioribus revelare mysteria regni Dei. Parvuli liquido cibo sunt nutriendi, adulti solido corroborandi. (summ. praed., 39). Dieser Gedanke findet sich übrigens in der späthöfischen Literaturkritik oft wieder. Fast wörtlich z. B. bei Thomasin, W. Gast 1079 ff.

[2] Er spricht diese seine Absicht *Ad Luith.* 5 ff. aus.

[3] Anno. 1 ff.

[4] H. de Boor, *Die deutsche Literatur von Karl dem Großen bis zum Beginn der höfischen Dichtung* (München, 1960, 4. Aufl.), S. 138.

anders zu fassen: Die frmhd. Geistlichendichtung ist Ausdruck der Auseinandersetzung zwischen Kirche und Rittertum; sie führt in erster Linie einen Kampf gegen die sich emanzipierenden weltlichen Kräfte und ist im Kern eine Kampagne gegen die ritterliche *Virtus*-Ethik.

Der *Superbia*-Gedanke ist dementsprechend ein zentrales Motiv der frmhd. Literatur.[5] Dabei rücken verständlicherweise die anschaulichen und populären Züge der *Superbia*-Theorie in den Vordergrund, die ich im ersten Teil dieser Arbeit dargestellt habe. Neben einer Fülle von kleineren, dichterisch wirksamen Motiven werden vor allem die moralpsychologische Untergliederung der *superbia* und die Gestalt Luzifers wichtig.

In der Ruhmsucht, im Selbstbewußtsein, im Ehrgeiz und im emanzipierten *Virtus*-Ideal des Hohen Mutes konnte und mußte der Klerus die vertrauten vier Gesichter der Ursünde wiedererkennen und bekämpfen.[6] Wobei es natürlich von den geistigen Voraussetzungen des Autors wie des Adressaten abhing, welche der im Abstraktionsgrad verschiedenen *Superbia*-Typen in den Blick kamen. Genau so wie in den niederen, quantitativ überwiegenden Kreisen des Rittertums in Prahlerei, Gewalttätigkeit und Unbotmäßigkeit die primitiven Formen des *Virtus*-Gedankens vorherrschten, während die hohen höfischen Ideale auch in der späteren Blütezeit kaum über einen kleinen, erlesenen Kreis an den Höfen hinausdrangen, so griff auch der mit der Laienarbeit befaßte niedere Klerus als das ihm Nächstliegende die konkreten Stufen der *superbia* an, während nur eine kleine Gruppe von geistlichen Dichtern sich mit dem Problem des *ex se* auseinandersetzte. Nach diesen im Niveau verschiedenen Angriffszielen ordnet sich nun die frmhd. geistliche Literatur bei fließenden Übergängen in zwei Gruppen. Ich nenne sie nach ihrer kulturpolitischen Heimat die *cluniazensische* und die *ritterliche* Geistlichendichtung.

2. Die „cluniazensische" Dichtung

Zur kirchlich orientierten Gruppe gehören die Predigtliteratur und vor allem die Sittenkritik, weitgehend auch die Bibelepik und Heilsgeschichtsdichtung, die Mehrzahl also der kleineren frmhd. Dichtungen. Diese Gruppe identifiziert die ritterliche Sittlichkeit mit der Ursünde und folgt dabei in

---

[5] Das zeigt sich schon äußerlich und unmittelbar in der großen Zahl der Erörterungen, Erwähnungen und Andeutungen des *Superbia*-Komplexes. Eben diese Fülle zwingt hier zu straffer Beschränkung des Materials. Ich lege nur die wichtigsten Partien im Wortlaut vor und führe im übrigen nur Belegstellen an.
[6] S. S. 16 ff.

Argumentation und Motivik den bekannten Zügen der Theorie. Ein Beispiel dafür, wie diese in einer Unzahl von Andeutungen und Assoziationen den Hauptgegenstand der klerikalen Kritik bildet, möchte ich durch die Annotation eines Textes hier vorführen. Es handelt sich um die Invektive Heinrichs von Melk gegen die neue ritterliche Sittlichkeit in seiner *Erinnerung an den Tod*, geschrieben zwischen 1150 und 60:

> *Riter unt frowen*
> *der leben (1) sul wir lâzen schowen*
> *daz got vil widerwertic ist (2)*
> *die chêrent allen ir list (3)*
> *wie si niwer site megen gedenchen, (4)*
> *da mit sint si die sêle chrenchen, (5)*
> *daz ist ein strich der hôhverte (6)*
> *diu der den tîvel des himelrîches beherte, (7)*
> *er wirbet ouch nicht sô gerne (8)*
> *sô daz er uns ûz götlîchem scherme (9)*
> *mit dem selben laster verschunde. (10)*
> *es sint die allermäisten sunde (11)*
> *die man wider gotes hulde (12) mac getuon.*

1. ‚Lebensweise' im Sinne von ‚Lebensordnung, Standeskodex', vgl. *ordo, reht, ordnunge, leben* etc.
2. Vorstellung der *aversio*, vgl. ahd. Glossen *aversio = widarwartida*.
3. Vorstellung der Hinwendung allen Strebens auf etwas außer Gott.
4. Die neue ritterliche Sittlichkeit und Lebensweise.
5. Motiv des *morbus animae*.
6. Vorstellung des Fangens mit Stricken (Kampf und Jagd). *Superbia* als Grundfehler des Rittertums angesprochen.
7. Teufelssturz.
8. Mißgunst, *invidia*, Schadenfreude als Motiv des Teufels.
9. Schutz- und Vormundschaftsverhältnis Gottes zu seiner Gefolgschaft der Menschen.
10. *Superbia* ist Ursache des Teufels- wie des Sündenfalles. Vorstellung der Verführung.
11. Todsünden-Motiv, *vitia capitalia*.
12. Todsünden, zumal die *superbia*, stören das Verhältnis zu Gott, sind gegen das Gefolgschaftsverhältnis.

der hôhvertige man ist des tîvels suon, (13)
swâ er mit ubermûte gevaehet (14) den man
dem hât er den sic gehabet an; (15)
des gestêt uns Jobes schrifft bî, (16)
er spricht ‚daz er ein furste sî
uber elliu chint der ubermûte‘! (17)
da vor uns got behûte,
daz wir im icht werden genôzsam (18)
von dem diu ubermuot anegenge nam; (19)
si ist alles ubeles volläist (20)
unt enlaet den häiligen gäist
bî dem menschen nicht belîben. (21)
diu laster sul wir vertrîben (22)
si benement uns gäistlîch zuht, (23)
si sint der sêle miselsuht. (24) (Er. 289—317)[7]

. . .

zwêne geverten (25) hât diu ubermuot (26)
die setzent die rîter an die gluot

13. Motiv des Teufelssohnes, des Antichristen, zu welchem der Mensch durch *superbia* wird.
14. *Superbia* als Waffe oder Jagdgerät des Teufels.
15. Motiv des Kampfes zwischen Teufel und Mensch.
16. Die übliche Berufung auf Bibelsätze.
17. Der Teufel ist Herrscher über die *filii superbiae* in der *civitas terrena*.
18. Assoziation an die Genossenschaftsvorstellung und die Gefolgschaft.
19. Ursprung der *superbia* in Luzifer.
20. *Causa omnium malorum superbia.*
21. Der *spiritus sanctus* wird sonst m. W. nie im *Superbia*-Zusammenhang genannt. Vielleicht steht er hier für *caritas, humilitas, amor Dei.*
22. Vorstellung des Lasterkampfes.
23. Der *spiritualis disciplina* steht die in den Lastern bestehende *inordinatio, inobedientia, unzuht* entgegen.
24. Motiv der Sündenkrankheit, des *morbus superbiae.* Von hier aus erklärt sich die Krankheit des Armen Heinrich!
25. Motiv der *comites, superbia* als Kriegsführerin.
26. Das Genus des lateinischen Substantivs in Verein mit der Personal-

---

[7] Im folgenden spricht Heinrich von der Eitelkeit und Hoffart einfacher Weiber. Der ritterliche Autor will über die Damen nichts Schlechtes sagen (351).

der êwigen fiures vanchen (27)
— er hât got vil ze danchen (28)
der sich ân die bejaget, (29)
der hât der hôhverte widersaget —, (30)
die verläitend si vil diche (31)
in des êwigen tôdes striche (32)
dâ si verliesent ir leben
— sô mac dem armen niemen geben,
er mûz sîn verdampnet —: (33)
swâ sich diu riterschaft gesammet, (34)
dâ hebet sich ir wechselsage (35)
wie manige der unt der behûret habe;
ir laster mugen si nicht verswîgen (36)
ir ruom ist niwan von den wîben. (37)
swer sich in den ruom nicht enmachet,
der dunchet sich verswachet
under andern sînen gelîchen. (38)
swâ aber von sumlîchen

vorstellung führt dazu, daß *übermuot* im Mhd. oft feminin gebraucht wird.

27. *Superbia* führt zur Höllenstrafe, die Ritter fallen ihr durch ihre spezifische *superbia* anheim.
28. Tugend ist Gott zu verdanken, nicht eigenes Verdienst.
29. *sih bejagen* ‚sein Leben führen‘ bringt noch von seinem Ursprung die Assoziation ritterlicher Jagd mit sich.
30. Wie in der Taufformel: *Abrenuntiatio operibus et pompis* (= *superbiae*) *diaboli.* Die Vorstellung des Fehdeansagens ist mitgedacht.
31. Vorstellung der Irreführung, Verführung.
32. Wiederum das Motiv des Strickes und Netzes.
33. *Superbia* bedeutet den (ewigen) Tod.
34. Die frühhöfische festliche Gesellschaft.
35. Wechselrede, Unterhaltung. Könnte auch als wechselnder Vortrag, Gesang gemeint sein. Dann läge hier eine Anspielung auf die ritterliche Dichtung vor.
36. *Behuoren* meint ehebrecherische Beziehungen, ist also *adulterium* und *luxuria.*
37. Ihre *janctantia,* ihre Ruhmreden handeln nur von Frauen. Minnesang?
38. Das sind typische Züge des *jactans et ambitiosus,* der *superbia pro meritis et plus omnibus.*

der manhäit wird gidâcht (39)
— dâ wirt vil selten für brâcht
wie getâner sterche der sul pflegen
der wider den tievel mûze streben —. (40)
dâ nennent si genûge
vil manic ungefûge, (41)
si bringent sich mêr ze schanden, (42)
swenne si sprechent ‚den mac man in allen landen
ze einen guoten chnecht wol haben: (43)
der hât sô manigen erslagen.‘ (44) (Erinn. 253—372)[8]

. . .

frowen unt rîter
dine durfen nimmer gestrîten
weder ir leben (45) besser sî
siu bäidiu wellent wesen frî. (46) (Erinn. 427—430)

39. *Virtus*, Kampftüchtigkeit als zweites Thema ritterlicher Unterhaltung.
40. Motiv des Kampfes gegen den Teufel. Die Vorstellung der *militia Christi* klingt an.
41. *inordinatio, unzuht.*
42. *Superbia* bringt Schande, Erniedrigung, *humiliatio.*
43. Wiederum der Weitruhm als Ziel; vgl. die Ruhmpassagen der ritterlichen Epen.
44. Ritterkampf ist hier *homicidium.*
45. Vgl. 1.
46. Der Gedanke des *ex se*, der Emanzipation.

Heinrichs Gedankengang ist also folgender: Die neue Sittlichkeit des Rittertums ist ein Angriff der *superbia*, durch die der Teufel aus seiner Ehrenstellung gefallen ist und mit der er den Menschen ebenfalls aus Gottes Schutzherrschaft reißen will. *Superbia* ist die schwerste Sünde gegen Gottes *huld* und macht den Sünder zum *filius diaboli*, reiht ihn in dessen Reich ein. In der Praxis hat die *superbia* zwei Waffengefährten, die die Ritterschaft zum Bruch des Treuegelöbnisses in der Taufe bringen und damit ins Verderben führen: Ehrgeiz und Prahlerei in der Minne (kirchlich *luxuria*) und Ruhmsucht, *Virtus*-Streben im Kampf (kirchlich *homicidium*). Letztlich beruht aber die Verderblichkeit dieser Sitten im Emanzipationsdrang und in der Ausrichtung der Gedanken auf das Diesseits.

Heinrich von Melk bietet in nuce die wesentlichen Züge der kirchlichen

---

[8] Es folgen Klagen über die Verderbnis der Lebensweisen der Stände.

Literaturkampagne gegen die ritterliche Gedankenwelt. Das ist einmal eine gewisse Anpassung an ritterliche Denkweisen und Vorstellungen, die sich schon in der ausgiebigen Verwendung ritterlichen Vokabulars zeigt.[9] Das Verhältnis Gott – Mensch wird in der Art eines Gefolgschafts-, Dienst- oder Lehensverhältnisses dargestellt.[10] Der Mensch leistet in der Taufe den Treuschwur[11] und steht in Gottes Schutz, wenn er nicht vom Teufel, der selbst Gott die Gefolgschaftstreue gebrochen hat,[12] zur Abtrünnigkeit verführt und in dessen Staat aufgenommen wird.[13] Weiterhin spielen Vorstellungen von Kampf und Krieg, der Mentalität der Adressaten entsprechend, eine sehr große Rolle;[14] hauptsächlich der Kampf des Teufels gegen Gott in der Heilsgeschichte und der Kampf des Menschen gegen den Teufel.[15]

Neben diesen motivischen und stilistischen Germanismen paßt sich die kirchliche Kritik natürlich auch von der Sache her den heimischen Gegebenheiten an. Sie greift zunächst bei den konkret faßbaren Auswüchsen der ritterlichen Ethik ein. Die Gier nach Ruhm und Reichtum wird, da der Gedanke der Unverträglichkeit von *êre* und *varndem guot* mit *gotes hulde* schon im Frmhd. geläufig ist, auf Schritt und Tritt verurteilt,[16] ebenso Prahlerei und Gewalttätigkeit, Hartherzigkeit und Ungerechtigkeit.[17] Vor allem ist die Reihe der „Germanensünden" noch lebendig: Habgier, Blutrache, Raub, Eigensinn, Ruhmsucht und das alte Beheißen fordern immer wieder zum Kampf heraus.[18]

---

[9] *behern, schirm, hulde, gevân, fürst, genôz, vertrîben, zuht, geverte, bejagen, widersagen, gestrîten.*

[10] Ähnlich: Recht 197–209; Hartm. Gl. 1–12, 1225–62, 1447–80, 1928–1935, 2554–69; Wien. Gen. 527–38; Summ. theol. 43–59; Vor. Mos. 48, 26–49, 20.

[11] Deutlich Vor. Mos. 48, 26–49, 2.

[12] Deutlich Wien. Gen. 25–82.

[13] z. B. Theophilus, der Gott „abrenunziert" (Hartm. Gl. 1928–35).

[14] Hartm. Gl. 1–12, 515–529; Tund. 55,26–31; Wien. Gen. 25 f.; Hochz. 135–139, 740–743. Vgl. auch die noch folgenden Untersuchungen zum Lasterkampf.

[15] Sehr schön in Summ. theol. 96,8 ff.: Adam soll als *chempho* einen *einwîc* gegen das Gebot kämpfen. Er verliert den Kampf und dadurch verlieren die Menschen Gottes Huld. Weiterhin in der Wahrh. (XI, 104 ff.): Gott ist der Arzt für die Wunden der Sündenpfeile; Vor. Sklg. (XII, 735 ff.): Gott soll in den Haupttugenden einen Brustpanzer zum Kampf gegen den Teufel schenken.

[16] Vgl. S. 106 ff. über das frmhd. Tugendideal. Längere Passagen z. B. bei H. v. Melk (s. o.) und Hart. Gl. (2389 ff., 2404 ff.).

[17] Als Komplex genannt in Tund. (45,70 ff.), vereinzelt häufig, z. B. bei H. v. Melk und dem Armen Hartmann.

[18] So in Aneg. (33, 38–46): *avaritia, superbia, vana gloria, inobedientia, homicidium, sacrilegium (geitichait, ubermut, uppige gute, ungehorsam, manslaht, sacrilegium).* Vgl. auch 10,97 ff. – Wien. Gen. (886 ff.): *superbia, avaritia, invidia-odium, ira (ubermuot, kir, nit, zurnen)* – Tund. (45,70 ff.) *odium, ira, rixa, superbia; (raeitzaere, zorn u. streit, neit, hohvart).*

Hinter diesen handgreiflichen Erscheinungen geht jedoch die kirchliche Kritik der Wurzel selbst zuleibe, die sie sehr wohl erkennt und in ihren verschiedenen, eng zusammenhängenden Charakterzügen deutlich anspricht und verurteilt: Im Hohen Mut oder wenigstens in seiner Übersteigerung liegt die *superbia* verborgen.[19] Sie drückt sich aus in der Weltbejahung und Diesseitigkeit einerseits,[20] die andererseits mit Härte und Todesverachtung verbunden ist.[21] Beides sind germanisch anmutende Züge, die im Vertrauen auf die eigene Kraft, in Selbständigkeit und Eigenmächtigkeit wurzeln.[22] Charakteristikum dieser Haltung ist der Irrglaube, alles Gute *ex se* zu haben, und folglich die Neigung, den Geber und Schöpfer zu vergessen, womit der eigentliche Zweck der Kreatur, das Lob Gottes, vernichtet ist.[23] Durch diese egozentrische Emanzipation der *superbia* wird das gute Verhältnis zwischen Gott und Mensch gestört, die Ordnung gelöst. Der Übermütige vergißt seine Abhängigkeit von Gott, er verläßt Gott,[24] verachtet ihn und seine Hilfe[25] und vergibt in seiner trotzigen Unbußfertigkeit und Reuelosigkeit die letzte Möglichkeit, durch Umkehr seine Seele zu retten.[26]

---

[19] Viele Quellen setzen den Hohen Mut der *superbia* gleich: Recht 164 ff.: Der Reiche wird zum Hohen Mut verführt *(er chêret hôhe sinen muot)*, zu Todesverachtung, zur Erbarmungslosigkeit, zur *superbia (die ubirmut er hin treit)*. — J. Jud. 131, 13—23: Nabuchodonosor bekommt durch seine Weltherrschaftserfolge Hohen Mut = *superbia (dŏ gehohter sin gemŏte. mit grozer uber mŏte)*. — Ganz scharf Wernh. Mar., Fassung B: der Teufel gewann *hobfart ŭn hohenmut* (5045). — Mehr Rücksicht auf den ritterlichen Hohen Mut nehmen die Stimmen, die nur die Übersteigerung des Hohen Muts als *superbia* bezeichnen: Hart. Gl., 2545—2569: Gute Position verführt dazu, den Mut zu hoch zu erheben. — Tund., 48, 71—76: Bestraft werden die, die auf Erden zu hoch steigen und in *vnrechte hovart* verfallen. — Wern. Mar. A 4452 ff.; B 5049 ff.: Mit dem Teufel verderben alle, die sich in Weltdingen zu hoch erheben.

[20] Bei H. v. Melk, Erinn. (s. o.) und Hart. Gl. 1 ff.; 148 ff.; 2389 ff. öfter angegriffen. Besonders deutlich Tund. 43, 22—41: Tundalus (vgl. den Armen Heinrich) hatte sich ganz auf die Welt ausgerichtet und mit der Nichtigkeit verbunden. Wern. Mar. A 4429 ff.; B 5025 ff.: Zum Teufel gehören alle, die weltliche Angelegenheiten in den Vordergrund stellen.

[21] So Recht 64 ff., Tund. 45, 70 ff.; 55, 26 ff.; 57, 21 ff.

[22] Deutlich Tund. 57, 39 ff.: In der untersten Hölle sind unter andern die *Umbeschaeiden, / Die ze verre getrovten ir chrefte. / Unt beliben ander reiterschefte.*

[23] Aneg. 3, 79 ff.; Hart. Gl. 265 ff. deuten das an. Davor warnt eindringlich die Vor. Sklg. XII, 368: *ich was irtôret unde irtobet, daz ich des ie vergaz, der dâ scephaere was*; ähnl. Trudp. Hl. 58, 6 ff.: Hochfahrt heißt, daß Lob um Gottes Gaben für sich beanspruchen.

[24] Hart. Gl. 2548 ff.: Der Übermütige steht in Gotteshaß, Gottferne.

[25] Hart. Gl. 2695 ff.: Wenn es ihm gut geht, verliert der Mensch seine Gottesfurcht und fällt in *ubirmût.* — J. Jud. 173, 9—11: Holofernes mißachtete im Übermut Gottes Güte.

[26] Diesen Punkt, der die Möglichkeit betrifft, in der Beichte die ritterliche Sittlichkeit doch noch unter Kontrolle zu bringen, heben die Geistlichen gern hervor: Ava, Antichr. 282, 23 ff.; Hart. Gl. 2562 ff.: Bei wem im letzten Augenblick *superbia* gefunden wird, der ist verdammt. In der Melker Hs. (ed. Leitzmann, *Klein. mhd. Erzählungen*, VI, 135—139) wird über den Ablaß hinaus echte Reue gefordert, da sonst die *superbia* bestehen bleibt. Tund. 57, 58 ff.: In der untersten Hölle sind die, welche im Tode noch

Diese Haltung des *âne got,* die Emanzipation des Rittertums, wird nun aber über die Wirklichkeit hinaus interpretiert: Sie ist in der Teufelsgefolgschaft ein Kampf gegen Gott und seine Ordnung.[27]

Als Prototyp des gegen seinen Herren kämpfenden Geschöpfes gerät damit Luzifer in das Blickfeld.[27a] Und sein Fall wird in einem so auffälligen Maße zum Mittelpunkt der Darstellungen, daß die Vermutung eines besondern Zieles und Zweckes nahe liegt. Während die Geschichte Luzifers ihrem Wesen nach der Heilsgeschichtsdichtung und der Bibelepik nahe steht und dort ihre größte Ausbreitung hat,[28] greift sie über diesen Themenkreis hinaus und taucht überall in der frmhd. Literatur als offenbar gut bekannter Komplex auf.[29]

Das heilsgeschichtliche Schema dabei ist das der Theorie und ist in jedem Fall das Gleiche:[30] Gott erschafft die Engel zu seinem Gefolge und macht Luzifer zu seinem Vertrauten und Abbild. Der aber fällt durch *superbia* mit allen seinen Genossen und wird in die Hölle verstoßen, während der Mensch geschaffen wird, um seine Ehrenstellung einzunehmen und den

ohne Reue über ihre Todsünden sind. Wien. Gen. 1097–1105: Wir freuen uns über unsere Todsünden, wollen nicht beichten und berühmen uns ihrer sogar noch.

[27] Diese Unterstellung liegt stets nahe und ist entsprechend häufig: Hart. Gl. (1932–35) läßt Theophilus auf Befehl des Teufels Gott den Kampf aufsagen (vgl. Genelun!), wie jeder Mensch im Wohlstand sich gegen Gott erhebt (2389 ff.). – Wern. Mar. A 4429 ff.; B 5025 ff.: Wie Herodes geht es allen, die Gott und seiner Ordnung Widerstand leisten wollen! Tund. 55,26–31: Tundalus erkennt als seine Schuld, daß er Gott Widerstand geleistet hat und ihn selbst bekämpfte, ohne Rücksicht auf seine Seele zu nehmen. – Vor. Mos. 48, 26 ff.: Neue Todsünden nach der Taufe bedeuten Kampf gegen Gott und *superbia.* – Vor. Mos. 59, 30 ff.: *fransmôte* (= *vrasmuot,* ahd. *frâza* = *superbia*) erhebt den Mut über ihn *ordo (recht).* – Ält. Jud. IV, 85: Holofernes *streit widir got gerni.* – Annol. 39 f. u. 55 ff.: Während alle Natur ihren *ordo* gehalten hat, pervertierten die beiden besten Geschöpfe (Luzifer und Mensch) in die *doleheit = superbia.*

[27a] Dazu M. Dreyer, *Der Teufel in der deutschen Dichtung des Mittelalters.* Teil 1: Von den Anfängen bis in das 14. Jahrhundert (Diss. Rostock, 1884). Diese Arbeit ist für unseren Zusammenhang nur wegen ihrer zahlreichen mhd. Belege interessant, ist jedoch eine gute Ergänzung zu Roskoff, *Geschichte des Teufels.*

[28] Ava, Antichr. 279, 15 ff.; Aneg. 3, 79 ff.; Wernh. Mar. A 4441 ff.; B 5037 ff.; Mfr. Rb. 43–48; Trudp. Hl. 12, 1 ff. Die Hauptstellen sind Wien. Gen. 25–82; 527 ff.; Vor. Mos. 4, 14–5, 8; Summ theol. 43–59.

[29] So Recht 197–109; Hochz. 1006 ff. (diese Darstellung geht offenbar auf Wien. Gen. zurück); Hart. Gl. 515 ff.; Tund. 2566 ff.; Tund. 25, 66 ff. In der geistlichen Ritterdichtung vor allem Kchr. 9194 ff. (auch 8862 ff., 9265 ff.); Rol. 4604 ff.; Rother 4560 ff.

[30] Das heißt nicht, daß es jeweils ganz vorgebracht würde, es liegt jedoch als Voraussetzung zugrunde und gibt den gedanklichen Hintergrund für die oft ohne deutlichen Zusammenhang herausgehobenen Teile. Wenn z. B. *Hochz.* 740 ff. gesagt wird: „Wenn Gott seinen Fluch ausspricht, fällt er den Hochmut", so steht dem mittelalterlichen Hörer sofort der Luziferfall vor Augen. Auf ähnliche Weise braucht Hart. Gl. (515 ff.), als er den Kampf Michaels gegen den Drachen schildert, die Bedeutung dieser Vorgänge überhaupt nicht zu erklären. Dies alles ist ein weiterer Hinweis auf die assoziative Wirkungsweise des *Superbia*-Gedankens.

zehnten Chor neu zu bilden. Aus Neid und Haß verführt Satan den Menschen zur gleichen Sünde und Ungehorsam. Seitdem hat der Mensch stets gegen ihn zu kämpfen, wird aber durch Christus erlöst, indem er die Gnade und die Möglichkeit der Rückkehr zu Gott durch Reue und Demut empfängt.

Innerhalb dieses Rahmens, der nichts anderes darstellt als die Popularisierung des im ersten Teil untersuchten Luzifer-*superbia*-Komplexes, erhalten nun einige Motive besonderes Gewicht. Zunächst Luzifers hohe Stellung vor dem Sturz,[31] seine Schönheit[32] und seine Macht.[33] Er ist ein genaues Abbild Gottes[34] und Gottes Lichtträger,[35] sein besonderer Vertrauter.[36] Gewiß hat bei diesen Vorstellungen, die ja schon in der lateinischen Literatur vorgebildet sind, die alttestamentliche Schilderung (Ezechiel 28, 12 ff.) Pate gestanden,[37] doch entsprechen die frmhd. Schilderungen im Ausdruck *(êre, gewalt, scône* usw.) wie in der Bildlichkeit auffällig genau den populären Vorstellungen von einem weltlichen Herrscher. Luzifer ist ein Fürst, der seine Gewalt von Gott bekommen hat und inmitten seiner Gefolgschaft als Vasall Gottes residiert. Vollends anschaulich wird das in der bildlichen Darstellung Luzifers im *Hortus deliciarum* der Herrad v. Landsperg,[38] die unter der Überschrift *Lucifer signaculum similitudinis dei plena sapiencia et perfecto decore in deliciis paradisi dei fuit inferior deo* den obersten Engel als kaiserlichen Herrscher mit allen imperialen Insignien darstellt,[39] ganz im Sinne der literarischen Quellen der Zeit in Pracht, Würden und kaiserlicher Herrlichkeit. Selbst wenn bei allen diesen Schilderungen die Anklänge unbeabsichtigt wären, muß beim Publikum die Parallelität zum weltlichen Herrscher assoziativ gewirkt haben.

Die wesentliche Frage in der Luzifergeschichte ist die nach dem Grund des Sturzes. Daß die Sünde des Teufels die *superbia* ist, darin stimmen alle

---

[31] Meist mit *êre* ausgedrückt, z. B. Kchr. 9273 ex negativo; Recht 200; Hart. Gl. 528; Wernh. Mar. B 5045; Summ. Theol. 43: *Der eingil allir hêrist.*

[32] *so wol getan* Aneg. 3, 79 ff.; *er was anderer engele wunne* und *ich pin also scone* Wien. Gen. 27; 47; *gevil ime wole* Vor. Mos. 4, 24; *engel herlich . . . tivel eislich* Mfr. Rb. 47 f.

[33] Kchr. 9223; Wien. Gen. 31; Summ. theol. 47.

[34] Meist in dem Bild des Wachsabdruckes. Das *Insigel*-Bild z. B. Aneg. 3, 92 f.; Summ. theol. 45 f.; Vor. Mos. 4, 14 f.

[35] *liehtvaz* Kchr. 8803; *erlich lieht* Recht 200; *liehtvaz* Wien. Gen. 32; *lihtuaz des hymeles* Vor. Mos. 4, 19.

[36] *min holde Lucifer* Wien. Gen. 58; *er was gote uil liep* Wien. Gen. 33; Aneg. 35,14: Gott tut die „*vber můt laeit*".

[37] S. S. 32 f.

[38] Fol. 3.

[39] Die gleichen Insignien erhält Christus dann bei seiner Kaiserkrönung (Hart. Gl. 1451 ff.): *Divinitatis sceptrum, / regale imperium: / daz keiserlich geserwe / daz hat er al begarwe / in sines vater ere.*

Autoren natürlich überein.[40] Worin aber besteht sie und was ist das Motiv
Luzifers? Ava (Leb. Jes. 259, 17 ff.) nennt Mangel an Gottesfurcht, *Die
Hochzeit* (1006 ff.) nennt die Rebellion der Engel gegen Gott, die *Mfr.
Reimbibel* (44 f.) den Wunsch nach Aufstieg und Gottgleichheit, ohne aus-
führlicher auf das Thema einzugehn.[41] Deutlicher werden dafür die Heils-
geschichtsdichtungen:

Die *Wiener Genesis* (25—77): Luzifer in seiner Herrlichkeit spricht zu
seinen Genossen wörtlich: „Mein Meister hat die Gewalt im Himmel und
glaubt, er habe keinen Widerpart. Ich bin genau so herrlich, ich will ihm
nicht mehr untertan sein, ich bin genau so prächtig, ich will mit meinem
Engelstand die gleiche Herrschaftsgewalt wie er haben, ich will ohne ihn
bestehn. Und ich will meinen Thron nördlich von ihm am Himmel haben
und will alles haben wie er." Darauf gibt Gott seinem Gefolgsmann Michael
den Befehl, den Aufstand zu unterdrücken und Luzifer zu stürzen mit
allen seinen Anhängern und denen, die dazu geschwiegen haben. Michael
schlägt zu und die Teufel stürzen drei Tage und drei Nächte lang wie Regen
in den Abgrund.

Die *Summa theologiae* (43—59): Der oberste Engel war Abbild Gottes;
er pervertierte seine Herrschaft, die ihm Gott gegeben hatte, in *ubirmût*.
Er wollte im Norden sitzen und dem Höchsten gleichrangig sein. Deswegen
wurde er als abtrünniger Engel mit seinen Anhängern verstoßen und in
seinem Neid zum Vater aller Mißgunst. Er fiel von seiner Höhe so
tief, daß er keine Aussicht auf Rückkehr hat, da er den Willen zum Guten
verloren hat.

Die *Vorauer Bücher Moses* (4, 14—5, 3): Luzifer als Abbild Gottes war
Anführer des zehnten Chores, eine Leuchte des Himmels, war aber nicht
zufrieden und wandte die Augen von Gott auf sich selbst, er schaute sich
selbst an und mußte das büßen. Denn er gefiel sich selbst, lehnte sich sofort
gegen seinen Schöpfer auf, haßte ihn und setzte seinen Thron nach Norden.
Gott vertrieb ihn samt seinen Genossen in die Hölle, wo er in Ewigkeit
peinvoll haust. Luzifer wollte die Gnade Gottes nicht tragen und bewirkte
eigenständig seinen Fall.

Das *Anegenge* (3, 79—4, 41): Gott hat die Engel zu der Aufgabe geschaffen,ihn zu preisen. Luzifer war damit nicht zufrieden und erhob sich
über die ihm zugedachte Ordnung: er wollte seinen Thron neben seinen

---

[40] Die Begriffe sind meist *übermuot, hôhvart, hôhmuot.*
[41] Recht 203 ff., Hart. Gl. 515 ff.; 2566 ff., Tund. 57, 21 ff. verzichten ganz auf Motivation, sondern setzen sie bei der einfachen Nennung der *superbia* als bekannt voraus.

Herrn setzen. Er verlor dadurch seine Ehrenstellung, was gerecht war, weil er nicht mit der Gottähnlichkeit zufrieden war, sich selbst anschaute, sich wohl gefiel und den Wunsch hatte, dem Höchsten gleich zu sein. Dieser Gedanke der *superbia* warf ihn vom Himmel in den ewigen Tod und mit ihm alle, die ihn unterstützt oder auch nur verhehlt hatten.

Priester Wernhers Maria (4441—4445; B 5037—5052): Die Hörer mögen sich vor der *superbia* hüten, die stets fallen muß. Man denke, wie es dem Teufel erging: Als er Hochfahrt und Hohen Mut faßte, wurde er ohne Waffen und ohne seine Blütenpracht mit seinen Streitgenossen aus seiner Ehrenstellung gestoßen (so Fassung B; Fassung A: Als er übermütig wurde und frevelhaft handelte; er setzte seinen Thron gegen seinen Schöpfer, da mußte der Betrüger fallen). Genau so müssen alle verderben, die sich mit ihm verbinden und sich in weltlichen Angelegenheiten zu hoch aufrichten und einordnen.

Die Kaiserchronik: Der höchste Engel mußte wegen seines Übermutes fallen und mit ihm alle, die ihm darin Genossen waren (8802—07). Im Streitgespräch zwischen Silvester und Kusi wird auf die Frage, welche Schuld der Teufel denn auf sich geladen hatte, daß nicht einmal Christus ihn erlöst habe (9194 ff.), erklärt (9267 ff.): Gott hat der Schöpfung die *mâze* und das Gleichgewicht gegeben und sorgt für dessen Erhaltung, indem er die Übermütigen fällt und die Demütigen dafür erhebt. Ein Teil der Engel wurde übermütig, die anderen aber blieben bei Gott und in seiner Gnade und erhielten sein Reich. Luzifer trieb die *superbia* so weit, daß er Gottes Partner sein wollte, obwohl bekanntlich mit *ubermuote* niemand zu Gott kommen kann, sondern zur Höllenstrafe verdammt wird.

Man vergleiche die fünf Erzählungen. Die Art der Darstellung und die Motivation läuft stets auf das Gleiche hinaus. Es handelt sich um den Versuch eines von Gott eingesetzten Herrschers, sich im Vertrauen auf eigene Vorzüge und Kräfte zu emanzipieren und eine autonome Herrschaft aufzurichten. Als sein Motiv wird deutlich Selbstgefälligkeit (Vor. Mos., Aneg.), Unabhängigkeitsstreben (Wien. Gen., Vor. Mos., Kchr.), Unzufriedenheit und Selbsterhöhung (Aneg.) angegeben. Das sind ganz deutlich *Superbia*-Haltungen des Rittertums. Priester Wernher nennt denn auch treffend *hohfart und hohen mut* (Maria B. 5043).

Jedes einzelne all dieser Motive und darüber hinaus die Art der Darstellung im ganzen mußten bei mittelalterlichen Zuhörern, die ja im Verstehen von Signifikationen geübt waren, einen ganz bestimmten Erfolg haben.[42] Mit dem aus Assoziationen und Anklängen entstehenden Bild Luzifers als eines ritterlichen Herrn mußte sich das Rittertum angesprochen fühlen. Es mußte in Luzifer, seinem Charakter und seiner Tat sich selber wiedererkennen und mußte seinen Fall in der *superbia* als Warnung auffassen. Ja, genauer noch: Nicht nur das Rittertum im ganzen scheint angesprochen zu sein, sondern im besonderen das Imperium selber. Luzifer, dem das Bild Herrads die kaiserlichen Herrschaftszeichen in die Hände legt, ist von Gott mit der Herrschaft über die himmlischen Heerscharen und Untertanen betraut. Sein Vergehen ist Verschwörung und Rebellion mit seiner Gefolgschaft gegen seinen vorgesetzten Herrn, und zwar nicht einmal zu dessen Sturz, sondern nur um gleiche Herrschaftsgewalt zu bekommen. Stellt sich schon damit eine deutliche Erinnerung an die politischen Bestrebungen des staufischen Kaisertums um Autonomie, um Emanzipation von der Kirche und um weltliche Vorherrschaft ein, so wird die Anspielung augenfällig durch einen Zug, der zwar aus dem Alten Testament stammt,[43] im inhaltlichen Zusammenhang der Luzifergeschichte jedoch überflüssig ist. Jede Quelle erwähnt den Thron Luzifers. Nach Aneg. und Wernh. Mar. stellt Luzifer ihn neben den Herrn, nach Wien. Gen., Summ. Theol. und Vors. Mos. aber nach Norden. Mehr noch als wir heute mußte der nach Sinn und Bedeutung Suchende damals in diesem auf den ersten Blick blinden Motiv eine Anspielung auf das Kaisertum gesehen haben, das im Norden, nördlich der Gott vertretenden römischen Kirche herrschte und um Autonomie kämpfte.

Dieser aktuelle Bezug ist denn auch schließlich der Grund für ein anderes gemeinsames Motiv aller Luzifer-Erzählungen, den durchgängigen Hinweis auf die Mitverurteilung seiner Anhängerschaft.[44] Alle, die sich auf die Seite Luzifers stellten, und sei es auch nur dadurch, daß sie keine Partei in der Auseinandersetzung ergriffen (Aneg. und Wien. Gen. sagen das ausdrücklich), erlitten die gleiche Strafe der Verdammnis. Deutlicher konnte man eine Warnung gegen die Ritterschaft und gegen die kaiserliche Partei schlechterdings nicht aussprechen, ohne in direkte Sittenpredigt zu verfallen und damit die literarische Glaubwürdigkeit beim ritterlichen Publikum zu verlieren.

---

[42] Man vergleiche hierzu die Texte selbst, die ich in den vorhergehenden Anmerkungen angeführt habe. S. Anm. 30, S. 140.

[43] Jes. 14, 13: *In caelum conscendam, super astra Dei exaltabo solium meum; sedebo in monte Testamenti, in lateribus Aquilonis.* S. o. S. 33.

[44] Die dabei gebrauchten Begriffe *genôzen, chor, pflihten,* legen die Vorstellung einer bestimmten Gruppe, eines Standes nahe.

Die kirchliche Kritik ist bei aller ihrer Schärfe dennoch, weil sie aus dem gegensätzlichen Ideal entspringt und lebt, außerordentlich konstruktiv und hält mit Gegenvorstellungen nicht zurück. Diese laufen selbstverständlich, ob sie *spiritus timoris*,[45] *smâch*[46] oder, wie meist, *dîemuot* und *ôtmuot* heißen, auf die Forderung der *humilitas* hinaus. Interessanterweise wird aber auch hier auf ritterliche Denkart Rücksicht genommen. Die *humilitas* wird als Erfüllung der Pflichten eines Gefolgsmannes dem Ritter tragbar zu machen versucht; es ist stets die Rede von Gottes *hulde* und *gnâde*, von der Aufgabe, Gott zu ehren und ihn treu zu lieben[47], ihm gehorsam zu sein,[48] sich in Christi Gefolgschaft einzureihen.[49] Es wird dem Ritter anempfohlen, seinen Mut auf Gott auszurichten[50] und den einzig rechten Kampf gegen den Teufel zu kämpfen.[51] In diesen Zusammenhängen fällt auch wieder der Ausdruck *guot* in ganz ähnlichem Sinn, wie er bei Otfrid aufgefallen war als *humilitas militum*:[52] *guote* bezeichnet die Qualität des Gott liebenden und gehorsamen, tüchtigen Mannes oder Ritters. Mit diesen Anpassungen an ritterliche Vorstellungen macht die cluniazensische Literaturgruppe einen ersten Schritt auf dem Wege zu einem Kompromiß, den die geistliche Ritterdichtung vollends durchführt. Ehe wir jedoch zu dieser übergehen, seien die Charakteristika der klerikalen Literaturgruppe noch einmal zusammengefaßt:

Eines der vordringlichsten Ziele der innerhalb der frmhd. Literatur zahlenmäßig weit überlegenen klerikalen Gruppe[53] ist die Bekämpfung der sich emanzipierenden weltlichen Mächte. Die ritterliche Sittlichkeit und Lebensführung wird *als superbia* identifiziert und rigoros abgelehnt.

---

[45] Ava, Leb. Jes. 279, 17.
[46] Hochz. 940. Die alte germanische Auffassung der *humilitas* als Schande und Niedrigkeit klingt in solchen Begriffen nach.
[47] Hart. Gl. 1–12, 265–68; Summ. theol. 185 f.
[48] Hart. Gl. 5.
[49] Specc. eccl. 41, 4 ff. spricht im Rahmen einer *Civitas-Dei*-Predigt davon. Ähnlich Hart. Gl. 9 f.: *Christes scâre*.
[50] Himml. Jer. 189.
[51] Hochz. 135 ff.: *rechter degen* und *wigant*. S. auch H. v. Melk, Erinn. 364–66.
[52] Im Himml. Jer. 189 ff. folgt aus der Wendung des Herzens zu Gott das Verlassen der *superbia* und das Bewahren der *guote*. – Hochz. 111 ff.: Alle, die gegen die Ordnung und das Recht verfahren, die *vehtent ane guote mit ubirmuote*. – Wien. Gen. 886 ff.: Der Teufel versucht mit *superbia* von der *guote* abzuwenden. – Der Arme Hartmann setzt *gûte* genau wie Otfrid nahezu mit *humilitas* gleich: Der heilige Geist duldet manche Widerspenstigkeit durch seine *gûte* (1721–23) und Christi *gûte* und *ôtmute* bringt die Erlösung (1944 f.).
[53] Von den etwa 70 frmhd. Denkmälern gehören, wenn man in Anbetracht der fließenden Übergänge vorsichtig schätzt, etwa 60 zur klerikalen Gruppe.

Der *Superbia*-Gedanke ist dementsprechend eines der wichtigsten und häufigsten Motive der frmhd. kirchlichen Literatur.[54] In den heilsgeschichtlichen Darstellungen tritt die Luzifergeschichte außerordentlich stark hervor, sein Fall wird zum anschaulichen Zentrum der literarischen Kampagne der Kirche. Das geschieht nicht nur wegen der großen Popularität der Luzifergestalt, sondern weil sich in ihr eine Möglichkeit bietet, die dichterische Darstellung kunstvoll zu einem Propagandamittel zu machen. Die Art der Darstellung und die Motivik zwingen den Hörer zu einer assoziativen Identifizierung des Rittertums und des Kaisertums mit Luzifer und seiner Ursünde. Durch die bewährte Methode der Identifikation wird die Gestalt Luzifers, des Prototyps der *superbia*, zum Mahnmal und zur wirkungsvollen Warnung vor den emanzipatorischen und kirchenfeindlichen Bestrebungen der weltlichen Mächte.

Als Voraussetzung derartiger Identifikation ist eine gewisse Anpassung an die Gedankenwelt der Angesprochenen notwendig. Es dringen eine Anzahl von Germanismen und ritterlichen Motiven in die kirchliche *Superbia*-Lehre ein, und es wird zum andern die Forderung der *humilitas* in gewissem Grade ermäßigt und annehmbar gemacht als Gottesliebe, Gottesgefolgschaft und Gotteskämpfertum. Damit hat auch die sonst streng ritterfeindliche kirchliche Literatur den ersten Schritt getan zum Kompromiß in der Idee des *miles Dei*.[55]

3. Die geistliche Ritterdichtung

Der cluniazensisch gestimmten Hauptmasse der frmhd. Literatur steht eine der Zahl nach geringe Gruppe von Werken gegenüber, die über die genannten Ansätze hinaus Verständnis und Wohlwollen für die ritterliche Gedankenwelt und Lebensführung zeigen. Es sind dies das *Annolied*, Lamprechts *Alexander*, die *Kaiserchronik* und das *Rolandslied*.[56] Diese wenigen Werke nehmen eine ähnliche Sonderstellung ein, wie sie Otfrid innerhalb der ahd. Literatur inne hatte. Sie versuchen, zwischen dem *Virtus*-Ideal des Rittertums und der kirchlichen Grundtugend mit einem Maß an

---

[54] In 14 von 60, d. h. einem Viertel der clunizensischen Dichtungen spielt der *Superbia*-Komplex eine große, zum Teil konstituierende Rolle.

[55] Dies alles steht natürlich im Zusammenhang mit der Idee des *miles Christianus*, die schon in der frühen Apologetik, auf NT-Stellen gestützt, ihren Ursprung hat.

[56] Die Gruppe der „Spielmannsepen" und die der Legendenromane liegen in unserem Zusammenhang am Rande des Interesses. Zwar sind die gleichen Gedanken und Absichten vorhanden (z. B. Rother 4451 ff., 4560 ff.: Teufelssturz etc.), sie werden jedoch allzu sehr von Zügen der Trivialliteratur überwuchert.

Toleranz zu vermitteln, das man bei der strengen literarischen Disziplin des Klerus nicht zu selbstverständlich hinnehmen sollte. Es müssen schon andere Gründe als Erzählfreude, ritterlicher Auftrag oder Zeitgeschmack sein, die einen Kleriker der cluniazensischen Zeit veranlassen können, das Tabu, das seit Karls fehlgeschlagenem Rehabilitierungsversuch über weltlicher Dichtung lag, zu durchbrechen und mit ritterlichen Vorstellungen zu arbeiten. Andererseits besteht jedoch zwischen dem cluniazensischen und dem ritterfreundlichen Literaturkreis keine so grundsätzliche Trennung, wie man angesichts der Extreme Heinrich von Melk und Pfaffe Konrad meinen könnte. Alle Autoren sind Geistliche, und ihr gemeinsames Ziel bleibt die Unterdrückung der als *superbia* erkannten Emanzipationsbestrebungen des Rittertums und die Wiedereinordnung der ritterlichen Sittlichkeit in das kirchliche System.

Von diesem jedem Geistlichen selbstverständlichen und unabdingbarem Grundsatz her stellt sich die Haltung der geistlichen Ritterdichtung weniger als Ergebnis kirchenfeindlicher oder genuin ritterlicher Anschauungen dar denn vielmehr als abgewandelte, wesentlich geschicktere und klügere Methode der kirchlichen Propaganda. Die Dichter der ritterlichen Gruppe wollen nichts anderes als ihre Kollegen Heinrich oder Hartmann, sie gehen nur anders und wirkungsvoller vor. In der richtigen Erkenntnis nämlich, daß es unmöglich sei, die inzwischen fest verwurzelte Lebens- und Denkform des kräftigen Rittertums noch auszurotten, machen sie aus der Not eine Tugend. Sie verzichten auf eine sinnlose Polemik und erkennen die ritterliche Lebensweise an, um sich dafür von der anderen Seite her mit klarem Blick für das Wesen der ritterlichen Sittlichkeit ganz auf den Kern des Problems zu konzentrieren und das Übel an der Wurzel anzugreifen. Sie versuchen, an die Stelle des *ex se* die *humilitas* einzusetzen und so die Ordnung wiederherzustellen.

Damit nehmen sie — es stehe dahin, ob absichtlich oder unbewußt — den Lösungsversuch Otfrids wieder auf, die Bindung nämlich der ritterlichen *Virtus* an Gott durch die ausschlaggebende Grundtugend der *humilitas*. Sie reduzieren das gesamte Problem auf die entscheidenden Kategorien *humilitas* und *superbia*. In dem Versuch, diese beiden Grundbegriffe in die ritterliche Sittlichkeit einzufügen und sie ihr nicht von außen kontradiktorisch entgegenzustellen, besteht letztlich die Besonderheit der geistlichen Ritterdichtung gegenüber der kirchlichen Literatur. Denn aus dieser altbewährten Methode, kirchliche Lehren und Forderungen durch weitgehende Ver-

kleidung und Anpassung einzuführen, statt von außen her einen frucht-
losen Kampf zu führen, folgen alle weiteren Schritte.

Einer der ersten ist eben die Ausweitung der geistlichen Dichtung auf
weltliche Stoffe und Formen, soweit von dem kirchlichen Zweck aus möglich
und nötig ist. Ein weiterer Schritt nach dem Betreten der weltlichen Dich-
tungsbereiche ist die weitgehende Übernahme auch der zugehörigen Motivik
und der Denkweisen, um sich in der Anpassung das Interesse des ange-
stammten Publikums zu erhalten. Was aufgenommen wird, von der Waffen-
technik und den Kampfschilderungen bis zu dem Gedanken der Gefolgschaft
oder der höfischen Freude, das im Einzelnen darzustellen, überschreitet die
Grenzen dieser Untersuchung. Wichtig erscheint mir vor allem folgender
Sachverhalt:

Der große Erfolg des ersten Kreuzzuges hatte unendliche Möglichkeiten
des Zusammenspiels von Kirche und Rittertum angedeutet,[57] der altchrist-
liche Gedanke vom *miles Christi* war zum ersten Mal geschichtliche und
eindrucksvolle Wirklichkeit geworden. Was Wunder, daß die Kirche dies
historisch als möglich legitimierte Ideal des Gott und der Kirche unmittelbar unterstellten Ritters aufnahm und weiterführte, denn es bot ein glaub-
würdiges Vorbild auch für die Lösung der brennenden moralpädagogischen
Probleme. Im Kreuzrittertum konnte das ritterliche *Virtus*-Ideal dem
Dienste der Christenheit und der Kirche nutzbar gemacht werden.[58] Damit
entfällt der moraltheologische Zwang, die ritterliche Sittlichkeit grundsätzlich abzulehnen und es wird der Weg frei zu einem Kompromiß, wie ihn
Otfrid vorgeschlagen hatte.

Die wichtigste Folge des Gottesritter-Gedankens ist eine Aufwertung der
Kriegertugenden. Tapferkeit, Entschlossenheit, Kampftüchtigkeit sind die
erforderlichen Eigenschaften, die man von jedem Ritter, ob real oder
literarisch, erwartet, und die grundsätzlich positiv gewertet werden.[59] Diese
Förderung der ritterlichen *Virtus* geht so weit, daß mönchische Kampf-
unfähigkeit geradezu als minderwertig und unmännlich verachtet werden

---

[57] Heinr. IV. war damals im Bann, der französische König ebenfalls. Der Kreuzzug wurde
deshalb von den (romanischen) Fürsten und den Papstlegaten angeführt, fand also ohne
die Mitwirkung des Imperiums in unmittelbarer Zusammenarbeit von Kirche und
Rittertum statt.

[58] Dieser Entwicklung entspringt denn auch die außerordentlich wirkungsreiche Schrift
Bernhards v. Clairvaux, *De laude novae militiae* (1128).

[59] Das Rol. lobt die Tapferkeit als solche sowohl an Karl und Roland, wie an Paligan und
Marsilie. Im gleichen Sinn kann auch der Vor. Mos. Christus als *aller chuniste helt*
bezeichnen und das Annol. die *Virtus* der Germanen und Cäsars preisen.

kann und daß die ritterlichen Krieger- und Herrschertugenden durchaus den Vorrang vor den meisten christlichen Tugenden bekommen.[60]

Wie weit diese Aufwertung geht, zeigt das ALEXANDERLIED in seiner gesamten Konzeption. Alexander ist von der Tradition als *typus superbiae* überliefert,[61] sein Angriff auf den Himmel stellt ihn dem Satan gleich, zudem ist er Heide und Anführer einer der vier *civitates terrenae*. Was macht die deutsche Dichtung aus dieser Gestalt? Der *Vorauer Alexander* läßt die kompromittierende Paradieszugsgeschichte ganz fort, das *Annolied* und die *Kaiserchronik* berichten wertungsfrei die baren Wundertaten, und nur der *Straßburger Alexander* bringt in der abgewandelten Form eines weitergeführten Kriegszuges den versuchten Angriff Alexanders auf das Paradies.[62] Weit davon entfernt, ein Urbild der *superbia* zu sein, wird Alexander als erstaunlicher Held geschildert und gepriesen, dessen Fehler in nicht viel mehr als jugendlicher Unbedachtsamkeit und im Überschwang bestehen. Die beiden Mahnungen, die Alexander vor der göttlichen Warnung zuteil werden, sind maßvoll und nehmen auf den ritterlichen Hohen Mut sehr viel Rücksicht.[63] Darius schreibt, es stünde dem erfolgreichen Menschen wohl an, im Glück auf die *mâze* zu achten und sich nicht fälschlich zu überheben.[64] Und fast genau so warnt Königin Candacis, man solle sich im Glück nicht zu hoch erheben, da sonst das Schicksal zürne.[65] Der Hohe Mut und der Ehrgeiz werden also anerkannt, wenn ihnen auch die Grenzen der *mâze* gesetzt werden. Von *superbia* jedenfalls ist nicht die Rede.

Diese kommt erst ins Spiel, als Alexander seine Weltherrschaftspläne[66]

---

[60] Am besten illustriert im Tugendkatalog Karls (Kchr. 15072 ff.). Karl, der wahre Gotteskämpfer, ist kampftüchtig, stattlich, wohlwollend, er hat das Königsheil, ist demütig, zwar entschlossen, aber doch „gut“, preiswürdig, gefürchtet und überall angesehen. Von diesen zehn größten Tugenden sind nur *teûmuote*, und in Abschwächung *guote* und *genâde* eigentlich christliche Tugenden! In der gleichen Richtung der Positivierung ritterlicher Ideale liegt es auch, wenn der *Salman*-Dichter vom *stolzen* König David (Salm. R 1697) spricht und damit einen ahd. *Superbia*-Begriff auf David, den *typus humilitatis* anwendet!

[61] Vgl. S. 200.

[62] Die bekanntere Fassung ist die von der Greifenfahrt. Daß und wie der Alex. S. einen Kriegszug daraus macht, erkläre ich mir ebenfalls aus der Anpassung an ritterliche Vorstellungen.

[63] Man vergleiche mit der Schonung, die Lamprecht dem Welteroberer Alexander angedeihen läßt, die unnachsichtige Verurteilung der ihm ähnlichen Gestalten Nabuchodonosor und Holofernes (Ält. u. Jg. Jud.) von seiten clunianzensischer Autoren.

[64] Alex. S. 3430 ff.

[65] Alex. S. 6176 ff.

[66] Alexanders Ziele stellen sich als legitim zu dem umfangreichen Komplex des Weltherrschaftsgedankens, wie er auch im Rol., in der Weltgeschichtsdichtung und im *Ludus de Antichristo* begegnet.

zu weit treibt und das Paradies selbst zinshaft machen will.[67] Sein *hôhmuot*, sein herrscherlicher Ehrgeiz trieb ihn so weit, in großer Torheit gegen den Rat der Weisen dem Draufgängertum seiner jugendlichen Helden folgend,[68] gegen Gott vorzugehen: *sîn hôhmût in der zû trûc / daz er sih hîz wîsen / gegen den paradîse. / daz wolder bedwingen* (6615 ff.). In seiner Unersättlichkeit wird er als tobender Wüterich der Hölle und dem Teufel gleich.[69] Doch auch hier wird die letzte Identifikation mit der Ursünde *superbia* vermieden: Gott bezeichnet seine Schuld als *unmâze*, als er ihn mahnen läßt, demütig zu sein und durch Reue und Beichte seine Huld zurückzugewinnen,[70] — einer Forderung, der Alexander nachkommt, indem er seine Sittlichkeit der *mâze* unterstellt.[71] Der Wunderstein schließlich, unbeschadet seiner Fähigkeit, stolzen Mut zu verleihen, hat die Aufgabe der Mahnung an alle Menschen, sich nicht zu überheben, Gott zu lieben und sich ihm gehorsam unterzuordnen.[72]

Das *Alexanderlied* paßt sich also in seiner Moralität mit äußerster Rücksicht den ritterlichen Idealen an. Diese Anpassung geht in der Aufnahme des *Mâze*-Gedankens weit, daß der Verdacht aufkommen mag, es handle sich beim *Straßburger Alexander* um eine ritterliche Bearbeitung des Vorauer Liedes, die dann ganz in der Nähe von Veldekes *Eneit* stünde. Im Grunde seiner Absichten jedoch bleibt auch der Alex. S. in der Linie der Geistlichen. Seine Schlußmoral, die Lehre seines Werkes ist letztlich die Forderung der *humilitas*.

Und wie Alexander bei all seinen ritterlichen Vorzügen erst durch diese Bekehrung zum guten Herrscher wird, setzt auch die übrige Geistlichendichtung bei aller Toleranz ihr Ritterideal ganz entschieden von dem ritterlichen ab. Sie stellt gegen den ohne und damit wider Gott kämpfenden

---

[67] Abgesehen von dieser Partie (S. 6613 ff.) spielen *Superbia*-Begriffe keine besonders große Rolle. Den Begriff *hôhmuot* verwendet Alex. S. nur dreimal (V gar nicht), einmal 6614, die andern beiden Male von Darius gegen die Agressionspläne Alexanders gesagt (1601; 2885); hier scheint die verengerte Bedeutung ‚übersteigerte Herrschaftsansprüche‘ vorzuliegen. Die eigentliche *superbia* bezeichnet im Alex. der Begriff *übermuot*, jedoch ist auch er als ‚Mut und Selbstsicherheit‘ verharmlost: V 1217 zeigt sich Alexander *übermüetic*, jeweils offenbar im Sinne von ‚Unbeugsamkeit‘ und ‚trozigem Mut‘ (V 723, 756, 825), S 2012 steht *übermüete* epithetisch, S 4768 als ‚Reichtum, Luxus‘. Eigentlich *superbus* ist nur Darius, der sich in Stolz und Übermut vermißt, Alexander zu hängen und der damit, wie er S 3414 selbst erkennt, sein Glück verscherzt hat.
[68] Alex. S. 6643—6672.
[69] Alex. S. 6667 ff.: *der tobende woterich / der was der hellen gelich* (6671 f.)
[70] Der Alte im Paradies, bes. 6913 ff.
[71] Alex. S. 7260 ff.
[72] Alex. S. 7154 ff ; 7208 ff.

Ritter[73] den *verus miles Dei*, den wahren Gottesstreiter.[74] Was ist das Merkmal für diese Unterscheidung, die sich durch ihren Maßstab der *veritas* als heilsgeschichtlich bezogen andeutet?

Zunächst ein äußeres Merkmal, die sich aus den Zeitumständen ergebende Aufgabe des Kampfes für Gott. Lebenssinn des *miles Dei* ist der Kampf für die Christenheit, die Verteidigung der Kirche und die Bekehrung der Heiden.[75] Dieser Auftrag weist dem Rittertum als streitbarem Diener Gottes[76] einen festen Platz innerhalb der Weltordnung zu: Kampf ist der Gottesdienst der Ritterschaft[77] und der Tod für Gott ihr Weg, die Paradieseheimat wieder zu gewinnen.[78] In diesem Sinne ist wiederum Karl Vorbild: *Karl was ain warer gotes wigant, / die heiden er ze der cristenheite getwanc* (Kchr. 15072 f.).

Die Forderung, die über diese Aufgabe hinaus an die innere Haltung des Ritters gestellt wird, ergibt sich auch ritterlichem Denken von selbst und wird von der Kirche entsprechend vorgetragen. Einem Krieger ist Gehorsam gegenüber seinem Herrn selbstverständlich, — was liegt näher, als daß man die Forderung der *humilitas* dem Ritter als Gefolgschaftstreue, Liebe zum Herrn und Gottesdienerschaft verständlich und annehmbar macht. Schon das *Annolied* zeigt diese Einkleidung, wenn es berichtet, die Missionare hätten die kampfkühnen Franken durch die Bekehrung zu

---

[73] Diese Gleichsetzung von *âne got = wider got*, die uns schon in der klerikalen Dichtung entgegentrat, ist auch im *Rolandslied* deutlich ausgesprochen: *done wessen si* (die Heiden) *nicht rechte, / daz er allez wider got strebet, / swer ane got lebet* (3480 ff.).

[74] Einige Beispiele für diesen häufigen Begriff: Hochz. 136 ff.; Hart. Gl. 270 f.; Rol. 8505; 4857; 5149; 5108. Ähnliches meint auch schon das Annol., wenn es von dem „besseren Kampf" der Germanen nach ihrer Bekehrung spricht (Anno 561 ff.).

[75] Sehr konzis spricht diese Aufgabe des Rittertums der *Sermo Generalis* des Specc. eccl. 141, 24 ff. aus: *Nu merchet, ir ritere, waz wir iv sagen. Ir birt ein arm der christenheit geheiscen, da uon daz ir si uon den uinden bescirmen scult. Roub unde brant unde huor scult ir vermiden, die ubelen scult ir druccen, die guoten uristen. Mit sogetaner riterscefte garnet ir die ewigen wunne que preparavit deus diligentibus se.*

[76] Im *Rolandslied* z. B. heißt Karl *lieber gotes dinist man* (Rol. 8447 u. ö.), Roland *din uorchempphe des heiligen gelouben* (Rol. 6509 f.), er ist erwählter *chnecht* Gottes (Rol. 7004).

[77] Freilich lassen sich daraus wiederum die heftigsten kriegerischen Ausschreitungen legitimieren, z. B. die offensichtliche Mordlust Rolands (1129; 1862 ff. u. ö), der seine Welteroberungspläne (2270 ff.) als Gottes Gebot rechtfertigen kann (6883).

[78] Es ist gewiß kein Zufall, daß der Otfridsche Gedanke von der Suche nach der verlorenen Paradiesheimat im Rol. und anderswo mit nicht geringer Bedeutung aufgenommen wird, z. B. 3412 ff.: *di waren gotes degene / wolten niht entrinnen. / si wolten gerne wider gewinnen / daz unser alt erbe* (ähnlich 3912 ff.). Ich möchte sogar vermuten, das Hapaxlegomenon *alterbe* sei eine Volksetymologie des Otfridschen *thaz unser adalerbi* (I, 18, 17)! Auch der Zug Alexanders gegen das Paradies, sein falscher, eigenmächtiger Weg zu Gott, mag als Zeichen für die Bedeutung dieser Vorstellung genommen werden.

besseren Kämpfen angeworben, als es die früheren für Cäsar waren, zum Kampf nämlich als Gottesknechte gegen die Sünden.[79] Und die späteren Anspielungen auf das Treue- und Minneverhältnis zwischen Gott und seinen Soldaten sind überaus zahlreich.[80] Was die Kirche zu fordern hat, kann sich in diesen Vorstellungen nun auch als *exhortatio militum* gebaren, etwa wenn Karl im *Rolandslied* auf eine Anhöhe tritt und seine Leute zum Kampf gegen die Heiden aufruft:

> *ich bit uch alle durch got,*
> *daz irz williclichen tût:*
> *habet stetigen mût,*
> *habet zucht mit gûte,*
> *wesit demûte*
> *wesit got unter tan*
> *uwir meisterschafte unter tan;* (Rol. 212 ff.).[81]

Diese Forderungen erfüllen die Karlsritter in zwingend vorbildlicher Weise:[82]

> *ia waren die herren edele*
> *in cristenlichem lebene.*
> *si heten alle ain mût.*
> *ir herce hin ze gote stunt.*
> *si heten zucht unt scam,*
> *chuske unt gehorsam,*
> *gedult unt minne.* (Rol. 3417 ff.).

Es ist bezeichnend, wie sich unter der Hand im Gefolge der als Kriegergehorsam auftretenden *dêmuot* die typisch monastischen, asketischen Begleiter *zuht, scam, chuske, gedult* einschleichen und die Forderungen als das unveränderte kirchliche Moralzentrum enthüllen.[83] Ob es in Gestalt der Kriegertreue, der Gottesliebe, des Gottesbundes, des Gottesauftrages und wie auch immer geschieht, was die Kirche im letzten fordert, ist und bleibt *humilitas*, und was sie im Kern bekämpft, ist die *superbia ex se!* Diese grundsätzliche,

---

[79] *Dü gewinnin si da ci vrankin / Ci gotis dienisti vili manigin man / Mit beizzirimo wige / Dan si Cesar gewanne wilen. / Si lertin si widir sunde vehtin, / Daz si ci Godi werin güde knechte* (Anno. 561 ff.).

[80] Einige finden sich im Vorhergehenden (Luzifer-Komplex), weitere werden im Folgenden angeführt.

[81] Unter *meisterschefte* versteht sich nach Kchr. 8490 die kirchliche Obrigkeit: Konstantin ist der *rômiske vogt*, Papst Silvester ist *sin maister*.

[82] Sie haben als Vorbilder umso mehr Autorität, als ihr Tod sie zu Heiligen macht. Roland und seine Ritter werden 3255 ff. mnd 3941 ff. zu Nothelfern und Fürbittern im Himmel erhoben; Rolands *heiliger lichename* wird wie eine Reliquie bewahrt.

[83] Auch im Vorbild, dem Templerorden, werden ja mönchische Regeln einer ritterlichen Gruppe unterlegt.

unbedingte Entscheidung „mit Gott oder gegen Gott"[84] ist letzter und einziger Wertmaßstab, die ethischen Grundkategorien der *humilitas aut superbia* fällen die Entscheidung über gut oder böse: Die Engel, die gegen Gott waren, *sie worhten ubil oder guot / si muosen eben alle / dulten die helle* (Hochz. 1006 ff.).

Ubil oder guot sind also abhängig von der Entscheidung *cum Deo aut contra Deum*, die Stellung zu Gott bestimmt das Wesen und den Wert jeder Handlung. Die Ethik, welche die geistliche Dichtung dem Rittertum anträgt, ist also völlig relativiert und bewegt sich mit ihrer Identifikation von *cum Deo = bonum, justum, verum, humilitas, vita aeterna* bzw. *sine Deo = malum, injustum, falsum, superbia, mors* ganz in den Bahnen des augustinischen Weltsystems.

In dieser Weise bilden die Zentralgedanken *superbia* und *humilitas* die ethische Grundlage und damit gleichzeitig das heilsgeschichtliche Gerüst vor allem der beiden größten Vertreter der frmhd. geistlichen Ritterdichtung: der *Kaiserchronik* und des *Rolandsliedes*. Es ist in der Kchr. kurz und leicht darstellbar, während die vielfältigeren Verhältnisse im Rol. zu eingehender Betrachtung zwingen.

Die KAISERCHRONIK drückt diesen ihren Grundgedanken zwar nur an wenigen Stellen, dort aber deutlich genug aus. Sie gibt gleich zu Anfang ihr Thema an, das sie als *guotes liet* zu behandeln gedenkt:

> *von den bâbesen unt von den chunigen,*
> *baidiu guoten unt ubelen* (18 f.).

Diese Einteilung der Weltgeschichte in gute und schlechte Herrscherpersönlichkeiten bildet in der Tat den roten Faden des gesamten Werkes und macht es gleichsam zu einer Exemplifikation der augustinischen Staatslehre. Wodurch diese Einteilung entsteht, wird im Disput um die *wilsaelde* erläutert: Jeder Mensch hat die Freiheit zu eigener Willensentscheidung. Entweder kehrt er sich zu Gott und zum *bonum* oder aber er wendet sich dem *malum* zu und den Todsünden (3416—44).[85] Und das innerste Motiv

---

[84] Das Gottferne gleich Gottfeindschaft ist, drückt das Rolandslied besonders deutlich aus: *done wessen si nicht rechte, / daz er allez wider got strebet, / swer ane got lebet* (Rol. 3480 ff.).

[85] Es werden von den *houbethafte sunde* genannt (3435—3442): *luxuria, (unchûsclîch), superbia (ubermuote), homicidium (reslahen), rapina (habe benemen), proditio (verrâten)* aufgeführt. Für die Gleichung *sine Deo = contra Deum = malum = diabolus* ist bezeichnend, daß die Kchr. den Begriff *widerwart*, der im damaligen Sprachgebrauch mit Vorliebe Bezeichnung für Satan war, sowohl im allgemeinen Sinn als ‚Gegner der Christen' wie als Bezeichnung für die Teufelssöhne und Antichristen Symon und Julian gebraucht.

153

zu dieser Grundsatzentscheidung erläutert Papst Silvester im Streitgespräch gegen die Juden: Gott, der die Weltordnung geschaffen hat, hält sie selbst im Gleichgewicht, indem er die *ubermuotigen* abstößt und die *diemuotigen* zu sich stellt (9236—9245). Die Teilung der Welt und ihrer Geschichte hat also ihren Grund in den konträren Haltungen und Entscheidungen *humilitas* und *superbia,* die seit ihrem ersten historischen Auftritt in Luzifer und den gottestreuen Engeln[86] den Grundcharakter jedes einzelnen Menschen bestimmen. Sie klassifizieren die Menschheit so grundsätzlich, daß gute Eigenschaften oder Taten bei nicht zu Gott gehörenden Persönlichkeiten als bemerkenswert auffallen,[87] und im übrigen die Verworfenheit und Verlorenheit der Heiden so selbstverständlich ist, daß sie nur selten eines Hinweises bedarf und in der Darstellung ihres Lebens impliziert ist.[88] Die *superbia* ist das Charakteristikum der dem Verderben bestimmten Gottesgegner:

> *si hêten grôz ubermuot*
> *so ie der unsaelige tuot.* (8464 f.)

Zwar auf dem gleichen Schema beruhend, doch in ihrem Erscheinen und Wirken viel häufiger und vielfältiger stellen sich die Kategorien *humilitas* und *superbia* im ROLANDSLIED dar. Ihre erschöpfende Darstellung würde eine eigene Untersuchung erfordern. Nur die wichtigsten Linien seien im folgenden nachgezogen.

Was dem Zeitgenossen unmittelbar deutlich gewesen sein muß, wird einer heutigen Interpretation erst auf dem Hintergrund unserer Zusammenhänge erkennbar, daß nämlich auch das *Rolandslied* sein Thema gleich am Anfang präzise definiert:

> *uon eineme turlichem man,*
> *wie er daz gotes riche gewan:*
> *daz ist Karl der cheiser.*
> *uor gote ist er,*
> *want er mit gote uberwant*
> *uil manige heideniske lant.* (9 ff.)

---

[86] Diese ausführlichen Darstellungen bewegen sich ganz im Rahmen der cluniazensischen Dichtung (8794—8809 und 9264—9289).

[87] So z. B. die *Rex-pacificus*-Eigenschaft des Heiden Augustus *swie er got niene vorhte / jedoh er fride vorhte* (607 f.).

[88] Sehr auffällig bei Cäsar, dem sogar *diemuot,* allerdings nur im Sinne von Gnädigkeit, zugeschrieben wird. Die Freigiebigkeit *lert in sin diemuot / Cäsar was milt unde guot. / vil michel was sin sin* (499 f.). *Caesar magnanimus* ist in der Tat Vorbild eines ritterlichen Herrschers (so auch das Annol.), aber allein schon seine *mors subita et pessima* kennzeichnet ihn als Teufelskind.

Der Kampf mit Gott gegen die Gottesgegner, diese kriegerische Form des augustinischen Dualismus ist das Thema des *Rolandsliedes*. Und nicht psychische, ständische, ethische oder weltanschauliche Gegensätze sind die primären Grundlagen der Weltpolarität, sondern eben das rigorose *cum Deo aut contra Deum*. Gewiß ist das Ziel Konrads eigentlich ein moralpädagogisches, aber es geht dem Geistlichen dabei so konzentriert um das brennende Zeitproblem der Stellung zu Gott, daß sich ihm die augustinischen Prinzipien unter der Hand auf das lapidare und undifferenzierte *âne got — mit gote* reduzieren. Die Bindung an Gott in außerordentlich konkretem Sinn ist der entscheidende Punkt, auf den alle die kräftigen und klaren Antithesen des Werkes letztlich zurückgeführt werden müssen, und der darüber hinaus auch einige weniger beachtete Widersprüchlichkeiten des Werkes in sich logisch zusammenfaßt. Was also folgt im einzelnen aus der Formalisierung der Grundkategorien im Rolandslied?

Einmal ist die handgreifliche, aktuelle Teilung der Welt in Christenheit und Heidentum gar nicht so unüberbrückbar, wie es nach der Unerbittlichkeit des Kampfes den Anschein haben könnte. Der Gegensatz der beiden irdischen *civitates* liegt letztlich nur darin, daß die eine ihr Fundament in Gott hat[89] und die andere von ihm getrennt ist.[90] Er könnte durch die Beseitigung dieser Trennung ohne weiteres aufgehoben werden, und zwar durch die Bekehrung in der Taufe, die als formale Aufhebung der Gottesfeindschaft zu außerordentlicher Wichtigkeit gelangt:

> *diu toufe ist daz aller herist,*
> *daz solte sin daz aller erist*
> *daz solte min herre ansehen*
> *un solde ordinen ir leben:*
> *so wůchse die gotes lere.* (1085 ff.)

Der Vollzug der Taufe bedeutet dem Rol. eine Ordnung des gesamten Lebens zu Gott, die Taufe ist der Beginn einer grundsätzlichen Neuorientierung und leitet eine wie von selbst kommende seelische und sittliche Umwandlung ein. Sie ist das manifeste Bekenntnis zu Gott und bringt in der Bekehrung den spontanen Wechsel zum *mit gote*. In dieser Funktion wird die Taufe zur einzigen, aber unabdingbaren Forderung, die an das

---

[89] Dieser Unterbau auf Gott legitimiert übrigens alle sich als Überbau zeigenden Züge des Christentums: *ist diu grunt ueste in gote erhaben, / so wil ich u werliche sagen: / daz ŏber zimber en mach nicht gewichin* (991 ff.).

[90] Die Heiden erkennen sich selbst, wenn auch heuchlerisch, als von Gott getrennt: *wir birn heiden, / leider uon gote gescheiden; / nu hilf uns sine hulde irweruen, / daz wir in den sunden icht irsterben* (727 ff.).

Heidentum ergeht;[91] eine Forderung, die einerseits so formelhaft gestellt wird, daß sie die Heiden zur Heuchelei und zum Betrug geradezu herausfordert,[92] aber gleichzeitig so absolut ist, daß die Ablehnung die gnadenlose Vernichtung mit sich bringt.[93]

Diese eigentümliche Primitivität der religiösen Maßstäbe bedeutet jedoch keineswegs nur eine Veräußerlichung, denn ihr liegt eine Überzeugung zugrunde, die als Konsequenz aus der Verabsolutierung des *cum Deo aut contra Deum* folgt: Das Verhältnis zu Gott entscheidet über *malum* und *bonum*, also auch über die moralische und charakterliche Stellung. Charakter und Taten sind ein Ausfluß der grundsätzlichen Position, denn da es bei Gott kein wahres *malum* und ohne Gott kein wahres *bonum* geben kann, folgt mit zwingender Logik, daß alles, was auf der Grundlage *mit gote* beruht, als *bonum* und alles Gottferne als *malum* zu beurteilen ist, ohne Rücksicht auf eine anders scheinende Realität. Diese Gleichsetzungen bedeuten also eine völlige Relativierung der Psychologie und der Ethik. Vorentscheidend für das Wesen und die Beurteilung jedes Menschen ist seine Zugehörigkeit zu einem der beiden Pole, die materiellen Gegebenheiten sind gleichgültig. So bezeichnen denn auch die Begriffe *superbia* und *humilitas* erst in zweiter Linie die konkreten charakterlichen Erscheinungen.[94] Sie sind vielmehr Bezeichnungen von hohem Abstraktionsgrad für die so geschiedenen Menschenklassen, sie gleichen Etiketts für die beiden Grundstellungen. Die *superbia* ist ganz wie in der Kchr. Signum der verlorenen Gottesfeinde: *si furten groz ubermŭt / so ie der unsalige tŏt.* (289 f.)

Das beste Beispiel dafür, daß aktuelle *Superbia*-Erscheinungen nicht als die eigentliche Schuld, sondern nur als äußeres Symptom und Folge der

---

[91] Karl will von Marsilie nichts anderes: *dir enbiutet der keiser uon Rome, / daz du got erest / unde in die kristinheit cherest, / daz du dich touphest, / an einen waren got geloubest* (2025 ff.). — *di toufe scol dich gehaile: / wiltu di behaltē, dinen richtum wil ich dir zehenzechualten* (8488 ff.). So ist auch die Aufforderung Geneluns, die Heiden zu schonen, als die zur Taufe bereit scheinen, berechtigt (1131 ff.).
[92] Vorgeschlagen von Marsilie 885 ff.
[93] *toufent sich die haiden / ... / sone scol si nimen rouben / sunter frieden unte fristen / sam unsere lieben eben cristen. / unte belibent si haiden, / ich gemache da uaige* (3158 ff.). Die Illustration geben die Kämpfe: *sich erbarmte da niemen* (5552) ist als ein Lob für die Christen gedacht!
[94] Gewiß liegt in dem Ausdruck *hôchfart* oder *ubermuot* meist der Vorwurf der Anmaßung, des Hochmutes, der Rücksichtslosigkeit vor, doch weist sich dieser konkrete Bedeutungsteil ebenfalls als relativ dadurch aus, daß er den Christen, zumal Roland, von heidnischer Seite vorgeworfen werden kann (z. B. 3689 ff.; 1842; 2440; 2584; 4038; 7627 sogar gegen Karl!). Eben in diesem ironischen Zug zeigt sich ja die tödliche Unkenntnis der Heiden, welche die grundsätzlichen Positionen nicht kennen. Anmaßung bei Christen ist recht, sie bleibt jedoch ein Fehler bei den Heiden.

Gottesferne gelten, bietet die Gegenüberstellung des demütigen Christen-
heeres und der übermütigen Heiden vor der Schlacht im Roncesvalles
(3241—3530). Beide Heere sind auf das prächtigste gerüstet. Die Christen
bereiten sich durch den Gottesdienst auf den Kampf vor, und genau so
rüsten sich auch die Heiden, indem sie demütig vor ihren Göttern um den
Sieg flehen (3465 ff.),[95] sie handeln also eigentlich nicht anders als die
Christen. Das prächtige Ritterleben, das die Heiden zu führen pflegen,
ist im Äußeren wenig von dem Auftreten der Christen unterschieden.[96]
Ja, selbst in ihrer Religiosität sind die Heiden den Christen zum verwechseln ähnlich: Sie lieben Machmet (4398 u. ö.), sie werfen den Christen
ihren Unglauben vor (7965), sie planen eine Gegenmission (3720 ff.). Wieso
werden sie dennoch der Ursünde *superbia* beschuldigt? Nur und gerade
deswegen, weil sie nicht wissen, daß ohne Gott leben gleich gegen Gott
kämpfen ist.[97] Sie sind *âne got,* und das bedeutet eben die grundsätzliche
Verurteilung ihres gesamten Wesens. Genau so wie ohne Prüfung alles gut
ist, was christlich ist, so ist umgekehrt *superbia,* was auch immer die Heiden
tun und denken mögen:

> *si waren chûne helde;*
> *gestaine über gestaine,*
> *doch si waren heiden,*
> *habeten si mere denne gnuoc.*
> *si uerlait ir groz ubermût,*
> *di Luciferen den alten,*
> *hibeuor ualte:*
> *alle di sich ir unterwindent,*
> *di werdent alle hi geschendet;*
> *di sint sine genoze,*
> *di werdent zu im uerstozen.*
> *mit ubermûte chomen si dar.* (4600 ff.)

Dieser Grundsatz der absoluten Präjudizierung, die Zuweisung der
Grundschuld *superbia* nach der Kategorie *âne got* ist auch der Grund für
die merkwürdige, uns heute befremdende Gleichgültigkeit gegenüber der
realen Schuldverteilung. Nach der Art, wie er dargestellt ist und wie ihn
die Heiden auch beurteilen, ist uns der unangenehmste Charakter des

---

[95] *mit grozer hochuart si furen. / si uielen fur Machmet* (3468 f.). Auch das als besondere
superbia genannte Tanzen und Musizieren geschieht nur ihren Göttern zu Ehren.
[96] Man betrachte etwa das Heerlager der Christen (629 ff.) oder die ganze ähnliche Ausstattung des Gottesfeindes Genelun und Rolands (1548 ff.; 3280 ff.).
[97] *Done wessen si nicht rechte, / daz er alles wider got strebet, / swer ane got lebet* (3480 ff.).

ganzen Werkes ausgerechnet Roland: blutdurstig (1129 f., 1860 ff.), jäh-
zornig (1327 ff.), räuberisch (2435 ff.), anmaßend herrschsüchtig (2259 ff.,
1875 ff.), unhöfisch beleidigend (3689 ff.), eingebildet (1840 ff.). Roland hat
durch seine hochmütige Weigerung, Olifant zum Hilferuf zu blasen, das
Christenheer auf dem Gewissen,[98] er hat durch seinen gemeinen Vorschlag,
Genelun zu Marsilie zu senden, den Verrat eigentlich erzwungen.[99] Und
dennoch ist er durch seine *humilitas,* sein Gottesrittertum so gerechtfertigt,
daß alle diese Fehler völlig unbeachtet bleiben und er in seinem Tod
Christus ähnlich werden kann.[100] Auf gleiche Weise gehen auch alle Vorwürfe der Heiden gegen die Christen wegen Landfriedensbruch, Mord,
Ungerechtigkeit, kurz *hôchfart* ins Leere, denn deren Krieg ist Auftrag
Gottes,[101] ist *bellum justum,* und ein zu Gott gehöriger Mensch kann eo ipso
nicht *superbus* sein.

Umgekehrt sind auch die besten Tugenden der Heiden wie Tapferkeit,
Friedfertigkeit, Frömmigkeit, Herrschertreue wegen ihrer falschen Vorzeichen stets *superbia.* Deshalb läßt sie der Christ ohne eine Regung des
Mitleids oder Gerechtigkeitsgefühls in den Untergang sinken: sie sind in
ihrer *superbia* Luzifers Genossen und mit ihm zum Untergang bestimmt.[102]
Gott selbst greift in die Weltgeschichte ein und verteilt wie der Gott des
Alten Testaments Heil und Vernichtung. Er hilft den Seinen und bekämpft
seine Gegner.[103] Damit werden *superbia* und *humilitas* auch zum Ersatz für
die Entscheidungen des Schicksals:[104] *superbia* bedeutet *veigheit, humilitas
heil,* der Gottlose ist rücksichtslos ohne Ansehen der Person zum Tode
verurteilt.[105]

---

[98] Olivier wirft ihm das unmißverständlich vor (6005 ff.): *daz hastu allez aine getan*
(6025).
[99] 1364 ff. Genelun kommt auf den Gedanken des Verrats nur, um die welteroberungs-
süchtigen Paladine Roland und Olivier unschädlich zu machen (1859–1897).
[100] 6889 ff. Es handelt sich um die bekannte Postfiguration durch Naturzeichen, Kreuzes-
haltung usw.
[101] Roland, als er bei seinem Tod Gott mit dem Handschuh den Auftrag erfüllt zurück-
gibt: *der durch suntare geborn wart: / der gebot mir dise heruart* (6883 f.). Auch
Genelun ist vor seiner Verführung vom Gottesauftrag Karls überzeugt (1796 ff.).
[102] 4604 ff. Das Motiv des vom Schicksal bestimmten *veigen* geht in solchen Vorstellungen
auf.
[103] Die Stellen, an denen Gott zum Schutz der Seinen persönlich in die Schlacht eingreift,
sind zahlreich (z. B. gegen Paligan 8446 f., 8543 ff., 8563 f.), auch als grundsätzlich
wird seine Parteinahme oft ausgedrückt (4700 ff., 1807 ff., 5010 ff.). Mir scheint hier
ein enger Anschluß an germ. Vorstellungen vorzuliegen, besonders wenn Gott sich
über einen Schwertschlag freuen soll (5587 f.) und seine Engel wie Walküren einsetzt
(5804).
[104] Wieder also ausgesprochen heidnische Relikte, die genuin zur Heldendichtung gehören.
[105] Oft ausgedrückt, z. B. 8545 ff.: *wes sparstu den man? / diu urteile ist uber in getan.
uerfluchet ist al sin tail. / got git dir daz hail.* Ähnlich 3361 ff., 4742 ff.

Daraus erklärt sich schließlich auch die Kälte und die Fühllosigkeit gegenüber dem traurigen Schicksal der Heiden, die den heutigen Leser abstoßen kann. Die Tötung eines Heiden ist lediglich die notwendige Vollstreckung eines von Gott selbst gefällten Urteils,[106] der Christ ist gehorsames und urteilsloses Werkzeug Gottes. So entsteht die naive Maxime eines guten Ritters: Zwar mögen die Heiden treffliche Menschen sein, aber sie sind eben leider Heiden, also müssen sie vernichtet werden.[107] — Und dem einzigen der Christen, der diesem Grundsatz nicht folgt, wird gerade diese seine Toleranz zum Ursprung seiner Schuld: Genelun vermag den Kampf gegen die Heiden nicht als gerecht einzusehen, und das ist zusammen mit seinem berechtigten Groll gegen Roland der Grund für seinen Verrat.[108]

Auch diese Schuld Geneluns endlich bekommt von unseren Gesichtspunkten her einen neuen Aspekt: Genelun ist darin zwiefach schuldig, daß er seine Mitchristen den Heiden auslieferte und daß er die taufwilligen Heiden der Bekehrung zu Gott beraubte.[109] Seine Schuld ist ein Verrat, der in seinem Wesen ein Treubruch gegenüber Gott ist.[110] Damit stellt sich Genelun, was durch die Schwüre nur bekräftigt und beurkundet wird,[111] in die Reihe der Gottesgegner und erleidet folgerichtig ihr Schicksal, die *mors peccatoris pessima*.[112] Genelun ist von Gott zum Tode verurteilt[113] für ein Verbrechen, das mehr staatsrechtlichen als theologischen Charakter hat. Und mit seinem schlimmen Tod ist die Ordnung wiederhergestellt: *so wart di untriwe geschendet: / da mit si daz liet verendet.* (9015 f.)

[106] 8542 ff. besonders deutlich (s. Anm. 105).
[107] z. B. 4735 ff. Hier drückt sich die naive Selbstsicherheit der ersten Kreuzzüge aus.
[108] 1859 ff. Genelun ist in manchem schon durchaus höfisch, er paßte besser in die Welt des *Willehalm*.
[109] 2400 ff.: *dui helle si [ime] iemmir gare, / daz er ungetruweliche / uerrit zwei riche, / sine ebenkristen zů der martir gab, /* [als ihn der Kaiser versöhnlich zu den Heiden sandte] */ uñ si der touphe willich waren, / daz er si in den truwen heiden halben uerrit.*
[110] Darin eben ist er Judas ähnlich (1924 ff.). Weil seine Schuld vor allem der Verrat von Christen (der Begriff *ebencrist* ist Bezeichnung für die Genossen der *Cum-Deo-Gruppe*) an die Heiden ist, kann Geneluns Schuld aus quantitativen Gründen als größer denn die Schuld Judas bezeichnet werden: *unde uerchophte Judas in cinī, / Genelun uerchophte widir die heidin / mit ungetruwen listen / manigen herlichen kristen* (1936 ff.). Vom Erlösertod oder überhaupt heilsgeschichtlichen Lehren ist in dieser Kriegerwelt nicht die Rede. Es geht vor allem um den Bruch der Gefolgschaftstreue, der Begriff der *untruwe* steht im Zentrum der Verurteilungen (2375 ff. z. B.), er steht of epithetisch bei Genelun.
[111] 2363 ff. Ein Bündnisschwur gegen Gott, mit dem Rat des Teufels, der sehr an den des Theophilus in Hart. Gl. erinnert.
[112] Auch dieser mittelalterliche Glaubensgrundsatz wird im Rol. ausgesprochen, und zwar wörtlich von Karl: *mors peccatoris pessima. / der suntare tot ist fraislich* (7700 f.).
[113] Beim letzten Gottesgericht setzt sich Gottes Urteil so stark durch, daß auch alle Fürsprecher Geneluns mit dem Tod büßen müssen (8965 ff.; 9007 f.).

Auf Geneluns *Contra-Deum*-Stellung, also seiner *superbia,* beruht seine postfigurative Verwandtschaft mit Judas.[114] Sie macht den abtrünnigen Paladin auch zum Abbild Luzifers: Die Schilderung Geneluns und seiner Leute bei ihrer Ausrüstung[115] erinnert sehr an das Luziferbild der Herrad von Landsberg und an die Darstellungen in der clumazensischen Literatur; zumal die Ausstattung mit Edelsteinen folgt genau der Luzifer-Passage Ezechiels.[116] Im Wesen beruhen diese Postfigurationen auf Ähnlichkeiten, die der gleichen Grundeinstellung entspringen.[117]

Ich muß es bei diesen Hinweisen auf untersuchenswerte Zusammenhänge bewenden lassen. Sie zeigen zur Genüge den Punkt, von dem eine Interpretation des *Rolandsliedes* wie der *Kaiserchronik* auszugehen hat und der meines Erachtens bisher in seiner zentralen Stellung nicht genügend beachtet worden ist.[118] Die Kategorien *superbia* und *humilitas* spielen im *Rolandslied* als Vorzeichen der beiden grundsätzlichen Stellungen *cum Deo aut contra Deum* eine entscheidende Rolle. Sie bilden das weitgehend formale Grundschema für alle Antithesen und sind die Pole, zwischen denen sich das gesamte Werk aufbaut. Der *Superbia*-Gedanke in seinem generellsten Sinn der Trennung von Gott ist das Grundmotiv des *Rolandsliedes.*

Mit diesem Höhepunkt des *Rolandsliedes* haben wir die Geschichte des *Superbia*-Gedankens in der frmhd. Literatur abgeschlossen. Die geistliche Ritterdichtung, die sich über Stoff und Motivik hinaus so weitgehend dem Rittertum anpaßt, daß die Antinomie *superbia-humilitas* im Rol. und in der Kchr. auf den Gegensatz *cum Deo — contra Deum* vereinfacht wird und im Alex. sogar in den ritterlichen *Mâze*-Begriff übergeht, bildet eine Brücke zur ritterlich-höfischen Dichtung, und damit dem nächsten Kapitel der

---

[114] 1925: *den armen Judas er gebildot.* Diese Postfiguration und damit die Bedeutung seines Verbrechens wird dadurch vertieft, daß sie heilsgeschichtlichen prädeterminierten Dispositionen der Person entspringen: *er muose sine nature began.* (1961)

[115] 1548–1562; auch 1567–1660.

[116] S. o. S. 32 f.

[117] Dasselbe gilt für das Postfigurationsverhältnis Karls und Rolands zu Gott und Christus (47 ff.; 6895 ff.; 7000 ff.; 7490 ff.). Weiteres zu diesem Problem im Kapitel D, I.

[118] Daran krankt vor allem die bisher eingehendste Untersuchung der beiden gegensätzlichen Welten des *Rolandliedes:* G. Fliegner, *Geistliches und weltliches Rittertum im Rolandslied des Pfaffen Konrad* (Breslau, 1937) bringt für eine große Zahl gut gesehener Züge eine Menge Material bei. Es fehlt jedoch gerade die Herausarbeitung der Oberbegriffe, obwohl sie verschiedentlich in der Luft liegen, zumal im Kapitel „Der Hochmut der weltlichen Ritter" (S. 10–14), das den kirchlichen *Superbia*-Gedanken erwähnt und versucht, den Hochmut der Heiden als Ablehnung des Höfischen zu deuten. Zum *Rolandslied* insgesamt jetzt auch H. Richter, *Kommentar zum Rolandslied,* Teil I (Zürich, 1970).

Superbia-Geschichte. Zur Orientierung seien wiederum die Ergebnisse des vorangehenden Kapitels konstatiert.

Der *Superbia*-Gedanke spielt eine entscheidende Rolle in der frmhd. Literatur, die in der Auseinandersetzung mit den Emanzipationskräften des Laientums zu einem Hauptfeld des Kampfes der kirchlichen Moraltheologie gegen die ritterliche Sittlichkeit wird. Der im Hohen Mut als freudigem Selbstbewußtsein gipfelnde *Virtus*-Gedanke des Rittertums wird vom Klerus als Tendenz zur Loslösung aus dem kirchlichen Ordnungssystem erkannt und mit ihrem Urgegner *superbia* identifiziert. Zwar wendet sich ein großer Teil der Autoren lediglich den konkreteren der vier *Superbia*-Gattungen zu, und nur wenige erkennen das *ex se*, die egozentrische Eigenständigkeit, als den Kern des Übels; aber in ihrer Aufgabe und in ihrem Ziel bildet die frmhd. geistliche Literatur eine Einheit: die Emanzipation des Rittertums, das Vorschreiten der „Humanität" als *superbia* zu bekämpfen und das ritterliche Tugendsystem wieder in das kirchliche einzuordnen.

Die Trennung der frmhd. Literatur in das Lager der cluniazensisch und das der ritterlich gesinnten Dichtung liegt also nicht an einem Unterschied in den Grundsätzen, sondern stellt sich uns lediglich als Verschiedenheit der Methode dar. Die beiden Gruppen zeigen verschiedene Grade der Anpassung an das ritterliche Denken. Die cluniazensische Geistlichendichtung bekämpft die ritterliche Sittlichkeit rigoros und ohne Differenzierung als *superbia*. Dabei paßt sie sich freilich in gewissem Umfang durch Aufnahme von germanisch-ritterlichen Elementen wie dem Gefolgschaftsgedanken und Kampfmotiven den ritterlichen Vorstellungen an. Vor allem baut sie die Geschichte Luzifers als ihr zentrales Motiv zu einem sehr wirksamen Kampfmittel aus; die Art der Darstellung macht die Gestalt Luzifers durch assoziative Identifikation zu einer ausdrücklichen Warnung für das Rittertum und die Anhänger des Imperiums. Von ihrem Grundsatz der völligen Ablehnung der ritterlichen Ideale als *superbia* weicht die kirchliche Literatur keinen Schritt, und so muß ihrer Kritik aus Mangel an Entgegenkommen ein breiterer Erfolg gerade beim Ritterstand versagt bleiben.

Die geistliche Ritterdichtung hingegen *(Alexander, Kaiserchronik, Rolandslied)* kommt dem Rittertum weit entgegen. Nicht nur, daß sie sich in Stoff und Motivik ganz auf dessen Boden begibt, sie bietet ihm sogar, den alten Otfridschen Vorschlag aufnehmend, einen Kompromiß an. Sie beschränkt sich nämlich auf die Bekämpfung des Kerns im *ex se*, indem sie die Gegensätze zwischen *superbia* und *humilitas* auf die weitgehend formalen Kategorien *cum Deo aut contra Deum* vereinfacht nach der Formel: *cum Deo = humilitas* mit allen Konsequenzen — *contra Deum = superbia* mit allen Konsequenzen. Damit gewinnt sie die Möglichkeit weitgehender Toleranz gegenüber den ritterlichen Tugendidealen, da dieser auf der anderen Seite die nur um so unerbittlichere Forderung der *humilitas* als Einordnung unter Gott gegenübersteht. Auf ihren kürzesten Nenner gebracht lautet diese Lösung, welche die Kirche dem ritterlichen Laientum anträgt: Durch Einordnung unter Gott wird der *Superbia*-Charakter der ritterlichen *Virtus* aufgehoben.

Trotz seiner größeren Tiefe und Weitschau ist jedoch dieser Kompromiß in der Praxis für die Kirche letztlich weniger vorteilhaft als die rigorose Bekämpfung ihres Gegners. Wie der *Straßburger Alexander*, bei dem die Verritterlichung so weit getrieben ist, daß die *superbia* als *unmâze* von den ritterlichen Tugendvorstellungen aufgesogen wird, warnend zeigt, ist diese Synthese stets in der Gefahr, zugunsten einer der beiden Pole zu zerfallen. So geschieht es denn auch in der klassischen mhd. Zeit tatsächlich: Die ritterliche Sittlichkeit emanzipiert sich weiter und das Problem *superbia-humilitas* bleibt als *êre und varnde guot — gotes hulde* weiter bestehen.

IV. Der Superbia-Gedanke in der mhd. Dichtung

1. Das Grundproblem der ritterlichen Ethik: gotes hulde

Wenn ich im folgenden eine zentrale Rolle des *superbia*-Gedankens auch in der höfischen Literatur der mhd. Blütezeit aufzuzeigen versuche, unternehme ich es nicht, das durch die Forschung seit der Romantik rekonstruierte Gedankengebäude des klassischen Rittertums aufs Neue darzustellen, sondern berufe mich im Gegenteil, da ich mich bei der Größe des Gebietes nur umso enger an die Hauptzüge der *Superbia*-Geschichte zu halten gezwungen bin, für die zahl- und umfangreichen angrenzenden Komplexe auf die zuständige Literatur.[1] Ich möchte nur von den eben erarbeiteten Grundsätzen aus auf einige Punkte hinweisen, von denen ausgehend eine intensivere Untersuchung der einzelnen Werke zu einigen neuen Ergebnissen kommen könnte.

Mit Beginn der höfischen Literatur tritt der *Superbia*-Gedanke in eine gänzlich neue literarische Umwelt: seit Heinrich von Veldeke sind alle bedeutenderen Literaturwerke der mhd. Blütezeit ritterlicher Herkunft, während der geistliche Stand aus der deutschen Dichtung so gut wie ganz zurücktritt. Das Rittertum hat sich für einige Zeit die geistige Führung erobert und macht auch die Dichtung zum Spiegel ausschließlich seiner Gedankenwelt. Damit kehren sich auf dem Feld des Kampfes zwischen *Virtus* und *superbia* die Verhältnisse völlig um. Während vordem der *Virtus*-Gedanke seine literarische Existenz nur in der negativen Darstellung der kirchlichen Gegnerschaft erhielt, ist es nun die *Superbia*-Lehre der Kirche, die bei der Vorherrschaft des Rittertums in der Dichtung ihr Leben im feindlichen Lager zu führen gezwungen ist. Doch was man damit erwarten könnte, nämlich eine so völlige Umwertung von *superbia* und *humilitas*, wie sie in der christentumsfeindlichen spätantiken Stoa stattgefunden hatte, und wie sie jetzt wieder als Aufstieg des Hohen Mutes zur absoluten Tugendspitze gegen einem Abstieg der *humilitas* zur ,Knechtsgesinnung'

---

[1] Da das Wesentliche in de Boors Literaturgeschichte (4. Aufl. 1960), bes. Bd. 1, S. 217 f. u. Bd. 2, S. 19 f. und S. 429) angegeben ist, glaube ich auf eine Aufzählung verzichten zu dürfen, im übrigen verweise ich auf das Literaturverzeichnis am Ende dieser Arbeit. Vor allem beziehe ich mich auf die Darstellungen Ehrismanns, Schwieterings, Schneiders, Naumanns, Curtius' und de Boors.

denkbar wäre, das tritt nicht ein. Im Gegenteil, der *Superbia*-Gedanke beherrscht, wenn auch in abgewandelter Form, auf weite Strecken die ritterliche Sittlichkeit.

Diese erstaunliche Behauptungskraft des kirchlichen Gedankens in der ritterlichen Literatur beruht im wesentlichen auf zwei Gegebenheiten. Zum ersten: Man darf nicht übersehen, daß das höfische Rittertum, sein Tugendkodex und seine Literatur stets Sache eines verhältnismäßig kleinen, exklusiven Kreises bleibt, dessen Vorherrschaft in der Literatur, wenn man es genau nimmt, zunächst nichts weiter beweist, als daß das Rittertum mit seinen Gedanken die Herrschaft über die oberen geistigen Schichten des Laientums und das Interesse der literarisch Überliefernden besessen hat. Neben diesem kleinen Kreis aber herrscht in der quantitativ und teils auch denkerisch überlegenen lateinischen Literatur die kirchliche Tradition und Denkweise noch ungebrochen fort und gibt den alten moraltheologischen Grundgedanken einen festen Rückhalt gegenüber der ritterlichen Gedankenwelt. Man darf also aus dem literarischen Zurücktreten der kirchlichen Morallehre nicht auf eine allgemeine geistesgeschichtliche Bedeutungslosigkeit während der einen Generation, in der sie auf die praktische Seelsorge beschränkt erscheint, schließen. Die kirchliche Lehre erfaßt im Gegenteil, wie z. B. an den Erfolgen Bertholds von Regensburg abzulesen ist,[3] ein viel breiteres Publikum als die ritterliche Dichtung. Wenn man sich angesichts dieser Überlegungen davor hütet, die Vorherrschaft der ritterlichen Gedankenwelt zu überschätzen, wird verständlich, daß der *Superbia*-Gedanke auch in der ritterlichen Dichtung keineswegs kraftlos gewesen ist.

Zum zweiten: Die weitgehende Ausschaltung des Klerus aus der dichterischen Ritterwelt darf nicht darüber hinwegtäuschen, daß dem Mittelalter das Leben jedes Menschen von der Taufe bis zur letzten Ölung von der Kirche umfaßt war. Einerlei, wie stark sonst der Widerstand gegen die kirchliche Herrschaft ist oder wie weit die Irreligiosität und Immoralität beim einzelnen auch gehen mag, eins steht unbedingt fest: Im Mittelalter ist jeder Mensch vom höchsten Fürsten bis zum geringsten Bauern getauft, christlich erzogen und sein Leben lang in Kirchgang und Beichte mindestens zu einer gewissen Regelmäßigkeit gezwungen. Das bedeutet: Da die moralpädagogischen Vorschriften unverändert weiter gelten,[4] ist der *Superbia*-

---

[3] Die Zahl von 40 000 – 200 000 Zuhörern sprechen gerade in ihrer Übertreibung für sich. Dazu die Einleitung F. Pfeiffers zu seiner Berthold-Ausgabe (Wien, 1862) Bd. 1, S. V ff. und die Bd. 1, S. XX ff. angeführten Zeugnisse.
[4] S. o. S. 64 ff., 79.

Gedanke durch Katechese, Beichtlehre und Predigt wenigstens in seinen populären Grundzügen einem jeden Menschen von Kindheit an unauslöschbar eingeprägt.

Auch das Rittertum kann ihn nur zeitweise ins Unbewußte verdrängen und in seiner Unterhaltungsliteratur umgehen.[5] Sobald es sich aber in seiner Dichtung um ein Selbstverständnis und eine Orientierung in der Welt bemüht, muß es sich mit dem *Superbia*-Gedanken auseinandersetzen. Denn während des Rittertums Humanität, seine Emanzipation und seine Verlagerung der Ethik auf das innerweltliche Gebiet für die Kirche als *superbia* von vornherein abgeurteilt ist, also eigentlich keine wesentliche, eigene Sache, sondern lediglich ein moralpädagogisches Problem darstellt, wird die Stellung zu Gott, der Vorwurf und die Gefahr der *superbia* für das Rittertum zu einer im strengsten Sinn existentiellen Frage. Der sich in der Humanität und Emanzipation als Gefahr anbahnende Verlust Gottes durch Isolierung und Egozentrik ist erst späteren Jahrhunderten annehmbar, dem mittelalterlichen Menschen bedeutet sie noch eine unerträgliche Bedrohung. Der gott-lose Zustand der Egozentrik, der *superbia*, der völligen Ausschaltung Gottes scheint im hohen Mittelalter unmöglich, sie wäre Vernichtung der Person, wäre selbst das Nichts. Das Rittertum, da es sich aus dem kirchlichen Ordnungssystem gelöst hat, steht vor der unbedingten Notwendigkeit, ein eigenes Verhältnis zu Gott zu finden. Und damit erweist sich das Grundproblem der ritterlichen Dichtung, die Verknüpfung der ritterlichen Lebenswelt und Sittlichkeit mit Gott, die Antinomie „*êre und varnde guot — gotes hulde*" als nichts anderes denn die ritterliche Fassung des *Superbia-humilitas*-Komplexes, wie sie uns schon in den Entwicklungen der frmhd. Zeit vor Augen trat.

Gegenüber diesen Bedrohungen, die durch die *Superbia*-Vorwürfe der Kirche und die Reduzierung des Problems auf die Entscheidung *cum Deo aut contra Deum* zu einem äußersten Gewissenskonflikt zugespitzt wird, zersplittert die ritterliche Front in die verschiedensten Formen der möglichen Entscheidungen und Reaktionen, die vom Trotz über den Versuch einer ausgleichenden Lösung bis zum Nachgeben reichen. In dieser Stufenfolge entwickelt sich der Kampf der höfisch-ritterlichen Sittlichkeit gegen die kirchlichen Auffassungen insoweit auch chronologisch, als nach der höfischen Hochblüte der ritterlichen Lebensanschauungen die Rückkehr zur kirch-

---

[5] So spielt der *Superbia*-Gedanke in weiten Teilen der Artus-Dichtung und der Dietrich-Epik so gut wie gar keine Rolle, wenn sich auch seine Kenntnis im einzelnen am Wortschatz und in Anspielungen recht gut nachweisen läßt, wie die Belege im *BMZ* zeigen.

lichen Moralkonzeption mit der um 1215 einsetzenden Didaktik Freidanks, Thomasins und des Windsbecken grundsätzlich entschieden ist. Über diese grobe Abfolge hinaus jedoch vermag weder eine chronologische noch eine typische Gliederung der höfischen Literatur diese Entwicklungen zu fassen, denn alle möglichen Stellungnahmen der höfischen Klassik zum *Superbia*-Problem finden sich sowohl zeitlich nebeneinander bei verschiedenen Autoren wie auch im zeitlichen Nacheinander bei ein und derselben dichterischen Persönlichkeit.

So hat schon Hartmann noch vor der Jahrhundertwende die drei grundsätzlichen Möglichkeiten des Gottesverhältnisses musterhaft vorgestellt, die sich aus der dialektischen Eigengesetzlichkeit des Problems mit logischer Zwangsläufigkeit ergeben.[6] Da ist die autonome Position, welche den klerikalen Vorstellungen die Stirn bietet oder den Rücken kehrt. Sodann die vermittelnde Position, die um eine Verbindung ritterlicher und kirchlicher Morallehre bemüht ist. Und schließlich die konservative Position, die zu den kirchlichen *Superbia*-Auffassungen zurückkehrt.

Mir kommt es im folgenden darauf an, die wesentlichsten Züge dieser drei Haltungen in einer sehr generellen Überschau, durch die allein sie sichtbar werden, nachzuzeichnen. Ich denke, daß ein solches Rahmenwerk deutlich machen wird, wie lohnend spezielle Untersuchungen des *Superbia*-Gedankens bei den einzelnen Autoren und Werken zu sein versprechen und wie wünschenswert sie sind.

2. Die emanzipierte Haltung

Die „bewußte Erfassung des Daseins in der Welt als einer autonomen Aufgabe des Menschen"[7] ist das Charakteristikum des kleinen Kreises von höfischen Menschen, welcher der Träger der klassischen ritterlichen *Virtus*-Ethik ist. Ohne den Boden des Christentums jemals zu verlassen, lehnt diese Gruppe die autoritäre Ethik der Kirche ausdrücklich ab und setzt ihre humanitären Werte an die Stelle der transzendenten Tugenden *fides, spes, caritas, humilitas*. Bei dieser Gruppe ist also die *Ex-se*-Haltung, die Emanzipation von der kirchlichen Moralkonzeption und die Autonomie einer rein innerweltlichen Sittlichkeit am stärksten und am wenigsten

---

[6] Die völlige Weltimmanenz und Autonomie im *Büchlein* und in der früheren Minnelyrik, die völlige Einordnung in die kirchlichen Vorstellungenn im *Gregorius* und den Kreuzliedern, die Zusammenfügung beider Pole im *Armen Heinrich*.
[7] H. de Boor, *Die höfische Literatur* (München, 1960, 4. Aufl.), S. 13.

gebrochen. Diese Haltung der Opposition gegen die kirchliche Moraltheologie möchte ich als die eigentliche ritterliche Position bezeichnen.

Diese Opposition kann gelegentlich solch ketzerische Züge annehmen, wie sie Gottfried an Blanscheflur und Rivalin preist: *daz si enhaeten niht ir leben / umb kein ander himelriche gegeben* (Tristan 1371 f.). Die Bereitschaft, für das irdische Idealreich der Minne und die Seligkeit ihres Hohen Mutes die Gefahr des Verlustes der ewigen Seligkeit auf sich zu nehmen, bedeutet die äußerste Konsequenz der autonomen Haltung:

> *Swer mit triuwen ümbe ein wip*
> *wirbet, als noch manger tuot,*
> *was schadet der sele ein werder lip?*
> *ich swüere wol, ez waere guot.*
> *ist aber es ze himele zorn,*
> *so koment die boesen alle dar,*
> *unt sind die biderben gar verloren.*[8]

Noch entschiedener und mutiger tritt Gottfried von Straßburg für seine mystische Welt höfischer Minne ein:

> *dem lebene si min leben ergeben,*
> *der werlt wil ich gewerldet wesen,*
> *mit ir verderben oder genesen.* (Tr. 64 ff.)

Wie sehr eine solche Haltung in der Gefahr ist, tatsächlich Gott zu verlieren und dann im Absinken einen Halt an abergläubischen Vorstellungen suchen zu müssen, zeigt folgendes Beispiel: Konrad Fleck schreibt in seinem *Floire* edlen Kräutern die Kraft zu, Hohen Mut zu schenken:[9]

> *ir kraft schinet daran*
> *daz si hochgemüete gebent*
> *allen den die swâre lebent*
> *und darumbe kument dar:*
> *swaz den ungemüetes war,*
> *des werdents danne ergetzet.* (Fl. 4425 ff.)

Christi Verheißung, alle, die mühselig und beladen sind, zu erquicken, scheint vergessen. Die Kräuter erfüllen, was Christus angeboten hat, sie werden zum Ersatz für die verlorene Verbindung zu Gott.

Doch sind die Konsequenzen der autonomen Sittlichkeit nur selten so weit getrieben und deutlich. Gewöhnlich und bei den weitaus meisten

---

[8] Endelhard v. Adelnburg (MSH I, 325 b).
[9] *Floire* 2896 ff. muß ein Edelstein ähnliche Funktionen erfüllen.

Autoren äußert sich die emanzipierte Haltung nur in einer gewissen Opposition gegenüber den kirchlichen Morallehren, die sich vor allem in bewußtem und ausgesprochen positivem Gebrauch der von der Kirche verpönten *Virtus*-Begriffe ausdrückt. Diese ritterliche Positivierung, die bei der Untersuchung des Wortschatzes zutage trat, greift sogar auf die genuin klerikalen Zentralbegriffe für *superbia* über. Weit entfernt davon, ihre ethischen Begriffe durch die Bindung an die nunmehr wieder sicheren alten *Virtus*-Vokabeln wie *balt* und *küene* schützen zu wollen, überträgt die ritterliche Dichtung häufig ihr Ethos sogar auf die kirchlichen Vokabeln und okkupiert sie für ihren Hohen Mut, so daß *hôher muot* und *hôchmuot*, *hôchvart*, *übermuot* in der ritterlichen Literatur weitgehend synonym werden:

> *wir sulen hôhmuotes rât*
> *den liuten künden unde sagn.*
> *guot trôst erküenet mangen zagn.* (Willeh. L 268, 25 ff.)

Dieser Aufruf Wolframs, der keineswegs *superbia*, sondern Hohen Mut meint, steht nicht allein da als Beispiel für die bewußte und oppositionelle Aufwertung der negativen Begriffe. Die positive Verwendung der kirchlichen Zentralbegriffe *hôchvart*, *hôchmuot* und *übermuot* ist im Umkreis der ritterlichen Literatur ungemein verbreitet.[10] Die ritterliche Gruppe widersetzt sich bis in den Wortgebrauch hinein den kirchlichen Moralbegriffen:[11]

> *hôchvart ist rîch der edelen hôhen tiure,*
> *aller tugend stiure.*[12]

Häufiger aber noch ist die stillschweigende Ablehnung der kirchlichen Morallehren dadurch, daß sie von weiten Teilen der ritterlichen Dichtung schlicht außer acht gelassen wird. So klammert die ritterliche Unterhaltungsliteratur die ethischen Bereiche so gut wie überhaupt aus, während der Minnesang und die Heldendichtung ihre eigene Sittlichkeit ohne jeden Blick auf das kirchliche System darstellen. Eine solche Nichtbeachtung der

---

[10] Vgl. die Untersuchung des mhd. Wortschatzes im Kapitel C, II, 2.

[11] So bedeutet *übermuot* des öfteren ‚Pracht' (Troj. 17558) und ‚*Virtus*' (j. Tit. 3038, 4225; oft in der Heldendichtung; *hôchvart* steht für ‚Hoher Mut' (Willeh. 268, 28; 372, 18; 377, 3; Parz. 219, 22; Erec 2575; Rab. 34) und für ‚ehrenvolle Pracht' (Lanz. 2835). *dol* ist gleichbedeutend mit *biderbe* (Is. 2, 21), *guft* ist ‚ritterliches, stolzes Gebaren' (Orl. 6471, 7267), *frech* ist ‚kampfbegierig, tapfer' (Klage L 1688; Bit. 11433; Troj. 6709; 8217). Umgekehrt kann *diemüete* negativiert als ‚Schmach' erscheinen: *diemüeticlich dinc begie, daz ime gie an sîn êre* (Barl. 44, 4).

[12] Ulrich v. Lichtenstein, *Frauendienst*, 62, 1. Ulrich nennt auch den *hôhen muot* als *aller tugenden lêre / Got in uns behüete* (MSH 2, 42b).

Moraltheologie, die für das Mittelalter der Höhepunkt an Autonomie und Emanzipation, sprich *superbia*, ist, kann bewußt und verantwortlich nur von wenigen gehalten werden. Während die Minnesänger und die Aventiuredichter durch die mögliche Entschuldigung, ganz andere Themen und Zwecke denn ethische Stellungnahmen zu haben, weitgehend entlastet scheinen, sind es nur wenige Große, welche im engsten Sinn die ritterliche Haltung vertreten: Hartmann im *Büchlein*, im *Erec* und wohl auch im *Iwein*, Wolfram im *Titurel* und vor allem Gottfried im *Tristan*. Doch wenn auch die Bejahung der Selbständigkeit und der Diesseitigkeit noch so entschieden ist, sie ist nie selbstverständlich und bedarf immer wieder einer Verteidigung:

> *Ir lobt gar elliu Gotes werk!*
> *so lert der künig Davit;*
> *da von, swer dich beschiltet, Welt,*
> *der schiltet got, dast ane strit.* (MSH 2, 357b)

Selbst dieser scheinbar so entschiedene Gedanke Friedrichs von Sonnenburg ist letztlich doch ein geschicktes Eingehen auf die geistlichen Argumentationen und zeigt, warum diese extreme Gruppe der im eigentlichen Sinn ritterlichen Position so klein ist: die kaum abweisbare Auseinandersetzung mit der Kirche und die notwendige Besinnung auf das eigene Verhältnis zu Gott führen fast unmerklich zu einem Einlenken und machen die Haltung der Kompromißbereitschaft zur vorherrschenden Position.

3. Der Versuch der niuwen güete

War schon der Hauptgeltungsbereich der emanzipierten Haltung nur ungefähr auf die Teile des Minnesangs, der Aventiureliteratur und der Heldendichtung festzulegen, so ist eine definitive Abgrenzung der mittleren Position schlechterdings nicht möglich. Die Antinomie *êre* und *gotes hulde,* die wir als identisch mit dem kirchlichen Gegensatz *superbia aut humilitas* festzustellen hatten, beschäftigt als lebenswichtiges Problem jeden Autor, der mehr als den Leuten gefallen will, und durchzieht mehr oder weniger ausgearbeitet die gesamte ritterliche Dichtung. Zudem läßt sich eine sichere Entscheidung darüber, wo eigenständig ritterliche Gedanken und Probleme vorliegen und wo die kirchlichen, vorgeprägten Formeln übernommen werden, nur selten fällen.

Folgendes aber scheint für die gemäßigte ritterliche Gruppe charakteristisch zu sein. Die gemäßigte Gruppe versucht, ihre Sittlichkeitsvorstellungen gegen die Vorwürfe der Moraltheologie zu rechtfertigen. Zunächst einmal, indem sie sich durch die Bildung eines Ersatzfeldes ,anmaßend, gewalttätig, frech: Arroganz', dessen Entstehung und Funktion in der Wortschatzuntersuchung zu bemerken war,[13] von den konkreten, einen Angriff herausfordernden Erscheinungen der Egozentrik abzusetzen versucht. Sodann dadurch, daß sie im Begriff der *mâze* einen Ersatz für die verdrängte Tugendkategorie *humilitas* schafft,[14] einen Ersatz, der um so leichter zu rechtfertigen ist, als er nicht nur der auch der Kirche wertvollen *modestia* eng verwandt ist,[15] sondern darüber hinaus im Prinzip der Tugendmitte und dem Gedanken der Grenzüberschreitung Vorstellungen neu belebt, die dem Grundcharakter der *humilitas* als Ordo-Haltung und dem der *superbia* als *inordinatio* im Ursprung verwandt sind und die spätestens durch die Ordo-Ethik Thomas von Aquins auch für die Kirche legitimiert werden.

Ihre wichtigsten und augenfälligste Anwendung findet die *mâze* als Tugendmitte im Komplex des Hohen Mutes.[16] Zumal diesen zentralen Wert sucht die apologetische Gruppe gegen die kirchliche Abwertung zu verteidigen, indem sie die konkreten Übersteigerungen mit dieser Tugendkategorie abzutrennen und von sich fernzuhalten sucht. Überheblichkeit, übermäßige Ehrsucht, Leichtsinn werden ebenso wie etwa Habsucht, Widernatürlichkeit, Willkür und dergleichen als *unmâze* von den rechten Tugenden abgesetzt. *Hôhvart* und *übermuot* sind als Übersteigerungen der Selbstwertstrebungen *superbia,* der rechte *hôhe muot* dagegen läßt sich, nach Meinung seiner Verteidiger,[17] mit den christlichen Forderungen gut vereinigen, ja er ist als Herrentugend zur Erhaltung der staatlichen Ordnungen nötig.[18]

Mit diesen Gedanken bewegt sich das Rittertum durchaus auf dem

---

[13] S. o. S. 127 ff.

[14] S. o. S. 111 ff.

[15] Ehrismann verbindet *(Tugendsystem,* S. 178) *modestia* mit *bescheidenheit,* womit er insoweit recht hat, als der *modestia* als Eigenschaft die *bescheidenheit* als Charakterhaltung entspricht. Er übersieht aber, daß beides Haltungen sind, hinter denen höhere, überpersönliche Ordnungskategorien stehen: bei der *modestia* der *modus* und bei der *bescheidenheit* die *mâze!*

[16] Dazu Thomas, summ. theol. II, II, 130 u. 161: Die Tugenddyade, die das Hochstreben regelt, ist *humilitas—magnanimitas.* Ihre Exzesse sind *tristitia—superbia.*

[17] Ihnen steht Walther v. d. Vogelweide voran. *Hôher muot* und *hôchgemüete* gehören für Walther zu den höchsten Werten, wie Arnold *(Hoher Mut,* S. 47—52) zeigt. Zur Abgrenzen des *hôhen muotes* gegen den *übermuot* durch die *mâze* einige Stellen:: 23, 5 ff.; 44, 1 ff.; 46, 32 ff.; 80, 2 ff.; 80, 19 ff. Ähnlich auch Reinmar von Zweter (MSH 2, 194ab).

[18] Friedrich von Sonnenburg: *wol merke, wie die werlt nun stat, / bistu niht manlih unde vrech, sost ere und guot verlan* (MSH 2, 133).

Boden der psychischen Realitäten, denn was es als *unmâze* vom *hôhen muot* als dem gesunden Selbstbewußtsein zu trennen sucht, ist die hybride Egozentrik. Und gerade wegen dieser Rationalisierung der Ethik kommt das Rittertum über die Stufe der stoischen Ethik nicht hinaus — vom Standpunkt der Kirche aus gesehen. Denn obwohl das christliche Rittertum seinen Gottesglauben nie beiseiteschiebt, ist sein Sittlichkeitssystem doch in sich geschlossen und nicht unmittelbar von Gott abhängig: die *mâze* ist ein immanentes, humanitäres Prinzip. Mit dieser Ethik, welcher der Mittelpunkt des *cum Deo* fehlt, kann die Kirche nicht zufrieden gestellt werden, für sie besteht kein wesentlicher Unterschied zwischen der *mâze* und dem heidnischen *méson*. Da die Bindung an Gott nicht vollzogen ist, sind beide „heidnische" Moralphilosophie, sinnlos und heillos.[19]

Die apologetische, vermittelnde Gruppe muß also noch einen Schritt weiter gehen. Die Ethik der *mâze,* wie sie Gottfried im *Tristan,* der junge Hartmann im *Büchlein* und im *Erec* sowie Walther in seinen Sprüchen vertreten hatten, reicht nicht aus. Sie vermag zwar die Spannungen der innerweltlichen Moralantinomie *êre — varnde guot* zu lösen, auch den *hôhen muot* von Exzessen zu reinigen, aber das Problem *êre — gotes hulde* bleibt ungelöst.

Als Ausweg ergreift das Rittertum den Gedanken, den schon die frmhd. Geistlichkeit vorgetragen hatte und der die Möglichkeit schafft, auch im Dienste Gottes die ritterliche Lebensweise und Sittlichkeit zu bewahren: Die *militia Dei* wird seit Gründung der ersten Ordensritterschaften eine sehr naheliegende, praktische Lebensform für den gottsuchenden Ritterstand:

> *Diz kurze leben verswindet*
> *der tôt uns sündic vindet:*
> *swer sich ze gote gesindet,*
> *der mac der helle engân.* (Walther 77, 4 ff.)
> *swen si [die Welt] nu habe verleitet, der schouwe sînen trôst:*
> *er wirt mit swacher buoze grôzer sünde erlôst.*
> *dar an gedenkent ritter: ez ist iuwer dinc.* (Walther 124, 39 f.)

Diese konkrete Möglichkeit, Rittertum und Gottes Huld zu vereinen, wie sie Walther erst in seinem Alter entdeckt, hat Hartmann längst dem

---

[19] Es versteht sich von selbst, daß auch der Versuch auftaucht, die *mâze* als Gottesgabe an Gott zu binden. Während in der *Kaiserchronik* (9267) die *mâze* noch als genereller *ordo* gemeint ist, bedeutet sie nunmehr ‚gottgebene Tugendkenntnis'. Hartmann bringt meines Wissens diesen Gedanken als erster: *Er kunde wol ze rehte leben, / wan im diu mâze was gegeben / vons heiligen geistes lêre* (Greg. 3793 ff.).

jungen Gregorius eingegeben, der den Gedanken des *miles christianus* weit über das Zeitgebundene hinaus verallgemeinert:

ritterschaft daz ist ein leben
der im die mâze kan gegeben,
sô enmac nieman baz genesen.
er mac gotes ritter gerner wesen
danne ein betrogen klôsterman. (Greg. 1531 ff.)

Diese Sätze sind gleichsam das Programm und das Stichwort für die großen Versuche Hartmanns und Wolframs, das Rittertum vor Gott zu rechtfertigen und eine Lösung des existentiellen Problems zu wagen, vor dem Walther resigniert:

dô dâhte ich mir vil ange,
wie man zer welte solte leben:
deheinen rât kond ich gegeben,
wie man driu dinc erwurbe,
der keinez niht verdurbe.
diu zwei sind êre und varnde guot,
daz dicke ein ander schaden tuot·
daz dritte ist gotes hulde,
der zweier übergulde. (Walther 8, 9 ff.)

Hartmann und Wolfram versuchen die Lösung, indem sie dem Rittertum zunächst einmal die Beseitigung der Mißstände übertragen, die Walther als unüberwindliche Hindernisse auf dem Wege zu einem vollkommenen Leben empfand.[20] Friede und Recht zu wahren ist die konkrete Aufgabe der herrscherlichen Ritter bei Hartmann und Wolfram. Das Rittertum und seine *Virtus*-Sittlichkeit rechtfertigt sich in der Funktion, als Exekutive Gottes die irdische Ordnung nach innen und nach außen zu erhalten und zu schützen mit den Fähigkeiten und Standesgesetzen, die Gott ihm dazu verliehen hat.[21]

Aus diesem Verständnis der Ritterschaft als Gottes-Dienst, in welcher Auffassung sich die standesspezifisch begründeten Gefolgschaftsvorstellungen spiegeln, ergibt sich folgerichtig die Notwendigkeit des Gehorsams als der Grundtugend des Gottesstreiters. Wie es aus der Grundkonzeption des *miles Dei* zwangsläufig folgt, gleicht mit wenigen historisch bedingten Veränderungen der Lösungsversuch der mhd. Klassiker aufs Haar dem Kom-

---

[20] 84, 20 ff.
[21] Diese Vorstellungen stehen in völliger Übereinstimmung mit der frühscholastischen Staatstheorie.

promiß, der seit ahd. Zeit der Vorschlag gerade der führenden dichterischen Persönlichkeiten war: Toleranz, ja Förderung der ritterlichen Sittlichkeit bei der einen Grundbedingung der Unterordnung unter Gott. *Humilitas*, die christliche Grundtugend, nehmen auch die Klassiker des Rittertums als unabdingbare Forderung auf, doch diese ritterliche *humilitas* ist ebensowenig wie die der frmhd. Ritterdichtung eine monastisch-klerikale. Nicht Demut im Sinne von Selbsterniedrigung und völliger Selbstaufgabe wird gefordert, sondern die Bindung der in der Welt selbstbewußten und humanitären Persönlichkeit in ihrem Zentrum an Gott, die Bindung des Willens an Gott, durch welche die Egozentrik aufgelöst wird.

Diese Prinzipien im Werk Wolframs und Hartmanns und ihrer Nachfolger eingehend zu untersuchen, ist hier nicht der Platz. Einige wenige Arbeiten auf diesem Gebiet liegen vor,[22] einiges werde ich im Kapitel D II noch diskutieren. Im übrigen öffnet sich hier ein Feld für manche interessante Studien.

Obwohl das vorliegende Kapitel nur Grundsätzliches feststellen sollte, möchte ich doch noch auf eine Einzelheit eingehen, die zu beachten einer weiterführenden Arbeit förderlich sein könnte: Schon mehrfach war im Zusammenhang mit der „Otfridschen Lösung" ein Begriff aufgetaucht, der gelegentlich fast als Terminus für die verritterlichte *humilitas* erscheint: die *güete*.

Aus der Grundbedeutung ‚passend, geeignet, von positiver Qualität' entwickelt der Stamm germ. **goþ* — schon im Gotischen den verengten Bedeutungsstrang ‚ethische Vorzüglichkeit',[23] der im Ahd. noch weiter zum Religiösen verengt[24] erscheint: *kuoti = pietas*.[25] Wahrscheinlich knüpft Otfrid, der den Begriff *guati* zur Bezeichnung der an Gott gebundenen *Virtus* macht, an diese *pietas* an.[26] Diese spezielle Bedeutung bleibt dem Wort *gut* erhalten, bis sie später von *fromm* übernommen wird.[27] Die „Otfridsche" Bedeutung dieses *guot*, das im Mhd. zur bevorzugten Qualifizie-

---

[22] Herbert Kolb hat es in seinem Aufsatz „Schola humilitatis", *Beitr. T* LXXVIII (1965) unternommen, den Weg Parzivals im Sinne der *gradus humilitatis* Bernhards v. Clairvaux als einen Abstieg in der *superbia* und neuerlichen Aufstieg zur *humilitas* zu beschreiben, und hat durch seine Interpretation diesen Gegensatz als eine Grundkonzeption des Werkes nachgewiesen. Vgl. auch H. Enders zum *Armen Heinrich*, s. S. 214.

[23] Got. *godei = areté* (Ph. 4, 8).

[24] Daneben gibt es die generellere Bedeutung ‚bonitas, probitas' (Graff, *Ahd. Sprachschatz*, IV, 166 ff.).

[25] *Gl.* II, 258, 231; 650, 1.

[26] S. o. S. 88 f.

[27] Vgl. *Grimmsches Wörterbuch* „gut" V, A, 2: Bedeutung ‚Gott wohlgefällig, fromm, heilig'.

rung heiliger oder himmlischer Personen wird,[28] ist mit der Gleichung „*guote* = *virtus* + *humilitas*" sicher zu scharf gefaßt, charakterisiert jedoch ihre Verwendung für die ritterliche *humilitas* recht gut. Obwohl eine solche Bedeutung auch späterhin nur schwer und auch nur im Einzelfall eines deutlichen Kontextes aus der allgemeinen der ‚Güte' auszugliedern ist, und obwohl ich nicht verkenne, daß ein gut Teil der Affinität dieses Wortes zum Komplex *diemuot, übermuot, hôchmuot* in seiner Reimbarkeit auf *-muot* liegt, scheint es mir doch, als wenn *güete* stets zur Bezeichnung der verritterlichten *humilitas* hat dienen können, oder ganz deutlich gesagt, als wenn *güete* häufig die Bezeichnung für die „Otfridsche Synthese" ist.

Wenn z. B. Wirnt von Grafenberg sagt: *Got nidert hôchgemüete / unde hoehet alle güete* (Wig. 6471 f.), dann setzt er in dem bekannten Bild die *güete* der *humilitas* gleich. Noch deutlicher wird die Bedeutung *humilitas* bei Rudolf v. Ems, der in seiner *Weltchronik* erzählt: *Moabes grosse hochvart / des tages wart gegüetet / genideret, gedemüetet* (Wchr. 17784 ff.), und von Gott sagt: *haete sich unser herre got / nicht so gedemüetet / unde also sere gegüetet / daz er durch sine güete / des knechtes bilde naeme an sich* (Barl. 323, 35 ff.). Auch im *Gregorius* steht *güete* im Gegensatz zur *superbia* und bezeichnet die Verbindung zu Gott: *sô überhübe er sich niht / unde würde alsô guot / daz er ze gote sînen muot / wenden begunde* (Greg. 752 ff.).[29] Sehr eindrucksvoll wird endlich Herzeloyde in Anklang an Maria *ein wurzel aller güete / und ein stam der diemüete* genannt (Parz. 128, 27 f.).

Gewiß, an allen diesen Stellen wird man zur Not mit der generellen Übersetzung „Güte" auskommen, doch ist die fast zur Synonymität reichende Bedeutungsähnlichkeit von *güete* und *humilitas* unübersehbar. *Güete* tritt als Bezeichnung für die an Gott gebundene ritterliche Tugend an Stelle der *diemüete* neben den Begriff *mâze*, so daß sich die ritterlichen Bezeichnungen als ständisch spezifizierte Ausprägungen der Urbegriffe *humilitas* und *ordo* darstellen: *güete: mâze = humilitas: ordo.*

---

[28] Vgl. *Grimmsches Wb.*, Artikel „gut"; desgleichen auch F. Schmidt, *Zur Geschichte des Wortes „gut"* (Leipzig, 1898).

[29] Auch im Gegensatz zur *vrevele: wis vrevele mit güete* (Greg. 250).

[30] Einige weitere Beispiele: Rol. 214 ff., 821, 1050, 3432 ff.; Psalm 138, 1 (MSD. Hier wird David, der *typus humilitatis, David der guote* genannt): Summ. theol. 59 (die *gûtin engil gegen die superbi*); Iwein 1 ff.; MSH 1, 199c; Wigal. 6471; Rud. v. Ems. Barl. 280, 96 ff.; Guot. Gerh. 5 ff.; 601 ff.; Parz. 467, 9 f.; 487, 22; 492, 23 f.; Greg. 176, 671, 3165, 4001 f.: *der guote sundaere* ist der Sünder ohne den Willen zur Sünde, ohne *superbia.*

Mit diesem Ideal der *güete*, das der römischen, aristokratischen *pietas* nicht unähnlich ist, hat die ritterliche Sittlichkeit in der Literatur ihren Höhepunkt erreicht. Die Verbindung von Welt und Gott scheint seit Hartmann und Wolfram geglückt und kann noch am Ende der Epoche als lebendiges Ideal erscheinen. Ofterdingen preist im Wartburgkrieg den Herzog von Österreich mit den Worten: *Got kunde in selbe weln wand er dekeine tugent verbirt und doch nach gotes hulde vaste an dirre werlte strebet.* (MSH 2, 4, 5)

4. Die konservative Haltung

Doch diese harmonische Lösung blieb in Wirklichkeit ein Wunschtraum, Gott und der Welt zugleich zu dienen, dies Ideal war kaum zu erfüllen. Die ritterliche Welt war zu mächtig und zu anspruchsvoll, als daß sie nicht ebenfalls den ganzen Menschen erfordert hätte. Nur für Augenblicke ist die Mittehaltung zwischen Gott und der Welt möglich, dann zerfällt die Synthese, der Mensch gleitet in die Autonomie und die Egozentrik, oder er unterwirft sich Gott ganz und verneint die Welt. Der Dualismus von Gott und Welt, *êre* und *gotes hulde*, *superbia* und *humilitas* reißt wieder auf, oder genauer, er bleibt, abgesehen von den Brückenschlägen Wolframs und Hartmanns, stets offen. Auf die Dauer vermag der Mensch des hohen Mittelalters die Gefahr des Abgleitens in die *superbia* nicht zu ertragen. Am Ende steht die Erkenntnis, daß der Hohe Mut, das Selbstvertrauen und die Autonomie in Dingen der Ethik nur die *pompa diaboli* vermehrt hat und dem Sünder nun der *Superbia*-Sturz droht:

> *Wie sol ein man der niwan sünden kan,*
> *genâden dingen oder gewinnen hôhen muot?*
> *sît ich gewan den muot daz ich began*
> *zer werlte dingen merken übel unde guot,*
> *dô greif ich, als ein tôre tuot,*
> *zer winstern hant reht in die gluot,*
> *und mêrte ie dem tiefel sînen schal*
> *des muoz ich ringen mit geringen:*
> *nû ringe und senfte ouch Jêsus mînen val.*
>
> (Pseudo-Walther 123, 13 ff.)

Den erlösenden Ausweg hat Hartmann in seinem *Gregorius* gezeigt:

> *dâ sol der sündige man*
> *ein saelic bilde nemen an,*
> *swie vil er gesündet hât,*

daz sîn doch wirt guot rât,
ob er die riuwe begât
und rehte buoze bestât. (Greg. 3983 ff.)

Reue und Buße, Rückkehr zu den Morallehren der Kirche bleiben der letzte Ausweg aus dem Konflikt, in den der Zusammenprall einer verfrühten Humanität mit der übermächtigen Divinität des hohen Mittelalters gerade den höfischen Menschen in der Wirklichkeit des Alltags wirft und aus dem ihm die Idealgestalten der dichterischen Welt nicht zu helfen vermögen. Das daraus resultierende Bedürfnis nach handfesten, im täglichen Leben anwendbaren Verhaltenslehren führt denn auch um 1215 zum plötzlichen Aufblühen der Didaktik, die zusammen mit der einige Zeit später in Berthold v. Regensburg zu größtem Erfolg aufsteigenden Predigt die spezifisch ständische Ritterlehre zunächst erweitert und später verdrängt.

Neben dem unbedeutenderen Winsbecken[31] sind es die beiden großen Didaktiker Thomasin und Freidank, die in ihren erfolgreichen Werken die kirchlichen Moralgrundsätze zur Grundlage einer neuen, praktischen Sittlichkeitslehre des führenden und herrschenden Laienstandes machen und die Moraltheologie, die sich in der Blütezeit der klassisch-höfischen Dichtung so gut wie ganz auf die praktische Seelsorge zurückgezogen hat, in kurzer Zeit wieder in den Vordergrund bringen. In den wenigen Jahren, die zwischen dem *Wälschen Gast* und der Hauptmasse der Freidank-Sprüche liegen, vollzieht sich die Wandlung fast völlig. Thomasin, der Geistliche, versucht einen Einbau der ritterlichen *Virtus*-Ideale in das kirchliche System, Freidank dagegen, der ritterliche Fahrende, nimmt schon kaum noch Rücksicht auf die ritterlichen Vorstellungen, sondern folgt der kirchlichen *Superbia*-Theorie. Zwischen Thomasin und Freidank liegt ein Schnitt: Thomasin hat als Schlußstein in der Geschichte der ritterlichen Ethik zu gelten, Freidanks *Bescheidenheit* als Beginn der nachhöfischen kirchlich-bürgerlichen Moralität. Zwischen beiden, im zweiten Jahrzehnt des 13. Jahrhunderts, liegt die Entscheidung im Kampf der ritterlichen Sittlichkeit mit der Moraltheologie der Kirche, er endet mit dem neuen Durchbruch und völligem Sieg des kirchlichen *Superbia*-Gedankens über den *hôhen muot* und das *Virtus*-Ideal des Rittertums. Der Versuch der Humanität ist fehlgeschlagen, das Rittertum vermochte seinen *Virtus*-Gedanken gegen die moraltheologischen Grundsätze der Kirche nicht durch-

---

[31] Zur *superbia* folgende Stellen: 17, 6 f.; 31 f.; 40, 1 ff; 75, 2 ff. (Ausgabe von Haupt).

zusetzen. Es unterliegt endgültig, nachdem die große Tradition der Suche nach der Brücke von der Welt zu Gott noch einmal einen abschließenden Höhepunkt erreicht hat in dem Werk Thomasins.[32]

Thomasin baut seine Morallehre auf den Grundkategorien *staete — unstaete* auf (1815 ff.). *Staete* ist das Beharren der Schöpfung an dem ihr vorgeschriebenen Gesetz und entspricht genau der augustinischen *pax et tranquillitas ordinis* (2552 ff.), während *unstaete,* als Unordnung Unruhe, Disharmonie und Unbeständigkeit (1836—2179) die *inordinatio* Thomas von Aquins vorausnehmend, die mit dem Sündenfall Luzifers und Adams (2603 ff.) zur Erbsünde und Ursünde gewordene Störung der Weltordnung ist. *Staete* und *unstaete* sind also die den Begriffen *superbia* und *humilitas* entsprechenden Haltungen gegenüber dem Weltgesetz, dem in der klassischen Dreiheit *mâze, wâge, zâl* (9935 ff. 12376 f.) bestehenden *ordo,* dessen leitende Verkörperung die *mâze* ist. *Mâze* ist als *ordo naturalis* das der Schöpfung innewohnende Gesetz und bildet in seinem obersten, ethischen Bereich den Maßstab, der als Tugendcharakteristikum des *méson* (9935 ff., 9985 ff., 10007 ff.) die psychischen Reaktionen des Menschen auf seine Existenzgrundlagen regelt (4175 ff., 7119 ff.) Diese zehn *bona et utilia* (4175 ff., 9731 ff.), die wesentlichen Lebensumstände, sind an sich neutral, werden aber vom Teufel als Medien dazu benutzt, die freie Willensentscheidung (2555) des Menschen in seine Richtung zu lenken und in der Übertretung der Ordnungsgrenzen zur *unmâze* und der damit identischen *untugent* und *unstaete* zu führen (5781 ff., 9916 ff.). Der entscheidende *Ordo*-Bereich ist deshalb der derjenigen seelischen Kräfte,[33] die das treibende Motiv zum *bonum* oder zum *malum* sind: die *virtus,* der *rehte mannes muot* (10129 ff., 12041 ff.).

Damit schaltet sich Thomasin in die Auseinandersetzungen um die ritterliche Tugendspitze ein. Der Hohe Mut ist für ihn die Kraft, deren legitime Funktion die Erhaltung des irdischen *ordo* (12365 ff.)[34] und der Auf-

---

[32] Thomasin v. Circlaria, *Der Wälsche Gast,* hg. v. Rückert (Leipzig, 1892). Die Stellen, an denen sich dieser große Didaktiker mit der *superbia* oder einer ihrer Folgesünden von der Ruhm- bis zur Klatschsucht auseinandersetzt, sind außerordentlich zahlreich und umfassen oft lange Passagen. Die *superbia* spielt eine viel umfangreichere Rolle, als der folgende Abriß seines Moralsystems sehen läßt.

[33] Daß Anstrengung und Kräfte der Seele das Bewegende in dem System sind, deutet sich mehrfach an (*arbeit* 1815; *kraft* 9941; *strît* 7379 ff., 7445—7537; *maht* 9920, 9942; *ringen* 9988).

[34] Das Hervorheben dieser herrscherlichen Funktion des Hohen Mutes ist erklärlich: das Werk ist ja nach Tomasins eigenen Worten (14695 ff.) eine Morallehre für den geistlichen und weltlichen Führungsstand.

schwung der Seele zu Gott ist (10129 ff.). Allerdings bedarf der *hôhe muot* der Ergänzung und Zügelung durch die *humilitas*, die Selbsterkenntnis (12041 ff.) und Bescheidung in die eigenen Grenzen, die vorzuleben Christus in die Welt gekommen ist (12071 ff.), und ohne die der Hohe Mut allzu leicht und oft (Beispiele 10647—11250) die *mâze* übersteigend zur *übermuot* wird, die als Ursünde[35] mit der *unmâze, untugend* und *unstaete* identisch ist (6028 ff., 7631 ff., 9947 f., 10633 ff., 11845 ff.).

Thomasin ersetzt also die generelle Bedeutung von *humilitas* und *superbia* durch die Begriffe *staete* und *unstaete*, die er als Haltung und Tendenz den objektiven Grundkategorien *mâze* und *unmâze* (= *ordo* und *inordinatio*) zuordnet.[36] Den Begriff *übermuot* verwendet er dagegen vorwiegend für die konkreten Egozentrik-Phänomene.

Durch diesen Einbau der ritterlichen *Virtus* in eine gradualistische Weltordnung wird Thomasins *Wälscher Gast* zum letzten großen Versuch der „Otfridschen Lösung". Er befreit durch den Einsatz der *unstaete* für den generellen *Superbia*-Begriff den Komplex der *Virtus* von seiner moraltheologischen Vorbelastung und schafft, indem er die bekannt Unterscheidung von *hôhem muot* und *übermuot* (12369 ff.) durch ihren Einbau in seine Begriffsreihe logisch begründet, die Voraussetzung für seinen der psychischen Realität sehr nahe kommenden Lösungsvorschlag, der auf einer Umkehrung des Problems selbst beruht:

Thomasin versteht den Hohen Mut als die zu Gott strebende Kraft der Seele und rückt ihn damit als Tugend in die nächste Nähe des *amor Dei*. Ihm sind der Hohe Mut und die *Virtus* nicht mehr die egozentrische Ursache der Trennung von Gott, sondern sie sind eben die Verbindung zu Gott, die in der Vergangenheit mit grundsätzlich falschem Ansatz vergeblich gesucht wurde. Thomasin klärt damit am Ende des Kampfes das Mißverständnis auf, das die Auseinandersetzung überhaupt heraufbeschworen hatte: Nicht nur die *Virtus* und der Hohe Mut, sondern nur ihre hybriden Übersteigerungen sind Egozentrik. Der Hohe Mut selbst bedarf keiner Anknüpfung an Gott, er ist, wenn er durch die *humilitas* der Selbsterkenntnis gesteuert wird, selbst diese Verbindung:

> *Swie übel sî diu übermuot*
> *swer si mezzen kan mit guot*

---

[35] Der *casus diaboli* findet sich u. a. 11873 ff.
[36] Diese Gleichsetzungen sind an verschiedenen Stellen des W.G. ausgesprochen: *untugend* = *übermuot* (6029), *unmâze* = *übermuot* (7631, 9948), *staete* = *ordo* (2603 ff.), *unstaete* = *unmâze* (9885 ff.) usw.

und mit sinne, wizzt für wâr,
der bringet si an der tugent schar.
swenne sich ein hôher muot nîget
und under gotes vorhte sîget,
wizzet, daz sîn übermuot
hat sich gekêrt an solhe guot
daz im versmâhet daz unrehte,
er beschermet arme knehte
vor unrehtem gewalt.
so ist diu übermuot gezalt
under der tugende schar,

. . . . . .

diu übermuot wil hin ze got
stîgen, sô ist sîn gebot
daz man si des sinnes mâze
niht sô hôhe stîgen lâze,
man solls mezzen under sîne vorht. (W. G. 10129 ff.)

5. Ausblick: Der Superbia-Gedanke in der nachklassischen Zeit

Mit Thomasin endet die höfische Epoche in der Geschichte des *Superbia*-Gedankens. Der neue Abschnitt, der mit Freidank beginnt, steht unter dem Zeichen des Sieges der moraltheologischen *Superbia*-Lehre. Die klerikale Auffassung gelangt wieder zur Vorherrschaft, die kirchliche Lasterlehre und mit ihr der *Superbia*-Gedanke erleben seit dem 13. Jahrhundert in der bildenden Kunst und in der dichterischen Darstellung eine farbenprächtige und mächtige Blütezeit. Die Reinthronisation der alten *superbia* ist so vollständig und doch dabei gedanklich so epigonal und traditionsgebunden, daß die nachhöfische Zeit zur Geschichte des *Superbia*-Gedankens grundsätzlich nichts Neues mehr zu sagen hat. Die Nachfolger Thomasins und Freidanks, die Didaktiker seit dem späteren 13. Jh., stehen mit ihrer *Superbia*-Auffassung wieder ganz in der kirchlichen Tradition, alle Grundzüge der patristischen Theorie (moralpsychologische Entfaltung, Septenarführung, Ursünde, Teufelsfall, *Humilitas*-Opposition) sind bekannt und verbreitet und sie erfahren in breiter künstlerischer Ausgestaltung eine immer vielfältigere Popularisierung.

Dabei erweist sich freilich, daß die ritterliche Sittlichkeit durchaus keine unfruchtbare Blüte und Episode geblieben ist, sondern auf die kirchliche Morallehre in zwei Punkten kräftig eingewirkt hat: Sie hat durch die Tugendkategorie der *mâze*, die seit Thomas von Aquin als neubelebte *mesótes* zur Grundlage auch der praktischen kirchlichen Verhaltenslehre wird, den von der Moraltheologie seit Augustin vernachlässigten *Ordo*-Gedanken in seiner ethischen Bedeutung wieder emporgehoben und damit gleichzeitig der *superbia* den alten Charakter der Grenzüberschreitung wieder hinzugefügt. Zum andern hat sie seit frmhd. Zeit die kirchliche Didaktik aus ihrem ekklesiastischen Raum herausgelockt und ihr in der Auseinandersetzung die monastisch-asketischen Züge genommen. Die kirchliche Morallehre des späteren Mittelalters ist den Bedürfnissen und Erscheinungen des täglichen Lebens viel stärker angepaßt als zumal die der cluniazensischen Zeit. Sie ist, für Laien und oft von Laien geschaffen, in manchmal erstaunlichem Maße lebendig und diesseitsgerichtet und scheint damit endlich ihr altes Ziel, die völlige Lenkung der weltlichen Sittlichkeit, erreicht zu haben.

Und doch vielleicht gerade durch ihre weite Verbreitung beginnt sie zugleich ihre eigene innere Ordnung zu verlieren und zu zerfallen. Die zumal im späten Mittelalter in der Praxis überhandnehmenden äußerlichen Sünden *avaritia, luxuria, gula* drängen sich in den Vordergrund und sprengen das moraltheologische System. Die generellen Sündenbegriffe werden von den konkreten Lastern zurückgedrängt und die *superbia* vor allem verliert zwar nicht ihre unvergängliche Aura der Ursünde, wohl aber ihren psychologischen Herrschaftsanspruch über die Sündengenealogie.

Doch den weiteren Weg des *Superbia*-Gedankens bis in unsere Zeit zu verfolgen, wäre eine neue Aufgabe, nicht die unsere.[37] Auch die deutschen Behandlungen der *superbia*, die im 13. Jahrhundert immer ausführlicher und reicher werden, haben wir weiterführenden Betrachtungen überlassen. Nur wenige Autoren und Schriften seien als Beispiele genannt.

Bei F r e i d a n k ist es vor allem die Passage 28, 15–30, 20, die sich mit *Hôchvart, der helle künegîn* befaßt, sie enthält einige sehr treffende Beobachtungen zur Wirkung des Selbstwertgefühls: *Hôchvart twinget kurzen man, / daz er muoz ûf den zêhen gân* (29, 24 f.).[38]

Beim S t r i c k e r beschäftigen sich neben zahlreichen kleineren Stellen vor allem zwei Bispelreden mit der *superbia*:[39] In *Des Teufels Ammen*

---

[37] Zur weiteren Entwicklung der Todsündenlehre Zöckler, Gothein und Bloomfield.
[38] Über das Streben aus dem *ordo (reht, leben)*: 5, 11 ff.; 68, 22–29; 75, 22 f.; 114, 3 ff. *(mâze)*: 120, 19. Zur *hôchvart*: 6, 3 ff. (Luzifer); 7, 18 ff. (Adam); 49, 21 ff.; 61, 7 f.; 78, 1; 172, 20 ff.; 173, 1 ff. (Antichrist). Zitate nach der Ausgabe von Bezzenberger (Halle, 1872).
[39] U. Schwab, *Die bisher unveröffentlichten Bispelreden des Strickers* (Göttingen, 1959), S. 97 ff. und 158 ff.

sind *hôchvart* und *gîtecheit* die Brüste der einen Amme, welche die Kinder des Teufels aufzieht,[40] und der *Processus Luciferi* beginnt:

> *Ich will iu den vater künden*
> *und die muoter aller sünden*
> *die alle tivele gebarn.*
> *swer ir gebotes welle varn*
> *des saelde ist totliche schart.*
> *diu muoter heizet hohvart*
> *der vater heizet übermuot.* (1 ff.)

Dann entfaltete sich die ganze Geschichte der *superbia:* Das erste Kind der beiden ist Luzifer, in ihm beginnt die gesamte Lasterreihe.[41] Um den betrogenen Menschen aus seiner Gewalt zu befreien, kommt Christus mit seinem Mittel der *humilitas* und vernichtet die *superbia.*

Von Heinrich des Teichners Reimreden[42] behandeln vordringlich folgende die *superbia:* Nr. 49 und 54 (*Von hochvart*) beschreiben vom Luziferfall ausgehend die *superbia* der Menschen; Nr. 300 *(Von den siben tod sunden)* stellt die *superbia* als den einzig unvergebbaren Willen zur Sünde dar;[43] 374 lehrt, daß ohne die Korrektur der *diemuoticheit* die Tugenden zur *superbia* des Tugendstolzes führen; 492 nennt zwei Arten der *hôchvart,* die weltliche Putzsucht und den klerikalen Pharisäismus; 494 beschreibt den *amor sui* als die Wurzel der *hôchvart,* den *amor Dei* als die der *diemûtikeit;* in 510 ist die *superbia* vor der *gitikeit* die schlimmste Ursünde; in 525 macht *hochvart* und *ûpikeit* den Menschen zum Untertanen des Teufels; 511 nennt den Mangel an Selbsterkenntnis und das *ex se* als Grund der Ursünde des *über mütz;* in 548 nennt der Teufel seine erste Tochter *Hochvart* um in *Wirdikeit und Er,* um sie an den Mann bringen zu können. Heinrich folgt selbst im Detail der kirchlichen Ablehnung ritterlicher Lebensweise: *also wachst uz aigner lieb / abentuer und ueber mût* (494, 40 f.).

Die Gedichte *Von den houpthaftigen sunden*[44] und *Die Warnung*[45] zei-

[40] 23—56. Die andere Amme ist das Menschsein *(menscheit)* mit *gula* und *luxuria.*
[41] Allein Luzifers Sturz umfaßt 74 der 706 Verse des Gedichts.
[42] Hrsg. v. Niewöhner, 3. Auflage, 1953 ff.
[43] Hier liegt wohl die 7. *Superbia*-Stufe *(libertas peccandi)* Bernhards v. Clairvaux vor.
[44] In einer Stuttgarter Hs. des 13. Jhs., abgedruckt bei v. Ackeren, *Die altdeutschen Bezeichnungen.* Sie beschreibt die *superbia plus omnibus: Superbia sprichet hochvart / und ist nicht wirsir, noch nien wart. / hochvart wil sich selbin furzuchen / und ie den andrn druchen* (21 ff.).
[45] Hrsg. von Leopold Weber (München, 1913). Hier nimmt ein ritterlicher Autor um 1250 die Sittenkritik Heinrichs von Melk und des Armen Hartmann einhundert Jahre später

gen, wie stark schon um die Jahrhundertmitte die ritterlichen Auffassungen von bürgerlich-kirchlichen verdrängt sind.[46] Das ritterliche Zwischenspiel ist vorbei, der ritterliche Mensch steht wieder als Bescholtener vor dem Sittenprediger:

> *Nu vernemt, sündaere,*
> *diu jaemerlîchen maere,*
> *wie allez daz ein ende nimt*
> *daz nur der werlde wol gezimt.* (Warnung 1 ff.)

Bei diesen Hinweisen können wir es bewenden lassen, die inzwischen vertrauten Züge der *superbia* werden dem interpretierenden Leser von Texten auf Schritt und Tritt auffallen. Zumal das, was zur Aufdeckung der manchmal schwer durchschaubaren Verschlüsselung notwendig ist, im folgenden Kapitel dargelegt werden soll. Die Rolle des *Superbia*-Gedankens in der höfischen Literatur hat, um das vorgehende Kapitel zusammenzufassen, diese Linien: In hochhöfischer Zeit wird die ritterliche Dichtung zum einzigen Ausdrucksträger des *Superbia*-Gedankens, während die geistliche Literatur zurücktritt. Da jedoch auch das Rittertum außerordentlich stark christlich gebunden ist und sich gezwungen sieht, nach einem eigenen Verhältnis zu Gott zu suchen, spielen die kirchlichen Grundkategorien *humilitas* und *superbia* in der Form der Antinomie *êre — gotes hulde* auch in der höfischen Literatur eine führende Rolle. Als die mögliche Entscheidung gegenüber dem Problem des Gottesverhältnisses bilden sich drei Haltungen aus, die zwar im Geltungsbereich schwer abzugrenzen sind, jedoch deutlich unterschieden werden können:

Die emanzipierte, autonome Haltung in weiten Teilen des Minnesanges und Aventiureliteratur, die sich entweder gegen die moraltheologischen Auffassungen stellt oder das Problem gänzlich ausklammert. Die vermittelnde Haltung, die in Wolfram, Hartmann und Thomasin ihre Höhepunkte erreicht und die Tradition des Kompromisses in der Gott dienenden *Virtus* des Ritters fortsetzt. Die kirchliche Haltung schließlich, die ganz zu den moraltheologischen Lehren zurückkehrt und die mit ihrem Durchbruch um 1220 den Sieg des kirchlichen *Superbia*-Gedankens herbeiführt.

---

wieder auf. Gegen die ritterlichen Ehrbegriffe setzt er die Selbstaufgabe in Vers 1115 ff., gegen die Minne die *caritas* usw.

[46] Das gilt auch für Ulrich Boners *Edelstein,* dessen Fabeln 5, 19, 44, 46, 66, 68, 79 und 86 die *superbia* zum Gegenstand nehmen.

Das Verhältnis von Gott und Welt wird im hohen Mittelalter, da sich die allzu abstrakte Synthese des gradualistischen *Ordo*-Gedankens nicht durchgesetzt hat, zum zentralen Problem. Die Auseinandersetzungen zwischen den beiden Grundentscheidungen „Divinität" und „Humanität" stehen im Mittelpunkt der hochmittelalterlichen Geistesgeschichte als ein Kampf der Kirche gegen den Emanzipationsdrang weltlicher Mächte, in deren Streben nach politischer und moralischer Autonomie Ansätze einer rein humanitären und egozentrischen Weltanschauung sichtbar werden, welche die Kirche folgerichtig als das Grundübel *superbia* wiedererkennt.

Der *Superbia*-Gedanke steht damit wiederum im Zentrum der weltanschaulich-moralischen Auseinandersetzungen. Die *Superbia*-Theorie, die von der Moraltheologie zu einem nahezu lückenlosen und unangreifbaren System ausgebaut und überdies durch die Laienarbeit seit ahd. Zeit bis ins letzte popularisiert ist, ist in ihrer assoziativen Wirkungsweise eine wichtige Waffe der Kirche gegen den Angriff des staatstragenden Rittertums vor allem auf politischem und ethischem Feld. In der Politik und in der Geschichtsschreibung bilden die Kategorien *humilitas* und *superbia* als Grundlage der staatstheoretischen Wertbegriffe den entscheidenden Beurteilungsmaßstab. Der Vorwurf der *superbia* ist durch die Assoziation des Angegriffenen an Luzifer und den Antichrist eine vernichtende Waffe. Sie wird wechselseitig von Kirche und Staat angewandt gegen jede innere wie äußere Nichtanerkennung ihrer Autoritätsansprüche.

Seine höchste Bedeutung jedoch gewinnt der *Superbia*-Gedanke im Kampf der kirchlichen Moraltheologie gegen die im Hohen Mut gipfelnden ritterlichen Sittlichkeitsvorstellungen. Der *hôhe muot* ist in seinem Wesen eine stark in den Gefühlsbereich verlagerte, gemäßigte Spielart der Egozentrik, eine „beherrschte Schwellung des Ich" (Arnold). Er besteht in dem freudigen Stolz und Selbstbewußtsein, das sich in persönlicher Tüchtigkeit, Erfolg und Ansehen gründet, und er ist der Inbegriff des ritterlichen Sittlichkeitsideals.

Nach Ausweis der Vorgänge im Wortschatz entwickelt sich der *hôhe muot* auf der Grundlage des einheimischen, also germanischen *Virtus*-Ideals. Das Rittertum entwickelt seinen spezifischen Charakter in frmhd. Zeit durch das Einfügen verschiedener Komponenten und durch die Betonung der Gefühlswerte, ändert jedoch nichts am Wesen des alten Tugendideals männlicher Selbstbehauptung. Der Kern der ritterlichen Ethik entstammt demnach einheimischen Wurzeln und wird von der antiken Ethik erst sekundär geformt. Der ritterliche *hôhe muot* gleicht sich der wahlverwandten *magnanimitas* an, ist und bleibt aber eine eigenständige, parallele Entfaltung desselben archetypischen Gedankens.

Diese ritterliche *Virtus*-Sittlichkeit entwickelt im *hôhen muot* und in der *mâze* schon in frmhd. Zeit Vorstellungen, die in heftigem Gegensatz zur kirchlichen Morallehre stehen und deren Grundbegriffe *humilitas* und *ordo* zu verdrängen drohen. Sie stellt letztlich einen Versuch dar, aus eigener Kraft und nach eigenen Maßstäben einen Weg zu Gott zu finden. Dies ist ein Versuch der Emanzipation und Konkurrenz, welcher der Kirche trotz seiner transzendenten Zielsetzung als Egozentrik erscheinen muß. Der *hôhe muot*, die spezifische Seelenhaltung der „Humanität" gilt der Kirche als *superbia* und wird grundsätzlich und mit allen Mitteln bekämpft.

Dieser Kampf zwischen dem ritterlichen *hôhen muot* und der kirchlichen *superbia* spiegelt sich auf das genaueste in der Entwicklung des frmhd. und mhd. Wortschatzes für *superbia* und Verwandtes wieder: Die ahd. kirchliche Negativierung kommt zum Stillstand und wird seit frmhd. Zeit rückläufig. Eine dagegen einsetzende Positivierungstendenz führt zu steigend positiver Ambivalenz selbst der kirchlichen Zentralbegriffe für *superbia* und damit zu fortschreitender Entschärfung und Ablenkung der kirchlichen Angriffe. Alle diese Vorgänge weisen auf ein Vordringen der ritterlichen Ideale und auf einen Gegenangriff des *Virtus*-Gedankens.

Seit frmhd. Zeit wird der Kampf auch auf literarischem Gebiet geführt. Der *Superbia*-Gedanke spielt in der frmhd. Dichtung, deren vordringliches Ziel die moralische Erziehung und Besserung des ritterlichen Laientums ist, als ein Hauptmotiv eine außerordentlich wichtige Rolle. In diesem Thema ist die geistliche Dichtung einmütig und geschlossen. Sie teilt sich aber nach ihrem Vorgehen in die beiden Gruppen der „cluniazensisch" und der „ritterlich" gestimmten Geistlichendichtung. Die cluniazensische Dichtung paßt sich in einigen Motiven und Stilzügen der ritterlichen Vorstellungswelt an, vor allem macht sie als ein bevorzugtes Motiv die Gestalt Luzifers durch assoziative Identifikation zu einer nachdrücklichen Warnung für Rittertum und Imperium. Im übrigen jedoch nimmt sie auf die Gedankenwelt dieses Laienstandes keinerlei Rücksicht und lehnt die ritterliche Sittlichkeit und Lebensführung unnachsichtig und dementsprechend mit nicht allzu großem Erfolg ab.

Die geistliche Ritterdichtung dagegen, vertreten im *Rolandslied*, der *Kaiserchronik* und dem *Alexanderepos*, beschränkt in äußerster Anpassung an ritterliches Denken ihre Angriffe auf die Haltung des *ex se* als den Kern des Übels, indem sie die Gegensätze *superbia* und *humilitas* zu der Alternative „*mit got — âne unde wider got*" vereinfacht und bei sonstiger Toleranz als einzige, doch nur umso unerbittlichere Bedingung die Unterwerfung unter Gott fordert. Sie bietet dem Rittertum also einen Kompromiß an in der Gestalt der alten „Otfridschen Lösung", deren kürzeste Formel lautet: Durch die Einordnung unter Gott wird der *Superbia*-Charakter der ritterlichen *Virtus* aufgehoben.

Diese Synthese von *Virtus* und *humilitas* in dem Ideal des *miles Dei* ist jedoch überaus labil und stets in der Gefahr, zugunsten einer der beiden Komponenten zu zerfallen, und zwar nicht zuletzt zugunsten der *Virtus*. Die geistliche Ritterdichtung leistet daher, wie am *Straßburger Alexander* sichtbar wird, ungewollt der Ausbildung der ritterlichen Sittlichkeit letztlich weiteren Vorschub und bildet damit eine Vorstufe zur Vorherrschaft der ritterlichen Gedankenwelt in der mhd. Klassik.

Zwar gelangt in der mhd. Blütezeit die gegnerische Partei zur Vorherrschaft, doch spielen die moraltheologischen Grundkategorien *humilitas* und *superbia* in gewandelter Form auch in der ritterlichen Literatur eine führende Rolle. Denn schon durch seine religiöse Erziehung ist auch das höfische Rittertum weitgehend christlich gebunden und steht so der existenznotwendigen Aufgabe gegenüber, seine Wertvorstellungen mit den Ansprüchen Gottes in Einklang zu bringen und ein eigenes Verhältnis zu Gott zu finden. Damit dringen die kirchlichen Grundgedanken *superbia* und *humilitas* über die Alternative „*âne got — mit got*" in den Mittelpunkt auch ritterlich-höfischen Denkens, und zwar in Gestalt der Antinomie „*êre, varnde guot — gotes hulde*", welche die Diskrepanz zwischen den ritterlichen Wertvorstellungen und dem Gnadenverhältnis zu Gott ausdrückt.

Als grundsätzliche Möglichkeiten der Entscheidung dieses Gott-Welt-Problems bilden sich drei Haltungen aus, die im Einzelnen freilich schwer zu scheiden sind und sich oft überschneiden. Eine emanzipierte Haltung findet sich in weiten Teilen des Minnesangs und der Aventiureliteratur. Sie wendet sich entweder bewußt gegen die moraltheologischen Auffassungen oder klammert sie aus. Doch diese Autonomie ist letzten Endes in der ernsthaften Auseinandersetzung mit den christlichen Forderungen nicht zu halten und wird in der Hauptgruppe der höfischen Dichtung durch eine vermittelnde Haltung ersetzt. Diese vermittelnde Gruppe bildet mit ihren Häuptern Hartmann, Wolfram, Walther und Thomasin im Bereich unseres

Gegenstandes den Höhepunkt der mhd. Literatur. Sie setzt die alte Tradition des Kompromisses fort mit dem Versuch, die ritterliche, immanent von der *mâze* gesteuerte Sittlichkeit dem kirchlichen Moralsystem einzufügen. Durch die Bindung des Willens an Gott in der zum Gehorsam reduzierten *humilitas* wird der ritterliche *Virtus*-Gedanke, dessen Zentrum des *hôhen muotes* streng vom *übermuot* abgesetzt wird, als notwendige Standesmoral des *miles Dei* gerechtfertigt. Diese gottgebundene Rittertugend (die *niuwe güete*) wird zum Tugendideal des höfischen, christlichen Rittertums.

Neben den Positionen der Ablehnung und des Kompromisses besteht jedoch dauernd eine ganz kirchentreue Haltung, die in Verbindung mit der außerliterarisch in der Praxis ungebrochen weitergeführten kirchlichen Morallehre die moraltheologische *Superbia*-Theorie unverändert bewahrte. Diese konservative Auffassung bricht mit der Didaktik im zweiten Jahrzehnt des 13. Jahrhunderts durch und führt den *Superbia*-Gedanken, der nur durch die ritterliche *mâze* ergänzt ist, zu seinem endgültigen Sieg über die ritterliche Sittlichkeit. Von da an herrscht der *Superbia*-Gedanke, bis er im späteren Mittelalter zusammen mit der Auflösung der mittelalterlichen *Ordo*-Vorsellungen in das allzu Konkrete absinkt und sich im Renaissance-Humanismus eine neuerliche Umwertung anbahnt.

Als Grundlinie der Geschichte des *Superbia*-Gedankens im hohen Mittelalter Deutschlands zeichnet sich folgender Vorgang ab: Eine autonome, ritterliche Sittlichkeit der männlichen Selbstbehauptung blüht aus einheimischen Wurzeln im 12. Jahrhundert plötzlich heftig auf und setzt sich gegen den Widerstand der kirchlichen Moraltheologie bis zur Jahrhundertwende durch. Nach einem kaum eine Generation währenden Höhepunkt der höfischen Klassik bröckelt jedoch diese ritterliche *Virtus*-Ethik wieder ab, und es führt ein neuerlicher Umschwung zum endgültigen Sieg der kirchlichen *Superbia*-Auffassungen.

TEIL D

DIE SPEZIFISCH LITERARISCHEN ASPEKTE
DES SUPERBIA-KOMPLEXES

I. Die Symbolik der superbia

1. Der mittelalterliche Symbolrealismus

> *Sicut fortes incedunt*
> *et a Deo discedunt*
> *ut leones feroces*
> *et ut aquile veloces,*
> *ut apri frendentes*
> *exacuere dentes,*
> *linguas ut serpentes* . . . (Carm. Bur. 39, 51 ff.)

Daß diese Partie aus einer Zeitklage die *superbia* weltlicher, vermutlich kaisertreuer Prälaten zum Gegenstand hat, ist auch bei einiger Vertrautheit mit der *Superbia*-Theorie nicht ohne weiteres zu durchschauen. Unserm an die empirische Realität gebundenen Symbolverständnis geben die Konzepte „Held", „Löwe", „Adler", „Eber", „Schlange" keinen Hinweis auf die Vorstellung der *superbia*. Es wird deutlich, daß uns die Kenntnis der gedanklichen Formen allein noch nicht in die Lage versetzt, die *Superbia*-Idee in allen ihren mannigfaltigen bildlichen Ausprägungen wiederzuerkennen. Es ist dazu einige Vertrautheit mit dem Vorrat an Bildern und Symbolen nötig, in welche die mittelalterliche Literatur den Gedanken gern kleidete.

Wie wichtig solche Verkleidungen sind, ergibt sich schon aus der Tatsache, daß einem mittelalterlichen Leser oder Hörer die leiseste Andeutung durch Stichworte genügte, um ihm assoziativ den gesamten bekannten Komplex aufstehen zu lassen. Daß es ganz bestimmte wirkungsvolle Punkte der Theorie sind, die durch ihre Anschaulichkeit in der Lehrpraxis hervortreten (empirische Entfaltung, Lasterreihe, Luzifer, *Humilitas*-Feindschaft), haben wir bereits im ersten Teil herausgearbeitet. In einer propagandistisch-literarischen Ausgestaltung waren uns denn auch die Luzifergeschichte und Kampfvorstellungen in frmhd. Zeit begegnet. Die Art der bildlichen Ausgestaltung hat einige wichtige Grundsätze, die vorab zu erörtern sind.

Das Mittelalter zeigt in seiner ungebrochenen und ursprünglichen Naivität eine ausgeprägte Neigung, abstrakte, unkörperliche Erscheinungen und Zusammenhänge zu konkretisieren und sinnlich faßbar zu machen. Über diese zu allen Zeiten lebendige naive Neigung hinaus aber wurden die Konkretisierungen im Mittelalter als real betrachtet und als wahr geglaubt. Das geschah auf Grund einer Denkweise, die sich zum Teil in der mittelalterlichen Ontologie begründet: Der Gedanke einer Stufenfolge der Seinsordnung von Gott als dem *summum esse* herab bis zur Materie als Seinsbereich, der dem *nihil* am nächsten benachbart ist, impliziert den logischen Schluß, daß eine jede höhere Stufe auch eine entsprechend größere Seinsfülle habe, und also jede immaterielle Erscheinung realer sei als die empirischen Phänomene.[1] Er impliziert ebenso die Vorstellung einer kontinuierlichen, innerlichen und essentiellen Verbindung aller Seinsstufen untereinander.[2] Diese Anschauungen führen auf die Vorstellung, daß jedes Glied der Schöpfung auf ein anderes verweise, sei es einer höheren oder einer niederen Ordnung.

Diese Vorstellung bildet den Grundsatz für den mittelalterlichen „Symbol-Realismus".[3] Aus ihr leiten sich alle Erscheinungen der mittelalterlichen Symbolik, wie Prä- und Postfiguration,[4] vierfacher Schriftsinn,[5] Tier- und Steinsymbolik,[6] Symbolik des Kirchenbaus[7] usw. ab.

An dem umfangreichen Gedanken-Komplex der *superbia* und *humilitas* finden sich alle Stufen und Formen der symbolischen Einkleidung vom kleinsten Bild bis zur allegorischen Kette in großer Fülle. Jedoch ist diese Fülle nicht regellos und willkürlich. Sämtliche Bilder und Figuren sind durch die Schrift, die Autoritäten oder die Heilsgeschichte legitimiert, mag uns die Anknüpfung noch so gezwungen und die Parallele, die wir heute nur über ein *tertium comparationis* zu sehen vermögen, noch so entlegen erscheinen. Denn die mittelalterliche Symbolik, die auf der Realität der

---

[1] Es ist dies bekanntlich die Position des Universalienrealismus. Für weiteres sei auf die bekannten Darstellungen des Universalienstreites verwiesen, in dessen Umkreis die hier besprochenen Gedanken gehören.

[2] Diese Vorstellung entspringt natürlich neuplatonischen Gedanken, am stärksten gefördert wurde sie durch den Pseudo-Dionysius Areopagita.

[3] Ich halte diesen paradoxen Terminus für gut geeignet, den Charakter der mittelalterlichen Bildlichkeit zu bezeichnen.

[4] Zu dieser im Einzelnen noch recht ungeklärten Methode und zur mittelalterlichen Literaturästhetik im allgemeinen: H. Glunz, *Die Literarästhetik des europäischen Mittelalters* (Bochum, 1937); H. Brinkmann, *Zu Wesen und Form mittelalterlicher Dichtung* (Halle, 1928); F. Ohly, „Vom geistigen Sinn des Wortes im Mittelalter" *ZfdA* LXXXIX (1958–59); B. Boesch, *Die Kunstanschauung in der mhd. Dichtung von der Blütezeit bis zum Meistergesang* (Leipzig, 1936).

[5] Ohly, „Vom geistigen Sinn . . ." (s. o.).

[6] Abgesehen von Einzelarbeiten zum Edelsteinkatalog oder zum *Physiologus* ist dieses Gebiet geschlossen noch nicht untersucht. Dazu H. Sedlmayr, *Die Entstehung der Kathedrale* (Salzburg, 1950).

[7] Sedlmayr, *Kathedrale*.

Strukturen des *ordo* begründet ist, bekommt eben dadurch ihre deiktische Funktion: Sie soll diese Realität dem Geist zu vermitteln, soll die den Dingen innewohnenden Wahrheiten und Wesensbeziehungen sichtbar machen.

Mit dieser Aufgabe richtet sich die künstlerische Bildlichkeit als wichtiges didaktisches Mittel ganz auf das Ziel, das die Dichtungstheorie der Literatur auch im allgemeinen vorschreibt:[8] Dichten ist lehrendes Nachvollziehen der göttlichen Schöpfungsordnung.[9] Grundforderung an jede Dichtung ist *veritas*, Gehorsam gegenüber der Wahrheit und den Realien. Alles, was dagegen nicht im Rahmen der heilsgeschichtlichen Ordnung steht, ist *falsitas, lüge*. Die eigene Erfindung, eigene Schöpfung ist Konkurrenz gegenüber Gott, ist *superbia!* Dieser Grundsatz ist für die Kunstauffassung des Mittelalters außerordentlich wichtig, doch meines Wissens noch nicht genügend herausgearbeitet worden. Er gilt für die Erzeugnisse der Phantasie im allgemeinen, die bei der Bereicherung des Faktischen *jactantia* sind,[10] wie für ihr Wirken in Literatur und Kunst.[11]

Besonders bei der Dichtung als dem freien Spielplatz der Gedanken besteht die Gefahr der *superbia*, die schon Otfrid als *lugi in thevangélion*, als *dumpheit* und *gemeitheit* ängstlich von sich weist (V, 25; 29). Selbst der höfische Archipoeta bekennt sich gelegentlich zu diesem Grundsatz, wenn er sagt, Christus habe Zeichen und Wunder getan, um den wahren Glauben gegen die verführerischen Märchen der Dichter durchzusetzen.[12] Ganz deutlich tritt der Grundsatz, daß freie Erdichtung *superbia* sei, im Programm der *Kaiserchronik* hervor:[13]

> *Nu ist leider in disen zîten*
> *ein gewoneheit wîten:*
> *manege erdenchent in lugene*

---

[8] Ich habe vor, den Zusammenhang der Dichtungstheorie mit dem *Ordo*- und *Superbia*-Gedanken gelegentlich ausführlich zu behandeln. Die hier angeführten Gedanken sind ein Vorgriff auf diese Untersuchung.

[9] Das läßt sich wieder einmal schon am Wortschatz nachweisen: Die wichtigsten Dichtungstermini, wie *ordenen, schepfen, zelen, reden, zîle, rîm, aventiure* usw. gehören in ihrem Bedeutungsumfang sowohl zum Feld der Dichtung wie zu dem des *ordo*. Dazu vorige Anmerkung.

[10] Albertus Magnus: *Propria autem fictio in plus vocatur iactantia, fictio autem in minus proprie vocatur ironia.* (eth. 318b, 41).

[11] In St. Gallen z. B. klagt man um 1240 über eigenwillige Historiographen *ob maliciam minus perfectorum hominum, ordinem et processum rerum gestarum ad usum libitum pervertentium* ... (Chart. Sangall. II 372 p. 279, 16). Die schwere des Vorwurfs wird deutlich, wenn man sich die Implikationen der Begriffe *malicia, ordo, usus libitus, pervertere* vor Augen hält.

[12] *Poetarum seductos fabulis / veritatis instruxit regulis; / signis multis atque miraculis / fidem veram dedit incredulis.* (Gedichte I, 10. Ausgabe v. Watenpuhl-Krefeld).

[13] Ähnlich der ihr folgende *Trierer Silvester* (Hrsg. v. Kraus, *MGH, Dt. Chr.*, I, V, 17 ff.).

unt vuogent si zesamene
mit scophelîchen worten.
nû vurht ich vil harte
daz diu sêle dar umbe brinne:
iz ist ân gotes minne.

. . .

lugene unde übermuot
ist niemen guot. (Kchr. 27—40)

Eigene Erfindung und dichterische Eigengesetzlichkeit in der Formung sind als *lugene* und *übermuot* Todsünde und bringen die Höllenstrafe.[14]

Einer solchen Auffassung vom Dichten als Ordnen zu entsprechen, müssen auch die dichterischen Mittel heilsgeschichtlich wahr sein und Bezeichnungskraft haben.[15] Die Bilder und Formen haben niemals ästhetischen und individuellen Eigenwert, sondern sind typisch und so weit wie möglich aller individuellen, akzidentiellen und als minder real empfundenen Einzelzüge entkleidet. Diese derart rational und in ihrer Art logisch abgeleitete Bildlichkeit ist durch ihre heilsgeschichtliche Begründung eo ipso festgelegt und geregelt. Es bildet sich schon recht früh ein durch die Patres autorisierter Bilder- und Formelschatz, der bei aller Reichhaltigkeit doch letzten Endes streng systematisch gegliedert ist und sich aus wenigen Grundtypen zusammensetzt. Nicht weniger als die Gedanken selbst ist so auch ihre bildliche Ausprägung Gegenstand der theoretischen Arbeit. Die mittelalterliche Bildlichkeit läßt sich am besten als „theologisch begründete Topik" charakterisieren: Ein festumrissener Bilderschatz, der exegetisch entwickelt und heilsgeschichtlich und logisch festgelegt ist. Die Erschließung neuer Bilder bedarf guter theologischer Kenntnisse und sorgfältiger Begründung, soll sie nicht der Gefahr der Fehlinterpretation ausgesetzt sein und in die Schuld der eigenmächtigen *superbia* führen.[16]

Der logische Aufbau der Bildlichkeit macht, und das scheint mir eine der wichtigsten Konsequenzen, den Formenschatz auch bei einem so reichen Komplex wie dem der *superbia* verhältnismäßig leicht beherrschbar und und lernbar. In der Tat wurde offenbar der Bildervorrat, der ja der Realität, nicht dichterischem Spiel entstammte, als Lernstoff aufgefaßt, und er

---

[14] Dieses Urteil spiegelt sich selbst in der ritterlichen Dichtung, in der Verurteilung des *vindaere wilder maere*.

[15] Daß sich die Geistlichkeit in ihrer Lehre in jeder Hinsicht eng an die Grenzen des Autorisierten zu halten habe, schreibt schon die *Admonitio generalis* vor: . . . *ut presbyteri recte et honeste praedicent; et non sinatis nova vel non canonica aliquos ex suo sensu et non secundum scripturas sacras fingere et praedicare populo* . . . (c. 82).

[16] Vgl. Kchr. 27 ff., vgl. auch *Admonitio generalis*, vorige Anmerkung.

wurde als einfachere, aber nicht weniger wertvolle geistige Nahrung für das Laientum schon durch die kirchliche Lehre verbreitet: *Minoribus autem decet in parabolis loqui, maioribus revelare mysteria regni Dei. Parvuli liquido cibo sunt nutriendi, adulti solido corroborandi.*[17]

Ähnlich wie bei den Hauptzügen der *Superbia*-Theorie selbst kann man also auch bei den wichtigsten ihrer Bildformen mit allgemeiner Bekanntheit rechnen. Und eben darauf beruht die schon mehrfach konstatierte Wirkungsweise der *Superbia*-Bilder. Die leiseste Anspielung, das kleinste Bild, ein einziges Stichwort kann genügen, um dem Zeitgenossen in einer Assoziationskette den gesamten Zusammenhang gegenwärtig zu machen. Und um dieses Verständnis nachvollziehen zu können, haben wir das, was für die mediaevistische Kunstwissenschaft längst selbstverständlich ist, auch auf die Literaturwissenschaft auszudehnen: Die Kenntnis der Ikonographie ist Voraussetzung für das Verständnis der Kunstwerke.

Friedrich Ohly hat auf das unermeßliche Gebiet hingewiesen, das sich der Forschung in der Allegorese des Mittelalters auftut.[18] Besonders reich ist die Ernte an literarischem und darstellendem Bildmaterial im Bereich des *Superbia*-Gedankens. Viel reicher, als daß sie in einem Kapitel dieser Arbeit einzubringen wäre. Statt einen für spätere Bearbeitung nur hinderlichen Pfad durch dieses fast unbearbeitete Feld zu treten, beschränke ich mich deshalb darauf, diejenigen *Superbia*-Bilder, deren Kenntnis mir unerläßlich scheint, in Stichworten und mit wenigen Belegen aufzuführen. Eine solche Abkürzung erscheint mir umso mehr gerechtfertigt, als weiteres Material in den zahlreichen allegorischen Wörterbüchern des Mittelalters unschwer zu finden ist, wenn man die Grundsätze und Grundgedanken der Bilder kennt.[19] Lediglich die Tradition der größeren allegorischen Formen werde ich etwas ausführlicher behandeln.

2. Allegorische Komplexe der superbia

Unter allegorischen Komplexen verstehe ich die Zusammenfügung einer Reihe von Symbolen, Typen und Personifikationen zu einer meist zu epischem Vorgang geformten Darstellung eines abstrakten Zusammenhangs.

Zu einer solchen Allegorisierung fordern im Bereich des *Superbia*-Gedankens die Filiationstheorie, der Kontrast von Lasterseptenar und Tugendreihe und die Teufelsgeschichte ganz besonders heraus. Sie bilden sich

---

[17] Alan, summ. art. praedic., 39.
[18] „Vom geistigen Sinn...", bes. S. 21 f.
[19] Quellen bei Ohly, „Vom geistigen Sinn...", S. 21 ff. u. in den Fußnoten.

tatsächlich schon früh zu den großen *Superbia*-Bildern des Lasterbaumes, des Lasterkampfes und des Teufelsreiches aus. Hraban z. B. lehrt über die richtige Ausmalung einer Sündenpredigt:

Haec igitur tanto congruentius unusquisque praedicator valet exprimere, quanto veracius species virtutum, et e contra vitiorum novit discernere: ut cum singula singulis novit opponere, cuique vulneri aptum possit medicamentum invenire. Sunt autem in virtutibus quaedam species, quae quodammodo ex alliies speciebus quasi ex arboribus rami procedunt . . . Sed quia cum virtutibus vitiorum diuturna sunt bella, utriusque malitiae qui sint duces, quicumque eorum sint comites specialiter quantum possumus exponamus: ita tamen ut qua virtus cum quo vitio proprie pugnam gerat, pariter ostendamus. (inst. cleric. 3, 38)

Der BAUM DER TUGENDEN UND LASTER spielt zwar weniger in der Literatur ine Rolle als in der bildenden Kunst,[20] doch bietet er ein gutes Beispiel dafür, wie sich die theoretische Lehre der Kunst als didaktischen Mittels bedient. Die eigentliche Leistung des *Arbor*-Bildes ist es, die komplizierte Filiation der zahllosen Sündenfrüchte eindringlich und anschaulich darzustellen. Er ist also, wie der Pseudo-Hugonische Lasterbaum,[21] viel mehr ein baumartig ausgeführtes Stemma als ein wirkliches Bild, macht aber so die diffizile Filiation dem leseunkundigen Publikum übersichtlich und zugänglich. Wie es ja eine der Hauptaufgaben der kirchlichen bildenden Kunst des Mittelalters ist, die Schrift zu ersetzen, vermag das Motiv des Baumes in einer optischen Darstellung das moralpädagogische Schema, an das es den Betrachter erinnert, in seiner Bedeutung zu steigern, da es selbst als Gegenstück in der Nachbarschaft des Lebensbaumes und ähnlicher Vorstellungen steht. In der Literatur selbst bleibt die *abor vitiorum* auf wenige größere Anwendungen beschränkt.[22] Ihr wichtigstes Ergebnis für den *Superbia*-Gedanken ist die Verbreitung der Metaphern *radix, arbor, ramus*, welche alle das Konzept der Filiation im allgemeinen Bewußtsein fester verankern.

[20] Die Angaben, Belege und Beispiele zur Darstellung dieser Allegorien in der bildenden Kunst entnehme ich vor allem: O. Schmitt, *Reallexikon der deutschen Kunstgeschichte* (Stuttg., 1937 ff.); H. Otte, *Handbuch der kirchlichen Kunstarchäologie des deutschen Mittelalters* (Leipzig, 1954); L. Réau, *Iconographie de l'art chrétien* (Paris, 1956); W. Molsdorf, *Christliche Symbolik in der mittelalterlichen Kunst* (Leipzig, 1926); E. Mâle, *L'art religieux du XIIe siècle en France* (Paris, 1902).
[21] Zur Zeichnung und Erläuterung der *arbores virtutum et vitiorum* (PL 176, 1007–1010), die als Vorbild für die weiteren *arbores* dienten, s. o. S. 19 ff.
[22] Der ausführlichste ist der im *speculum animae* eines Pseudo-Bonaventura (Bon. Opera VIII, 623 ff.). Weitere bei Mâle, *L'art religieux*, S. 132; 142 f.; 144 f.

DER KAMPF DER TUGENDEN UND DER LASTER ist die wichtigste Allegorie der *superbia* und ihrer *filiae*. Die empirische Opposition von Tugendvorschrift und Lasterneigung im menschlichen Gewissen legt die Vorstellung eines Kampfes so nahe, daß man den Lasterkampf fast als Urgedanken sehen darf. In einer Zeit, in der zudem Kampf und Krieg einen so außerordentlichen Raum im öffentlichen und privaten Leben einnahmen wie im Mittelalter, mußte das Bild eines *conflictus* zur bevorzugten Vorstellung der Lasterlehre werden. Biblisch legitimiert ist es vor allem durch Paulus, der den Ephesern (6, 11 ff.) die geistlichen Tugenden als Rüstung im Kampf gegen die Nachstellungen des Teufels empfiehlt. Von dort übernimmt es Tertullian, seinen Lesern entsprechend etwas mehr in die Art eines Gladiatorenkampfes übertragen: *Vis et pugillatus et luctatus? praesto sunt, non parva sed multa. Adspice impudicitiam deiecta a castitate, perfidia caesam a fide, saevitiam a misericordiam contusam, petulantiam a modestia obumbratam, et tales sunt apud nos agones, in quibus ipsi coronamur.* (spect. 29). Wahrscheinlich sind es diese Ausführungen Tertullians, auf denen die erste und bedeutendste Darstellung des Lasterkampfes beruht, die *Psychomachie* des Aurelius Prudentius Clemens.[23] Prudentius verlagert, obwohl er sein Werk den „Kampf der Seele" nennt, die Schlacht zwischen den Tugenden und Lastern auf eine übermenschliche, allgemeingültige Ebene: es sind nicht nur die Charakterzüge des Menschen schlechthin, es sind die spezifischen Tugenden des Christentums, die gegenüber den Fehlern des römischen Heidentums den Sieg davontragen. Diese heilsgeschichtlich-historische Bedeutung der *Psychomachie* zeigt sich an der spezifischen Darstellung der einzelnen Laster, zeigt sich noch mehr an den Angriffen auf den Götterkult (*cultura deorum* 21 ff.) und den Luxus (*luxuria*[24] gegen *sobrietas* 310 ff.), und wird sehr deutlich im Kampf der *superbia* gegen die *mens humilis*. Die *superbia* vertritt in ihrer Kampfrede die *virtus Romana* gegen das heraufziehende Christentum (206 ff.), dessen *humilitas* und *virtus moderaminis* (274, 276) sie nach altem Brauch im *triumfus* (252) zu besiegen gedenkt. *Superbia* und *humilitas* sind bei Prudentius also mehr die Charakteristika des Römischen Reiches und des Christentums als eigentliche psychische Normalerscheinungen; die *superbia* ist in der *Psychomachie*

---

[23] *A. Prudentius' Psychomachia*, Lat. u. dt. v. U. Engelmann (Basel, 1959). Dazu C. Brockhaus, *Aurelius Prudentius Clemens in seiner Bedeutung für die Kirche seiner Zeit* (Leipzig, 1872). H. R. Jauss, „Form und Auffassung der Allegorie in der Tradition der Psychomachie", *Medium aevum vivum*, Festschr. f. W. Bulst (Heidelberg, 1960); dort weitere Literatur. Die wichtige *Superbia*-Partie: 177 ff.

[24] Für die mittelalterliche *luxuria* setzt Prudentius *libido* 40 ff.

Hochmut, Herrschsucht, Kriegerstolz, also noch nicht die kirchliche Ursünde, zu der sie seit Augustin und Cassian wird.

Hat demnach Prudentius gedanklich keine besondere Bedeutung im *Superbia*-Bereich, so ist seine populäre Wirkung umso größer. In mehr als 300 Handschriften wird sein Bild vom *conflictus vitiorum* im Mittelalter verbreitet und schafft im vornherein ein gut Teil des Interesses, in das sich die kirchliche Theorie später einfügen kann. Cassian nämlich überträgt die nun schon vorbereitete Vorstellung des Lasterkampfes auf das von ihm importierte Oktonar.[25] Und Gregor endlich ist es, der die Kampfallegorie endgültig der Filiationstheorie dienstbar macht. Allerdings verlagert sich bei ihm und seinen Nachfolgern[26] der Schwerpunkt von der eigentlichen Schlacht auf die Beschreibung des Lasterheeres, als deren Führer unter der Leitung des Prinzeps *superbia* die sieben Todsünden ihre Kolonnen zum Kampf anfeuern.[27] Gregors Handlungsschema: „Aufmarsch der Laster, Beschreibung ihres Heeres, Gegenaufstellung des Tugendheeres, Kampfrede der Lasterführer (Exhortation der eigenen Leute, Schmährede oder Überredungsversuch gegenüber den Tugenden), Einzelkämpfe, Sieg der Tugenden" bleibt auch in der Folgezeit das Gerüst des *conflictus*, als mit dem Aufblühen der ritterlichen Welt im Hohen Mittelalter die Lasterkampfliteratur zu großem Aufschwung kommt.[28]

In der mhd. Literatur findet sich als erste Erwähnung eine Stelle im *Rolandslied*: *Want siu ellu laster an in erslugen* (5963).[29] Während das Motiv des Kampfes mit dem Teufel seit frmhd. Zeit sehr häufig ist, taucht der Lasterkampf erst wieder im allegoriefreudigen 13. Jahrhundert auf: im *Wälschen Gast* (s. S. 177 ff.), im *Jüngeren Titurel* (27 ff.), im *Seifried Helblinc* (Seemüller, S. 365 ff.). Eine eigene Darstellung findet er in zwei sehr ritterlichen Werken: *Der Sünden Widerstreit*[30] und *Der geistlich Streit*.[31] Das erste dieser beiden in Konzeption und Ausführung sehr interessanten

---

[25] coen. inst. 5, 1.

[26] z. B. Ambrosius v. Autpert (zugeschrieben Augustin, Ambrosius, Isidor, was die Autorität des Textes kennzeichnet), *liber de conflictu vitiorum et virtutum* (PL 46); Isidor v. Sevilla, *de pugna virtutum adversus vitia* (sent. 2, 37 f.); Alcuin, *liber de virtutibus et vitiis*, c. 34; Hraban, cleric. inst. 3, 38.

[27] Gregor, moral. 31, 45. Es ist das gleiche, wichtige Kapitel, das auch für die Filitionstheorie grundlegend ist. S. o. S. 24 f.

[28] Zur lateinischen und deutschen Tradition K. Raab, *Über vier allegorische Motive in der lateinischen und deutschen Literatur des Mittelalters* (Leoben, 1885), zur romanischen Jauss, *Psychomachie*.

[29] Die Möglichkeit sei angedeutet, daß hinter den Schilderungen realer Kämpfe im *Rol.* und anderswo als assoziative Idee der Kampf gegen die Sünden steht.

[30] Hrsg. v. Viktor Zeidler (Graz, 1892).

[31] Hrsg. v. Franz Pfeiffer, *Altdt. Übungsbuch* (Wien, 1866), Nr. XVI.

Werkchen ist ein Aufruf zum Kreuzzug gegen die Sünden, das andere ein fast turnierhafter, formeller Kampf gegen das Lasterseptenar in Gestalt von sieben bösen Weibern.

In der volkssprachigen Dichtung wird das populäre Thema auch zeitgemäß ausgestaltet: Die *pugna* erhält parallel zur Verritterlichung der gesamten Morallehre ausgesprochen ritterliche Züge, sie findet statt als Belagerung einer Burg durch das Lasterheer,[32] als Feldschlacht[33] oder fast als Turnier.[34] Auch die Kämpferpaare, die einzelnen Tugenden und Laster, folgen oft mehr praktischer oder ritterlicher Moralauffassung als der kirchlichen. Im ganzen jedoch bleibt, bis der Lasterkampf in die Belagerung der Minneburg übergeht,[35] der Rahmen gewahrt, den Prudentius und Gregor gegeben haben. Vor allem hält sich die *superbia* in ihrer Stellung als Führerin oder wenigstens als Hauptkämpfer. Vollends die bildliche Vorstellung der Ursünde bleibt für alle Zeit die des Prudentius: Die *superbia* reitet prächtig geschmückt auf einem ungebärdigem Roß, das als Sattel ein Löwenfell trägt, so daß die *superbia* als Pferd- und Löwenreiterin zugleich erscheint. Bei ihrem Ansturm gegen die *humilitas* kommt sie zu Fall[36] und wird von ihr bei den Haaren erfaßt und enthauptet.[37] Dieser Komplex erweist sich bei genauem Hinsehen als zusammengesetzt aus einer Reihe von Einzelelementen: Schmuck, Pferd, Löwenfell, Sturz, Enthauptung an den Haaren. Alle diese Motive haben ihre traditionsreiche Bedeutung, die uns im folgenden beschäftigen wird.

Der dritte große Bildkomplex ist der allegorische Mythos vom TEUFELS-REICH und dem ANTICHRIST. Über diesen Vorstellungskreis, der aus dem Bereich des Symbolischen und Allegorischen weit hinausreicht in den Bereich des Mythischen und Theologischen, haben wir im Zusammenhang mit den Teufelsvorstellungen (S. 29 ff.) und der Gestalt Luzifers in der frmhd. Literatur (S. 140 ff.) schon ausführlich gehandelt. Weiteres wird in folgenden

---

[32] Das Bild der *castra* findet sich schon bei Tertullian *(signa Christi et signa diaboli, castra lucis, castra tenebrarum,* de idololatria 19). Das Bild ist gewiß vom *Civitas*-Begriff Augustinus ebenso sehr unterstützt worden wie von der Praxis der Burggründungen seit etwa dem Jahre 1000. Beispiele: Honorius Augustodunensis (Spec. eccl. Dom. II) und Ambrosius Autpertus, Confl. 2.

[33] Das ist immer noch die häufigste Form, z. B. im *Wälschen Gast.*

[34] Turnierhafte Züge hat z. B. der eben genannte *Geistlich Streit.*

[35] Dazu Jauss, *Allegorische Motive.*

[36] Bei Prudentius und seinen Nachfolgern stürzt sie in eine Grube, die der Betrug *(fraus)* den Tugenden zur Falle gegraben hat. (Vgl. das Sprichwort!).

[37] Beispiele sind die entsprechenden Abbildungen der St. Galler Prudentius-Hs. (Hs. 135, 2. Hälfte des 11. Jhs., Wiedergabe in der P.-Edition v. Engelmann) und des *Hortus deliciarum* der Herrad v. Landsberg.

anläßlich des Antichrist-Typus (S. 197 f.) und des *Ludus de Antichristo* (S. 212) zur Sprache kommen. Dieser Bildkomplex, der freilich nur zu einem Teil allegorischen Charakter hat und in dem die *superbia* nur ein wichtiges Element ist, ist der bei weitem fruchtbarste in allen Gebieten der Kunst.

Neben diesen großen Allegorien gibt es eine ganze Reihe kleinerer, von denen manche über die Komplexität einer einfachen Metapher nicht hinausentwickelt werden. Unter den wichtigeren seien folgende erwähnt: Das Bild der Krankheit *(morbus superbiae),* die der Arzt Christus heilt, gründet sich wohl auf die Hiobsgeschichte und steht besonders ausgearbeitet als Hintergrund im *Armen Heinrich.* Die Bilder des Tyrannen, des wilden Tieres, des Turmes (Babel), der Hörner, des unreinen Quells u. a. haben dagegen, soweit ich sehe, nur sporadische Verwendung als Einzelmetaphern gefunden, sie spielen in der bildenden Kunst eine größere Rolle. Mit diesen letzteren Bildern bewegen wir uns jedoch schon in dem Bereich der *Superbia*-Symbolik.

3. Typen und Symbole der superbia

Kraft seiner festen Stellung im räumlich-zeitlichen *Ordo*-Gefüge, kraft seines essentiellen Zusammenhanges mit allen anderen *ordines* ist also jedes Ding und jedes Lebewesen der Schöpfung geeignet, auf Parallelen anderer *Ordo*-Stufen zu verweisen. In diesem Grundsatz liegt das Wesen der Signifikation: die mittelalterliche Allegorese ist nicht eine Methode, gedankliche Verbindung zwischen den Teilen der Schöpfung herzustellen, sondern umgekehrt das Bemühen, die real bestehenden, aus innerster Wesensverwandtschaft stammenden Ähnlichkeiten zwischen den Dingen aufzufinden. Von Gott gegebenes Lehrmittel ist die Bibel, aus deren Bildern, Figuren und Erzählungen durch die vierfache Auslegung ein Schlüssel zum Verständnis der Schöpfung zu erarbeiten ist.[38] Die Frucht der jahrhundertelangen exegetischen Bemühungen um die „Sprache Gottes" sind die allegorischen Wörterbücher des hohen Mittelalters, in denen alphabetisch oder nach Sachgruppen alle Dinge der Schöpfung mit ihren Signifikationen aufgeführt werden. Diese Kompendien gaben dem gebildeten Autor einen ungeheuren Vorrat biblisch legitimierter Bilder in die Hand und sind mit Sicherheit eine der Hauptquellen für die dichterische Bildlichkeit des Mittelalters.[39]

[38] Dazu Ohly, Glunz u. a.
[39] Ich benutze vor allem Hrabanus Maurus, *de universo* (PL 111) und Pseudo-Hraban,

Als besondere Gruppe hebt sich aus dieser unendlichen Fülle von Allegorien und Symbolen die der signifikanten menschlichen Gestalten ab, die sich durch bestimmte Züge zu einem gesonderten Komplex innerhalb der mittelalterlichen Symbolik zusammenschließt: die Typik.

Typen sind biblische oder historische Gestalten, die unter Verlust aller übrigen, akzidentiellen Eigenheiten zu personalen Trägern einer einzigen Signifikation reduziert sind. Im *Superbia*-Bereich steht diese Stilisierung in engstem Zusammenhang mit den Kategorisierungsvorgängen, auf denen die Wirkung des *Superbia*-Begriffes als Kampfmittel beruht: Die Beurteilung der Persönlichkeit richtet sich ohne Rücksicht auf individuelle Züge und Umstände allein nach den heilsgeschichtlichen und moralischen Grundkategorien, und das sind letztlich die allen moralischen Begriffen zugrundeliegenden Charakteristika *superbia* und *humilitas*. Genau wie die Filiation der Moralbegriffe geht auch ihre Figuration auf diese Mittelpunkte zurück, die Typen gliedern sich in die Gruppen *figurae superbiae et mali* und *figurae humilitatis et boni* und ordnen sich um die archetypischen Zentralfiguren zu einem *ordo superborum* und einem *ordo humilium*.

Figürlicher Mittelpunkt des Reiches der *superbia* ist der *typus superbiae Lucifer, Satan, Diabolus,* zu dem alle *superbi* in einem mehr oder weniger engen Verwandtschaftsverhältnis stehen als *filii diaboli*,[40] oft nicht unmittelbar verwandt, sondern über die schwer zu fassende Person des *Antichristus*.[41] Genau wie Gott in seinem Sohn Mensch wird, so schafft sich kontrafaktorisch auch der Teufel seine menschliche Verkörperung im Antichristen, der als Statthalter des Teufels *rex superbiae* auf Erden ist.[42] Als Prototyp aller gegen Christus stehenden *superbi* ist der Antichrist das Haupt, ja über die Grenzen einer Personalität hinaus Sammelbegriff aller *superbi, iniqui, mali et haeretici*. Über die kontrafaktorischen Züge des Antichrist wird noch einiges im Zusammenhang mit dem *Ludus de Anti-*

Allegoriae (PL 112). Eine Neuausgabe einiger der wichtigsten dieser Allegorischen Wörterbücher, die das Material zudem durch Übersetzung und Kommentierung leichter zugänglich machen könnte, ist ein dringendes Desiderat. Eine Ausgabe der Hrabanischen Allegorien bereite ich im Augenblick vor. – Bei den Stellenbelegen dieses Kapitels gebe ich übrigens, da sie sehr zahlreich sind, der Kürze halber nur die Fundstelle bei Migne an.

[40] In diesem Sinn können auch in der deutschen Dichtung Übeltäter als *tiufel, valant* etc. bezeichnet werden, wie es z. B. im Rol. und im *Nibelungenlied* oft geschieht. Zur Teufelskindschaft s. o. S. 11 ff.; 33.

[41] Dazu neben der auf S. 29 Anm. 45 angegebenen Literatur besonders die Artikel „Antichrist" im *Lexikon für Theologie und Kirche* in *RGG*, ferner Jeremias und Bousset.

[42] *Antichristus rex superbiae* Gregor (PL 77, 741) und Hraban (PL 112, 884), um nur zwei Belege von vielen zu nennen. Im übrigen verweise ich auf die Darstellung Adsos v. Montiér en Der de *Antichristo* (PL 101, 129 ff.), die alle um die Jahrtausendwende gültigen Antichrist-Lehren auf das trefflichste zusammenfaßt.

christo zur Sprache kommen.[43] Im übrigen möchte ich das schwierige
Problem der heilsgeschichtlichen Stellung des Antichristen ausklammern und
lediglich die Formel festhalten, nach der sich *civitas diaboli* zusammensetzt: *Superbia* → *diabolus* → *Antichristus et antichristi* ← *filii diaboli* ←
superbi homines.

Zu den beiden Archetypen der *superbia,* dem Teufel und dem Antichrist,
treten somit einige hervorragende *homines superbi,* die in der Allegorese
zu *figurae superbiae* stilisiert werden. Ich zähle die wichtigsten auf:[44]

GOLIATH *designat diabolum, cuius elevationis superbiam Christi prostravit humilitas.*[45] Goliath und sein Gegner David[46] sind die bekanntesten
und kräftigsten Figuren der *superbia* und der *humilitas* nach Satan und
Christus. Ihr Kampf ist das Vorbild des Kampfes der beiden Kategorien
superbia und *humilitas* und wird schon von Prudentius (Psych. 191 ff.) in
diese Beziehung gesetzt. Seitdem ist der Tod Goliaths Vorbild für den
gewaltsamen Tod der *superbia.* Es ist nur eine Konsequenz, daß die Darstellungen beider Fälle bei Herrad von Landsberg ähnlich sind: Griff ins
Haar, Enthauptung, Aufheben des Kopfes. Dieser *typus mortis superbiae*
wird durch sein Ebenbild in HOLOFERNES unterstützt, der als Figur der
heidnischen Herrschaft und des Antichrist ebenfalls wegen seiner *superbia*
geköpft wird.[47] In dieser Rolle geht er in die beiden frmhd. Judith-Gedichte
ein. Ebenso sein Herr NABUCHODONOSOR, der in seinem Weltherrschafts-
streben Abbild des Teufels ist.[48] In der Reihe der herrscherlichen *Superbia-*

---

[43] S. 212.

[44] Einen Überblick über die wichtigsten biblischen *Superbia*-Typen gibt Innozenz III, cont.
mund. 2, 32: O *superba praesumptio, et praesumptuosa superbia, quae non tantum angelos Deo voluisti adaequare, sed etiam homines praesumpsisti deificare. Porro, quos
erexit, depressit, et quos exaltavit, humiliavit. . . . Nabuchodonosor, qui potentiam suam
iactavit superbe [punitus est] . . . Superbia turrim evertit et linguam confudit, prostravit
Goliam et suspendit Aman, interfecit Nicanorem et peremit Antiochum, Pharaonem
submersit et Sennacherib interemit, Holofernis caput amputavit. Sedes ducum superborum destruit Deus et radices gentium superborum arefecit.* Von diesen 8 Typen erlangen 4 größere literarische Bedeutung: Nabuchodonosor, Goliath, Pharao und Holofernes.

[45] Isidor von Sevilla (PL 83, Alleg. 94). Ähnlich Hraban (PL 111, 58), etwas ausführlicher
Rupert von Deutz (PL 167, 1098) und Bernhard von Clairvaux (PL 183, 334).

[46] Der Index Mignes (2, 243 ff.) gibt für die Figuration Davids nach Christus und seiner
humilitas 78 Belege an, davon 19 bei Augustin; der nächstfolgende *typus Christi et humilitatis* ist Hiob (13 Belege).

[47] Hraban (PL 109, 546, 573): *Holofernem hunc aut gentium principatum, qui persecutus
est Ecclesiam Christi, aut ipsum etiam iniquorum omnium caput et novissimum perditio-
nis filium possumus intellegere. . . . Coma capitis est elatio superbae mentis.*

[48] Hraban (PL 109, 546): *Quid est quod Nabuchodonosor, furore repletus, et fastu arrogantiae elatus, iactatque se omnem terram suo imperio subiugare velle, nisi quod diabolus propria superbia excitatus, totius orbis sibi spondet imperium, certatque pro viribus,
ut a cultu pietatis abstracto, impietatis suae faciat consortes.*

Typen ist PHARAO Inbegriff der *vana gloria,* welche die Tugenden zerstört,[49] und SAUL gegenüber David Figur der hochfahrenden, schlechten Herrschaft im Reich der Sünde,[50] während HERODES die Reihe der hervorragenden biblischen *Superbia*-Typen beschließt als Verkörperung des Teufels und der christenverfolgenden Heidenschaft.[51]

Außerbiblische Haupttypen der *superbia* sind zwei exemplarische Herrschergestalten der Antike: NERO[52] und ganz besonders ALEXANDER, den außer seinem Versuch der Weltherrschaft die im Mittelalter weit verbreitete Legende von der Greifenfahrt und dem Paradieszug zum *typus superbiae* macht.[53] Neben allen diesen Hauptfiguren gibt es eine lange Reihe von Typen, die ihrer weniger interessanten biblischen oder historischen Stellung nach nicht weiter bekannt werden und in der Dichtung kaum auftauchen: Nimrod, Barnabas, Antiochus, Kain, Dan, Aman.[54]

Auch aus der nachchristlichen Geschichte können im Zusammenhang mit der Kampfmittelfunktion der *superbia* stets neue Typen hinzukommen.[55] Über ihren Wert als Figur entscheidet lediglich ihre Popularität, nur wenige vermögen sich danach über längere Zeit zu halten: Nero, Simon Magus, Justinian, Theoderich sind wohl die bekanntesten dieser Figuren. Man sieht, wie hier die Typik wieder in die geistesgeschichtlich-politische Praxis einmündet.[56]

Weit weniger aktuell gebunden und historische Kenntnisse voraussetzend sind die anderen Bereiche der Symbolik, die auf überzeitlichen und stets in der Anschauung vorliegenden Realien aufbauen und deshalb in der

---

[49] Adamus Scotus (PL 198, 332): . . . *appetitum vanae gloriae designat, qui dum inaniter occulta nostra bona detegit, ea nimirum dissipando destruit.*

[50] Saul bezeichnet die *elatio potentium* (Gregor PL 77, 53), die *mali rectores* (Gregor PL 77, 55) und das *regnum peccati* (Rupert v. Deutz PL 167, 1060).

[51] Isidor (PL 83, 118): *Herodes, qui infantibus necem intulit, diaboli formam expressit vel gentium qui cupientes exstinguere nomen Christi de mundo in caede martyrum saevierunt.*

[52] Augustin (PL 41, 686).

[53] Leos Alexanderroman (Hrsg. v. Pfister) parallelisiert Alexander auch in seiner wörtlichen Darstellung dem Luzifer: *Cogitaris cum amicis meis, ut instruerem tale ingenium quatenus ascenderen coelum . . . Diva quidem virtus obumbrans eos deiecit ad terram.* (S. 126). Über die *superbia* Alexanders in Lamprechts Dichtung habe ich schon gesprochen (S. 149 f.). Gotfrid v. Admont (PL 174, 1131) sucht sogar eine etymologische Figuration herbeizuführen, indem er den Namen Alexanders als ‚Heraufführung der Bedrängung' deutet und ihn auf den Teufel, den Drachen und die alte Schlange bezieht.

[54] Belege und viele weitere Typen geben die Indizes Mignes (II, 147–262 ff.).

[55] z. B. Arius, Auxentius (beide bald vergessen), Theoderich (s. S. 204) und Friedrich II.

[56] Konstituierend für das mittelalterliche Bild Neros, Alexanders und anderer heidnischer und gottloser Herrschergestalten und für die Verteufelung eigenmächtiger Herrscher ist ein Grundsatz, den Hraban ausspricht (univ. 16, 3): *Tyrannum autem vel diabolum typice potest figurare vel Antichristum, qui contraria semper Christi imperio agere moliuntur.*

populären Literatur und in der bildenden Kunst wesentlich vielseitiger zu verwenden sind als die meisten der zwar gedanklich höheren, doch farbloseren menschlichen Figurationen.

Im Bereich des *Superbia*-Gedankens ist es vor allem die Tiersymbolik, die zu einer außerordentlichen Bedeutung gelangt. Es gibt kaum ein Tier, das nicht allegorisch signifikant ist, und nur wenige Tiere haben keine tropologische Bedeutung.[57] Das heißt, daß man bei fast jedem Tier, das in einer auch nur einigermaßen didaktisch interessierten Dichtung auftaucht, zu prüfen hat, ob nicht eine moralische Bezeichnung vorliegt. Diese mühsame Aufgabe wird noch erschwert dadurch, daß die Bezeichnung weder der Tiere noch irgendeines anderen Dingsymbols genau festliegt: *jede* ihrer Eigenschaften kann in einem jeweils anderen, bestimmten Textzusammenhang signifikant werden.[58]

Für die *Superbia*-Allegorien im besonderen gilt folgendes: Wenn die Fälle einer positiven Bedeutung (meist in der Richtung auf Christus, *humilitas* und *boni homines)* in der Praxis auch selten sind, ist die Möglichkeit einer Signifikanz im positiven Sinn stets im Auge zu behalten und sollte vor einer mechanischen Interpretation ohne Analyse des Kontextes warnen. Die sich damit auftürmenden Schwierigkeiten und Aufgaben einer adäquaten Interpretation mittelalterlicher Texte werden etwas erleichtert durch die allegorischen Wörterbücher, die immerhin Kenntnis von den zur Verfügung stehenden Bezeichnungsvarianten geben.

Die Tiergruppe die im besonderen die *superbia* signifiziert, ist zum erstenmal schon von Augustin genannt: *Ne tradideris bestiis animam confidentem tibi; quales cavendos Dominus significat, ubi dicit eos indutos vestitu ovium, intus autem lupos rapaces: vel ipsi diabolo et angelis eius.*[59] Die Begründung dafür, daß Raubtiere den Teufel vertreten, gibt Cassiodor: *De ore leonis, de potestate diaboli, dicit, qui comparatur feris, quoniam humanis semper delectantur existiis.*[60] Er deutet damit eine Bibelstelle, die eine der Grundlagen für die *Superbia*-Tiersymbolik ist: *Salva me de ore*

---

[57] Zu diesen Einzelheiten der mittelalterlichen Allegorese gibt Ohly a.a.O. genügend sachliche und textliche Hinweise.

[58] Pseudo-Hraban, Allegoriae (PL 112, 849 ff.): . . . *ipsa nimirum una eademque res non solum diversam sed et adversam aliquando in Scriptura sacra significationem habere potest.* Den Grundsatz der Bezeichnungsdiversität bei allegorischen Tieren spricht schon Cassiodor aus (expos. in ps. 21, 22): *Ita fit ut unum animal, consideratis eius qualitatibus, rebus a se discrepantibus rationabiliter comparatur.* Cassiodor spricht übrigens noch von „rationalem Vergleich", die Vorstellungen des Symbol-Realismus scheinen also damals noch nicht ausgebildet gewesen zu sein.

[59] gen. ad. Litt. 7, 10.

[60] exp. in ps. 21, 22.

leonis, et a cornibus unicornium humilitatem meam (Ps. 21, 22). Hraban endlich beschreibt den Kreis der Tiere, die zu den Bestien gehören: *Bestiarium vocabulum proprie convenit leonibus, pardis, tigribus, lupis, vulpibus, canibusque et similis et caeteris quae vel ore vel unguibus saeviunt . . .*[61]

Allegorien des gegen die *humilitas* wütenden Teufels und Symbole der *superbia* sind also alle wilden Tiere, die sich über die Vernichtung des Menschen freuen: Löwe, Leopard, Tiger, Wolf, Fuchs, Hund usw. Dazu kommen viele weitere Tiere, die in irgendeinem Punkt in Kontakt mit dem Vorstellungskreis *superbia* geraten:[62] Viper *(aspis),*[63] Vogel *(avis),*[64] Rind *(bos),*[65] Katze *(catulus),* Walfisch *(cetus),*[66] Schlange *(coluger, vipera, serpens),* Ziege *(haedus),*[67] Drache *(draco),* Hyäne *(hyaena),* Raubvögel *(milvi),* Fisch *(piscis),*[68] Skorpion *(scorpio),* Adler (aquila), Fliege *(musca),*[69] Bär *(ursus),* Pferd *(equus),* Raabe *(corvus),*[70] Einhorn-Nashorn *(unicornus),* Greif *(gryphus),* um nur die wichtigsten zu nennen.[71] Beim Auftauchen aller dieser Tiere ist also stets mit einem *Superbia*-Zusammenhang zu rechnen. Ich möchte das an zweien der im Mittelalter bekanntesten und vielseitigsten *Superbia*-Tiere etwas ausführen.

Der Löwe[72] ist von jeher das herrschende Tier auch in diesen Zusammenhängen. Ich übergehe die Rolle, die er als Symboltier in Babylon[73] ebenso wie in Rom[74] gespielt hat und die nicht wenig auf seine Bewertung im Christentum eingewirkt haben muß. Die christliche Symbolik knüpft sich vor allem an die Schrift, und hier ist der Löwe eine ebenso kräftige wie doppeldeutige Gestalt. Er kann ganz diametral einmal auf Christus,

---

[61] univ. 8, 1: *de bestiis.*
[62] Nach Angabe der Migneschen Indizes (II, 147—240 ff.), denen auch Stellenbelege zu entnehmen sind.
[63] Gestützt durch die Schlange des Sündenfalls.
[64] Nach einer Auslegung der Himmelsvögel und Meeresfische als *superbi et vagantes.* Vgl. Notker.
[65] Vgl. das Goldene Kalb u. ä.
[66] Wegen Jonas.
[67] Vgl. Volksglauben: Ziege ist Teufelstier; Ziegenfuß.
[68] S. Anm. 64.
[69] Vgl. den Teufel als Fliegengott.
[70] Vgl. Wodan etc., s. Anm. 67.
[71] Die genauen Angaben und weitere entnehme man z. B. Pseudo-Hrabans Allegorien.
[72] Die einzige Arbeit dazu ist die allzu kurze Untersuchung G. Heiders, *Über Tiersymbolik und das Symbol des Löwen in der christlichen Kunst* (Wien, 1849).
[73] Chantepie de la Sausaye, *Lehrbuch der Religionsgeschichte* (Tübingen, 1925) 4. Aufl., Bd. I, S. 563 u. 565 f. Der Löwe war Symbol Ninurtas und Nergals; die Flügellöwen und Löwenthrone können einen Einfluß auf die israelische Kunst bekommen haben: Salomons Löwenthron, 3. Reg. 10, 18 ff. u. 2. Paralip. 9, 17 ff.
[74] K. Burdach, *Vorspiel* I, 1 S. 61.

den Löwen vom Stamm Juda (Apok. 5, 5), ein andermal auf den Teufel, der wie ein brüllender Löwe umhergeht (I. Petr. 5, 8), bezogen werden, zwei Bedeutungen, die Augustin zusammenstellt: *Quis non incurreret in dentes leonis huius nisi vicisset leo de tribu Juda* (serm. 174), die aber bald auf das genaueste auseinandergehalten werden, wie es später Honorius Augustodunensis mustergültig — und für uns alle andern zahllosen Belege vertretend — auseinandersetzt:

Leo significat aliquando Christum, aliquando diabolum, aliquando superbum principem. Leo Christum significat propter fortitudinem, quia vicit diabolum, et quia leo tertia die catulum suscitat. . . . Leo significat diabolum . . . propter saevitiam. Leo etiam significat principem . . . hoc est de potestate Neronis, et hoc propter excellentiam. Leo namque est rex bestiarum, et bestiae in Scripturis ponuntur pro naturis earum. In hoc loco leones significant daemones.[75]

Hierin sind alle Möglichkeiten enthalten, die das Löwensymbol im Mittelalter entfaltet. In der Mehrzahl aller Fälle, zumal der bildenden Kunst,[76] ist der Löwe Sinnbild der *superbia* selbst oder ihr Reittier.[77] Gegen diese kirchliche Löwenauffassung wird im Hohen Mittelalter die Signifikation der *fortitudo* wieder hervorgehoben. Das Rittertum macht den Löwen zu seinem Sinnbild der Tapferkeit und Gerechtigkeit.[78] Auf diese Weise wird der Löwe gleichsam zu einem Exponenten des Kampfes zwischen *superbia* und *Virtus*. Er ist ritterlicherseits Symbol der gottdienenden Tüchtigkeit,[79] kirchlicherseits Symbol der *superbia*.[80] Die Lösung dieser charakteristischen Symbolambivalenz gibt Thomasin:[81] Er läßt *einen* Löwen im Wappen als Symbol des Hohen Mutes Wertgeltung haben, verurteilt

---

[75] expos. in cant. cantic., PL 172, 418. Vgl. dazu (und zu den anderen in Frage kommenden Tieren) den *Physiologus*.

[76] Vgl. dazu O. A. Erich, *Die Darstellung des Teufels in der christlichen Kunst*, Berlin 1931. J. Sauer, *Symbolik des Kirchengebäudes* (Freiburg, 1902). Ferner Réau, Molsdorf, Mâle.

[77] Es ist möglich, daß das Sitzen auf dem Löwen eine Vorstellung ist, die von den Löwenthronen hergenommen ist: Löwenköpfe und Löwenfüße sind nach Salomons Thron Bestandteile der christlichen Herrscherthrone. Dementgegen wird der Löwe als *Superbia*-Reittier die Grundlage für eine kontrafaktorische kirchliche Bildlichkeit: Der Sessel z. B. des Pilatus im Clm 23338 (Zitiert bei O. A. Erich, a.a.O.) ist ein Löwensessel. Der Thron Luzifers bei Herrad v. Landsberg (Fol. 255 f.) ist wohl das anschaulichste Beispiel.

[78] z. B. der Löwe Iweins und Namen wie Heinrich der Löwe. Als Negativum der König Vrevel im *Reinhart Fuchs*.

[79] So führt z. B. Roland im Schilde einen Löwen. Vgl. auch Thomasin (übernächste Anmerkung). Nach Sauer, a.a.O., wird die Tugend des Starkmuts im späten Mittelalter gern mit einem Löwenfell dargestellt.

[80] *an der rede hat er die ubirmut, / sam och der lewe er tut.* (*Antichrist*, Fundgr. 2, 116, 27).

[81] W. G. 10478 — 10550.

dagegen drei Löwen als Zeichen übersteigerten Hohen Mutes, als *über-muot* also.

Ich belasse es bei diesem Grundriß, obwohl das Löwensymbol mit seinem sehr zahlreichen Vorkommen bisher noch nirgends erschöpfend behandelt worden ist und längst einer monographischen Behandlung bedürfte. Immerhin ist es so bekannt, daß ich es verlassen darf zugunsten eines anderen, unbekannteren Tiersymbols.

Das PFERD wird als Reittier der *superbia* zu ihrem Symboltier,[82] eine Allegorie, die wohl auf das rote Pferd der Apokalypse (IV, 3) zurückgeht und eine neue Grundlage durch die christliche Dämonisierung des in der Germania heiligen Pferdes bekommt. Alcuin sagt: *Equus rufus antiqui hostis est corpus; omnes scilicet reprobi animarum interfectione sanguinem.*[83] Rupert v. Deutz: *Nam hic mundus per equum, diabolus per ascensorem significatur . . . sedentem super equum, id est super infrenatam stultitiam superbientium, et a se deceptorum hominum, deiecit Deus in profundum lacem.*[84] Auch die Allegorien des Pseudo-Hraban geben als negative Signifikationen des *equus* an: den Gottlosen, die Welt, den Körper des Menschen, die weltliche Ehre, die Christenverfolger, die Häretiker, den Antichrist, die *superbia*.

Die stärkste *Superbia*-Deutung des Pferdes, die mir bekannt ist, und die ein Beispiel dafür ist, wie in der Praxis die Symbolik wirksam werden konnte, ist die Deutung eines Theoderich-Bildes durch Walahfrid Strabo, der sich offenbar auf eine Pferd-Deutung des Origines stützt.[85] Theoderich ist im Mittelalter nach kirchlicher Ansicht ein *rex haereticus, injustus et tyrannus* und wird schon dadurch zum *typus diaboli.*[86] Deshalb ist Walahfrids Deutung durchaus im Einklang mit der allgemeinen Zeitauffassung, wenn er das Standbild Theoderichs in der Kaiserpfalz zu Aachen Zug für Zug als Darstellung der *superbia* identifiziert.[87] Walahfrid vermutet, daß „der wahnsinnige Löwe" Theoderich das Standbild aus Eitelkeit und Größenwahn in Auftrag gegeben habe. Es sei kein Wunder, daß er als

---

[82] Siehe Herrad und die Prudentiushandschrift (s. o. S. 196, A. 37).

[83] comm. in Apoc. 4, 6, 3.

[84] exod. 2, 37.

[85] *. . . equi vero, qui exterminantur, et currus, figuram tenere illorum, qui in coelestibus positi, per lasciviam et superbiam deciderunt . . . in typo vero equorum et curruum, daemones, qui humanae saluti adversarii sunt et inimici merito perimuntur. Sed et si passiones corporis, id est libidinem, lasciviam vel superbiam ac levitatem, quibus infelix anima velut equitans vectatur et fertur ad praecipitia, equos nunc dici et currus intelligamus.* (hom. 4, 3).

[86] Die Vorgänge bei der Diabolisierung Theoderichs bedürfen einer eigenen Darstellung.

[87] *Versus de imagine Tetrici*, MG. Poet. II, S. 371 f., V. 38 ff., 72 ff.

Reiter dargestellt sei, da man wisse, daß alle *superbi* auf Wagen und Pferden säßen. Die Tauben (realiter Weisheitsraben?) auf seiner Schulter zeigten, daß auch die Demütigen sich oft an die Mächtigen anschmiegen. Schließlich klagt Walahfrid, daß die *superbia*, nicht genug damit, daß sie als Krankheit alle Welt durchstiebe und Schaden ohne Ende stifte, auch noch öffentlich ihr schändliches Gesicht dem Christenvolk darbieten müsse. Hier haben wir ein eklatantes Beispiel dafür, wie die Darstellungen der Symboltiere vor allem in der bildenden Kunst wirksam sind und vom Betrachter mit Sicherheit erkannt und interpretiert werden.

Das Motiv des *Superbia*-Pferdes bekommt einen weiteren Aufschwung in der Opposition der Kirche gegen das Rittertum. Das Reiten auf Pferden, und damit auch der Name *rîter — ritter* selbst, bleibt in kirchlichen Kreisen typisches Merkmal eines *superbus*,[88] während umgekehrt in der ritterlichen Literatur eine Reihe von *Superbia*-Begriffen (*übermüetic*, *vrech* z. B.) im positiven Sinn gern zur Charakterisierung von Pferden gebraucht wird.[89]

Die anderen Tiere der *superbia* sind meist weniger prominent, werden aber in der lateinischen Literatur deutlich als *Superbia*-Symbole bestimmt. So ist der Hund Allegorie der *superbia* an Häretikern[90] und Heiden;[91] der Eber bezeichnet den Herrscher Roms[92] und die *superbia*;[93] der Leopard Heuchler und Lasterhafte,[94] der Bär Grausamkeit, Sündhaftigkeit, den Teufel und den Herrscher Roms;[94] der Rabe die *contumacia* und die Heiden;[95] das Einhorn die *superbia*, die weltliche Macht, den Antichristus;[96] der Tiger den Teufel,[97] und so geht es weiter. Wir wollen es kurz fassen

---

[88] Hochz. 742: *da die ubermuotigen ritent . . .* Gregor (moral. 31, 34): *Ascensor equi est quisquis extollitur in dignitatibus mundi.*

[89] Belege lassen sich unter diesen Lemmata zahlreich im *BMZ* finden.

[90] *. . . haereticos hic canibus comparamus, qui domestica quadam feritate atrociter mansueti, cum de penetralibus nostris exeunt, Ecclesia Dei morderi et lacerare festinant.* (Cassiodor, exp. in ps. 21, 22).

[91] *Per canes, gentes [significatur], ut in Evangelio ‚Non est bonum sumere panem filiorum et dimittere canibus‘, id est doctrinam apostolicam dare gentibus,* sagt der Pseudo-Hraban, der darüber hinaus den Hund für jeden Unfrommen und Sündigen setzt. Vgl. die Bezeichnung der Heiden als Hunde im *Rol.*

[92] Pseudo-Hraban, Alleg. „*aper*". Hier spielen die danielischen Tiere hinein. S. S. 206 f.

[93] Das geht auf Augustin zurück: *Ipse aper qui devastavit eam, singularis ferus. Singularis, quia superbus. Hoc enim dicit omnis superbus: Ego sum; ego sum, et nemo.* (en. in ps. 19, 11).

[94] Pseudo-Hraban, alleg. und Hraban, univ. Hier wieder Wirkung der Danielvision.

[95] Pseudo-Hraban, alleg. Positiv bedeutet der *corvus* Prediger und Demütige. Auf diese Weise kann er im *Oswald M* zum guten, führenden und helfenden Tier werden. Negativ dagegen die Odins-Raben, s. das Theoderichstandbild.

[96] Hraban, univ.

[97] Hraban, univ.

und als Regel festhalten: Jedes wilde Tier kann in der Literatur und Dichtung des Mittelalters die Bedeutung der *superbia* tragen.

Wenn z. B. im *Rolandslied* die Heiden als Hunde bezeichnet werden (5423, 8420),[98] der Heide Estorgant einen Eber im Schild führt (4879) und die Christen ermahnt werden, nicht dem schwarzen Raben zu folgen (995), wenn als Namen des Teufels in der deutschen Literatur *hellehunt* (9 Belege), *hellerüde* (5), *hellebrahe, hellewelf* (5), *hellewolf, helleluchs, hellerabe* und *helleritter* genannt werden,[99] wenn es in einer Fabel heißt, ein Löwe *began ze stolzene in siner kundeclichen art*,[100] und im *Renner* von einem Hoffärtigen gesagt wird, er stolziere *rehte als er ein pfawe wer*,[101] wenn ein Feind als der *behêimisch wolf freidig und übel* gescholten wird,[102] wenn der Kämpfer gegen das Recht mit einem tollen Hund bezeichnet wird,[103] wenn der Teufel als der *ubermûte hunt* in die Hölle fährt,[104] wenn der *Renner* sagt: *Diz ist grôz übermuot, dâ von / Sprach hie vor künic Salomôn: / Ein zornic lewe, ein hungeric ber . . .,*[105] dann sind das nur einige wenige Anwendungen der *Superbia*-Tiersymbolik, die uns zeigen, wie weit die mittelalterliche Bildlichkeit im Zusammenhang mit der Bibelallegorese steht.[106]

Gelegentlich werden diese Bilder breiter ausgeführt: *Diu natere bizeichinit hônchust, der hurnt wûrm den Antichrist, . . . das rôs übermut, herscaft der dar ûf sitzet . . .* deutet die *Wiener Genesis* (5690 ff.). Die Deutung des gehörnten Drachens als Antichrist schließt an das vierte Tier der Danielschen Weissagung an.[107] Diese hat auf die Tier-Allegorese insoweit stark eingewirkt, als sie den Löwen, den Leoparden, den Tiger und den Bären zum Vertreter der vier heidnischen Weltreiche gemacht hat; wobei umgekehrt

---

[98] Auch Hochz. 106 ff.

[99] Diese Namen führt mit ihren Belegen die Arbeit Max Dreyers (s. S. 140). S. 26 ff. auf.

[100] Passional K. 512, 3.

[101] 1771. Zum Bild des Pfaus H. Heimpel, „Über den ‚Pavo' des Alexander von Roes", in Wege der Forschung, 21 (Darmstadt, 1961).

[102] Ott. Reimchr. 125 b.

[103] Hochz. 106 ff.

[104] Vor. Mos. 11, 35.

[105] 1083 ff.

[106] Selbstverständlich wird man nicht die Frage übersehen dürfen, wie weit jeweils empirische Erfahrungen mit tückischen oder gefährlichen Tieren bei dieser ihrer Dämonisierung im Spiele sind. Ferner ist in jedem Fall zu untersuchen, ob heidnische und abergläubische Vorstellungen solchen Tierauffassungen zugrunde liegen. Wie stark allerdings die symbolischen Vorstellungen umgekehrt die Beurteilung von Tieren geformt haben, zeigt die heute allmählich aufgedeckte Menge der Vorurteile und Mißverständnisse gegenüber Tieren.

[107] Daniel 7.

der *Superbia*-Charakter dieser Tiere für die Bewertung der vier Reiche von nicht geringer Bedeutung gewesen sein muß: Das *Annolied* z. B., das im übrigen Daniel sehr genau folgt, und die *Kaiserchronik*, die ohnehin mit den Danielschen Tieren freier umspringt, setzen an die Stelle des unbestimmten, gehörnten vierten Tieres einen gehörnten Eber (Anno. 251 ff.) und einen gehörnten Löwen (Kchr. 579 ff.), eine Substitution, deren Selbstverständlichkeit nur aus dem *Superbia*-Charakter dieser Tiere zu erklären ist.

Bei den Tieren der Karlsträume im *Rolandslied* vollends kommt man mit dem Verweis auf Daniel nicht mehr aus. Während der Löwe und der Leopard des ersten Traumes (3065 ff.) noch als Danielstiere angesehen werden können, die Menge der Tiere im zweiten Traum (7082 ff.) ist es nicht. Der Traum soll Karls Zukunft offenbaren, das heißt die schwere Gefahr, in die sein Reich durch die Heiden kommt, und seinen endlichen Sieg. Die wilden Tiere (Löwen, Bären, Leoparden, Schlangen, Greife, noch einmal ein Löwe, wieder Bären und endlich eine unbestimmte Bestie) stehen für die Heiden und ihre Götter. Ganz zu recht nach der kirchlichen Allegorese, denn alle diese Bestien sind ja *Superbia*-Tiere.

Eine nicht weniger große Bedeutung für die Literatur als die Tiersymbolik hat die Sach-Symbolik, die Allegorese der unbeseelten Schöpfung von den Pflanzen bis zu den Steinen. Einige wichtige Dingsymbole sind folgende: Das Horn bezeichnet, von der Danielsvision ausgehend, die *superbia*, den Antichrist und die weltliche Herrschaft:[108] *Ecclesiam Romae vos opponentes cornu singularitatis erexistis*, sagt Anselm von Havelberg (dial. 3, 12), und der Archipoeta nennt den Aufstand der oberitalienischen Städte *sumpsisse cornua*.[109] Desgleichen ist der Turm von Babel Sinnbild der *superbia*:[110] *Babel, der turm der hochvart*[111] hat die göttliche Ursprache zersprengt: *septuaginta duae linguae per superbiam dispersae, per Christi humilitatem sunt in unum congregatae*.[112] Er ist beim Archipoeta ebenfalls Bild des langobardischen Aufstands: *Quam [gens] dum turres erigit more giganteo, / volens altis turribus obviare deo*.[113]

Von großer Bedeutung besonders für die Behandlung der *superbia* ist,

---

[108] Pseudo-Hraban, alleg.
[109] *Kaiserhymnus* 9, 3. Hier kann auch gleichzeitig die zweite Bedeutung ‚Kriegshörner' vorliegen.
[110] Innozenz, cont. mund. 2, 32: . . . *superbia turrem evertit* . . ., Bruno Carth. (PL 152, 1017): *Nolite exaltare cornum, id est nolite sublimare superbiam vestram, gloriando de prava actione . . . Superbia nimirum per cornu accipitur, quod in altum tendit et rigidum facit.*
[111] Pass. K. 2, 61.
[112] Honorius Augustodunensis, phil. mundi, PL 172, 56.
[113] *Kaiserhymnus*, 10, 1 f.

daß sie wie die anderen Todsünden oft als seelische KRANKHEIT aufgefaßt wird, die eine ganz entsprechende körperliche Erkrankung zur Folge hat. So wird es z. B. im Konfessional einer Berliner Hs. ausgeführt: *Septem sunt infirmitates corporis, quae comparantur VII peccatis mortalibus. prima est epilepsis, quae comparatur superbiae. sicut enim per istum morbum homo cito cadit, ita per superbiam; unde in evangelio: qui se exaltat, humiliabitur, et exemplum de lucifero, qui quamquam cito superbiam cogitavit, cecidit in infernum . . .*[114]

Von großer Verbreitung sind ferner die metapherähnlichen Bilder, die den Filiations-Allegorien entspringen: die Bilder *fons, arbor, radix, rivus, caput, corpus, regina, dux malorum*,[115] die von Haus aus für die *superbia* selbst stehen, dann aber auch auf deren Vertreter übertragen werden können: In Geneluns Herz *da wurzilt der tiuel inne* (Rol. 2858) und Thibor von Sarragossa ist *ain wirt in der helle, / Genelunes geselle, / ain grunt aller ubele* (Rol. 5859 ff.).[116]

Und schließlich haben auch die Edelsteine als Charakterisierung des Teufels eine enge Beziehung zur *superbia:* man denke an die Darstellung Luzifers bei Herrad von Landsberg, die Steinausrüstung Geneluns im *Rolandslied* (1568 ff.), zumal den Karfunkel an seinem Schwert (1584 ff.), dessen wechselnde Helle wohl auf den Wert und das Glück des Schwertes je nach der Seite, auf der es kämpft, deuten mag.[117] Denn die Steinallegorie des *Himmlischen Jerusalem* deutet diesen Stein, der seine Farbe je nach seiner Umwelt wechselt, unter dem Namen Kalzedon: *Der selbe stain pizêchinôt: / suwer sîn herze unte sîn muot / unte alle sîne liste / ze gote chêret faste, / er hilt sich sîner guote, / flûhet ubermuote* (189 ff.).

Blicken wir am Ende unserer (notdürftigen) Erschließung der wichtigsten *Superbia*-Bilder auf den Ausgangspunkt zurück: Die Strophe aus den *Carmina Burana*, deren Unverständlichkeit in die Untersuchung der *Superbia*-Allegorik einführte, liegt nun in neuem Licht vor uns. Die weltlichen Prälaten werden durch den Vergleich mit tapferen Kriegern, die im Vorstürmen Gott verlassen, mit wilden Löwen, windschnellen Adlern, knirschenden Ebern und züngelnden Schlangen dem mittelalterlichen Hörer

---

[114] Abgedruckt bei W. v. Ackeren, *Bezeichnungen*, Nr. 8.
[115] Diese Bilder kommen in der lateinischen Literatur so oft vor, daß ich auf weitere Belege verzichten darf.
[116] Ähnlich ferner: *er ist der hoende ein ursprinc* (Lanz. 738), *ob er die sünde an im wurzen lat* (Barl. 176, 20). Umgekehrt ist Herzeloyde *wurzel der güete / ein stam der diemüete* (Parz. 124, 27 f.). Die Beispiele ließen sich beliebig vermehren.
[117] 5537 verlieren die Karfunkel der zum Verderben bestimmten Heiden ihren Schein.

als *superbi* gekennzeichnet. Die zunächst so nichtssagend erscheinende Strophe enthält einen klaren und heftigen Angriff gegen die *superbia* des Rittertums und der imperialen Geistlichkeit.

Aus der Untersuchung der Bildlichkeit im Umkreis der *superbia* ergibt sich in der Zusammenfassung das folgende. Die Kenntnis der im mittelalterlichen „Symbolrealismus" begründeten Allegorik ist die unerläßliche Voraussetzung für jede Interpretation mittelalterlicher Texte. Zumal der *Superbia*-Gedanke besitzt einen reichen Schatz von Typen, Symbolen und Symbolkomplexen, die über ihren literarischen Charakter hinaus als tatsächliche Realisationen dieses Abstraktums höherer Ordnung galten. Die wichtigsten *Superbia*-Allegorien sind folgende: Die allegorischen Komplexe des Lasterbaumes, des Lasterkampfes und der Teufelswelt. Die Typen Goliath, Nabuchodonosor, Holofernes, Nero, Alexander etc. und der Antichrist. Die Tiersymbole Löwe, Pferd, Bär, Tiger, Leopard, Eber, Adler usw., grundsätzlich alle wilden Tiere und Raubtiere. Die Dingsymbole und Metaphern Babelturm, Horn, gewisse Edelsteine, Löwenthrone, prächtige Kleidung, Kronen usw. Die metapherähnlichen *Superbia*-Bilder des Baumes, der Wurzel, der Quelle, des Heerführers, des Fundaments, der Königin usw.

Die *Superbia*-Signifikanz dieser Allegorien ist durch Lehre und Literatur so weit bekannt, festgelegt und bewußt gemacht, daß sich als Faustregel für die Interpretation ergibt: Wo eines dieser Dinge auftaucht, ist die *superbia* nicht weit.

Eine vielseitige und gründliche Bearbeitung des mittelalterlichen Allegorese, vor allem die Erschließung des umfangreichen Wörterbuchmaterials, wie sie Friedrich Ohly gefordert hat, erwies sich einmal wieder als ein Desiderat der Forschung. Wir brauchen sie nötig, um z. B. verstehen zu können, was ein Zeitgenosse bei einem so wenig auf gedanklicher und so stark auf gefühlshafter Assoziation begründeten *Superbia*-Bild empfunden haben mag wie bei der Klage eines Unbekannten aus dem 12. Jahrhundert über den erneuten Angriff der Sündenführerin (MSD, 3. Aufl., II, 313):

> *Ubermuot diu alte*
> *diu rîtet mit gewalte:*
> *untrewe leitet ir den vanen.*
> *girischeit diu scehet dane*
> *ze scaden den armen weisen.*
> *diu lant diu stânt wol allîche envreise.*

1. Die Verbreitung des Motivs superbia

Untersuchungen wie die vorliegende haben ihren Sinn und ihre Berechtigung für die Literaturwissenschaft letztlich in der Bereitstellung einiger Einsichten, die einer verständnisvollen, sachgerechten Bemühung um das dichterische Werk Hilfe leisten können. Es erscheint deswegen als eine unglückselige Antinomie, daß gerade diese Versuche, die der Interpretation und also dem Kunstwerk dienen wollen, gezwungen sind, die Dichtungen ohne Rücksicht auf ihren Eigenwert als Materialquelle auszubeuten.

Um die Wesenszüge und die Rolle des *Superbia*-Gedankens in der deutschen Literatur herauszuarbeiten, hatte auch diese Untersuchung die Dichtungen allein als Glieder eines größeren Zusammenhanges zu nehmen und alles Individuelle, Besondere und Einmalige, gerade das, was dem mit der Literatur Befaßten von besonderem Interesse ist, als nicht allgemeingültig zurückzusetzen. So sehr ich auch jedesmal, wenn meine Aufgabe ein näheres Eingehen auf bestimmte Dichtungen gestattete oder forderte, die Gelegenheit nach Möglichkeit genützt habe, konnten doch meine kurzen Interpretationen nur die wichtigsten Punkte herausheben. Sie sind also lediglich knappe Hinweise auf die Aspekte, die einer intensiveren Beschäftigung lohnen würden, und haben ihren eigenen Wert nur innerhalb dieser meiner Untersuchungen.

Ursprünglich hatte ich deshalb beabsichtigt, hier am Ende der Arbeit einige ausführliche Interpretationen vorzunehmen, um die gewonnenen Ergebnisse an einigen Musterbeispielen zu verifizieren. Jedoch ist der Umfang der vorhergehenden Darstellung bereits derart angewachsen, daß ich es für untunlich halte, diese Arbeit noch um einen weiteren großen Teil zu vermehren. Denn eine gründliche Interpretation, die hart am Text sämtliche Aussagen und Schichten eines Werkes berücksichtigen müßte und sich zudem auch mit der schon vorhandenen Interpretationsliteratur auseinanderzusetzen hätte, würde in keinem Fall den Umfang eines mittleren Zeitschriftenaufsatzes unterschreiten. Mir bleibt aus Gründen der Ökonomie nichts übrig, als hier auf diese Aufgabe zu verzichten und mich darauf zu beschränken, einige weiterführende Interpretationen nach Möglichkeit anzuregen. Ich möchte deshalb am Ende statt eigener Anwendung der Ergebnisse auf ihren Geltungsbereich hinweisen und in einer Aufzählung die Werke bezeichnen, in denen der *Superbia*-Gedanke eine Rolle spielt, die eine intensive Beschäftigung nützlich erscheinen läßt.

Da sind zunächst einmal die Literaturwerke, die ich als unmittelbar in den Linien der Entwicklung stehend in den Kreis meiner Untersuchungen schon einbezogen habe. Die einfache Rekapitulation der wichtigsten gibt einen guten Eindruck, in welch großem Umfang das Motiv der *superbia* wirksam ist: Die *ahd. Benediktinerregel*, Die *ahd. Beichten*, Otfrids *Evangelienharmonie*, der *Heliand*, Des *Armen Hartmann Rede vom Glauben*, Heinrich von Melks *Erinnerung an den Tod*, die *Wiener Genesis*, der *Vorauer Moses*, die *Ältere* und die *Jüngere Judith*, der *Tundalus*, das *Anegenge*, die *Hochzeit*, das Gedicht *Vom Recht*, Lamprechts *Alexander*, die *Kaiserchronik*, das *Rolandslied*. Alle Werke Hartmanns von Aue, Wolframs *Parzival* und *Willehalm*, der mittlere und späte Minnesang, die Spruchdichtung, Walthers Lieder und Sprüche. Rudolfs von Ems Werke, Thomasins *Wälscher Gast*, Hugos von Trimberg *Renner*, Freidanks *Bescheidenheit*, Heinrichs des Teichners Gleichnisse, Strickers *Bispelreden*, Boners *Edelstein*.

Damit ist jedoch die Reihe der Werke, in denen der *Superbia*-Gedanke eine Rolle spielt, noch längst nicht beendet, sie läßt sich über die oben erwähnten Namen hinaus vielfach verlängern, denn ich habe in der Untersuchung so manches ausgelassen, was mir zum Thema nicht unmittelbeizutragen schien. Ich habe z. B. den *Reinhart Fuchs*[1] bisher übergangen, dessen Herrscherfigur eine Tierallegorie des *tyrannus superbus* ist: Der Löwe *Vrevil* (sic!) herrscht *âne got* über die Tiere. Sein Unglück beginnt damit, daß er seine Tyrannis auch auf die Ameisen ausdehnen will, und führt über seine selbstsüchtige Leichtgläubigkeit den falschen Ratgebern gegenüber zu seinem eigenen, bezeichnend gewaltsamen Tod. Vrevil ist ein typischer *rex injustus*, dessen *Ex-se*-Haltung und *cupiditas regni et gloriae* ihn zusammen mit Nabuchodonosor, Nero, Alexander, Paligan letztlich dem *rex superbiae* und dessen menschlicher Verkörperung, dem Antichristen gleichsetzt.[2]

---

[1] Heinrich der Glichezaere, *Reinhart Fuchs*, hrsg. v. Baesecke-Schröbler, ATB 7 (Halle, 1952, 2. Aufl.).

[2] Daß er Gericht hält, um Ordnung zu schaffen, und einen Landfrieden gebietet, ändert ebenso wenig an der Tatsache, daß er ohne Gott ein Tyrann ist, wie es den Antichrist des *Ludus* von seiner *superbia* entschuldigt.

Auch dessen dichterische Darstellung im *Ludus de Antichristo*[3] habe ich nicht erwähnt, weil sie sachlich den bekannten, offiziellen und von Adso zusammengefaßten Antichristlehren nichts Wesentliches hinzuzufügen hatte.[4] Für diese Dichtung selbst geht umgekehrt schon aus der heilsgeschichtlich-politischen Thematik und aus dem Typuscharakter der Titelfigur hervor, daß die *superbia* in diesem typologischen Drama eine außerordentliche Rolle spielt.[5] Ich will hier auf die gedanklich und formal konsequent spiegelbildliche Konstruktion, die darauf angelegt ist, den Kaiser als *imago Dei* und *vicarius Dei* erscheinen zu lassen, nicht weiter eingehen. Denn was den Idealherrscher und den Tyrannen Antichrist unterscheidet, ist auf das kürzeste in den Worten und Taten ausgedrückt, mit denen sie jeweils ihren Dramenteil beschließen. Der Kaiser gibt Gott Krone und Auftrag zurück als dem einzigen wirklichen Imperator des Alls (142 ff.).[6] Der Antichrist dagegen will von seinem Imperium als Gott angebetet werden (402 ff.). Beide Herrscher erobern die Welt, beide wollen sie ordnen und Sicherheit schaffen. Aber während der Kaiser sich als Diener Gottes erkennt, will der Antichrist seine Herrschaft *ex se;* ja er setzt sich selbst wie einst Luzifer an Gottes Stelle, — ein Grad von *superbia,* der dem Mittelalter nur an einer solchen mythisch überhöhten Gestalt überhaupt denkbar ist. Natürlich stirbt er auf dem Höhepunkt seiner Macht den plötzlichen Tod eines *superbus* durch den Schlag Gottes,[7] während die Kirche seine Schuld in ihrem Schlußwort noch einmal deutlich ausspricht: *Ecco homo qui non posuit Deum adiutorum suum* (415).[8]

Auch der *Ludus* steht damit in der Gruppe der geistlichen Ritterdichtung mit der Absicht, Imperium und Rittertum vor der *superbia* des *ex se* zu warnen und die Gefahr der Emanzipation ebenso aufzuzeigen, wie im Idealherrscher ein Vorbild der Einordnung zu geben.

Ich habe fernerhin nicht den *Meier Helmbrecht* erwähnt,[9] dessen Thema die *superbia* des Wunsches und Versuches ist, aus dem eigenen *ordo* in den des Ritterstandes aufzusteigen (eine *inordinatio,* die auch die einzige greif-

---

[3] Hrsg. v. H. Kusch, *Einführung in das lateinische Mittelalter,* Bd. I, (Berlin, 1957).
[4] Adso v. Montiér en Der, *Libellus de Antichristo,* PL 101.
[5] Nicht nur, daß der Antichrist Verkörperung der *superbia* ist, er wird auch von zwei *Superbia*-Filiationen als Haupthelfern begleitet: Der *Hypocrisis* und der *Haeresis.*
[6] Vgl. Roland!
[7] Diese *mors subita* ist uns schon des öfteren begegnet (s. Register).
[8] Zitat aus Ps. 51,9: *Quid gloriaris in malitia . . .* (gegen Saul). Der ganze Psalm ist in diesem Zusammenhang übrigens sehr bedeutsam!
[9] Wernher der Gartenaere, *Meier Helmbrecht,* hrsg. v. Panzer, ATB 11 (Halle, 1951), 5. Aufl.

bare Schuld des Hartmannschen guten Sünders Gregorius ist).[10] Nichts anderes ist der Gegenstand des langen, immerhin den fünften Teil des ganzen Werkes füllende Gespräch des Vaters mit seinem Sohn (224—645). Der Alte mahnt, es sei besser, als Bauer in Gottesfurcht und Pflichterfüllung Gott und der Welt *holt* zu sein, denn als Ritter gegen Gottes Huld zu kämpfen[11] und warnt ihn: *nu volge mîner lêre / des hastû frum und êre; / wan selten im gelinget, / der wider sînen orden ringet.* (287 ff.)

Damit gibt er als bäuerlich einfache Lösung für das ritterliche Grundproblem das Verharren in der Standesordnung an. Dennoch ist der junge Helmbrecht überzeugt, den Hohen Mut in die Wiege gelegt bekommen zu haben,[12] bezeichnet den alten Helmbrecht nicht ganz zu Unrecht als Prediger und reitet im Vertrauen auf seine Selbstbehauptung[13] mit dem Willen fort: *nach mînem muote / will ich selbe wahsen* (420 f.). Das Ende dieses Jungen, der Gut und Ehre mit Gewalt und ohne Zutun Gottes erwerben wollte, ist spektakulär und durchaus geeignet, die Moral des ganzen Werkes zu illustrieren:

> *Swâ noch selpherrischiu kint*
> *bî vater unde muoter sint,*
> *die sîn gewarnet hie mite.* (1913 ff.)

Unerwähnt blieben auch der *übermuot* Kalogreants im *Iwein*[14] und Iders im *Erec,* nur angedeutet habe ich die Schuld des Gregorius und den Tugendstolz des Kaisers in Rudolfs *Guoten Gêrhart,* die Rolle der *superbia* in Walthers Gedichten, nicht im entferntesten erschöpft ihre Rolle im *Renner,* beim *Stricker* usw. Vor allem habe ich bisher zwei Werke aus dem Blickfeld gelassen, an denen ich den großen Einfluß des *Superbia*-Gedankens zum Abschluß noch etwas ausführlicher zeigen möchte. Sie gehören beide der ritterlichen Dichtung an, entstammen aber sehr verschiedenen Lagern: das eine ist Legende, das andere Heldenepos. In beider Struktur aber, im

---

[10] Man beachte die Ähnlichkeit zwischen dem Vater-Sohn-Gespräch im *Helmbrecht* (224 ff.) mit dem Gespräch zwischen dem Abt und Gregorius, der ganz ähnlichen Willen hat (1385 ff.).

[11] In der rhetorischen Frage, ob ein Mensch besser sei, der *mit der liute schade lebet / und wider gotes hulde strebet* (525 f.) oder einer, der arbeitet *und got der under êret / swelhez ende er kêret / dem ist got und al diu welt holt* (533 f.).

[12] Er glaubt, ein adeliger Pate sei Urheber dieser ritterlichen Anlage: *saelic sî der selbe gote / von dem ich sô edel bin / und trâge sô hôchvertigen sin!* (848 ff.). Helmbrecht nimmt also die trotzige positive Verwendung des sonst sehr negativ empfundenen Begriffs auf.

[13] *ich trûwe in hovelîchen siten / imer alsô wol genesen / sam die ze hove ie sint gewesen* (300 ff.).

[14] Dazu neuerdings H. B. Willson, „Kalogreant's curiosity in Hartmann's *Iwein*", GLL XXI (1968). S. dazu auch oben S. 21.

Armen Heinrich wie im *Nibelungenlied,* ist das Motiv der *superbia* tief verwoben.

2. *Die superbia als Schuldmotiv im Armen Heinrich*

Obwohl diese Erzählung wie kaum ein anderes mhd. Werk die *superbia* zum Thema hat, mußte ich gerade den *Armen Heinrich* außerhalb meiner Betrachtungen lassen weil hier eine ausführliche Auseinandersetzung mit einer Reihe vorzüglicher Interpretationsversuche am Anfang zu stehen hätte.[15] Ich hoffe, bei Gelegenheit eine solche gründliche Untersuchung auf der Grundlage meiner Ergebnisse vornehmen zu können, denn gerade am *A. H.* erweist sich auf das deutlichste, wie sehr die Kenntnis der mittelalterlichen *Superbia*-Lehre einer Interpretation helfen kann.[16] Ich möchte hier nur einige Punkte andeuten, in denen auch einer sehr textgebundenen Betrachtung einiges mehr im Wort ausgedrückt erscheint, als ohne die Kenntnis der *superbia* ersichtlich ist.

Hartmann faßt sein Werk als Exegese einer Historie auf, er will eine Erzählung allegorisch ausdeuten,[17] d. h. am Fall Heinrichs das dahinterstehende Problem aufrollen.[18]

Dies Problem stellt Hartmann in der Exposition vor, indem er als Ausgangspunkt auf das genaueste die Idealsituation des ritterlichen Menschen beschreibt (29—74). Dies Ritterideal ist mit großer Kenntnis zunächst als an sich wertgültig dargestellt und läuft schließlich auf den Oberbegriff des *hôhen muotes* hinaus.[19] Hartmann wendet diesen ritterlichen Zentralbegriff

[15] Vor allem B. Nagel, *Der Arme Heinrich Hartmanns von Aue. Eine Interpretation* (Tübingen, 1952), P. Wapnewski, *Hartmann von Aue* (Stuttgart, 1964, 2. Aufl.) und neuerdings Chr. Cormeau, *Hartmanns von Aue ,Armer Heinrich' und ,Gregorius'* (München, 1966). Wichtig vor allem auch die Aufsätze von A. Schirokauer (*ZfdA* LXXXIII, 1951); W. Fechter (*Euph* XLIX, 1955), F. Neumann (*ZdPh* LXXV, 1956) und R. Endres (*Euph* LXI, 1967).

[16] Neuerdings hat R. Endres in einer eindrucksvollen Interpretation („Heinrichs hôchvart", *Euph* LXI, 1967) versucht, Heinrichs „Schuld" auf dem Hintergrund der zeitgenössischen *Superbia*-Auffassungen (und Gregors!) neu zu beurteilen und sie zu erleichtern. Es wird interessant sein, sich mit Endres' Entwurf von der Basis der hier vorliegenden Untersuchungen her auseinanderzusetzen.

[17] 16 f. drückt das mit dem Terminus *diuten* ,exegisieren, ausdeuten, erklären' ebenso unmißverständlich aus, wie Gottfried es auch auffaßt, daß nämlich Hartmann *mit rede figieret / der aventiure meine!* (4620 f.).

[18] Daß Heinrich als ein Typ verstanden wird, zeigt der mehrfach wiederholte Gedanke, daß an Heinrich etwas „gezeigt" wird oder „erscheint" (84, 112, 124).

[19] 82. Die Begriffe *hôchmuot* (82) und *übermuot* (404) sind Konjekturen der Herausgeber seit Erich Gierachs Handschriftensynopse. In Hs. A. steht beide Male *hôher muot* genau wie in 718; Hs. B. sagt zu 82 und 404 gar nichts und hat 718 *wiser mvt.* Es scheint, als habe B den Angriff auf das ritterliche Ideal ablenken wollen!

ganz bewußt an, hier noch neutral,[20] dann aber umso stärker verurteilt in der „Beichte" Heinrichs.[21]

Gott schickt die Krankheit weniger als Strafe,[22] denn als fast automatische folgende[23] Erziehungsmaßnahme.[24] Er will Heinrich prüfen und bessern.[25] Zwar unterscheidet sich Heinrich von der *humilitas* Hiobs zunächst noch beträchtlich,[26] aber immerhin erkennt er in einer ersten Stufe der Besserung, in Einsicht und *riuwe* seine Sünde:

> *dô nam ich sîn vil cleine war*
> *der mir daz selbe wunschleben*
> *von sînen gnâden hât gegeben.*
> *daz herze mir dô alsô stuont*
> *als alle werlttôren tuont*
> *den daz saget [B: raetet] ir muot*
> *daz sî êre unde guot*
> *âne got mügen hân.*
> *sus trouc ouch mich mîn tumber wân,*
> *wan ich in lützel ane sach*
> *von des genâden mir geschach*
> *vil êren unde guotes.*
> *dô [do A] des hôhen muotes [! A, fehlt B]*
> *den hôhen portenaer verdrôz*
> *die saelden porte er mir beslôz; (392 ff.)*

[20] *Hôher muot* steht freilich in Opposition zu dem *leben . . . geneiget* der nächsten Zeile und bezeichnet also die ideale ritterliche Lebensweise, die plötzlich auf Gottes Befehl in ein armseliges Leben umschlägt *(verkêret)*. Ohne daß hier schon ein verurteilender Grund angegeben wird, muß für den Eingeweihten die Assoziation auftauchen, daß Gott ja stets die *superbia* fallen läßt.

[21] Die Dreistufigkeit einer Beichte, wie es Arno Schirokauer will *(ZfdA LXXXIII, 1951,* S. 66 ff.) mag in Heinrichs Bekehrung tatsächlich als Schema liegen. Die *contritio* ,Zerknirschung' der Beichtlehre spielt bei Heinrich eine große Rolle, was z. B. Endres a.a.O. S. 290 f. außer acht läßt.

[22] Heinrich selbst freilich spricht zerknirscht von Gottes *râche* ,Vergeltung' (409).

[23] Man erinnere sich der verbreiteten Vorstellung, daß die Todsünden real-allegorisch mit den Krankheiten verbunden seien, der Vorstellung also der Sünden-Krankheit (s. Reg.).

[24] *Zuht* ,Erziehung' (120). Außerdem ist 1360 ff. deutlich gesagt, daß Gott mit seinem Kunstgriff *(list)* eine Absicht verbunden habe.

[25] Darin vor allem, in der Prüfung und der Besserung der Selbstgerechtigkeit nämlich, ist Heinrich eine Postfiguration Hiobs (128 ff.).

[26] 137 ff. Nach der etwas schiefen mittelalterlichen Auffassung, die in Hiob nur den Typ der demütigen Duldsamkeit sieht. Im alttestamentlichen Text dagegen ist ja Hiob zunächst vor allem selbstgerecht, erst durch Gottes persönliche Mahnung bekehrt er sich. So gesehen ist Heinrich Hiob noch viel ähnlicher.

Heinrichs Fehler ist die *superbia* des *ex se:* die törichte Einbildung *(tumber wân), êre unde guot . . . âne got* besitzen zu können. Deutlicher läßt sich das Zeitproblem der ritterlichen *superbia* schlechterdings nicht ausdrücken!

Überdies zeigt sich die Tatsache, daß Heinrich ein *exemplum superbiae* ist,[27] auch darin an, daß seine beiden Konträrfiguren, Hiob im Alten Testament und die Meierstochter im *Armen Heinrich* selbst, Charaktere der *humilitas* sind: Hiob, der als *typus humilitas* bekannt ist, dem *guoten* (138 ff.), wird das Mädchen mit ihrer *güete* (305, 310, 321 ff., 342, 349, 521 ff., 938, 1037 ff.) an die Seite gestellt.[28] Dieser bedeutsame Begriff der *güete*, den ich oben (S. 173 ff.) als die Bezeichnung für die ritterliche *humilitas* zu bestimmen versuchte, taucht denn auch wieder an entscheidender Stelle auf, als Heinrich in der Höhepunktsszene 1217 ff. spontan den letzten Schritt zur *humilitas* tut:

> *nu sach er sî an unde sich*
> *und gewan ein niuwen muot:*
> *in dûhte dô daz niht guot,*
> *daz in dâ ê hâte*
> *und verkêrte vil drâte*
> *sîn altez gemüete*
> *in eine niuwe güete.*
> *Dô er sî als[ô] schoene sach,*
> *wider sich selbe er dô sprach*
> *'du hast einen tumben gedanc*
> *daz du sunder sînen danc*
> *gerst ze lebenne einen tac*
> *wider den niemen niht enmac*
> *du enweist ouch rehte waz du tuost*
> *sît du bename ersterben muost,*
> *daz du diz lästerlîche leben,*
> *daz dir got hât gegeben*
> *niht vil willeclîche treist.* (1234 ff.)

---

[27] Daß Heinrich dem Typus Absalon verglichen wird (84 ff.), unterstreicht das zwar, beruht aber auf einem Irrtum Hartmanns, denn nach der offiziellen Typik ist Absalon nicht *typus vanitatis*, sondern als Bild des Menschen, der seinen Vater verrät, Prototyp Judas'. Immerhin liegt aber ein *tertium* in dem Übermut, der aus vermeintlicher Machtstellung undankbar und dumm macht.

[28] Die Erhöhung des Kindes in seiner *güete* zur Heiligen ist am stärksten 464 ff.: *man mohte wol genôzen / ihr kindlich gemüete / hin zuo der engel güete.* In der Szene 855 ff. wird das Mädchen, aus dem der Heilige Geist spricht, mit dem Heiligen Nikolaus verglichen, der auch seine *güete* zu Gott gekehrt hat (868 f.).

Damit hat Heinrich die *humilitas* Hiobs erreicht: Über die Erschütterung[29] durch den Anblick der äußeren und inneren Schönheit des Kindes[30] gelangt er zur Selbsterkenntnis und damit in der Aufgabe seines eigenen Willens[31] und seiner Selbstbehauptung[32] zur völligen Unterordnung unter Gott. Er wendet seinen alten Hohen Mut in der Bindung an Gott zur *niuwen güete!* Nun endlich ist auch Heinrich *guot* und seine äußere Reinigung folgt ohne viel Aufhebens: *Alsus bezzerte sich / der guote herre Heinrich* (1371 ff.). Heinrich hat wie Parzival den Weg von der *superbia* zur *humilitas* in der Bindung an Gott gefunden.

3. Die superbia als Schuldmotiv im Nibelungenlied[33]

Karl Lachmanns Meinung, in das *NL* sei „nichts christliches aufgenommen als die gewöhnlichen lebensgebräuche, die für die fabel ohne bedeutung sind",[34] kann nur so verstanden werden, daß keinerlei Züge der kirchlichen Dogmatik unmittelbar erscheinen, wohl aber christliche Gedankengänge, vermittelt durch die ritterlich-christlichen Anschauungen, eine Rolle spielen. So auch der *Superbia*-Gedanke, den schon der Wortgebrauch als nicht unwesentlich erweist. Die Begriffe *übermuot* und *hôchvart* mit ihren Ableitungen kommen *NL* etwa 50mal vor. Das bedeutet zum mindesten, daß der gemeinhin mit Recht so in den Vordergrund gestellte Begriff der *triuwe* mit seinen ca. 124 Belegen gegenüber dem *Superbia*-Gedanken nicht den absoluten Vorrang hat. Was ist nun dieser offenbar wichtige Übermut? Friedrich Neumann nennt ihn „harmloser, allzu ausgreifender Überschwang, übergroßes Selbstbewußtsein und reckenhafter Trotz, der im Dies-

---

[29] So möchte ich das *erbarmen* (1225) verstehen, daß die plötzliche *(drâte* 1238) Wandlung einleitet.

[30] Daß nach der mittelalterlichen Ästhetik körperliche und geistige Schönheit eins waren und umgekehrt, ist bekannt. Vgl. den Luzifer-Fall.

[31] Den Eigenwillen als Schuld erkennt Heinrich ebenfalls schon 389 ff.

[32] Ein Versuch, sich selbst zu retten, ist sowohl die Verteilung der Güter (246 ff.), wie auch die Hoffnung, durch menschliche Hilfe zu genesen. Das deutet der Arzt an, als er sagt, einzige Hilfe sei bei Gott als Arzt zu finden (209). Man denke an das Motiv, daß Christus als Arzt das Heilmittel der *humilitas* bringt. Auch Heinrich selbst bezweifelt endlich, daß das Opfer des Mädchens ihm tatsächlich helfen würde (1252 f.).

[33] Ich habe inzwischen in einem Aufsatz („*Superbia* als Schuldmotiv im *Nibelungenlied*", *Seminar* II, 1966) versucht, die Rolle des Motivs *superbia* im NL in einer vom Text (B) ausgehenden und nur auf das Werk selbst bezogenen Interpretation herauszuarbeiten. Da in jenem Aufsatz die Parallele zur zeitgenössischen *Superbia*-Lehre nur ganz summarisch gezogen wird, fehlen ihm einige Gesichtspunkte und Perspektiven der hier im ideengeschichtlichen Zusammenhang stehenden Betrachtung. Ich lasse deswegen diese ursprüngliche Interpretation fast unverändert als Ergänzung stehen.

[34] Karl Lachmann, *Anmerkungen zu den Nibelungen und zur Klage* (Berlin, 1836), S. 3.

seits verfangen ist".[35] Damit greift Neumann die Bedeutung auf, die das Rittertum durch Positivierung hergestellt hatte (s. S. 127 f.): *übermuot* kann im Mhd. positiv ‚Pracht, Kraftüberschwang, Selbstbewußtsein, *Virtus*‘ heißen und nimmt dann die Vorstellungen auf, die ehemals durch das nun epithetisch verflachte *balt, küene* etc. abgedeckt wurden und die Andreas Heusler zusammenfaßt: „Die Heldendichtung liebt den Übermut, das Zuvieltun, die Verachtung der Vorsicht."[36]

Dieser heldische Übermut, den man als unbeugsam-selbstsicheres Kraftgefühl beschreiben könnte, hat jedoch im *NL* zumindest nicht uneingeschränkt das Wort. Das festzustellen genügt wieder einmal die Zusammenfassung der Bedeutungswerte: das Ethos der Begriffe *übermuot* und *hôchvart* ist ambivalent, und zwar, wenn man die fließenden Übergänge so gut es geht festhält, im Verhältnis 1 : 4 negativ![37] Damit zeigt sich, daß die Vorgänge um den *Superbia*-Wortschatz auch in das *NL* hineinreichen, daß also die großen ethischen Auseinandersetzungen der Zeit auch an diesem Werk nicht spurlos vorbeigegangen sind. Das erweist sich bei näherem Zusehen noch weiter:

Das alte positive Ethos zeigt sich, wenn es vor den Burgunden bei dem Turnier am Etzelhof heißt, *si versuohtenz an die Hiunen mit vil hôhverten siten* (1882, 4), oder wenn Irings todesmutige Leute die *übermüeten* genannt werden (2076, 1). Doch sind die Verwendungen im Sinne von ‚Kampftüchtigkeit, Heldenmut, *Virtus*‘ recht selten,[38] gemeinhin wird dieser Vorstellungskomplex vom Begriff *hôher muot* übernommen. Sein Bedeutungsumfang bei rund 50 Belegen ist beträchtlich und er entspricht nur zum Teil

---

[35] Friedrich Neumann, „Schichten der Ethik im Nibelungenlied", *Festschr. f. Eugen Mogk* (Halle, 1924). S. 135: „Das Fremdartige, das dem Verhalten der Vorzeithelden für das höfische Mittelalter anhaftet, ließ sich offenbar durch den undeutlichen, nicht scharf umgrenzten Begriff *übermuot* passend wiedergeben. Wenn man das Tun eines Helden nicht aus einer Gesinnung ableiten kann, die dem vorbildlichen Ritter gemäß ist, und es doch begründen will, so stellt sich als Helfer in der Not der Begriff *übermuot* ein. [Es folgen einige gut ausgewählte Beispiele.] In dem Worte *übermuot* läßt sich einschließen: harmloser [usw.]."

[36] A. Heusler, *Germanentum*, S. 50.

[37] Die Belege ordnen sich nach ihrem Ethos etwa folgendermaßen: Positiv 86, 2; 167, 4; C 215, 3; C 1807, 4; 2076, 1; *hôchvart* C 1873, 2; 1878, 2; 1882, 4. Ambivalent bis zur Fragwürdigkeit C 53, 4 (AB *hôhfertig*); C 1891, 4; 175, 4; 254, 4; 387, 2; C 530, 4; 896, 3; 1034, 1; 1549, 1; 1553, 1; 1561, 1; 1762, 2; 1792, 4; 2009, 3; 2035, 4; 2059, 3; 2063, 4; 2064, 4. Eindeutig negativ 151, 2; 117, 4; 123, 3; 240, 1; 340, 3; 426, 4; 444, 4; 446, 4; C 455, 2; 825, 4; 842, 1; 862, 4; 1003, 1; 1100, 1; 1607, 3; AB 1771, 1; AB 1783, 1; 1865, 4; 2030, 4; 2108, 4; 2269, 1; 54, 2 (+ *hôchvart*); A 727, 4; 474, 2. Die Belege sind gesammelt im Wörterbuch der Ausgabe Bartschs.

[38] z. B. *wol wesser daz ez waere der übermüete man* (C 215, 3. Liudegast erkennt Siegfried). Die übrigen Positiv-Belege siehe vorige Anm.

dem höfischen Hohen Mut,[39] meist hat er die Vorstellungen ‚männlicher Mut, Tapferkeit, ritterlicher Sinn' zum Inhalt.[40]

Es zeigt sich also auch im NL die Trennung der Begriffe *hôher muot* und *übermuot, hôchvart,* wie wir sie bei Walther und seiner Gruppe getroffen hatten: Der *hôhe muot* wird durchweg als Wert empfunden; anders der *übermuot.* Neben den wenigen Fällen ersichtlich positiven Gebrauchs steht eine Überzahl von Belegen, in denen der Wertcharakter des *übermuotes* zumindest unsicher ist. Wenn etwa Kriemhild besorgt ist, die Tollkühnheit ihres Mannes könnte ihm gefährlich werden: *ob er niht volgen wolde sîner übermuot* (896, 3), dann muß dem Hörer, der das Ende kennt, diese *übermuot* schon gefährlich erscheinen. Umso stärker ist dieses ungute Gefühl, wenn die Burgunden mit ihrer selbstsicheren Haltung beim Hunnenturnier die Spannung auf die Spitze treiben: *si tâten daz si wolden in vil hôhvertigen siten* (1878, 2), oder Volker und Hagen herausfordernd auf der Bank sitzend sich anstaunen lassen, *die übermüeten helde von den Hiunen man* (1762, 2). Diese Atmosphäre ist noch stärker im Zusammenprall des *übermüeten* Fährmannes (1553, 4) mit dem *übermüeten* Fahrgast Hagen (1549, 1; 1561, 1). In dieser Szene wird die unheilvolle Spannung zwischen den beiden wilden Reckengestalten handgreiflich, sie kann nicht anders als mit dem Tode des einen enden, — eine *übermüete,* deren Vergeltung im Kampf mit Gelfrat 85 Tote kostet.[41] Hier, wie in den meisten anderen Fällen,[42] umgibt die *übermüeten* Helden eine Aura der Gefährlichkeit, Unberechenbarkeit und Grausamkeit. Der archaische, heldenhafte Selbstbehauptungswille und Kampfgeist erscheint als eine schreckerregende, unverständliche Wildheit und Gefährlichkeit. Die Eigenschaft des *übermuotes* erscheint als eine hemmungslose, zerstörende Kraft, die dennoch Bewunderung abringt.[43]

Der Dichter übernahm also offenbar aus seinen Vorlagen die Vorstellung eines *übermuotes* mit dem alten positiven Ethos des überschwellenden Heldenmutes und der unbändigen Kampfkraft. Doch konnte ihm, dem christlich erzogenen Christen, nicht wohl dabei sein, er wußte auch als

---

[39] z. B. 2602, 2 u. 4; 45, 2; 325, 4; 787, 4; 284, 2.
[40] z. B. 181, 4; Siegfried sieht das Sachsenheer und ist *hôhen muotes.* In diesem Sinne viele weitere Belege. Zum Hohen Mut im NL vgl. wieder Arnold, a.a.O. Belege bei Bartsch.
[41] In der Szene um 1607.
[42] Belege in Anm. 37, S. 218, Gruppe zwei und drei.
[43] Sehr anschaulich wird das an den Hunnen: *Alsam tier diu wilden wurden gekapfet an / die übermüeten helde von den Hiunen man* (1762, 1 f.). Notabene sind *bestiae* für die christlichen Hörer *superbi!*

höfischer Mensch, genau wie seine Zuhörer, mit dieser Unbändigkeit nichts anzufangen. So ist der Begriff bewußt oder unbewußt vom Dichter aus seiner höfisch-christlichen Sicht heraus über verschiedene Stufen negativiert. Zwar bleibt als Grundlage der Wert der Kampfkraft, des Mutes und der Selbstsicherheit, jedoch erscheint der *übermuot* vor allem als die negative Übersteigerung dieser Gefühle, die gewöhnlich im Begriff *hôher muot* ausgedrückt werden.

Mit einem solchen Verständnis des *übermuotes* liegt das NL ganz in den Linien, die wir vorher aufgezeigt haben. Danach ist es erklärlich, daß die übernommene Übung der Reizrede als *übermuot* angesprochen und abgelehnt wird,[44] und daß auch der kampflustige Angriff Liudegasts und Liudegers, den die Vorstufen des Liedes als Mutprobe und Beutezug wohlwollend betrachtet haben mögen,[45] als *übermuot* gescholten wird (175, 4; 240, 1; 254, 4). Damit aber ist der Übermut schon zu einem schuldhaften, den Krieg herbeiführenden Verhalten geworden. Und so erscheint der *übermuot* bei fast allen Hauptfiguren, bei Siegfried, Kriemhild, Brünhild und Hagen als Schuldvorwurf.[46] Sie alle erscheinen im Überschwang und Übermaß ihrer *Virtus,* ihres Stolzes, ihrer Unbeugsamkeit, kurz ihres Heldentums und ihrer Größe dem hochmittelalterlichen höfischen Dichter im entscheidenden Augenblick als anmaßend, tollkühn, unbeherrscht und starrköpfig. Was einst das übermenschliche Heldentum dieser Gestalten ausmachte, erscheint in seinen Höhepunkten dem Christen mit den typischen Merkmalen der *superbia.*

So tritt der *übermuot* an zahlreichen wichtigen Stellen als Schuldmotiv auf und scheint sogar in gewissem Umfang das treibende Motiv der tragischen Handlung zu sein! Das sei kurz skizziert:

Schon in der Warnung Siegmunds liegt eine Vorausahnung dessen, wohin der burgundische Übermut führen wird:

> *doch hât der künec Gunther vil manegen hôhfertigen [C übermüeten] man.*
> *Ob es ander niemen waere wan Hagene der degen,*
> *der kan mit übermüete der hôhverte pflegen.* (53, 4 ff.)

---

[44] 123, 3; 2030, 4; 2269, 1.
[45] Er ist im Grunde nichts anderes als ein wikingerhafter Beutezug. Auch das NL behandelt Liudegast und die Seinen außerordentlich freundlich. Nichtsdestoweniger ist ihr Übergriff ein *übermuot.*
[46] *übermüete* (bzw. *hôhvart*) steht in diesem Sinn bei Siegfried 117, 4; 896, 3; bei Kriemhilt A 862, 4; bei Brünhilt 474, 2; 340, 3; C 426, 4; C 455, 2; AB 825, 4. (C fehlt die Strophe); 842, 1; 1100, 1; bei Hagen s. Anm. 52, S. 222. Ferner bei den Burgunden, Sachsen, Hunnen, bei Volker und bei dem Fährmann.

Doch zunächst einmal macht sich Siegfried, dem jungen Parzival ähnlich, selbst der *übermüete* schuldig durch seine anmaßenden Forderungen am Burgundenhof (110 ff.), mit der er sich von Anfang an tödliche Feinde schafft.[47] Schwerer wiegt noch, daß er in einem Anfall von Übermut — der Dichter kann sich den Grund selbst nicht erklären (680, 2) — der besiegten Brünhild Gürtel und Ring abnimmt und sie Kriemhild schenkt (680, 3). Dieser Mißgriff wird ihm in der Tat von den Königstreuen als *sih berüemen*, also *jactantia*, ausgelegt (854, 4; 855, 2; 857, 3)[48] und macht ihn mitschuldig an seinem Tod, denn seine *übermüete* wird das Motiv für Hagens Mordanschlag: *daz er sich hat gerüemet der lieben vrouwen mîn, / dar umbe wil ich sterben, ez engê im an daz leben sîn.* (867, 3 f.)

Doch auch die beleidigte Brünhild trägt die Schuld der *übermüete:* erst ist es ihre Macht und ihre unweibliche Heldenstärke, die den doppelten Betrug auf Isenstein und im Schlafgemach herausfordern (340, 3; 426,4; 444, 4; 446, 4; C 455, 2), später sind es ihr Standeshochmut und ihr Triumphieren, die Kriemhild zur Unbesonnenheit reizen. Bei der ersten Katastrophe nämlich ist es Brünhild, die den weiblichen Streit trotz Kriemhilds Begütigung (822, 3 f.) auf die Spitze treibt und auf Kriemhilds Vorwurf des *übermuotes* (825, 4) die Angelegenheit auf das Geleis der *êre* schiebt (826, 3). Bei dem Zusammenstoß vor dem Münster verlangt sie dann den Vortritt (838, 4) und verleitet damit Kriemhild, im Zorn das Geheimnis preiszugeben: *dîn übermuot dich hât betrogen* (842, 1). Sie betreibt späterhin aus gekränkter Eitelkeit den Mord und als Kriemhild dann verzweifelt und schutzlos Trost braucht, treibt sie ihren Übermut auf die Spitze und trägt damit ihr Teil zum kommenden Unheil bei:

> *Prünhilt diu schoene mit übermüete saz.*
> *swaz geweinte Kriemhilt, unmaere waz ir daz.*
> *sine wart ir guoter triuwe nimmer mê bereit.*
> *sît getet ouch ihr vrou Kriemhilt diu vil herzenlîchen leit.* (1100)

Kriemhild wiederum ist selbst nicht freizusprechen von dem *übermuot* weiblichen Ehrgeizes. Obwohl sie die verdiente Prügelstrafe einsieht (894), und sie zumal der Bearbeiter der Fassung C nach Möglichkeit zu entlasten sucht, ihre Schuld ist unverwischbar und lodert in ihrer Rachelust im zweiten Teil wieder auf, nicht als *übermuot*, aber als Treubruch (*untriuwe* 1773, 2; 1962 f.; C 2368), der sie als Verräterin Genelun an die Seite

---

[47] Gernot 115, Ortwin 116 ff., Hagen 121 ff.
[48] Das wäre das gleiche Prahlen mit Minneerfolgen, wie es Heinrich v. Melk schon so heftig angegriffen hatte und wie es in der Kchr. in der Lukrezia-Geschichte auftritt.

stellt. Auch ihr scheint der Teufel den Rat, Gunther die Freundschaft auf-
zusagen, eingegeben haben: *Ich waen der übel vâlant Kriemhilde daz
geriet* (1394, 1),[49] so daß sie in der Art einer *figura diaboli vâlandine*
genannt werden kann (1748, 4; 2371, 4).

Der gleiche Ausdruck *vâlant* und *tiuvel* fällt jedoch auch Hagen zu
(2311, 4).[50] Sein Mord an Siegfried ist genelunischer Verrat, seine *untriuwe*[51] hebt C ausdrücklich als letztes Motiv Kriemhilds, ihn zu ent-
haupten, hervor (2372, 3). Hagen ist in der Tat der eigentlich Haupt-
schuldige, und zwar nicht nur durch seinen Mord, denn diese *untriuwe*
kann durch die *triuwe* in seiner stärkeren Bindung an seine Herren und
Freunde aufgehoben sein. Schuldig wird Hagen noch viel mehr durch den
Charakterzug des *übermuotes*. Die *übermüete* wird Hagen 16mal zugeschrieben,[52] manchmal in nahezu lobendem Sinne,[53] an entscheidenden Stellen jedoch offenbar als Schuld. Hagen erfüllt alle seine Treuepflichten und
ist in seinen Heldentugenden unübertrefflich, jedoch der ehemals geliebte
Heldenüberschwang, das trotzige Zuvieltun wird ihm in christlichen Augen
zur Schuld: Hagen tut in seiner *übermüete*, seiner unmäßigen Selbstsicherheit und Unverschämtheit zuviel, als er Kriemhilt den toten Siegfried vor die Tür legt:

> *Von grôzer übermüete muget ir hoeren sagen,*
> *und von eislîcher râche. dô hiez Hagene tragen*
> *Sîfrit alsô tôten von Nibelunge lant*
> *für eine kemenâten, dâ man Kriemhilde vant.* (1003)

Dieser Vers scheint mir nicht, wie de Boor es will, auf den Übermut
Kriemhilds und auf Hagens Rache deuten,[54] das *muget ir hoeren sagen* ist
vielmehr futurisch und deutet ähnlich wie Strophe 1 den Inhalt des kommenden an: Hagens Übermut stachelt Kriemhilds Rachedurst unerträglich
an. Hagen tut zuviel, als er den Hort in den Rhein versenkt (1134, 4),
er tut zuviel, als er sich am Gottesmann vergreift, nur um das Orakel zu
prüfen (1574 ff.), er ist *übermüetic*, als er den Fährmann erschlägt und

---

[49] C versucht sie zu entlasten und hat an dieser Stelle: *Sie konde nie vergessen . . .*
[50] Notabene auch seinem Kampfbruder Volker, einem *tiuvel*, der 2001, 4 auch noch mit
wilder eber jedem christlich-literarisch gebildeten Hörer auffallend bezeichnet ist.
[51] 915, 4 (C entspricht dieser Stelle in 969, 6) 916, 2; 876, 2; 1074, 1 ff.
[52] 54, 2; C 530, 4; 1003, 1; 1549, 1; AB 1561, 1; C 1607, 3; 1762, 2; AB 1771, 3; AB
1783, 1; 2009, 3; 2030, 4; 2035, 4; 2059, 3; C 2063, 4; C 2064, 4; 2108, 4.
[53] z. B. 1549, 1; AB 1561, 1; 162, 2; 2009, 3; 2035, 4; 2063, 4; C 2063, 4.
[54] Anm. zu 1003, 2 in der 14. Auflage der von de Boor besorgten Bartsch-Edition (Wies-
baden, 1957). — Deshalb ändert C, der ja stets Kriemhilt zu entlasten sucht, um in
starker râche.

den Kampf mit Gelfrat heraufbeschwört (1549 ff., C 1607, 3), er tut zuviel, als er das Königskind vorsätzlich (1918) und aus *mortlîchem haz* (1913, 4) erschlägt mit den bekannten trotzigen, ironischen und archaischen Worten (1960).

Den Höhepunkt an *übermuot* zeigt Hagen jedoch in der Szene auf dem Palasthof vor Kriemhilds Fenster (29. Aventiure). Hagen setzt sich mit Volker auf die Bank vor Kriemhilds Fenster in der vollen Absicht, ihr Schmerz zu bereiten (1763, 1). Was Wunder, daß Kriemhild nun bewußt Klarheit schaffen will und als Hunnenkönigin (1770, 4) vor ihre Feinde tritt mit der Gewißheit, daß die *übermüete* Hagens ihn zwingen wird, seine Tat öffentlich zu bekennen (1771, 2). Doch Hagen tut noch mehr, er verweigert gegen Volkers höfischen Rat (1780) der Königin die geringste Ehrerbietung aus dem ganz und gar unchristlichen Grund *zwiu sold ih den êren, der mir ist gehaz?* (1782, 2) und bleibt sitzen. Ja, er treibt seine *übermüete* bis zur Grausamkeit, indem er Siegfrieds Schwert über die Knie legt:

> *Der übermüete Hagen leit über sîniu bein*
> *ein vil liehtez wâfen . . .*
> *ez mante si ir leide: weinen si began*
> *ich waene ez hete dar umbe der küene Hagen getan.* (1783, 1—1784, 4)

Mit dieser Reizgeste, die C noch deutlicher ausdrückt: *ich waen iz hete Hagene ir ze reizen getan,*[55] hat Hagen in übermütiger und unbeugsamer Vermessenheit seine Gegnerin so zum Äußersten gebracht, daß alles Folgende nun fast zwangläufig geschieht. Und es ist verständlich, daß sie mit dem gleichen Schwert in der Schlußszene — noch einmal von Hagen verhöhnt (2371) — ihren Geliebten rächt (2372).

Siegfried, Brünhild, Kriemhild und zumal Hagen, sie alle sind in ihrem wilden Trotz und ihrer hemmungslosen Selbstbehauptung und Rachsucht große Bilder der archaischen, germanischen *Virtus.* Und so erscheinen sie

---

[55] Die Abweichungen von C gegenüber AB gerade mit den Begriffen *übermuot* und *hôhvart* sind ebenso zahlreich wie auffällig: 53, 4 *hôhfertig* AB, *übermüete* C; 727, 4 *listig* BC, *hôchvertic* A; 1873, 2 — AB, *hôchvertic* C; 1878, 2 *stolzlich* AB, *hôchvertic* C; 215, 3 *kreftic* AB, *übermüete* C (Siegfried); 426, 4 — AB, *übermuot* C (Brünh.); 455, 2 *ruom* AB, *übermuot* C (Brünh.); 531, 1 — AB, 530, 4 *übermüete* C (Hagen); 825, 4 *übermüete* AB, — C (Brünh.); 862, 4 *ungefüege* BC, *übermuote* A (Kriemh.); 1561, 1 *übermüete* AB, *ungemuot* C (Hagen); 1607, 3 — AB, *übermüete* C (Hagen); 1771, 3 *übermüete* AB, *küene* C (Hagen); 1783, 1 *übermüete* AB, *starc* C (Hagen); 1807 — AB, *übermüete* C (Dankwart); 2063, 4 *des künec Guntheres* AB, *übermüete* C (Hagen); 2064, 4 *recke* AB, *übermüete* C (Hagen). Das sind also 14 Abweichungen. Was sie bedeuten, ob C eine Verstärkung bezweckt oder ob ihm *starc, kräftic, stolz, listig* und *übermuot* synonym erscheinen, darüber bin ich mir noch nicht im klaren.

dem Dichter der christlich-hochhöfischen Zeit zwar als beeindruckende Titanen und Helden, stehen jedoch, den Anschauungen der Zeit ausgesetzt, unvermeidlich im Lichte der *superbia*. Von solchen Gestalten setzt sich später Hugo von Trimberg entschieden ab (Renner 11983 f.):

> *vil bezzer ist ein zage guot*
> *denne eines heldes übermuot.*

TEIL E

ERGEBNISSE

Radix quippe cuncti mali superbia est.[1] Dieser Grundsatz hat sich in der Tat bestätigt. Viel weiter reichend, als es dem anfänglichen Blick erschien, erwies sich das Konzept der *superbia* in der Gedankenwelt des Mittelalters verwurzelt und verzweigt. In der Verfolgung der vielfachen Verästelungen und Wirkungen dieses Zentralgedankens wurde die Untersuchung in immer weitere Kreise gezwungen. Es ergab sich eine solche Fülle von Aspekten und Motiven, daß nun das Gesamtbild unter dem Gewirr sich oft überschneidender und berührender Einzelzüge zu verschwimmen droht. Eine abschließende Orientierung soll dem begegnen, sie soll die wichtigsten Ergebnisse und Linien im Zusammenhang vorlegen. Die folgende thesenartige Zusammenfassung darf aber die Wichtigkeit gerade der vielen kleinen Einzelzüge, wie z. B. des typischen *Superbia*-Todes, nicht vergessen lassen. Denn vor allen in ihnen beruht der Beitrag, den die vorliegende Untersuchung zur Hermeneutik mittelalterlicher Literatur leisten mag.

Der *Superbia*-Gedanke beruht als Reflexion auf der Grundlage realer psychischer Phänomene, die sich unter dem Oberbegriff der *Egozentrik* zusammenfassen lassen. Sie bestehen in der Entartung des natürlichen Egoismus, des Selbstbehauptungstriebes und des Selbstwertgefühls. Diese Egozentrik ist der Grundsinn des historisch sich wandelnden Begriffs *superbia*.

Die Egozentrik oder *superbia* besteht in der Tendenz zur absoluten Autonomie der Person, die sich aus jeder überpersönlichen Ordnung löst und selbst in das Zentrum einer subjektiven Welt- und Wertordnung rückt. Diese Verabsolutierung des Ich zum Bezugspunkt aller Wertmaßstäbe bedeutet eine grundsätzliche Negation aller universellen Ordnung. Der *Superbia*-Gedanke und der *Ordo*-Gedanke sind von Ursprung an konträre Korrelate.

Als die archetypischen Vorstellungen von Universalordnung und Egozentrik sind der *Ordo*-Gedanke und der *Superbia*-Gedanke Urgedanken der Menschheit. Sie können jederzeit aktuelle, gleichsinnig parallele Entfaltungen hervorbringen, ohne daß eine genetische oder historische Verbindung vorliegen muß. Doch scheinen sich aus der polaren Stellung der beiden Archetypen geschichtliche Abfolgen zu entwickeln in Form eines Wech-

---

[1] Gregor, moral. 31, 45; Hraban, comm. exod. 3, 4; Pseudo-Hugo v. St. Viktor, summ. sent. 3, 6; 7; u. a.

selverhältnisses, in welchem einer positiven Bewertung des einen Gedankens eine gleichzeitige Abwertung des Korrelats entspricht, und aus dessen genauer Beobachtung sich eine Geschichte des *Ordo*-Gedankens und des *Superbia*-Gedankens ablesen ließe.

Der mittelalterliche *Superbia*-Gedanke, der uns in dieser Untersuchung angehende Ausschnitt aus der Geschichte des Urgedankens, wird in den Auseinandersetzungen zwischen der antik-heidnischen und der christlichen Ethik ausgebildet und von Augustin konstituiert: *superbia* als Egozentrik und Gottferne, *humilitas* als Selbstaufgabe und Gottgebundenheit sind seitdem Grundkategorien der mittelalterlichen Moraltheorie.

Die patristische Moraltheologie baut den *Superbia*-Gedanken in der Folgezeit zu einer systematisch fest geknüpften und umfassenden Theorie aus. Die *superbia* wird durch ihre Verbindung mit den im allgemeinen Bewußtsein hervorragenden Vorstellungskreisen „Luzifer", „Lasterseptenar" und „*Humilitas* Christi" in ihrer Bedeutungsschwere als Ursünde wesentlich verstärkt und gewinnt als Zentrum der Moralpsychologie durch die Filiationstheorie eine außerordentliche Reichweite: Sie erfaßt die generellsten und wesentlichen Formen der Egozentrik ebenso wie die geringsten konkreten Vergehen der Eitelkeit und der Eigenwilligkeit.

Innerhalb dieses vom Generellen zum Konkreten weitgegliederten Systems läßt sich jedes, auch das äußerste und unscheinbarste Glied mit dem Zentrum identifizieren. Und darauf beruht die besondere Bedeutung der mittelalterlichen *Superbia*-Theorie. Zumal nachdem die Theorie in ihren Hauptzügen popularisiert und im allgemeinen Denken fest verankert ist, zieht der Vorwurf des geringsten *Superbia*-Vergehens assoziativ alle Konsequenzen des Gesamtkomplexes nach sich. Durch dieses Prinzip der assoziativen Identifikation wird die *Superbia*-Theorie der Kirche zu einem Kampfmittel, gegen dessen Wucht und Geschmeidigkeit auf lange Zeit kein offener Widerstand möglich ist.

Die kirchliche Moraltheologie ist also auf das beste gerüstet, als die Mission in der Germania auf den Widerstand der einheimischen Moralbegriffe stößt. Die germanische Sittlichkeit, die in ihrem Wesen auf die Erhaltung und Erhöhung der individuellen Persönlichkeit angelegt ist, hat ihren Kern in dem Ideal der männlichen Selbstbehauptung und erweist sich als eine Entfaltung der archetypischen Egozentrik. In der germanischen *Virtus-Ethik* (zu diesem Terminus S. 52, Anm. 17) stößt die christliche Moral also auf eine neue Gestalt ihres Todfeindes und identifiziert sie folgerichtig als *superbia*.

Dieser neue Kampf gegen eine heidnische Ethik der Selbstbehauptung ist der Grund zu einer intensiven Popularisierung der kirchlichen *Superbia*-Theorie. Seit Beginn des 9. Jahrhunderts ist sie in Taufkatechese, Beichtpraxis und Predigt Hauptgegenstand der praktischen Laienlehre und ist seitdem als jedem Menschen bekannt vorauszusetzen. Die dabei vorausgesetzte sprachliche Einführung des Gedankens ist eine Leistung der althochdeutschen Übersetzungsliteratur, vor allem der Glossen. Sie erfolgt in der Zubereitung eines deutschen Wortschatzes, der gleichzeitig einen direkten Angriff auf die gefährlichen und nicht zu umgehenden einheimischen Moralbegriffe darstellt: Der einheimische *Virtus*-Wortschatz wird durch Identifikation mit *Superbia*-Begriffen stark negativiert und zum sprachlichen Träger des christlichen Gedankens verarbeitet. Dieser Vorgang, an dem allein Art und Verlauf des Kampfes in ahd. Zeit abzulesen sind, stellt also den Versuch dar, in einer Spielart der *interpretatio christiana* die gefährlichen heimischen *Virtus*-Begriffe subversiv zu wandeln und zu absorbieren. Dabei erringt die Kirche jedoch nur einen Teilerfolg. Der sprachliche Angriff des *Superbia*-Gedankens kommt gegen das widerstandsfähige Ethos der alten Begriffe über eine weitgehend negative Ambivalenz nicht hinaus und bleibt bei den kirchlichen Neubildungen *ubarmuot, hôhmuot* und *hôhfart* zum Stehen, während die Reste der einheimischen *Virtus*-Konzepte versteckt weiterleben und neu erstarken.

Angesichts einer solchen Kraft des *Virtus*-Gedankens, dessen neuer Aufstieg sich in der fränkischen Krieger- und Herrenschicht anbahnt, unternimmt die kirchliche Literatur schon in althochdeutscher Zeit einen ersten Versuch, das germanische Sittlichkeitsideal mit den christlichen Moralforderungen zu verbinden. Sie findet eine Möglichkeit, deren Formel in den folgenden Jahrhunderten immer wieder aufgenommen wird: Durch die *humilitas* als die Bindung des Willens an Gott wird die *Virtus*-Sittlichkeit ihres *Superbia*-Charakters entkleidet und kann als spezifische Standesmoral der christlich-kirchlichen Moralordnung eingefügt werden. Diese Synthese von *Virtus* und *humilitas* im Idealbild des *miles Dei* ist die Grundlage für alle künftigen Lösungsversuche.

Der jahrhundertelang gestaute Drang zur Selbstbehauptung und Weltbejahung bricht in den Emanzipationsbestrebungen weltlicher Mächte seit dem 11. Jahrhundert durch und führt zu dem notwendigen neuerlichen Kampf, der in den Auseinandersetzungen zwischen „Divinität" und „Humanität", Kirche und Rittertum, Sazerdotium und Imperium die Geistesgeschichte des hohen Mittelalters bestimmt. Als ein Brennpunkt dieser

Kämpfe spielt der *Superbia*-Gedanke wiederum eine führende und, da gegen die kirchliche *Superbia*-Theorie als ein politisches und moralisches Kampfmittel kein grundsätzlicher Widerstand möglich ist, letztlich eine entscheidende Rolle. Vor allem ist sie der Gegner der im Konzept des „Hohen Mutes" verkörperten ritterlichen Sittlichkeit.

Der *hôhe muot* als das auf persönlichen Vorzügen beruhende freudige Selbstbewußtsein und als „beherrschte Schwellung des Ich" (Arnold) ist eine gefühlshafte, eigenständig ritterliche Variante der Egozentrik, die sich (erst sekundär von stoischen Moralbegriffen geformt) mit dem Aufkommen des ritterlichen Standes in der Zeit der ersten Kreuzzüge entwickelt. Obwohl diese weitgehend emanzipierte ritterliche *Virtus*-Moral als *superbia* von der kirchlichen Morallehre sofort bekämpft wird, dringt sie, wie die Positivierung des frmhd. und mhd. Wortfeldes zeigt, im 12. Jahrhundert stetig vor.

Seit frmhd. Zeit wird der Kampf gegen die ritterliche Sittlichkeit auch auf literarischem Gebiet geführt. Der *Superbia*-Gedanke ist ein Hauptmotiv der geistlichen frmhd. Literatur, die sich nach der Art ihres Vorgehens in die Gruppe der „cluniazensischen Dichtung" und die der „geistlichen Ritterdichtung" teilt. Die cluniazensische Gruppe, vertreten in erster Linie durch die Sittenkritik und die Bibelepik, paßt sich zwar in einigen Motiven ritterlichem Denken an und macht vor allem die Luzifergestalt durch assoziative Identifikation zu einer eindrucksvollen Warnung für Rittertum und Imperium, sie muß aber in ihrer rigorosen Ablehnung der ritterlichen *superbia* auf größere Erfolge verzichten.

Die geistliche Ritterdichtung dagegen des *Rolandsliedes,* der *Kaiserchronik* und der beiden *Alexander*-Fassungen konzentriert sich auf die Bekämpfung der Emanzipation der ritterlichen Moral. Sie erfaßt die *superbia* des „*ex se*" als den Kern des Problems, indem sie den Gegensatz *superbia aut humilitas* auf die Grundpositionen „*mit gote*" und „*âne, wider got*" reduziert und bei sonstiger Toleranz als einzige Bedingung die Unterwerfung unter Gottes Führung fordert. Mit diesem Kompromiß und diesem Ideal leistet sie jedoch der eben vorwärtsdrängenden ritterlichen Ethik erheblichen Vorschub. In der höfischen Klassik gelangt die ritterliche *Virtus* vollends zur Vorherrschaft und verdrängt die kirchliche Morallehre fürs erste aus der Literatur. Doch auch das höfische Rittertum bleibt kirchlich und christlich gebunden und steht deshalb vor der existenznotwendigen Aufgabe, in seiner Sittlichkeit ein eigenes Verhältnis zu Gott zu finden. Daher setzen sich in Gestalt des ritterlichen Grundproblems, der Antinomie

„êre, guot — gotes gulde", die Kategorien *superbia* und *humilitas* als *mit gote* und *âne got* auch in der ritterlichen Welt durch.

Da von den dabei möglichen Entscheidungen die autonome Haltung nur von einer verhältnißmäßig geringen Gruppe eingenommen wird, hat sich die höfische Literatur gerade in ihren wesentlichsten Werken mit dem *Superbia*-Gedanken auseinanderzusetzen und führt die Tradition der „Otfridschen" Synthese zu einer letzten Blüte: In einer Reihe von Werken der höfischen Literatur wird die Verbindung von *hôhem muot* und *diemüete*, von *Virtus* und *humilitas* in der *niuwen güete* zum Ideal der gottgebundenen Ritterlichkeit.

Mit der Didaktik bricht sich jedoch in spätstaufischer Zeit die konservative, kirchentreue Haltung Bahn und führt im Verein mit der nun wieder in den Vordergrund tretenden geistlichen Literatur zum endgültigen Sieg der Moraltheologie über die ritterliche *Virtus*-Ethik. Die kirchliche *Superbia*-Theorie bleibt in der Folgezeit beherrschend, bis sich im Renaissance-Humanismus eine neue Antithese und ein neuer Umschwung ankündigt.

In der Konsequenz seiner zentralen geistesgeschichtlichen Bedeutung durchzieht also der *Superbia*-Gedanke in kaum absehbarem Maß die gesamte deutsche Dichtung des Mittelalters. Als ein Gedanke, der in seinen Grundzügen einem jeden Zeitgenossen bekannt ist, erscheint er dabei vielfach eingekleidet nicht nur in einen umfangreichen Wortschatz, sondern auch in eine außerordentlich weit entfaltete Metaphorik. Eine Vielzahl von Typen und Symbolen macht den Komplex der *superbia* zu einem wichtigen Kapitel auch der mittelalterlichen Allegorik. Da viele dieser Signifikationen nicht empirischen, sondern biblischen und patristischen Ursprungs sind, ist das Motiv der *superbia* der heutigen Betrachtung oft nicht ohne weiteres zugänglich. Einer geistesgeschichtlich begründeten, von der Theorie ausgehenden, dann aber dicht am Text bleibenden Interpretation jedoch zeigt sich die *superbia* als ein wesentliches Schuldmotiv in einer Reihe von Werken, die von den *Ahd. Beichten* über das *Rolandslied* bis zum *Nibelungenlied* reicht.

Die archetypischen Vorstellungen von der isolierenden Egozentrik haben sich also in der Gestalt der Ursünde *superbia* als ein Zentralgedanke des Mittelalters erwiesen. Die *superbia* ist ein literarisches Motiv von außerordentlicher Verbreitung und von sehr großer Bedeutung für das Verständnis mittelalterlicher Dichtung. Für die Beschäftigung mit der deutschen Dichtung ergibt sich daraus eine Reihe von Aspekten und Interpretationsmöglichkeiten, denen die vorliegenden Gesichtspunkte zur Grundlage und Ausgangsbasis dienen mögen. Denn zu einigen weiterführenden Überlegungen und Untersuchungen anzuregen, die über die hier gezeigten Ansätze hinaus gehen, das betrachte ich als ein wünschenswertes Ziel meiner Arbeit. Sie möge in der Bereitstellung einiger Voraussetzungen einen Beitrag leisten zu einer Betrachtung der mittelalterlichen Literatur, die mittelaltergemäß ist und eben damit in einer lebendigen Beziehung zu den Problemen unserer Gegenwart steht.

LITERATURVERZEICHNIS

Im Abschnitt *Primärliteratur* sind, um dem Leser die Auflösung der Abkürzungen zu erleichtern, sämtliche in der Untersuchung zitierten mittelalterlichen Texte aufgeführt. Der Abschnitt *Wörterbücher* ist eine Zusammenstellung der Quellen, denen das Material der Begriffsuntersuchungen entstammt. Die *Sekundärliteratur* hingegen ist, da die herangezogenen Arbeiten am jeweiligen Ort detailliert sind, hier nur in einer Auswahl der wichtigsten Titel verzeichnet.

1. Primärliteratur

A. Lateinische Quellen

Adamus Scotus, serm. = sermones, PL 198.

Archipoeta = Die Gedichte des Archipoeta, ed. H. Watenphul u. H. Krefeld, Heidelberg, 1958.

Adso v. Montiér-en-Der, antichr. = de ortu et tempore Antichristi, PL 101.

Alanus ab Insulis, summ. praed. = summa de arte praedicatoria, PL 210.

Alcuin, comm. apoc. = commentarii in apocalypsin, PL 100.

—, div. off. = de divinis officiis, PL 101.

—, virt. et vit. = de virtutibus et vitiis, PL 101.

Ambrosius Autpertus, confl. vit. = conflictus vitiorum atque virtutum, (Augustin zugeschr.) PL 40.

Anselm v. Canterbury, cas. diab. = dialogus de casu diaboli, PL 158.

Augustin, C. D. = de civitate Dei, PL 41.

—, conf. = confessiones, PL 32.

—, encheir. = encheiridion de fide, spe et caritate, PL 40.

—, enarr. in ps. = enarrationes in psalmos, PL 36—37.

—, ep. = epistulae, PL 33.

—, gen. ad Litt. = de genesi ad Litteram, PL 34.

—, lib. arb. = de libero arbitrio, PL 32.

—, mor. Manich. = de moribus Manichaeorum, PL 32.

—, nat. bon. = de natura boni contra Manichaeos, PL 42.

—, nat. et grat. = de natura et gratia, PL 44.

—, ord. = de ordine, PL 32.

—, serm. = sermones, PL 38—39.

—, tract. in Joh. = tractatus in evangelium Iohannis, PL 35.

—, ver. rel. = de vera religione, PL 34.

Beda Venerabilis, rem. pecc. = de remediis peccatorum, PL 94.

Bernhard v. Clairvaux, grad. hum. = de gradibus humilitatis et superbiae, PL 183.

—, laud. nov. mil. = ad milites Templi de laude novae militae, PL 183.
—, mod. bene viv = de modo bene vivendi, PL 184.
—, serm. = sermones, PL 183.
Burchard v. Worms, decr. = decreta, PL 140.

C.B. = Carmina Burana, ed. A. Hilka u. O. Schumann, Heidelberg, 1930.
Cassian, coll. = collationes, PL 49.
—, inst. coen. = de institutis coenobiorum, PL 49.
Cassiodor, exp. in ps. = espositio in psalterium, PL 70.

Eusebius v. Caesarea. comm. in Jes. = commentarii in Jesaiam, PG 22.

Fulgentius Ruspensis, Mon. = ad Monimum, PL 65.
—, epist. = epistulae, PL 65.

Gottfried v. Admont, hom. = homiliae in scripturis, PL 174.
Gregor d. Gr., hom. = homiliae in evangelia, PL 76.
—, mod. bene viv. = de modo bene vivendi, PL 76.
—, mor. = moralia sive expositio in librum B. Job, PL 75—76.
—, reg. past. = regula pastoralis, PL 77.

Herrad v. Landsberg, hort. = hortus deliciarum, ed. A. Straub u. G. Keller,
    Straßburg, 1879 ff.
Honorius Augustodunensis, eluc. = elucidarius, PL 172.
—, spec. eccl. = speculum ecclesiae Domini, PL 172.
—, expos. cant. cantic. = expositio in cantica canticorum, PL 172.
—, phil. mund. = de philosophia mundi, PL 172.
Hrabanus Maurus, comm. in ecclus. = commentaria in ecclesiasticum,
    PL 108.
—, comm. in exod. = commentaria in exodum, PL 108.
—, comm. in Ezech. = commentaria in Ezechielem, PL 110.
—, comm. in l. Jud. = commentaria in librum Judicum, PL 108.
—, comm. in l. 4 reg. = commentaria in librum IV. Regum, PL 109.
—, disc. eccl. = de disciplina ecclesiastica, PL 112.
—, inst. cleric. = institutio clericorum, PL 107.
—, univ. = de universo, PL 111.
—, vit. et virt. = vitiis et virtutibus, PL 112.
Hugo v. St. Viktor, expos. in Abd. = expositio moralis in Abdiam, PL 175.
—, sacram. = de sacramentis christianae fidei, PL 176.

Innozenz III., cont. mund. = de contemptu mundi, PL 217.
Irenäus, adv. haer. = adversus haereses, PG 7.
Isidor v. Sevilla, alleg. = allegoriae quaedam sacrae scripturae, PL 83.
—, diff. = differentiae, PL 83.
—, etym. = etymologiae, PL 82.
—, sent. = sententiae, PL 83.

Jonas v. Orléans, inst. laic. = de institutione laicali, PL 106.
Julianus Pomerus, vit. cont. = de vita contemplativa, PL 59.

Leo d. Gr., ep. ad. Dem. = epistula ad Demetriadem, PL 55.
Ludus = Ludus de Antichristo, ed. H. Kusch, Einführung in das lateinische Mittelalter, Bd. 1, Berlin, 1957.

Mansi, Conc. = Giovanni D. Mansi: Sacrorum Conciliorum nova et amplissima collectio, 2. Ausg., Paris, 1900—27, (1. Ausg. 1759—98).
Martinus Dumiensis, de sup. = opusculum IV, de superbia, PL 72.
MGH = Monumenta Germaniae Historica.

Novatus Catholicus, de hum. = sententia de humilitate et oboedientia et de calcanda superbia, PL 18.

Origines, homm. in Ezech. = homiliae in Ezechielem, PG 13.

Petrus Lombardus, collect. = collectaneae in epistulam St. Pauli ad Colossos, PL 192.
—, sent. = sententiae, PL 192.
Pirmin, scarapsus = de singulis libris canonicis scarapsus seu collectio, PL 89.
PL = J. P. Migne, Patrologiae cursus completus, series latina (PG = series graeca), Paris, 1844 ff.
Poenit. = Poententialia, ed. Schmitz und Wasserschleben.
Prudentius, psych. = Aurelius Prudentius, Psychomachia, ed. U. Engelmann, Basel, 1959.
Prov. = H. Walther, Proverbia Sententiaeque Latinitatis Medii Aevi, Göttingen, 1963 ff.
Pseudo-Hraban, alleg. = allegoriae in sacram scripturam, PL 112.
Pseudo-Hugo v. St. Viktor, alleg. = allegoriae in novum testamentum, PL 175.
—, fruct. carn. = de fructibus carnis et spiritus, PL 176.
—, summ. sent. = summa sententiarum, PL 176.

Rupert v. Deutz, comm. Reg. I = commentarii in lib. I. Regum, PL 167.

Symb. = A. Denzinger, Encheiridion Symbolorum, 29. Aufl., Freiburg, 1953.

Tertullian, adv. Marc. = adversus Marcionem, PL 2.
—, idol. = de idololatria, PL 1.
—, spect. = de spectaculis, PL 1.
Theophilus v. Antiochien, Autol. = ad Autolicum, PG 6.
Thomas v. Aquin, s. theol. = summa theologiae, opera omnia iussu Leonis XIII edita, vol. 4—12, Rom, 1888 ff.

Victorinus Sanctus, in apoc. = in apocalypsin, PL 5.
Vulgata = Bibliorum Sacrorum iuxta Vulgatam Clementinam Nova Editio, curavit A. Grammatica, Rom, 1951.

Walahfrid Strabo, imag. Tetr. = Versus de imagine Tetrici, MGH, Poet. II.

B. Ahd., frmhd. und mhd. Quellen

Ägid. = Der Trierer Ägidius, ed. Bartsch, Germania 26 (1881).

Ält. Jud. = Ältere Judith, ed. Waag; jetzt auch Henschel-Pretzel und Maurer.

Alex S. = Straßburger Alexander, ed. Kinzel, Lamprechts Alexander, Halle, 1884.

Alex V. = Vorauer Alexander, ed. Kinzel, s. o.; jetzt auch Maurer.

Aneg. = Anegenge, ed. Hahn, Gedichte des XII. u. XIII. Jahrhunderts, Leipzig, 1840.

Anno = Das Annolied, ed. Bulst, Heidelberg 1946; jetzt auch Maurer.

Antichr. = Linzer Antichrist, ed. Hoffmann, Fundgruben für Geschichte deutscher Sprache und Litteratur, T. 2, Breslau, 1837.

Ava, Ant. = Frau Ava, Antichrist, ed. Maurer, Die Dichtungen der Frau Ava, ATB 66, Tübingen, 1966.

—, Ger. = Das jüngste Gericht, ed. Maurer, Ava.

—, Jes. = Leben Jesu, ed. Maurer, Ava.

Beichten = Ahd. Beichten, ed. MSD.

Bit. = Biterolf und Dietleib, ed. Jänicke, Deutsches Heldenbuch I, Berlin, 1866.

Boner, Edelst. = Ulrich Boner, Der Edelstein, ed. Pfeiffer, 1844.

BR = Die ahd. Benediktinerregel, ed. Steinmeyer (St.).

Diemer = J. Diemer, Deutsche Gedichte des XI. und XII. Jahrhunderts, Wien, 1849.

Eilh. = Eilhart von Oberg, Tristant, ed. Lichtenstein, Straßburg, 1877.

Erinn. = Heinrich v. Melk, Erinnerung an den Tod, ed. Kienast, Heidelberg, 1946.

Ernst A = Herzog Ernst (A), ed. Bartsch, Wien, 1869.

Ezzo = Ezzos Gesang, ed. Waag; jetzt auch Henschel-Pretzel und Maurer.

Freid. = Fridankes Bescheidenheit, ed. Bezzenberger, Halle, 1872.

Floire = Konrad Fleck, Floire und Blancheflur, ed. Sommer, Leipzig, 1846.

Geistl. Str. = Der geistlich Streit, ed. Pfeiffer, Altdeutsches Übungsbuch, Wien, 1866.

Gl. = E. Steinmeyer und E. Sievers, Die althochdeutschen Glossen, Berlin, 1879—1922.

Hartm. Gl. = Des armen Hartmann Rede vom Glouven, ed. v. d. Leyen, Breslau, 1897.

Hartm., A. H. = Hartmann von Aue, Der Arme Heinrich, ed. Gierach, 2. Aufl., Heidelberg, 1925.

—, Er. = Hartmann von Aue, Erec, ed. Leitzmann, 3. Aufl. v. Wolff, ATB 39, Tübingen, 1963.

—, Greg. = Hartmann von Aue, Gregorius, ed. Paul, ATB 2, 8. Aufl. v. Leitzmann, Halle, 1948.

—, Iw. = Iwein, ed. Lachmann-Wolff, Berlin, 1926.

Haupts. = Von den haupthaftigen sunden, ed. v. Ackeren, s. Sekundärliteratur.

Heinr. T. = Heinrich der Teichner, Gedichte, ed. Niewöhner, 3. Aufl.,
1953 ff.

Hel. = Heliand und Genesis, ed. Behaghel, ATB 4, 8. Aufl. v. Mitzka,
Tübingen, 1965.

Henschel-Pretzel = E. Henschel und U. Pretzel, Die kleinen Denkmäler
der Vorauer Handschrift, Tübingen, 1963.

Himmelr. = Daz himilrîche, ed. Schmeller, ZfdA 8 (1851); jetzt auch
Maurer.

Himml. Jer. = Vom Himmlischen Jerusalem, ed. Waag.

Hochz. = Die Hochzeit, ed. Waag, jetzt auch Maurer.

I = Der Althochdeutsche Isidor, ed. Hench, Straßburg, 1893.

Jüng. Jud. = Jüngere Judith, ed. Diemer; jetzt auch Monecke, ATB 61,
Tübingen, 1964, und Maurer.

Jüng. Phys. = Der jüngere Physiologus, ed. Wilhelm, Denkmäler deutscher
Prosa des 11. und 12. Jahrhunderts, München, 1914.

Jüng. Tit. = Albrecht von Scharfenberg, Der Jüngere Titurel, ed. Hahn,
Leipzig, 1842.

Kchr. = Die Kaiserchronik, ed. Schröder, Hannover, 1892.

Klage = Die Klage (B), ed. Bartsch, Leipzig, 1875.

Lanz. = Ulrich von Zazikhofen, Lanzelet, ed. Hahn, Frankfurt, 1845.

Licht. = Ulrich von Lichtenstein, Frauendienst und Frauenehre, ed. Lachmann, Berlin, 1841.

Lit. G u. S = Die Litanei G u. S, ed. v. Kraus, Mittelhochdeutsches Übungsbuch, 2. Aufl., Heidelberg, 1926.

Lob. Sal. = Lob Salomos, ed. Waag; jetzt auch Henschel-Pretzel und
Maurer.

Maria = Priester Wernhers Maria, ed. Wesle, ATB 26, Halle, 1927.

Maurer = Fr. Maurer, Die religiösen Dichtungen des 11. und 12. Jahrhunderts, 2 Bde., Tübingen, 1964—65.

Messgebr. = Deutung der Meßgebräuche, ed. Pfeiffer, ZfdA 1 (1841), jetzt
auch Maurer.

MF = Des Minnesangs Frühling, ed. Lachmann - Kraus, 31. Aufl., Leipzig,
1954.

Mfr. Reimb. = Mittelfränkische Reimbibel, ed. v. Kraus, Mittelhochdeutsches Übungsbuch, 2. Aufl., Heidelberg, 1926; jetzt auch Maurer.

M. H. = Wernher der Gartenaere, Helmbrecht, ed. Panzer, 7. Aufl. v. Ruh,
ATB 11, Tübingen, 1965.

Milst. Gen. u. Ex. = Milstätter Genesis und Exodus, ed. Diemer, Wien,
1862.

Milst. Hym. = Milstätter Hymnen, ed. Törnqvist, Lund, 1937.

Milst. Phys. = Milstätter Physiologus, ed. v. Karajan, Deutsche Sprach-
denkmale des zwölften Jahrhunderts, Wien 1846; jetzt auch Maurer.

Milst. Ps = Milstätter Psalmen, ed. Törnqvist, Lund, 1934.
Milst. Skl. = Die Milstätter Sündenklage, ed. Roediger, ZfdA 20 (1876); jetzt auch Maurer.
Mor. = Morant und Galie, ed. Kalisch, Bonn, 1921.
MSD = Denkmäler deutscher Poesie und Prosa aus dem VIII.—XII. Jahrhundert, ed. K. Müllenhoff und W. Scherer, 3. Ausg. v. E. Steinmeyer, Berlin, 1892.
MSH = Minnesänger. Deutsche Liederdichter des 12., 13. und 14. Jahrhunderts, ed. Fr. von der Hagen, Leipzig, 1838.

N = Notkers des Deutschen Werke, ed. E. Sehrt und T. Starck, Halle, 1933 ff. (Psalmen: ATB 40, 42, 43, Halle, 1952 ff.)
NL = Das Nibelungenlied, ed. Bartsch, 3 Bde., Leipzig, 1870—80, (B mit Lesarten).
O = Otfrids Evangelienbuch, ed. Erdmann, ATB 49, 5. Aufl. v. Wolff, Tübingen, 1965.
Or. = Orendel, ed. Steinger, ATB 36, Halle, 1935.
Osw. M. = Der Münchener Oswald, ed. Baesecke, Breslau, 1907.
Ottokar, Reimchr. = Ottokars v. Steiermark Österreichische Reimchronik, ed. Seemüller, Hannover, 1890—93.
Pass. K. = Das Passional, ed. Köpke, Leipzig, 1852.
Pil. = Pilatus, ed. Weinhold, ZfdA 48 (1877).
Priesterl. = Heinrich v. Melk, Priesterleben, ed. Kienast, Heidelberg, 1946.

Rab. = Rabenschlacht, ed. Martin, Deutsches Heldenbuch II, Berlin, 1866.
Recht = Vom Rechte, ed. Waag; jetzt auch Maurer.
Reinh. F. = Heinrich der Glichezaere, Reinhart Fuchs, ed. Baesecke, ATB 7, 2. Aufl. v. Schröbler, Halle, 1957.
Renner = Hugo von Trimberg, Der Renner, ed. Ehrismann, Tübingen, 1908—11.
Rol. = Das Rolandslied des Pfaffen Konrad, ed. Wesle, 2. Aufl. v. Wapnewski, ATB 69, Tübingen, 1967.
Roth. = Rother, ed. de Vries, Heidelberg, 1922.
Rud. = Graf Rudolf, ed. v. Kraus, Mittelhochdeutsches Übungsbuch, 1. Aufl., Heidelberg, 1912.
Rud., Barl. = Rudolf von Ems, Barlaam und Josaphat, ed. Pfeiffer, Leipzig, 1843.
—, G. G. = Der guote Gêrhart, ed. Asher, ATB 56, Tübingen, 1962.
—, Orl. = Wilhelm von Orlens, ed. Junk, Berlin, 1905.
—, Wchr. = Weltchronik, ed. Ehrismann, Berlin, 1915.

S. = Die kleineren althochdeutschen Sprachdenkmäler, ed. E. v. Steinmeyer, Berlin, 1916.
Salm. = Salman und Morolf, ed. Vogt, Halle, 1880.
Seifr. = Seifried Helblinc, ed. Seemüller, Halle, 1886.
Siebz. = Von der Siebenzahl, ed. Waag; jetzt auch Maurer.

Spec. eccl. = Speculum ecclesiae, ed. Mellbourn, Lund, 1944.
Sünden Widerstr. = Der Sünden Widerstreit, ed. Zeidler, Graz, 1892.
Stricker, Bisp. = Stricker, Bispelreden, ed. Schwab, Göttingen, 1959.
Summ. Theol. = Summa Theologiae, ed. Waag, jetzt auch Henschel-Pretzel und Maurer.

T = Tatian, ed. Sievers, Paderborn, 1892.
Trier. Silv. = Der Trierer Silvester, ed. v. Kraus, Hannover, 1895.
Trist. = Gottfried von Straßburg, Tristan und Isolde, ed. Ranke, Berlin, 1930.
Troj. = Konrad von Würzburg, Der Trojanische Krieg, ed. von Keller, Stuttgart, 1858.
Trudp. Hl. = Das St. Trudperter Hohe Lied, ed. Menhardt, Halle, 1934.
Tund. = Tundalus, ed. von Kraus, Deutsche Gedichte des zwölften Jahrhunderts, Halle, 1894.

Ups. Skl. = Upsalaer Sündenklage, ed. Waag.

Vor. Bal. = Vorauer Balaam, ed. Diemer.
Vor. Mar. Lob. = Vorauer Marienlob, ed. MSD, jetzt auch Maurer.
Vor. Mos. = Vorauer Moses, ed. Diemer.
Vor. Skl. = Vorauer Sündenklage, ed. Waag.

Waag = A. Waag, Kleinere deutsche Gedichte des 11. und 12. Jahrhunderts, 2. Aufl. Halle, 1916.
Wahrh. = Die Wahrheit, ed. Waag.
Walther = Walther von der Vogelweide, ed. Lachmann-Kraus, 11. Aufl. Berlin, 1950.
Warnung = Die Warnung, ed. Weber, München, 1913.
Wernh. v. Nrh. = Wernher vom Niederrhein, ed. Köhn, Die Gedichte des Wilden Mannes und Wernhers vom Niederrhein, Berlin, 1891.
W. G. = Thomasin von Zirklaria, Der Wälsche Gast, ed. Rückert, Leipzig, 1892.
Wien. Gen. = Die altdeutsche Genesis nach der Wiener Handschrift, ed. Dollmayr, Halle, 1932.
Wig. = Wirnt von Grafenberg, Wigalois, ed. Kaptein, Bonn, 1926.
Wigg. Ps = Die Wiggert'schen Psalmen, ed. Kriedte, Deutsche Bibelfragmente in Prosa des XII. Jahrhunderts, Halle, 1930.
Wild. M., Girh. = Der Wilde Mann, Von der girheit, ed. Köhn, s. Wernh. v. Nrh.
—, Ver. = Der Wilde Mann, Veronica, ed. Köhn.
Windb. Ps. = Die Windberger Psalmen, ed. Graff, Leipzig, 1839.
Winsb. = Der Winsbecke, ed. Leitzmann, Winsbeckische Gedichte nebst Tirol und Fridebrant, 3. Aufl. v. Reiffenstein, ATB 9, Tübingen, 1962.
Wolfr. Parz. = Wolfram von Eschenbach, Parzival, ed. Lachmann, 6. Aufl. v. Hartl, Berlin, 1926.
—, Willeh. = Willehalm, ed. Lachmann-Hartl.

2. Wörterbücher

Ahd. Wb. = *Althochdeutsches Wörterbuch*, hrsg. v. E. Karg-Gasterstädt und Th. Frings, Berlin, 1952 ff. (Lieferung 1—17, a—bou).

BMZ = G. Benecke, W. Müller und F. Zarncke: *Mittelhochdeutsches Wörterbuch*. 3 Bde., Leipzig, 1854—68.

Bosworth-Toller = J. Bosworth: *An Anglo-Saxon dictionary*. Hrsg. v. T. Toller, Oxford, 1882—1921.

Diefenbach = J. Diefenbach: *Glossarium Latino-Germanicum Mediae et Infimae Latinitatis*. Frankfurt, 1857.

DWB = J. Grimm und W. Grimm: *Deutsches Wörterbuch*. Hrsg. v. d. Dt. Akad. d. Wiss. Berlin, 32 Bde., Leipzig, 1854—1960.

Falk-Torp = H. Falk und A. Torp: *Wortschatz der germanischen Spracheinheit*. 4. Aufl., Göttingen, 1909.

Feist, S.: *Vergleichendes Wörterbuch der gotischen Sprache*. 3. Aufl., Leiden, 1939.

Forcellini = Forcellini: *Lexicon totius Latinitatis*. 4 Bde., Padua, 1940 ff.

Georges = K. E. Georges: *Lateinisch-Deutsches Handwörterbuch*. 6. Aufl., Leipzig, 1860.

Gl. Kartei = Kartei der im Ahd. glossierten lateinischen Lemmata, Arbeitsstelle „Mittellateinisches Wörterbuch", Bayer. Akad. d, Wiss., München. (Vgl. Anm. 11, S. 000.)

Graff = E. G. Graff: *Althochdeutscher Sprachschatz*. 6 Bde., (dazu Index von H. Massmann), Berlin, 1834—46.

IEW = A. Walde und J. Pokorny: *Indogermanisches etymologisches Wörterbuch*. Bd. I, Berlin, 1958—59, Bd. II (Register. Lieferung 13—17), Berlin, 1959 ff.

Köhler, Fr.: *Lateinisch-Althochdeutsches Glossar zur Tatian-Übersetzung*. Paderborn, 1914.

Lexer = M. Lexer: *Mittelhochdeutsches Handwörterbuch*. 3 Bde., Leipzig, 1872—78.

Mhd. Wb. Kartei = Kartei der Arbeitsstelle „Mittelhochdeutsches Wörterbuch". Germanistisches Seminar der Universität Hamburg. (Vgl. Anm. 1, S. 117).

Mlt. Wb. = *Mittellateinisches Wörterbuch bis zum ausgehenden 13. Jahrhundert*. Hrsg. v. d. Bayer. Akad. d. Wiss. und d. Dt. Akad. d. Wiss. Berlin, München, 1967 ff. (Lieferung 1—11, a—can).

Sehrt, E. H.: *Vollständiges Wörterbuch zum Heliand und zur altsächsischen Genesis*. Göttingen, 1925.

Sehrt, E. H. und Legner, W. K.: *Notker-Wortschatz*. Halle, 1955.

Thesaurus = *Thesaurus Linguae Latinae*. Für die noch ausstehenden Bände die Kartei der Arbeitsstelle „Thesaurus" d. Bayer. Akad. d. Wiss. München.

de Vries, J.: *Altnordisches etymologisches Wörterbuch.* 2. Aufl., Heidelberg, 1963.

Walde-Pokorny = A. Walde und J. Pokorny: *Vergleichendes Wörterbuch der indogermanischen Sprachen.* 3 Bde., Berlin, 1930—32.

3. Sekundärliteratur

ACKEREN, Wilhelm von: *Die altdeutschen Bezeichnungen der septem peccata criminalia und ihrer filiae.* Diss. Greifswald, 1904.

ARNOLD, August: *Studien über den Hohen Mut.* Leipzig, 1930.

AUMANN, Erich: „Tugend und Laster im Althochdeutschen". *Beitr.* LXII 1933.

BERNHEIM, Ernst: „Politische Begriffe des Mittelalters im Lichte der Anschauungen Augustins". *Dt. Zs. f. Geschichtswissensch. NF* I (1896—97).

—: *Mittelalterliche Zeitanschauungen in ihrem Einfluß auf Politik und Geschichtsschreibung.* Tübingen, 1918.

BLOOMFIELD, Morton W.: *The Seven Deadly Sins.* Michigan, 1952.

DE BOOR, Helmut: *Die höfische Literatur.* 4. Aufl., München, 1960.

BOUSSET, Wilhelm: *Der Antichrist in der Überlieferung des Judentums, des Neuen Testaments und der alten Kirche.* Krefeld, 1953.

BUCHBERGER = *Lexikon für Theolgie und Kirche.* Hrsg. v. M. Buchberger, 2. Aufl., Freiburg, 1957 ff.

CURTIUS, Ernst Robert: „Das ritterliche Tugendsystem". *DVj.* XXI (1943). Dann in E. R. CURTIUS: *Europäische Literatur und lateinisches Mittelalter.* Bern, 1948.

DIHLE, Albrecht: *Antike Höflichkeit und christliche Demut.* Florenz, 1952.

DITTRICH, Ottmar: *Die Systeme der Moral.* Leipzig, 1923.

DREYER, Max: *Der Teufel in der deutschen Dichtung des Mittelalters.* Teil 1, Diss. Rostock, 1884.

EGGERS, Hans: „Die altdeutschen Beichten." *Beitr.* LXXVII (1925), LXXX (1958), LXXXI (1959).

ENDRES, Rudolf: „Heinrichs *hôchvart*". *Euph.* LXI (1967).

EHRISMANN, Gustav: „Die Grundlagen des ritterlichen Tugendsystems". *ZfdA* LVI (1919).

FLIEGNER, Gotthard: *Geistliches und weltliches Rittertum im Rolandslied des Pfaffen Konrad.* Breslau, 1937.

GÄSSLER, Fidelis: *Der ordo-Gedanke unter besonderer Berücksichtigung von Augustin und Thomas.* Diss. Freiburg, 1953.

GEHL, Walther: *Ruhm und Ehre bei den Nordgermanen; Studien zum Lebensgefühl der isländischen Saga.* Berlin, 1937.

GOTHEIN, Marie: *Die Todsünden.* Archiv für Religionswissenschaften 10, Leipzig 1907.

GRUNDMANN, Herbert: „Freiheit als religiöses, poetisches und persönliches Postulat im Mittelalter". *Historische Zs.* CLXXXIII (1957).

HARNACK, Adolf von: „Sanftmut, Huld und Demut in der alten Kirche". *Festgabe für Julius Kaftan.* Tübingen, 1918.

HARTMANN, Nikolai: *Ethik.* 3. Aufl., Berlin, 1949.

HEIDER, Gustav: *Über Tiersymbolik und das Symbol des Löwen in der christlichen Kunst.* Wien, 1849.

HEINLEIN, Emil: *Die Bedeutung der Begriffe superbia und humilitas bei Papst Gregor I. im Sinne Augustins.* Diss. Greifswald, 1918.

HEMPEL, Johannes: *Das Ethos des Alten Testamentes.* Berlin, 1938.

HEMPEL, Wolfgang: „*Superbia* als Schuldmotiv im *Nibelungenlied*". *Seminar* II (1966).

HENTSCHEL, Erhard: *Die Mythen von Luzifers Fall und Satans Rache in der altsächsischen Genesis.* Diss. Leipzig, 1935.

HERWEGEN, Ildefons: *Antike, Germanentum und Christentum.* Salzburg, 1932.

HEUSLER, Andreas: *Germanentum; Vom Lebens- und Formgefühl der alten Germanen.* Heidelberg, 1934 (o. J.).

HOFFMEISTER, Johannes: *Wörterbuch der philosophischen Begriffe.* 2. Aufl., Hamburg, 1955.

JAUSS, Hans Robert: „Form und Auffassung der Allegorie in der Tradition der Psychomachie". *Medium Aevum, Festschrift für W. Bulst.* Heidelberg, 1960.

JECKER, Gallus: *Die Heimat des hlg. Pirmin, des Apostels der Alamannen.* St. Gallen, 1954.

JEREMIAS, Alfred: *Der Antichrist in Geschichte und Gegenwart.* Leipzig, 1930.

KAMLAH, Wilhelm: *Christentum und Geschichtlichkeit: Untersuchungen zur Entstehung des Christentums und zu Augustinus ‚Bürgerschaft Gottes.'* 2. Aufl., Stuttgart, 1951.

KARG-GASTERSTÄDT, Elisabeth: „Êre und ruom im Ahd.". *Beitr.* LXX (1948).

KERN, Fritz: *Gottesgnadentum und Widerstandsrecht im frühen Mittelalter.* Leipzig, 1914.

KIRSTEN, Johannes: *Abrenuntio diaboli: Eine Untersuchung zur Bedeutungsgeschichte des altkirchlichen Taufrituals.* Diss. Heidelberg, 1952.

KNOCHE, Ulrich: *Magnitudo animi.* Leipzig, 1935.

KOLB, Herbert: „Schola humilitatis: Ein Beitrag zur Interpretation der Gralserzählung". *Beitr.* LXXVIII (1956).

KRINGS, Hermann: *Ordo; Philosophisch-historische Grundlegung einer abendländischen Idee.* Halle, 1941.

KUHN, Hans: „Sitte und Sittlichkeit" in *Germanische Altertumskunde.* Hrsg. v. Herrmann Schneider, 2. Aufl., München, 1951.

LATTE, Kurt: *Schuld und Sühne in der griechischen Religion.* Archiv für Religionswissenschaften 20, Leipzig, 1920.
LERSCH, Philipp: *Der Aufbau der Person.* 6. Aufl., München, 1954.

MAURER, Friedrich: „Tugend und Ehre im Ahd.". *WiWo* II (1952).
MAUSBACH, Joseph: *Die Ethik des heiligen Augustinus.* Freiburg, 1909.
MENSCHING, Gustav: *Die Idee der Sünde; Ihre Entwicklung in den Hochreligionen des Orients und Occidents.* Leipzig, 1931.
MOLSDORF, Wilhelm: *Christliche Symbolik in der mittelalterlichen Kunst.* Leipzig, 1926.
MÜLLER, Günter: „Gradualismus; Eine Vorstudie zur altdeutschen Literaturgeschichte". *DVj.* II (1924).

NEUMANN, Eduard: „Der Streit um ‚das ritterliche Tugensystem' ". *Festgabe für K. Helm.* Tübingen, 1951.

OHLY, Friedrich: „Vom geistigen Sinn des Wortes im Mittelalter". *ZfdA* LXXXIX (1958—59).
OTTE, Heinrich: *Handbuch der kirchlichen Kunstarchäologie des deutschen Mittelalters.* Leipzig, 1954.

RAAB, Karl: *Über vier allegorische Motive in der lateinischen und deutschen Literatur des Mittelalters.* Jahresberichte des Landesobergymnasiums, Leoben, 1885.
RAC = *Reallexikon für Antike und Christentum.* Hrsg. v. Th. Klauser, Stuttgart, 1950 ff.
RGG = *Die Religion in Geschichte und Gegenwart.* Hrsg. v. H. Gunkel und L. Zscharnack, 3. Aufl., Tübingen. 1956 ff.
RAHNER, Hugo: „Pompa diaboli". *ZKTh* LV (1931).
RANKE, Friedrich: *Gott, Welt und Humanität in der deutschen Dichtung des Mittelalters.* Tübingen, 1952 (o. J.).
RICHTER, Horst: *Kommentar zum Rolandslied des Pfaffen Konrad. Teil I.* Zürich, 1970.
ROSKOFF, Gustav: *Geschichte des Teufels.* 2 Bde., Leipzig, 1869.
RUPRECHT, Dietrich: *Tristitia; Wortschatz und Vorstellung in den althochdeutschen Sprachdenkmälern.* Göttingen, 1959.

SCHABRAM, Hans: *Superbia; Studien zum altenglischen Wortschatz.* Bd. I, München, 1965.
SCHMITT, Otto: *Reallexikon der deutschen Kunstgeschichte.* Stuttgart, 1937 ff.
SCHMITZ, Hermann J.: *Die Bußbücher und die Bußdisziplinen der Kirche,* 2 Bde., Mainz 1883 und Düsseldorf 1898.
SCHÜCKING, Levin: *Heldenstolz und Heldenwürde im Angelsächsischen.* Leipzig, 1933.

SCHULZE, Paul: *Die Entwicklung der Hauptlaster- und Haupttugendlehre von Gregor dem Großen bis Petrus Lombardus und ihr Einfluß auf die frühmittelalterlicher Literatur.* Diss. Greifswald, 1914.

SEEBERG, Reinhold: *Christentum und Germanentum.* Leipzig, 1914.

—: *Lehrbuch der Dogmengeschichte.* 3. Aufl., Leipzig, 1913.

SPROCKHOFF, Paul: *Althochdeutsche Katechetik; Literaturhistorisch-stilistische Studien.* Diss. Berlin, 1912.

STELZENBERGER, Johannes: *Die Beziehungen der frühchristlichen Sittenlehre zur Ethik der Stoa.* 1933.

ULLMANN, Stephen: *The Principles of Semantics.* Oxford, 1957.

VÖGTLE, Anton: „Woher stammt das Schema der Hauptsünden". *Theol. Quartalschr.* CXXII (1941).

WANDER, K. F. S.: *Deutsches Sprichwörter-Lexikon,* Leipzig, 1870.

WASSERSCHLEBEN, Friedrich W. H.: *Die Bußordnungen der abendländischen Kirche.* Halle, 1851.

WEINERT, Erich: *Die Bedeutung der superbia und humilitas in den Briefen Gregors VII.* Diss. Greifswald, 1920.

WEISWEILER, Josef: „Beiträge zur Bedeutungsentwicklung germanischer Wörter für sittliche Begriffe". *IF* XLI (1923).

WENTZLAFF-EGGEBERT, Friedrich-Wilhelm: „Ritterliche Lebenslehre und antike Ethik". *DVj.* XXIII (1949).

WILLSON, Bernard: „*Ordo* and *inordinatio* in the *NL*", *Beitr. T* LXXXV (1963).

ZIMMERMANN, Charlotte: *Die deutsche Beichte vom 9. Jahrhundert bis zur Reformation.* Diss. Leipzig, 1934.

ZIPS, Manfred: „Zur Löwensymbolik". *Festschrift für Otto Höfler.* Wien, 1968

ZÖCKLER, Otto: „Das Lehrstück von den sieben Hauptsünden" in O. Zöckler, *Biblische und kirchenhistorische Studien.* München, 1893.

—: *Die Tugendlehre des Christentums.* Gütersloh, 1904.

ANHANG

In der Tabelle stehen links die Denkmäler (Siglen des Hamburger *Mittelhochdeutschen Wörterbuches*), rechts davon in Kolumne 1 die mit positivem Wortethos, in Kolumne 2 die mit negativem Wortethos.

1. *balt*

Wien. Gen.	3471; 3050	
Milst. Skl.	48	
Milst. Gen. Ex.	73, 21; 65, 3	
Rol.	7848; 2805	
Kchr.	4320; 4345; 4367;2833	4579
Vor. Mos.		62; 1246; 740
Jüng. Jud.	94; 159	
Spec. eccl.	78, 14; 66, 20; 72, 1 + 12 mal	
Roth.	H 3340; 2625; 2637; 980; 999; 2226; 2252	
Alex. S.	3280; 6342; 5188	1905
Alex. V.	823; 663; 322; 1385	
Antichr.		320; 1036
Wild. M. Girh.	250	
Pil.	342; 542	
Osw. M.		2964
Windb. P.	11, 6	
Or.	3573; 3192	
Salm.	510, 5;316, 3	

2. *geil*

Anno		401
Kchr.		457
Erinn.	234	
Wigg. Ps.		Br. III
Trost	131	

3. *gelf*

Milst. Gen. Ex.	160, 33; 86, 2	
Rol.		5701; 5241
Kchr.	180	10061; 10054; 14271; 16265
Hartm. Gl.		2970
Alex. S.	4062; 1434; 2873	
Maria		3683
Wild. M. Ver.	306	
Rud.	F 24	

4. *hôchgemuot*

Osw. M.	11; 111; 1445; 1329	

245

5. *hôchmuot*

Rol.	3689; 4886
Hochz.	749
Jüng. Jud.	88
Alex. S.	1601; 2885; 6614
Linz. A.	96
Wild. M. Girh.	273

6. *hôchvart*

Ava Jes.	2409
Rol.	7363; 288; 4070; 3468; 1842; 1879; 3506; 2584; 3392; 4488;
Kchr.	14060
Vor. Mos.	60,5; 58,7; 6,61
Vor. Gen.	566
Trudp. Hl.	93,4; 8,22; 98,2; 104,18; 12,5; 13,3; 58,8; 104,10
Erinn.	348; 295; 302; 608
Milst. Hym.	H 113,24; Per. 15,11
Spec. eccl.	113,24
Messgebr.	96; 94
Maria	D 5043; D 1810
Lit. G	233,17
Aneg.	2,57; 4,38; 7,44
Salm.	43,1; 81,2; 102,3

7. *ruom*

Wien. Gen.	4963	1104; 1131; 5551
Ids. Sp.		44
Milst. Exod.	159, 35	
Milst. Sdkl.		495
Summ. Theol.		182
Ava, Ant.	40	
Ava, Ger.		100
Recht	314	
Hochz.	143	
Up. Sdkl.		16; 36
Siebz.		12
Hartm. Gl.	3749; 3774	2980; 2249; 2394
Kchr.	15966; 8016; 14052; 12105; 16535	
Rol.	7977; 3685; 2555; 4237; 6030; 8330	2145; 8376
Vor. Mos.		687; 1110
Milst. Ps.	28, 2	
Milst. Hym.		23,4
Ägid.		762; 1317; 157; 168; 171; 176
Alex. S.	469; 3465; 4801	
Alex. V.	400	
Erinn.		358; 359
Vor. Mar. Lob	84	58
Wernh. v. NRH.	259	
Spec. eccl.		128,31; 90,5
Antichr.		454

Vor. Bal.	256	
Or.	2434; 217; 3811	
Salm.	226, 3	

8. *stolz*

Alex. S.	1718; 6967; 2749; **1673**	1141; 1146; 3050; 483; 1928; 4493; 4511; 7106; 6698
Alex. V.	518; 936; 460	757; 825; 412; 416; 1403
Wild. M. Ver.		617
Wild. M. Gir.		67; 185; 252; 237
Osw. M.	396; 488; 803; 1658; 1758; 2009; 2234; 2388; 2561	
Tund.		118
Wigg. Ps.		93,2
Or.	2904; 423; 2779; 3045; 3020; 3394; 3552; 3759; 3855; 3156; 3088; 3522; 3539; 1416; 317; 311; 356; 348; 2184; 2396; 2166; 1146; 1223; 1010; 1316; 1698; 1697	
Salm.	48, 3; 22, 2; 20, 4; 11, 3; 67, 4; 74, 4; 202, 4; 627, 3; 690, 3; 681, 3; 650, 6; 704, 5; 699, 1; 695, 6; 746, 3; 762, 3; 314, 2; 327, 1; 339, 3; 289, 3; 759, 4; 181, 1; 168, 3; 275, 1; 459, 2; 488, 5; 367, 5; 540, 5; 66, 4	
Rud.	H^b 24; K^b 12; D^b 3; K 14;	F^b 14

9. *übermuot*

Wien. Gen.		1547; 36; 41; 5722; 5710; 5694; 527; 34; 1099; 889
Mfr. Reimb.		C, 46
Milst. Sdkl.		595; 448; 452
Milst. Gen. Ex.		1,17; 1,18; 1,21; 10,10; 10,20; 17,28
Ava, Ant.		115
Idst. Spr.		60
Summ. theol.		127; 48
Rol.		7627; 7228; 4604; 289; 3510; 3361; 3478; 4038; 4611; 2440; 8844; 3361; 4016; 4743
Kchr.		9240; 4303; 11312; 11344; 9267; 9278; 8804; 8806; 3436; 15690; 8464; 5068; 39; 14854; 9277; 9284; 9274
Vor. Mos.		1078; 85
Hochz.		742; 118; 941
Recht		110; 203
Jüng. Jud.		130; 1153; 1547; 1028; 728
Jerus.		194
Jüng. Phys.		

Hartm. Gl.		2400; 2547; 2997; 2554; 2557
Trudp. Hl.		12,1
Erinn.		303; 307; 310; 343
Spec. eccl.		105,16; 149,16;; 143,28; 108,17; 112,7; 114,30; 47,3; 121,34; 74,24; 149,36; 38,32; 39,25; 74,20
Siebz.		171; 779
Milst. Ps.		16,10
Trier. Silv.		29; 226; 632
Roth.	1835; 4349	1430; 2592; 2269
Alex. S.	4768; 2012 (neutral)	4563; 4451; 1927; 3414
Alex. V.	1217; 723; 827 (neutral)	1404
Maria		A 4360; A 4442
Aneg.		4,31; 16,23; 33,42; 31,19; 35,12; 1,68
Antichr.		413
Pil.	361	
Osw. M.		2204
Wdb. Ps.		9,23
Salm.		22,3

10. *vermezzen*

Anno		295; 335
Wien. Gen.		1105
Milst. Sdkl.	835	
Milst. Gen. Ex.	160, 32	
Ava, Jes.	1455	
Rol.	4667; 8826; 4425; 5237; 4491; 4378; 7641; 380; 642; 3996; 4900; 4092	8503; 3693; 4009; 4012
Kchr.	4978; 4911; 12790; 8961; 14099; 4378; 13968; 3814; 4873; 274; 249; 1017; 4471; 14869; 14973; 16695; 4551; 6756	17216; 15692; 14063; 16974; 8981; 4448; 15113
Recht	347	
Spec. eccl.		111,31
Osw. M.	2417	
Wild. M. Ver.	414	
Eilh.		IX,22; III,8
Salm.	48, 1	
Or.	2561	

11. *vrech*

Vor. Mos.		74,2
Ava, Jes.		2,934
Maria		4390
Eilh.	A 9004	

12. *vrevel*

Anno		823
Milst. Gen. Ex.		17,21; 110,2
Wien. Gen.		875

Kchr.	7615; 7172; 16980; 7193	8964; 17030; 3195
Hartm. Gl.		2828
Trudp. Hl.		3,7; 97,22; 95,7
Vor. Gen.		282
Spec. eccl.		23,21; 64,8; 90,9
Alex. S.	3260	
Alex. V.		489
Lit. S.		1423
Lit. G.		236,32
Antichr.		706
Maria	1806	436; A 3132; D 4377; D 4366
		A 4447
Pil.	342; 615; 553	34
Eilh.	VII, 35	

REGISTER

Das *Wortregister* verzeichnet alle wichtigen lateinischen und altdeutschen Begriffe. Wo es möglich war, wurde die substantivische Form gewählt, bei den deutschen Begriffen zudem die mhd. Gestalt. Die kursiven Seitenzahlen verweisen auf intensivere Behandlung der betreffenden Vokabel.

Das *Namen- und Werkregister* verzeichnet alle in der Arbeit genannten Autoren und Werke, sowie die wichtigsten literarischen Gestalten. Dabei stehen mittelalterliche Autoren in Normalschrift, moderne Autoren in KAPITÄLCHEN, Literaturgestalten und Werktitel *kursiv*. Die eingeklammerte Zahl hinter der Seitenangabe nennt die Zahl der auf der Seite angeführten Stellen.

WORTREGISTER

praesumptio 8, 19 f., *20*, 43, 45, 47, 59 f., 73, 81, 83, 100, 199, praesumptio novitatum *24*
praevaricatio 19, 73
pro meritis (Superbia-Typ II) *16—18*, 136
pusillanimitas 116

quadriga diaboli 19

radix cuncti mali superbia 16, 24 f., 67, 193, 208, 226
ruom 43, 45 f., *47*, *49*, 51 f., 59, 61, 73 f., 82 f., 85, 87, 106 f., *118*, 119—121, *123*, 124 f., 129, 137, 139, 221, 244 f.

saligia 23 ff.
scientia 21
scorpio 202
serpens, aspis 188, 202, 206 f.
singularitas 16, 19 f., 43, 77, 101 ,205, 207
smâch(lich) 81
staete-unstaete 177 f.
stolz 46, *47*, *49*, 50, 59, 61, 111, *118*, 120 f., 125 f., 129, 223 ,245
strîtig-Komposita 44, 73, 81
superstitio 19, 47, 73

tapeinos 10, 56
temeritas 19, *21*, 47, 59 f., 73, 100
tigris 202, 205
tristitia, acedia 22—25, 70—73, 170
tugent *52*, 107, 110, 129, 168, 175, 179
tumor (mentis) 19 f., 22, 47, 78, 101
turris (Babylonis) 199, 207
typus humilitatis 86, 96, 100, 146, 149, 174, 216

typus superbiae 198, 200, 204, 216 ,222
tyrannis, tyrannus 34, 73, 81, 98, 100, 197, 200, 204, 211

ubarhuct 46, *47*, *50*
überheben 127
über-Komposita *127 f.*, 129
übermuot IX, 45 f., *47*, *50*, 61, 63, 72—74, 81—85, 87 f., *119*, 120—122, *124*, 125, 127, 129, 132, *134*, 138 f., 141—143, 149 f., 153, 156 f., 168, 170 ,174, 178 f., 181, 186, 191, 203—206, 208 f., 213 f., 217—224, 228, 245f.
überwân 73, 82 f.
üppicheit 83, 109, 132, 181
unicornus 202, 205
unmâze 114, 162, 170, 177 f.
un-Komposita 114, *128*, 129
untriuwe-triuwe 159, 209, 217, 221 f.

vermezzen 43, 46, 60 f., 83, 109, *118*, 120 f., *123*, 125, 129, 246
voluntas, libera, propria, etc. 11 f., 31, 34, 73, 81
vrast, fraza 44 f., 58, 117, 126
vrech 43, *47—48*, 50—52, 59—61, 82, *119*, 120 f., 123, *124*, 125, 127, 129, 170, 205, 246
vrevel 44, *47—48*, 51—52, 59 f., 73, 82, 87 f., *119*, 120, *124*, 125, 127, 129, 143, 172, 246 f., Vrevil (PN) 203, 211
vulnus superbiae 27 f., 34
vulpis 202

wider-Komposita 44, 46, *128*, 129

Roland 107, 148, 152, 156–160
Roskoff 29, 140
Rother 107, 119 (2), 140, 146 (2)
Rudolf v. Ems 211, Barlaam 168, 174 (2), 208, Der Gute Gerhard 174 (2), 213, Wilhelm v. Orleans 168 (2), Weltchronik, 174
Rudolf v. Fenis 113
Rupert v. Deutz, comm. Reg. I 199 f. exod. 199 f., 204
Ruprecht XI, 42

Salman und Morolf 147
Salomo 202, 206
Saul 200
Sauer 203
de la Saussaye 202
Schabram X, 42, 49 f.
Schirokauer 214 f.
Schmidt, F. 174
Schmidt, L. 7
Schmitt 197
Schmitz 70 f.
Schneider, H. 53, 163
Schneider, I. XI
Schramm 61
Schulze 68
Schücking 51, 53 f., 56, 59 f., 85
Schwarz 7
Schwietering 163
Sedlmayr 189
Seeberg 53, 55
Senacherib 199
Siegfried 219–223
Simon Magus 200
Speculum ecclesiae 109 (5), 145, 151, A.
Sprockhoff 68, 72, 74
Steinmeyer 43 ff.
Stelzenberger 10
Stricker, Bispelreden 180 f. (2)
Sünden Widerstreit, 195
Summa Theologiae 138 (2), 140–142, 145, 174, A.

Tatian, Der ahd. 80 (6)
Tarquinius 108
Tertullian 32, 66, adv. Marc. 30 f., idol. 196, spect. 194
Totila 107 f.
Theoderich 200, 204
Theophilus 140, 159
Theophilus v. Antiochien, Autol. 30
Thomas v. Aquin 14, 111, 177, 179, s. theol. 16, 20 (2), 31, 34 (2), 114, 170
Thomasin v. Zirklaria 166, 182, 185, Der

Wälsche Gast 132, 177 (27), 178 (16), 179, 195 f., 203, 211
Trier 104 f., 110
Trierer Ägidius 106, A.
Trierer Silvester 113, 190, A.
Trudberter Hohes Lied 111, 139 f.
Tundalus 107, 110, 140
Tundalus-Gedicht 110, 132, 138 (2), 139 (6), 140 (2), 142, 211, A.

Ullmann 2
Ulrich v. Lichtenstein, Frauendienst 168
Ulrich v. Zazikhofen, Lanzelet 168, 208
Upsalaer Snüdenklage 112, A.

Veit 4
Vergil 47, 99
Victorinus, in apoc. 34
Vögtle 23
Volker 219 f., 222
Vorauer Balaam 106, A.
Vorauer Moses 138, 140 (3), 141 (3), 142, 148, 206, 211, A.
Vorauer Sündenklage 138 f., A.
Vulgata, Gen. 21, Hiob 30 (2), Psalm. 26, 202, 212, Proverb. 26, Sap. 112, Ecclus. 12 (3), 25, Jes. 33, 144, Ezech. 32–33, 141, 160; Matth. 30, Marc. 26, Luc. 26, 30, 33, Paul. Eph. 194, Paul. Thim. I 26 (2), II 26, Paul. Rom. 26, Jac. 26 (2), Petr. I 26, 203, II 26, 30, Joh. I 21, 26 Jud. 6, Apoc. 30 (2), 203 f.

Walahfrid Strabo, imag. Tetr. 204 f.
Walther 78
Walther von der Vogelweide 185, 211, 219, Gedichte 170 (5), 171, 172 (2), 175, 213
Wander 78
Wapnewski 214
Wahrheit 138, A.
Warnung 182
Wasserschleben 70 f.
Weinert 99
Weisweiler 51
Wentzlaff-Eggebert 103
Werdermann 99
Wernher v. Elmendorf 111
Wernher der Gartenaere, Helmbrecht 213 (8)
Wernher, Priester, Maria A 139 (2), 140 (2), 143, A., B 139 (3), 140 (2), 141, 143 (2), A.
Wilder Mann, Veronica 112
Willems 54, 58
Willson 213
Winsbecker, Gedichte 166, 176 (4)

Wirnt v. Grafenberg, *Wigalois* 174 (2)
Wolfram v. Eschenbach 89, 105, 172, 175, 182, 185, 211, *Parzival* 110, 168, 173, 174 (4), 208, *Titurel* 169, *Willehalm* 125, 168 (4)

Wiener Genesis 106 f., 138 (3), 139, 140 (2), 141 (3), 142, 145, 206, 211, A.

Zimmermann 68, 72
Zöckler X, 10, 23